U0511216

◆ 希汉对照 ◆
柏拉图全集
II. 3

智 者

溥林 译

商务印书馆
创于1897
The Commercial Press

Platon

SOPHISTA

(ΣΟΦΙΣΤΗΣ)

本书依据"牛津古典文本"（Oxford Classical Texts）中
由约翰·伯内特（John Burnet）所编辑和校勘的
《柏拉图全集》（*Platonis Opera*）第 I 卷译出

前　　言

　　商务印书馆120余年来一直致力于移译世界各国学术名著，除了皇皇的"汉译世界学术名著丛书"之外，更是组织翻译了不少伟大思想家的全集。柏拉图是严格意义上的西方哲学的奠基人，其思想不仅在西方哲学的整个历史中起着继往开来的作用，也远远超出了哲学领域而在文学、教育学、政治学等领域发生着巨大的影响。从19世纪开始，德语世界、英语世界、法语世界等着手系统整理柏拉图的古希腊文原文，并将之译为相应的现代语言，出版了大量的单行本和全集本，至今不衰；鉴于柏拉图著作的经典地位和历史地位，也出版了古希腊文-拉丁文、古希腊文-德文、古希腊文-英文、古希腊文-法文等对照本。

　　商务印书馆既是汉语世界柏拉图著作翻译出版的奠基者，也一直有心系统组织翻译柏拉图的全部作品。近20年来，汉语学界对柏拉图的研究兴趣和热情有增无减，除了商务印书馆之外，国内其他出版社也出版了一系列柏拉图著作的翻译和研究著作；无论是从语文学上，还是从思想理解上，都取得了长足的进步。有鉴于此，我们希望在汲取西方世界和汉语世界既有成就的基础上，从古希腊文完整地翻译出柏拉图的全部著作，并以古希腊文-汉文对照的形式出版。现就与翻译相关的问题做以下说明。

　　1. 翻译所依据的古希腊文本是牛津古典文本（Oxford Classical Texts）中由约翰·伯内特（John Burnet）所编辑和校勘的《柏拉图全集》（*Platonis Opera*）；同时参照法国布德本（Budé）希腊文《柏拉图全集》（*Platon: Œuvres complètes*），以及牛津古典文本中1995年出版的第 I 卷最新校勘本等。

2. 公元前后，亚历山大的忒拉叙洛斯（Θράσυλλος, Thrasyllus）按照古希腊悲剧"四联剧"（τετραλογία, Tetralogia）的演出方式编订柏拉图的全部著作，每卷四部，共九卷，一共 36 部作品（13 封书信整体被视为一部作品）；伯内特编辑的《柏拉图全集》所遵循的就是这种编排方式，但除了 36 部作品之外，外加 7 篇"伪作"。中文翻译严格按照该全集所编订的顺序进行。

3. 希腊文正文前面的 SIGLA 中的内容，乃是编辑校勘者所依据的各种抄本的缩写。希腊文正文下面的校勘文字，原样保留，但不做翻译。译文中〈〉所标示的，乃是为了意思通顺和完整，由译者加上的补足语。翻译中的注释以古希腊文法和文史方面的知识为主，至于义理方面的，交给读者和研究者本人。

4. 除了"苏格拉底""高尔吉亚"等这些少数约定俗成的译名之外，希腊文专名（人名、地名等）后面的"斯"一般都译出。

译者给自己确定的翻译原则是在坚持"信"的基础上再兼及"达"和"雅"。在翻译时，译者在自己能力所及的范围内，对拉丁文、德文、英文以及中文的重要译本（包括注释、评注等）均认真研读，一一看过，但它们都仅服务于译者对希腊原文的理解。

译者的古希腊文启蒙老师是北京大学哲学系的靳希平教授，谨将此翻译献给他，以示感激和敬意。

鉴于译者学养和能力有限，译文中必定有不少疏漏和错讹，敬请读者不吝批评指正。

溥林

2018 年 10 月 22 日于成都

SIGLA

B = cod. Bodleianus, MS. E. D. Clarke 39   = Bekkeri 𝔄

T = cod. Venetus Append. Class. 4, cod. 1   = Bekkeri t

W = cod. Vindobonensis 54, suppl. phil. Gr. 7 = Stallbaumii
                                                    Vind. 1

C = cod. Crusianus sive Tubingensis   = Stallbaumii 𝔗

D = cod. Venetus 185   = Bekkeri Π

G = cod. Venetus Append. Class. 4, cod. 54 = Bekkeri Λ

V = cod. Vindobonensis 109   = Bekkeri Φ

Arm. = Versio Armeniaca

Ars. = Papyrus Arsinoitica a Flinders
       Petrie reperta

Berol. = Papyrus Berolinensis 9782 (ed.
       Diels et Schubart 1905)

Recentiores manus librorum B T W litteris b t w significantur

Codicis W lectiones cum T consentientes commemoravi, lectiones cum B consentientes silentio fere praeterii

目　　录

智　　者 [1]

　　1　忒拉叙洛斯（Θράσυλλος, Thrasyllus）给该对话加的副标题是“或论是〈者〉”（ἢ περὶ τοῦ ὄντος）。按照希腊化时期人们对柏拉图对话风格的分类，《智者》属于“论理性的”（λογικός）。

ΣΟΦΙΣΤΗΣ

ΘΕΟΔΩΡΟΣ   ΣΩΚΡΑΤΗΣ
ΕΛΕΑΤΗΣ ΞΕΝΟΣ   ΘΕΑΙΤΗΤΟΣ

ΘΕΟ. Κατὰ τὴν χθὲς ὁμολογίαν, ὦ Σώκρατες, ἥκομεν a
αὐτοί τε κοσμίως καὶ τόνδε τινὰ ξένον ἄγομεν, τὸ μὲν
γένος ἐξ Ἐλέας, ἑταῖρον δὲ τῶν ἀμφὶ Παρμενίδην καὶ
Ζήνωνα [ἑταίρων], μάλα δὲ ἄνδρα φιλόσοφον.

ΣΩ. Ἆρ' οὖν, ὦ Θεόδωρε, οὐ ξένον ἀλλά τινα θεὸν 5
ἄγων κατὰ τὸν Ὁμήρου λόγον λέληθας; ὅς φησιν ἄλλους
τε θεοὺς τοῖς ἀνθρώποις ὁπόσοι μετέχουσιν αἰδοῦς δικαίας, b
καὶ δὴ καὶ τὸν ξένιον οὐχ ἥκιστα θεὸν συνοπαδὸν γιγνό-
μενον ὕβρεις τε καὶ εὐνομίας τῶν ἀνθρώπων καθορᾶν. τάχ'
οὖν ἂν καὶ σοί τις οὗτος τῶν κρειττόνων συνέποιτο, φαύλους
ἡμᾶς ὄντας ἐν τοῖς λόγοις ἐποψόμενός τε καὶ ἐλέγξων, θεὸς 5
ὤν τις ἐλεγκτικός.

ΘΕΟ. Οὐχ οὗτος ὁ τρόπος, ὦ Σώκρατες, τοῦ ξένου,
ἀλλὰ μετριώτερος τῶν περὶ τὰς ἔριδας ἐσπουδακότων. καί
μοι δοκεῖ θεὸς μὲν ἀνὴρ οὐδαμῶς εἶναι, θεῖος μήν· πάντας
γὰρ ἐγὼ τοὺς φιλοσόφους τοιούτους προσαγορεύω. c

ΣΩ. Καὶ καλῶς γε, ὦ φίλε. τοῦτο μέντοι κινδυνεύει τὸ

a 2 τινὰ] τὸν W   a 3 τῶν W : τὸν B T   Παρμενείδην B ut solet
a 4 ἑταίρων secl. Upton   a 6 ἄλλους] ἀλλήλους B   b 4 οὕτως W
b 9 ἀνὴρ Bekker : ἀνὴρ B T   c 2 καὶ om. B   γε] γὰρ W

智　者

忒俄多洛斯　苏格拉底
爱利亚的客人　泰阿泰德

忒俄多洛斯： 依照昨日的约定 ¹，苏格拉底啊，我们自己已经老老　216a1
实实地来了 ²，并且我们在这里还带来了一位客人 ³；〈他的〉家族来自
爱利亚，他是围绕在巴门尼德和芝诺身边那些人的伙伴 ⁴，而且也是一
位非常有哲学家气质的人 ⁵。

苏格拉底： 那么，忒俄多洛斯啊 ⁶，你真的没有注意到，按照荷马　216a5
的说法 ⁷，你带来的不是一位客人，而是某位神吗？他说，不仅其他一
些神——对于所有那些分得一种理应的羞耻心的人来说 ⁸——，而且尤　216b1
其是 ⁹异乡人的那位保护神 ¹⁰，通过成为〈他们的〉陪伴者 ¹¹而俯察人
的各种侮慢和守法。因此，或许 ¹²跟随你来的这位，也有可能是那些更
强有力者中的一位 ¹³，因为他观察和盘问在诸言说方面 ¹⁴是贫弱的我们，　216b5
并且是一位精通盘问的神。

忒俄多洛斯： 这不是这位客人的风格 ¹⁵，苏格拉底！相反，他要比
那些热衷于各种争论的人更为节制一些。并且在我看来，这个人决不是
一位神，但的确是像神一样的 ¹⁶；因为我把所有的哲学家都称作这样一　216c1
种人。

苏格拉底： 的确〈说得〉好，朋友！只不过区分开这个家族 ¹⁷，几

γένος οὐ πολύ τι ῥᾷον ὡς ἔπος εἰπεῖν εἶναι διακρίνειν ἢ τὸ
τοῦ θεοῦ· πάνυ γὰρ ἄνδρες οὗτοι παντοῖοι φανταζόμενοι διὰ
5 τὴν τῶν ἄλλων ἄγνοιαν "ἐπιστρωφῶσι πόληας," οἱ μὴ
πλαστῶς ἀλλ' ὄντως φιλόσοφοι, καθορῶντες ὑψόθεν τὸν
τῶν κάτω βίον, καὶ τοῖς μὲν δοκοῦσιν εἶναι τοῦ μηδενὸς
[τίμιοι], τοῖς δ' ἄξιοι τοῦ παντός· καὶ τοτὲ μὲν πολιτικοὶ
d φαντάζονται, τοτὲ δὲ σοφισταί, τοτὲ δ' ἔστιν οἷς δόξαν
παράσχοιντ' ἂν ὡς παντάπασιν ἔχοντες μανικῶς. τοῦ μέντοι
ξένου ἡμῖν ἡδέως ἂν πυνθανοίμην, εἰ φίλον αὐτῷ, τί ταῦθ'
217 οἱ περὶ τὸν ἐκεῖ τόπον ἡγοῦντο καὶ ὠνόμαζον.

ΘΕΟ. Τὰ ποῖα δή;

ΣΩ. Σοφιστήν, πολιτικόν, φιλόσοφον.

ΘΕΟ. Τί δὲ μάλιστα καὶ τὸ ποῖόν τι περὶ αὐτῶν δια-
5 πορηθεὶς ἐρέσθαι διενοήθης;

ΣΩ. Τόδε· πότερον ἓν πάντα ταῦτα ἐνόμιζον ἢ δύο, ἢ
καθάπερ τὰ ὀνόματα τρία, τρία καὶ τὰ γένη διαιρούμενοι
καθ' ἓν ὄνομα [γένος] ἑκάστῳ προσῆπτον;

ΘΕΟ. Ἀλλ' οὐδείς, ὡς ἐγῷμαι, φθόνος αὐτῷ διελθεῖν
10 αὐτά· ἢ πῶς, ὦ ξένε, λέγωμεν;

b ΞΕ. Οὕτως, ὦ Θεόδωρε. φθόνος μὲν γὰρ οὐδεὶς οὐδὲ
χαλεπὸν εἰπεῖν ὅτι γε τρί' ἡγοῦντο· καθ' ἕκαστον μὴν διορί-
σασθαι σαφῶς τί ποτ' ἔστιν, οὐ σμικρὸν οὐδὲ ῥᾴδιον ἔργον.

ΘΕΟ. Καὶ μὲν δὴ κατὰ τύχην γε, ὦ Σώκρατες, λόγων
5 ἐπελάβου παραπλησίων ὧν καὶ πρὶν ἡμᾶς δεῦρ' ἐλθεῖν
διερωτῶντες αὐτὸν ἐτυγχάνομεν, ὁ δὲ ταὐτὰ ἅπερ πρὸς σὲ
νῦν καὶ τότε ἐσκήπτετο πρὸς ἡμᾶς· ἐπεὶ διακηκοέναι γέ
φησιν ἱκανῶς καὶ οὐκ ἀμνημονεῖν.

c ΣΩ. Μὴ τοίνυν, ὦ ξένε, ἡμῶν τήν γε πρώτην αἰτησάντων
χάριν ἀπαρνηθεὶς γένῃ, τοσόνδε δ' ἡμῖν φράζε. πότερον

---

c3 πολύ Β Τ et s. v. W : πάνυ pr. W   c4 τοῦ θεοῦ] τῶν θεῶν Cobet
ἄνδρες Bekker : ἄνδρες Β Τ   c5 οἱ μὴ ... φιλόσοφοι secl. Cobet
c8 τίμιοι secl. Madvig : ἄξιοι et mox τοῖς δὲ τοῦ παντός Cobet
a6 ταῦτα πάντα W   a7 τὰ γένη Τ : γένη Β   a8 γένος secl.
Schleiermacher : γένει Stephanus : ἐνὶ Cobet   a10 λέγομεν W
b5 ὧν καὶ ἡμεῖς πρὶν Cobet : καὶ ἡμεῖς πρὶν Schanz

乎可以说 [18]，有可能并不比〈区分开〉神这个家族是更为容易的。因为，由于其他人的无知 [19]，这些人肯定通过显现为多种多样的〈形象〉216c5 而"出没于各个城邦" [20]；他们不是假冒的而是真正的哲学家 [21]，从高处俯察下面那些人的生活，并且在一些人看来他们一文不值 [22]，在另一些人看来则配得上一切。他们有时显现为政治家，有时则显现为智者，216d1 有时甚至会给一些人这样一种印象 [23]，那就是，他们完完全全是一群疯子 [24]。然而，我会乐意向我们的这位客人打听——如果这对他来说是合适的话 [25]——，他那个地方周边的人把这些事情 [26] 看作什么和称作什么。217a1

忒俄多洛斯： 究竟哪些事情？

苏格拉底：〈同〉智者、政治家和哲学家〈有关的那些事情〉。

忒俄多洛斯： 但关于它们，你最为困惑什么以及哪种东西，以至于 217a5 你想问？

苏格拉底： 这点：他们把所有这些认作一呢，还是认作二，还是如同三个名字那样，也通过区分出三个家族 [27] 而一个名字一个名字地把家族归给每个〈名字〉[28]？

忒俄多洛斯： 但如我所认为的那样，他肯定不会吝惜细说它们 [29]；217a10 或者，客人啊，我们该怎么说？

客人： 的确如此，忒俄多洛斯！一则我不会吝惜，一则说出它们也 217b1 并不困难，那就是他们肯定把它们视为三；但要清楚地分别界定每个究竟是什么，这是一件既不细小也不容易的任务。

忒俄多洛斯： 也的确很巧，苏格拉底啊，你抓住了一些几乎一样的 217b5 话题，在我们动身来这儿之前我们恰好就它们也盘问过他，而他如今在你面前所借口的那些，和那时在我们面前所借口的完全一样；因为他说〈对此〉他确实充分地听到过，并且尚未忘记。

苏格拉底： 因此，客人啊，当我们就在请求〈你的〉首个恩惠时，217c1 你不要变成一位坚决的拒绝者 [30]，而是请你如下面这样多地对我们进行

εἴωθας ἥδιον αὐτὸς ἐπὶ σαυτοῦ μακρῷ λόγῳ διεξιέναι λέγων
τοῦτο ὃ ἂν ἐνδείξασθαί τῳ βουληθῇς, ἢ δι' ἐρωτήσεων, οἷόν
ποτε καὶ Παρμενίδῃ χρωμένῳ καὶ διεξιόντι λόγους παγκάλους 5
παρεγενόμην ἐγὼ νέος ὤν, ἐκείνου μάλα δὴ τότε ὄντος
πρεσβύτου;

ΞΕ. Τῷ μέν, ὦ Σώκρατες, ἀλύπως τε καὶ εὐηνίως προσ- d
διαλεγομένῳ ῥᾷον οὕτω, τὸ πρὸς ἄλλον· εἰ δὲ μή, τὸ καθ'
αὑτόν.

ΣΩ. Ἔξεστι τοίνυν τῶν παρόντων ὃν ἂν βουληθῇς ἐκ-
λέξασθαι, πάντες γὰρ ὑπακούσονταί σοι πρᾴως· συμβούλῳ 5
μὴν ἐμοὶ χρώμενος τῶν νέων τινὰ αἱρήσῃ, Θεαίτητον τόνδε,
ἢ καὶ τῶν ἄλλων εἴ τίς σοι κατὰ νοῦν.

ΞΕ. Ὦ Σώκρατες, αἰδώς τίς μ' ἔχει τὸ νῦν πρῶτον συγ-
γενόμενον ὑμῖν μὴ κατὰ σμικρὸν ἔπος πρὸς ἔπος ποιεῖσθαι
τὴν συνουσίαν, ἀλλ' ἐκτείναντα ἀπομηκύνειν λόγον συχνὸν e
κατ' ἐμαυτόν, εἴτε καὶ πρὸς ἕτερον, οἷον ἐπίδειξιν ποιού-
μενον· τῷ γὰρ ὄντι τὸ νῦν ῥηθὲν οὐχ ὅσον ὧδε ἐρωτηθὲν
ἐλπίσειεν ἂν αὐτὸ εἶναί τις, ἀλλὰ τυγχάνει λόγου παμμήκους
ὄν. τὸ δὲ αὖ σοὶ μὴ χαρίζεσθαι καὶ τοῖσδε, ἄλλως τε καὶ 5
σοῦ λέξαντος ὡς εἶπες, ἄξενόν τι καταφαίνεταί μοι καὶ
ἄγριον. ἐπεὶ Θεαίτητόν γε τὸν προσδιαλεγόμενον εἶναι 218
δέχομαι παντάπασιν ἐξ ὧν αὐτός τε πρότερον διείλεγμαι καὶ
σὺ τὰ νῦν μοι διακελεύῃ.

ΘΕΑΙ. Δρᾶ τοίνυν, ὦ ξένε, οὕτω καὶ καθάπερ εἶπε
Σωκράτης πᾶσιν κεχαρισμένος ἔσῃ. 5

ΞΕ. Κινδυνεύει πρὸς μὲν ταῦτα οὐδὲν ἔτι λεκτέον εἶναι,
Θεαίτητε· πρὸς δὲ σὲ ἤδη τὸ μετὰ τοῦτο, ὡς ἔοικε, γίγνοιτο
ἂν ὁ λόγος. ἂν δ' ἄρα τι τῷ μήκει πονῶν ἄχθῃ, μὴ ἐμὲ
αἰτιᾶσθαι τούτων, ἀλλὰ τούσδε τοὺς σοὺς ἑταίρους.

c 4 οἵων W   c 5 καὶ secludendum putat Schanz   d 8 τὸ νῦν
T W: τὸν νοῦν B   e 2 οἷον Ast: ὅσον B T   e 5 τε] δὲ T
e 6 εἶπας W   a 3 διακελεύῃ] παρακελεύῃ W   a 4 δρᾶ Badham:
ἄρα B: ἆρα T W   a 6 εἶναι λεκτέον W   a 7 ὦ Θεαίτητε Schanz
a 8 μὴ ἐμὲ T W: μήμὲ Cobet: μή με B

揭示：当你说的时候，你是习惯乐于独白式地[31]用长篇讲话来阐述那你想对某人显明的东西呢，还是通过提问——就像巴门尼德曾经使用过它 217c5 并且阐述了一些极好的道理那样，那时我在场，不过还是个年青人，而他却已经是非常地老了[32]——？

客人：一个人，苏格拉底啊，如果他在进行交谈时不是一碰就痛而 217d1 是容易引导的[33]，那么，同他用这种方式，即彼此对谈〈来阐述道理〉就比较容易；但如果不是那样，则独自〈阐述道理比较容易〉[34]。

苏格拉底：那么，从在场的人中，〈你〉能够选择你愿意的那位[35]，因为所有人都会心平气和地听从你[36]。但是，如果你真把我当成建议 217d5 者，那你可以找年青人中的一位，即这位泰阿泰德，或者其他人中任何一位[37]合你心意的[38]。

客人：苏格拉底啊，我有点羞愧[39]，因为当我现在首次同你们交往时就不是简短地一句对一句做交流，而是要展开、拖延长时间的发言，217e1 无论是我独自讲，还是同另一个人〈对谈〉[40]，好像在做一种展示似的。因为，事实上[41]现在将要被说的，并非如一个人可能期望当它这样被问时它是的那么多，相反，它需要一个极长的发言[42]。但另一方面，不让 217e5 你和这些人感到满意——尤其[43]当你如你说的那样说了之后——，对我而言这就显得有点不友善和粗野。至于泰阿泰德，我无论如何都完全接 218a1 受他是对谈者，既基于我本人早前同他的交谈，也基于你现在向我对他的推荐。

泰阿泰德：那么，客人啊，也就请你如苏格拉底说的那样做吧[44]！由此你会让所有人满意的。 218a5

客人：对此有可能不再有什么是必须要说的，泰阿泰德；只不过从现在起[45]，此后的谈话似乎就变成对着你而来的了。然而，如果你因苦于〈谈话〉的冗长而感到某些不快，不要为此而责备我，而是要责备你这里的这些朋友们。

b ΘΕΑΙ. Ἀλλ᾽ οἶμαι μὲν δὴ νῦν οὕτως οὐκ ἀπερεῖν· ἂν δ᾽ ἄρα τι τοιοῦτον γίγνηται, καὶ τόνδε παραληψόμεθα Σωκράτη, τὸν Σωκράτους μὲν ὁμώνυμον, ἐμὸν δὲ ἡλικιώτην καὶ συγγυμναστήν, ᾧ συνδιαπονεῖν μετ᾽ ἐμοῦ τὰ πολλὰ οὐκ ἄηθες.

5 ΞΕ. Εὖ λέγεις, καὶ ταῦτα μὲν ἰδίᾳ βουλεύσῃ προϊόντος τοῦ λόγου· κοινῇ δὲ μετ᾽ ἐμοῦ σοι συσκεπτέον ἀρχομένῳ πρῶτον, ὡς ἐμοὶ φαίνεται, νῦν ἀπὸ τοῦ σοφιστοῦ, ζητοῦντι
c καὶ ἐμφανίζοντι λόγῳ τί ποτ᾽ ἔστι. νῦν γὰρ δὴ σύ τε κἀγὼ τούτου πέρι τοὔνομα μόνον ἔχομεν κοινῇ, τὸ δὲ ἔργον ἐφ᾽ ᾧ καλοῦμεν ἑκάτερος τάχ᾽ ἂν ἰδίᾳ παρ᾽ ἡμῖν αὐτοῖς ἔχοιμεν· δεῖ δὲ ἀεὶ παντὸς πέρι τὸ πρᾶγμα αὐτὸ μᾶλλον διὰ λόγων ἢ
5 τοὔνομα μόνον συνωμολογῆσθαι χωρὶς λόγου. τὸ δὲ φῦλον ὃ νῦν ἐπινοοῦμεν ζητεῖν οὐ πάντων ῥᾷστον συλλαβεῖν τί ποτ᾽ ἔστιν, ὁ σοφιστής· ὅσα δ᾽ αὖ τῶν μεγάλων δεῖ διαπονεῖσθαι καλῶς, περὶ τῶν τοιούτων δέδοκται πᾶσιν καὶ πάλαι
d τὸ πρότερον ἐν σμικροῖς καὶ ῥᾴοσιν αὐτὰ δεῖν μελετᾶν, πρὶν ἐν αὐτοῖς τοῖς μεγίστοις. νῦν οὖν, ὦ Θεαίτητε, ἔγωγε καὶ νῷν οὕτω συμβουλεύω, χαλεπὸν καὶ δυσθήρευτον ἡγησαμένοις εἶναι τὸ τοῦ σοφιστοῦ γένος πρότερον ἐν ἄλλῳ ῥᾴονι τὴν
5 μέθοδον αὐτοῦ προμελετᾶν, εἰ μὴ σύ ποθεν εὐπετεστέραν ἔχεις εἰπεῖν ἄλλην ὁδόν.

ΘΕΑΙ. Ἀλλ᾽ οὐκ ἔχω.

ΞΕ. Βούλει δῆτα περί τινος τῶν φαύλων μετιόντες πειραθῶμεν παράδειγμα αὐτὸ θέσθαι τοῦ μείζονος;

e ΘΕΑΙ. Ναί.

ΞΕ. Τί δῆτα προταξαίμεθ᾽ ἂν εὔγνωστον μὲν καὶ σμικρόν, λόγον δὲ μηδενὸς ἐλάττονα ἔχον τῶν μειζόνων; οἷον ἀσπαλιευτής· ἆρ᾽ οὐ πᾶσί τε γνώριμον καὶ σπουδῆς οὐ πάνυ
5 τι πολλῆς τινος ἐπάξιον;

ΘΕΑΙ. Οὕτως.

---

b 3 συνηλικιώτην T   b 4 τὰ πολλὰ μετ᾽ ἐμοῦ W   c 1 τε W: om. BT   c 3 αὐτοῖς ἡμῖν W   c 5 συνομολογήσασθαι B: συνομολογεῖσθαι W   c 7 ὁ σοφιστής secl. Cobet   c 8 τῶν τοιούτων] τούτων Stobaeus   d 1 πρὶν] πρὶν ἂν W   d 8 δῆτα] δὴ W

泰阿泰德：但我认为，我肯定不会现在就这样放弃[46]；不过，如果 218b1
这种情形真的发生了，那我也将邀请这位苏格拉底，他一方面与苏格拉
底同名[47]，一方面是我的同龄人和一起锻炼身体的人，对他来说，同我
一道共同致力于许多事情[48]，这不是不寻常的[49]。

客人：你说得好，并且在话题往前走时你可以私下考虑这些，但 218b5
在公开场合，你现在必须同我一道通过下面这样来共同进行考察，正如
对我显得的那样，首先从智者开始，寻求并且通过言说来显示他究竟是 218c1
什么。因为现在你和我仅仅共同地拥有关于他的名称，但我们〈用该名
称〉对之命名的那个事情，我俩各自或许在我们自己那里有着个人自己
的看法。但总是应当务必[50]通过各种言说就事情本身取得一致，而不是 218c5
在缺乏言说的情况下仅仅就名称取得一致。而我们现在打算寻求的这个
族类[51]，即智者，在一切中最为不容易把握它究竟是什么。此外，应当
好好地把所有那些重大的事情苦心经营出来，关于这些事情所有人甚至
很久以前[52]就认为，在〈处理〉各种最重大的事情本身之前，应先在一 218d1
些细小且容易的事情中练习它们。因此，泰阿泰德啊，现在我至少对我
俩这样加以建议[53]：只要我们认为智者的家族是棘手的和难以捕捉的，
那就提前在另外某种容易的东西中预先练习〈捕捉〉它的方法，除非你 218d5
能够说出[54]其他某种更为合适的道路[55]。

泰阿泰德：我肯定不能。

客人：那你一定愿意我们通过探寻某个普通的东西[56]而尝试把它设
立为更加重大事情的一个例子吗[57]？

泰阿泰德：是的。 218e1

客人：那我们究竟会把什么预先安排为熟知的东西和微不足道的东
西，但它在言说上又并不比那些更重大的东西中的任何一个更差[58]？例
如垂钓者；他对于所有人来说岂不既是熟知的，又是完全不值得〈对之 218e5
给予〉过多热忱的？

泰阿泰德：是这样。

ΞΕ. Μέθοδον μὴν αὐτὸν ἐλπίζω καὶ λόγον οὐκ ἀνεπιτή- 219
δειον ἡμῖν ἔχειν πρὸς ὃ βουλόμεθα.

ΘΕΑΙ. Καλῶς ἂν ἔχοι.

ΞΕ. Φέρε δή, τῇδε ἀρχώμεθα αὐτοῦ. καί μοι λέγε·
πότερον ὡς τεχνίτην αὐτὸν ἤ τινα ἄτεχνον, ἄλλην δὲ 5
δύναμιν ἔχοντα θήσομεν;

ΘΕΑΙ. Ἥκιστά γε ἄτεχνον.

ΞΕ. Ἀλλὰ μὴν τῶν γε τεχνῶν πασῶν σχεδὸν εἴδη δύο.

ΘΕΑΙ. Πῶς;

ΞΕ. Γεωργία μὲν καὶ ὅση περὶ τὸ θνητὸν πᾶν σῶμα 10
θεραπεία, τό τε αὖ περὶ τὸ σύνθετον καὶ πλαστόν, ὃ δὴ
σκεῦος ὠνομάκαμεν, ἥ τε μιμητική, σύμπαντα ταῦτα δικαιότατ᾽ b
ἂν ἑνὶ προσαγορεύοιτ᾽ ἂν ὀνόματι.

ΘΕΑΙ. Πῶς καὶ τίνι;

ΞΕ. Πᾶν ὅπερ ἂν μὴ πρότερόν τις ὂν ὕστερον εἰς οὐσίαν
ἄγῃ, τὸν μὲν ἄγοντα ποιεῖν, τὸ δὲ ἀγόμενον ποιεῖσθαί πού 5
φαμεν.

ΘΕΑΙ. Ὀρθῶς.

ΞΕ. Τὰ δέ γε νυνδὴ ⟨ἃ⟩ διήλθομεν ἅπαντα εἶχεν εἰς
τοῦτο τὴν αὐτῶν δύναμιν.

ΘΕΑΙ. Εἶχε γὰρ οὖν. 10

ΞΕ. Ποιητικὴν τοίνυν αὐτὰ συγκεφαλαιωσάμενοι προσ-
είπωμεν.

ΘΕΑΙ. Ἔστω. c

ΞΕ. Τὸ δὴ μαθηματικὸν αὖ μετὰ τοῦτο εἶδος ὅλον καὶ
τὸ τῆς γνωρίσεως τό τε χρηματιστικὸν καὶ ἀγωνιστικὸν καὶ
θηρευτικόν, ἐπειδὴ δημιουργεῖ μὲν οὐδὲν τούτων, τὰ δὲ ὄντα
καὶ γεγονότα τὰ μὲν χειροῦται λόγοις καὶ πράξεσι, τὰ δὲ τοῖς 5
χειρουμένοις οὐκ ἐπιτρέπει, μάλιστ᾽ ἄν που διὰ ταῦτα συν-
άπαντα τὰ μέρη τέχνη τις κτητικὴ λεχθεῖσα ἂν διαπρέψειεν.

a 3 καλῶς] καλῶς τοίνυν W   a 6 θήσομεν] φήσομεν W   a 7 γε
om. B   b 1 δικαιότατ᾽ ἂν] δικαιότατα W Stobaeus   b 4 ὂν]
ὂν W   b 8 ἃ om. BTW   c 2 δὴ] δὲ Heindorf   c 7 ἂν
διαγράψειεν T : ἀντρέψειεν Stobaeus

客人：我的确希望，就我们所意愿的而言，他不会不恰当地向我们 219a1
提供出一种方法和言说。

泰阿泰德：那敢情好。

客人：那就来吧[59]！让我们这样从他开始[60]。请告诉我，我们将把 219a5
他确定为一个有技艺的人呢，还是确定为某个虽无技艺，却具有另外某
种能力的人？

泰阿泰德：绝非无技艺的人。

客人：但肯定就全部技艺而言，大概只有两种。

泰阿泰德：为何？

客人：一方面是耕种以及任何对有死的每一有形者的照料[61]，此外 219a10
还有对我们称作器具的那种合成物和塑造物的照料，进而是模仿术；所 219b1
有这些都可以最为正当地用一个名称加以称呼。

泰阿泰德：为何〈如此〉，以及用何种〈名称〉？

客人：所有先前并不是着的东西，当有人后来将之带引进所是，我 219b5
们肯定就把那进行带引的，称作在进行创制，而把那被带引出来的，称
作被创制。

泰阿泰德：〈说得〉正确。

客人：而我们刚才所细说过的所有那些东西[62]，都肯定为了这点[63]
而有其能力。

泰阿泰德：当然有。 219b10

客人：因此，就让我们通过把它们总结起来而将之称为创制术。

泰阿泰德：就让这么做。 219c1

客人：另一方面，在此之后，那关乎学习的整个形式和认识的整个
形式[64]，以及关乎营利的、关乎竞技的和关乎猎取的整个形式，既然其
中没有一个在为众人做工[65]，相反，一些凭借各种言说和各种行为把诸 219c5
是者和诸已经生成出来的东西弄到手，一些则不允许那些要弄到手的人
〈把它们弄到手〉[66]，因此，就这整个部分，当说出某种能够进行获取的
技艺时，也许是最为合适的[67]。

ΘΕΑΙ. Ναί· πρέποι γὰρ ἄν.

d ΞΕ. Κτητικῆς δὴ καὶ ποιητικῆς συμπασῶν οὐσῶν τῶν τεχνῶν ἐν ποτέρᾳ τὴν ἀσπαλιευτικήν, ὦ Θεαίτητε, τιθῶμεν;

ΘΕΑΙ. Ἐν κτητικῇ που δῆλον.

ΞΕ. Κτητικῆς δὲ ἆρ' οὐ δύο εἴδη; τὸ μὲν ἑκόντων πρὸς
5 ἑκόντας μεταβλητικὸν ὂν διά τε δωρεῶν καὶ μισθώσεων καὶ ἀγοράσεων, τὸ δὲ λοιπόν, ἢ κατ' ἔργα ἢ κατὰ λόγους χειρούμενον σύμπαν, χειρωτικὸν ἂν εἴη;

ΘΕΑΙ. Φαίνεται γοῦν ἐκ τῶν εἰρημένων.

ΞΕ. Τί δέ; τὴν χειρωτικὴν ἆρ' οὐ διχῇ τμητέον;

10 ΘΕΑΙ. Πῇ;

e ΞΕ. Τὸ μὲν ἀναφανδὸν ὅλον ἀγωνιστικὸν θέντας, τὸ δὲ κρυφαῖον αὐτῆς πᾶν θηρευτικόν.

ΘΕΑΙ. Ναί.

ΞΕ. Τὴν δέ γε μὴν θηρευτικὴν ἄλογον τὸ μὴ οὐ τέμνειν
5 διχῇ.

ΘΕΑΙ. Λέγε ὅπη.

ΞΕ. Τὸ μὲν ἀψύχου γένους διελομένους, τὸ δ' ἐμψύχου.

ΘΕΑΙ. Τί μήν; εἴπερ ἔστον γε ἄμφω.

220 ΞΕ. Πῶς δὲ οὐκ ἔστον; καὶ δεῖ γε ἡμᾶς τὸ μὲν τῶν ἀψύχων, ἀνώνυμον ὂν πλὴν κατ' ἔνια τῆς κολυμβητικῆς ἄττα μέρη καὶ τοιαῦτ' ἄλλα βραχέα, χαίρειν ἐᾶσαι, τὸ δέ, τῶν ἐμψύχων ζῴων οὖσαν θήραν, προσειπεῖν
5 ζῳοθηρικήν.

ΘΕΑΙ. Ἔστω.

ΞΕ. Ζῳοθηρικῆς δὲ ἆρ' οὐ διπλοῦν εἶδος ἂν λέγοιτο ἐν δίκη, τὸ μὲν πεζοῦ γένους, πολλοῖς εἴδεσι καὶ ὀνόμασι διῃρημένον, πεζοθηρικόν, τὸ δ' ἕτερον νευστικοῦ ζῴου πᾶν
10 ἐνυγροθηρικόν;

ΘΕΑΙ. Πάνυ γε.

c 8 ναί secl. Cobet   d 5 ἀγοράσεων καὶ μισθώσεων T   e 1 θέντας Stobaeus: θέντᾶς W: θέντες BT   e 4 δέ om. W   οὐ om. W
a 2 ὂν Heindorf: ἐὰν BTW: om. Stobaei cod. A   a 3 τοιαῦτ'] τὰ τοιαῦτ' W

泰阿泰德：是的，它肯定会合适。

客人：既然全部技艺要么是获取术，要么是创制术，那么，我们会 219d1 把垂钓术置于两者的哪一个中呢？

泰阿泰德：显然肯定得置于获取术中。

客人：但获取术岂不又包含两种形式？一种是彼此自愿[68]进行交易的，通过各种礼物、各种租赁和各种购买；而其余的——全都要么通过 219d5 各种行为，要么通过各种言说来弄到手——，都会是强取的？

泰阿泰德：基于已经说过的那些，无论如何都显然如此。

客人：然后呢？强取术岂不又必须被二分？

泰阿泰德：以何种方式？ 219d10

客人：通过把其中整个公开地〈进行强取的〉确定为进行竞技的， 219e1 而把所有秘密地〈进行强取的〉确定为进行猎取的。

泰阿泰德：对。

客人：但不把猎取术也进行二分，这肯定是没有道理的。 219e5

泰阿泰德：请你说说如何〈做〉。

客人：通过这样划分：一则关乎无灵魂的家族，一则关乎有灵魂的家族[69]。

泰阿泰德：为何不？假如真有这两者的话。

客人：但怎么可能会没有？一方面，我们肯定必须进而把对各种无 220a1 生命的东西〈的猎取〉——因为它是无名字的，除了有关潜水术的一些部分和其他诸如此类微不足道的东西之外——，放到一边[70]；另一方面[71]，是对有灵魂的动物的猎取，必须将之称为动物猎取术。 220a5

泰阿泰德：就让是这样吧！

客人：而动物猎取术岂不又可正当地[72]被说成两种形式，一方面关乎陆行的家族——它又在许多形式和名字上被划分——，即猎取陆行动物的；另一方面关乎能够游泳的动物，全都是关乎猎取水中动物的？ 220a10

泰阿泰德：当然。

ΞΕ. Νευστικοῦ μὴν τὸ μὲν πτηνὸν φῦλον ὁρῶμεν, τὸ δὲ b
ἔννδρον;

ΘΕΑΙ. Πῶς δ' οὔ;

ΞΕ. Καὶ τοῦ πτηνοῦ μὴν γένους πᾶσα ἡμῖν ἡ θήρα
λέγεταί πού τις ὀρνιθευτική. 5

ΘΕΑΙ. Λέγεται γὰρ οὖν.

ΞΕ. Τοῦ δὲ ἐνύδρου σχεδὸν τὸ σύνολον ἁλιευτική.

ΘΕΑΙ. Ναί.

ΞΕ. Τί δέ; ταύτην αὖ τὴν θήραν ἆρ' οὐκ ἂν κατὰ
μέγιστα μέρη δύο διέλοιμεν; 10

ΘΕΑΙ. Κατὰ ποῖα;

ΞΕ. Καθ' ἃ τὸ μὲν ἕρκεσιν αὐτόθεν ποιεῖται τὴν θήραν,
τὸ δὲ πληγῇ.

ΘΕΑΙ. Πῶς λέγεις, καὶ πῇ διαιρούμενος ἑκάτερον;

ΞΕ. Τὸ μέν, ὅτι πᾶν ὅσον ἂν ἕνεκα κωλύσεως εἴργῃ τι c
περιέχον, ἕρκος εἰκὸς ὀνομάζειν.

ΘΕΑΙ. Πάνυ μὲν οὖν.

ΞΕ. Κύρτους δὴ καὶ δίκτυα καὶ βρόχους καὶ πόρκους καὶ
τὰ τοιαῦτα μῶν ἄλλο τι πλὴν ἕρκη χρὴ προσαγορεύειν; 5

ΘΕΑΙ. Οὐδέν.

ΞΕ. Τοῦτο μὲν ἄρα ἑρκοθηρικὸν τῆς ἄγρας τὸ μέρος
φήσομεν ἤ τι τοιοῦτον.

ΘΕΑΙ. Ναί.

ΞΕ. Τὸ δὲ ἀγκίστροις καὶ τριόδουσι πληγῇ γιγνόμενον 10
ἕτερον μὲν ἐκείνου, πληκτικὴν δέ τινα θήραν ἡμᾶς προσ- d
ειπεῖν ἑνὶ λόγῳ νῦν χρεών· ἢ τί τις ἄν, ὦ Θεαίτητε, εἴποι
κάλλιον;

ΘΕΑΙ. Ἀμελῶμεν τοῦ ὀνόματος· ἀρκεῖ γὰρ καὶ τοῦτο.

ΞΕ. Τῆς τοίνυν πληκτικῆς τὸ μὲν νυκτερινὸν οἶμαι 5

b 1 ὁρῶμεν post ἔννδρον transp. W   b 9 αὖ T W Stobaeus: ἂν B
κατὰ] κατὰ τὰ Stobaeus   b 10 διέλοιμεν Stobaei cod. A: διελοί-
μην B T   b 12 τὸ] τὰ W   αὐτόθεν al.: αὐτόθι B T: αὐτοῖν
Baumann   c 4 δὴ] δὲ W   c 6 οὐδὲν ἄλλο W   d 2 ὦ W
Stobaeus: om. B T   εἴποι ante ὦ Θεαίτητε transp. W

客人：在能够游泳的〈动物〉中，我们无疑一则看到了能够飞的族 220b1
类[73]，一则水生的族类？

泰阿泰德：为何不？

客人：并且我们对能够飞的家族的整个猎取，肯定被说成一种捕 220b5
禽术。

泰阿泰德：当然被这样说。

客人：而对水生的家族〈的猎取〉，大概可以被统称[74]为捕鱼术。

泰阿泰德：是的。

客人：然后呢？我们岂不复又可以按照两个最大的部分来划分这种 220b10
猎取[75]？

泰阿泰德：按照哪两个部分？

客人：按照这两个部分：一个仅仅[76]通过网罗来进行猎取，一个则
通过击打。

泰阿泰德：你为何这么说，并且以何种方式分开两者中的每一个？

客人：一方面，即所有为了阻止而通过围起来把某种东西关进去的 220c1
东西，都可以合理地将之称为网罗。

泰阿泰德：当然。

客人：于是，各种笼子、各种网、各种套索、各种篓子以及诸如此
类的，除了网罗，难道还应将之称为别的什么吗？　　　　　　　　　220c5

泰阿泰德：没有别的。

客人：因此，我们将把捕捉的这个部分说成网罗猎取术，或者诸如
此类的某种东西。

泰阿泰德：是的。

客人：另一方面，通过用各种钓钩和三叉戟进行击打而发生的那个 220c10
部分，一则又与此不同，一则我们现在也必须用单一的语词来称呼它，220d1
即将之称为某种击打性的猎取[77]；或者，泰阿泰德啊，有人能够更美地
说出某种东西？

泰阿泰德：让我们别在意名字，因为这个名字其实就足够了。

客人：此外，在击打术中，于夜间借助火光而发生的那个部分，我 220d5

πρὸς πυρὸς φῶς γιγνόμενον ὑπ' αὐτῶν τῶν περὶ τὴν θήραν
πυρευτικὴν ῥηθῆναι συμβέβηκεν.

ΘΕΑΙ. Πάνυ γε.

ΞΕ. Τὸ δέ γε μεθημερινόν, ὡς ἐχόντων ἐν ἄκροις ἄγ-
10 κιστρα καὶ τῶν τριοδόντων, πᾶν ἀγκιστρευτικόν.

e ΘΕΑΙ. Λέγεται γὰρ οὖν.

ΞΕ. Τοῦ τοίνυν ἀγκιστρευτικοῦ τῆς πληκτικῆς τὸ μὲν
ἄνωθεν εἰς τὸ κάτω γιγνόμενον διὰ τὸ τοῖς τριόδουσιν οὕτω
μάλιστα χρῆσθαι τριοδοντία τις οἶμαι κέκληται.

5 ΘΕΑΙ. Φασὶ γοῦν τινές.

ΞΕ. Τὸ δέ γε λοιπόν ἐστιν ἓν ἔτι μόνον ὡς εἰπεῖν εἶδος.

ΘΕΑΙ. Τὸ ποῖον;

ΞΕ. Τὸ τῆς ἐναντίας ταύτῃ πληγῆς, ἀγκίστρῳ τε γιγνό-
μενον καὶ τῶν ἰχθύων οὐχ ᾗ τις ἂν τύχῃ τοῦ σώματος, ὥσπερ
221 τοῖς τριόδουσιν, ἀλλὰ περὶ τὴν κεφαλὴν καὶ τὸ στόμα τοῦ
θηρευθέντος ἑκάστοτε, καὶ κάτωθεν εἰς τοὐναντίον ἄνω
ῥάβδοις καὶ καλάμοις ἀνασπώμενον· οὗ τί φήσομεν, ὦ
Θεαίτητε, δεῖν τοὔνομα λέγεσθαι;

5 ΘΕΑΙ. Δοκῶ μέν, ὅπερ ἄρτι προυθέμεθα δεῖν ἐξευρεῖν,
τοῦτ' αὐτὸ νῦν ἀποτετελέσθαι.

ΞΕ. Νῦν ἄρα τῆς ἀσπαλιευτικῆς πέρι σύ τε κἀγὼ
b συνωμολογήκαμεν οὐ μόνον τοὔνομα, ἀλλὰ καὶ τὸν λόγον
περὶ αὐτὸ τοὖργον εἰλήφαμεν ἱκανῶς. συμπάσης γὰρ τέχνης
τὸ μὲν ἥμισυ μέρος κτητικὸν ἦν, κτητικοῦ δὲ χειρωτικόν,
χειρωτικοῦ δὲ θηρευτικόν, τοῦ δὲ θηρευτικοῦ ζῳοθηρικόν,
5 ζῳοθηρικοῦ δὲ ἐνυγροθηρικόν, ἐνυγροθηρικοῦ δὲ τὸ κάτωθεν
τμῆμα ὅλον ἁλιευτικόν, ἁλιευτικῆς δὲ πληκτικόν, πληκ-
τικῆς δὲ ἀγκιστρευτικόν· τούτου δὲ τὸ περὶ τὴν κάτωθεν
c ἄνω πληγὴν ἀνασπωμένην, ἀπ' αὐτῆς τῆς πράξεως ἀφο-

d 8 γε] μὲν οὖν W   e 4 τις οἶμαι B Stob. : οἶμαί τις T   e 7 τὸ
ποῖον T W : om. B   e 8 ταύτης W   e 9 ᾗ τις] ἥτις B   a 2 θη-
ρεύοντος W (θηρευέντος pr. T)   a 3 καλάμοις] τεράμωσιν Herodianus
a 5 δοκῶ μέν B Stob. : δοκῶμεν T W   a 7 σύ Heindorf : οὗ σύ B T
τε] γε W   b 5 ἐνυδροθηρικὸν ἐνυδροθηρικοῦ T   b 7 τούτου] τοῦτο T

认为，它恰好被那些从事猎取的人自己称为火渔术[78]。

泰阿泰德：的确。

客人：而在白天发生的那个部分，既然各种三叉戟甚至在尖端也有
钩子，全都〈被说成〉是钓鱼术。　　　　　　　　　　　　　　220d10

泰阿泰德：的确被这么说。　　　　　　　　　　　　　　　　220e1

客人：再者，在属于击打术的那个关乎钩鱼的部分中，从上至下发
生的那个部分，由于尤其以这种方式[79]使用各种三叉戟，我认为当被称
作某种叉鱼。

泰阿泰德：至少一些人会这么说。　　　　　　　　　　　　　220e5

客人：而剩下的，似乎只还有一种〈形式〉可说了。

泰阿泰德：哪种？

客人：与这相反的那种击打，它用钩子来进行，并且在任何情形下
都不会像用各种三叉戟那样击中鱼的身体的〈其他〉任何部位，而是每　　221a1
次都围绕被猎取者的头和嘴[80]，并且反方向从下至上地用各种木制的钓
竿和芦苇做的钓竿将之拉起来。对之我们将说，泰阿泰德啊，何种名字
必须被说出来？

泰阿泰德：在我看来，我们刚才提出来必须找到的那个东西，它其　　221a5
实就是现在所达成的。

客人：因此，现在就垂钓术，你和我不仅关于名称取得了一致，而　　221b1
且也已经充分地把握住了关于事情本身的言说。因为，在整个技艺中，
半个部分是关于获取的；在关于获取的部分中，〈半个部分〉是强取的；
在关于强取的部分中，〈半个部分〉是猎取的；在关于猎取的部分中，
〈半个部分〉是关于动物猎取的；在关于动物猎取的部分中，〈半个部　　221b5
分〉是关于水中〈动物〉猎取的；在关于水中〈动物〉猎取的部分中，
在下面切下来的部分整个是关于捕鱼的；在关于捕鱼的部分中，〈半个
部分〉是击打性的；而在击打术中，〈半个部分〉是关于钩鱼的，而其
中关于从下往上的击打的那个部分是向上拉的击打——基于它的名字同　　221c1

μοιωθὲν τοὔνομα, ἡ νῦν ἀσπαλιευτικὴ ζητηθεῖσα ἐπίκλην
γέγονεν.

ΘΕΑΙ. Παντάπασι μὲν οὖν τοῦτό γε ἱκανῶς δεδήλωται.

ΞΕ. Φέρε δή, κατὰ τοῦτο τὸ παράδειγμα καὶ τὸν σοφιστὴν 5
ἐπιχειρῶμεν εὑρεῖν ὅτι ποτ' ἔστιν.

ΘΕΑΙ. Κομιδῇ μὲν οὖν.

ΞΕ. Καὶ μὴν ἐκεῖνό γ' ἦν τὸ ζήτημα πρῶτον, πότερον
ἰδιώτην ἤ τινα τέχνην ἔχοντα θετέον εἶναι τὸν ἀσπαλιευτήν.

ΘΕΑΙ. Ναί. 10

ΞΕ. Καὶ νῦν δὴ τοῦτον ἰδιώτην θήσομεν, ὦ Θεαίτητε, ἢ d
παντάπασιν ὡς ἀληθῶς σοφιστήν;

ΘΕΑΙ. Οὐδαμῶς ἰδιώτην· μανθάνω γὰρ ὃ λέγεις, ὡς
παντὸς δεῖ τοιοῦτος εἶναι τό γε ὄνομα τοῦτο ἔχων.

ΞΕ. Ἀλλά τινα τέχνην αὐτὸν ἡμῖν ἔχοντα, ὡς ἔοικε, 5
θετέον.

ΘΕΑΙ. Τίνα ποτ' οὖν δὴ ταύτην;

ΞΕ. Ἀρ' ὦ πρὸς θεῶν ἠγνοήκαμεν τἀνδρὸς τὸν ἄνδρα
ὄντα συγγενῆ;

ΘΕΑΙ. Τίνα τοῦ; 10

ΞΕ. Τὸν ἀσπαλιευτὴν τοῦ σοφιστοῦ.

ΘΕΑΙ. Πῇ;

ΞΕ. Θηρευτά τινε καταφαίνεσθον ἄμφω μοι.

ΘΕΑΙ. Τίνος θήρας ἅτερος; τὸν μὲν γὰρ ἕτερον εἴπομεν. e

ΞΕ. Δίχα που νυνδὴ διείλομεν τὴν ἄγραν πᾶσαν, νευστι-
κοῦ μέρους, τὸ δὲ πεζοῦ τέμνοντες.

ΘΕΑΙ. Ναί.

ΞΕ. Καὶ τὸ μὲν διήλθομεν, ὅσον περὶ τὰ νευστικὰ τῶν 5
ἐνύδρων· τὸ δὲ πεζὸν εἰάσαμεν ἄσχιστον, εἰπόντες ὅτι
πολυειδὲς εἴη.

c 8 ζήτημα] ζητούμενον W   c 9 τέχνην τινα W   d 4 παντὸς
δεῖ τοιοῦτος Winckelmann : πάντως δεῖ τοιοῦτος B : πάντως δεῖ τοιοῦτον T
d 5 ἔχοντα ἡμῖν αὐτόν W   d 8 ἀρ'] ἀρ' οὖν W   d 10 τοῦ Heindorf:
τοῦτον B T   d 13 καταφαινέσθωσαν pr. W   e 2 νῦν δὴ T:
νῦν B   ἅπασαν W   νευστικὸν μέρος Madvig   e 3 πεζοῦ τέ-
μνοντες T W : πεζὸν τέμνοντος B   e 7 εἴη] εἴην B

它的行为的相似——，它成为了现在所探寻的，别名叫垂钓术[81]。

泰阿泰德：那么，这肯定已经完全充分地得到了显明。

客人：那就来吧！依照这个例子，也让我们尝试去发现智者，〈看 221c5 看〉他究竟是什么。

泰阿泰德：正是如此[82]。

客人：而且[83]那的确曾是首先的探寻，即必须把垂钓者确定为是一个一无所长的人[84]呢，还是一个具有某种技艺的人[85]。

泰阿泰德：是的。 221c10

客人：而现在，我们将把这位确定为一个一无所长的人呢，泰阿泰 221d1 德啊，还是完全真正地将之确定为一个智者？

泰阿泰德：绝非一个一无所长的人；因为我理解你所说的：既然他拥有这个名号，那他就完全不应是这种人[86]。

客人：那么，如看起来的那样，我们必须把他确定为拥有某种技艺 221d5 的人。

泰阿泰德：好吧，但这种技艺究竟是何种技艺呢？

客人：诸神在上！我们竟然不曾知道〈这种〉人和〈那种〉人是相同家族的吗？

泰阿泰德：谁和谁？ 221d10

客人：垂钓者和智者。

泰阿泰德：为何？

客人：他们俩都对我显得是某种猎人。

泰阿泰德：这位〈猎取〉何种猎物？因为我们说过了另一位。 221e1

客人：我们刚才已经通过切分而把整个〈动物〉猎取分成了两半，一半关乎能够游泳的部分，另一半关乎陆行的部分[87]。

泰阿泰德：是的。

客人：并且我们已经细说了前者，即所有那些关乎水里的〈动物〉221e5 中能够游泳的；但我们却让陆行的那个部分未被区分，〈仅仅〉说它是多种多样的。

222   ΘΕΑΙ. Πάνυ γε.

ΞΕ. Μέχρι μὲν τοίνυν ἐνταῦθα ὁ σοφιστὴς καὶ [ὁ] ἀσπαλιευτὴς ἅμα ἀπὸ τῆς κτητικῆς τέχνης πορεύεσθον.

ΘΕΑΙ. Ἐοίκατον γοῦν.

5   ΞΕ. Ἐκτρέπεσθον δέ γε ἀπὸ τῆς ζῳοθηρικῆς, ὁ μὲν ἐπὶ θάλατταν πού καὶ ποταμοὺς καὶ λίμνας, τὰ ἐν τούτοις ζῷα θηρευσόμενος.

ΘΕΑΙ. Τί μήν;

ΞΕ. Ὁ δέ γε ἐπὶ [τὴν] γῆν καὶ ποταμοὺς ἑτέρους αὖ

10 τινας, πλούτου καὶ νεότητος οἷον λειμῶνας ἀφθόνους, τἀν τούτοις θρέμματα χειρωσόμενος.

b   ΘΕΑΙ. Πῶς λέγεις;

ΞΕ. Τῆς πεζῆς θήρας γίγνεσθον δύο μεγίστω τινὲ μέρει.

ΘΕΑΙ. Ποῖον ἑκάτερον;

5   ΞΕ. Τὸ μὲν τῶν ἡμέρων, τὸ δὲ τῶν ἀγρίων.

ΘΕΑΙ. Εἶτ’ ἔστι τις θήρα τῶν ἡμέρων;

ΞΕ. Εἴπερ γέ ἐστιν ἄνθρωπος ἥμερον ζῷον. θὲς δὲ ὅπη χαίρεις, εἴτε μηδὲν τιθεὶς ἥμερον, εἴτε ἄλλο μὲν ἥμερόν τι, τὸν δὲ ἄνθρωπον ἄγριον, εἴτε ἥμερον μὲν λέγεις αὖ τὸν

10 ἄνθρωπον, ἀνθρώπων δὲ μηδεμίαν ἡγῇ θήραν· τούτων ὁπότερ’ ἂν ἡγῇ φίλον εἰρῆσθαί σοι, τοῦτο ἡμῖν διόρισον.

c   ΘΕΑΙ. Ἀλλ’ ἡμᾶς τε ἥμερον, ὦ ξένε, ἡγοῦμαι ζῷον, θήραν τε ἀνθρώπων εἶναι λέγω.

ΞΕ. Διττὴν τοίνυν καὶ τὴν ἡμεροθηρικὴν εἴπωμεν.

ΘΕΑΙ. Κατὰ τί λέγοντες;

5   ΞΕ. Τὴν μὲν λῃστικὴν καὶ ἀνδραποδιστικὴν καὶ τυραν-

---

a 2 τοίνυν] οὖν W   καί] τε καὶ B   ὁ om. W   a 5 δέ γε TW: δ’ ἐγὼ B   a 9 δέ γε] δ’ W   τὴν om. W   a 10 οἷον λειμῶνας ἀφθόνους secl. Cobet   b 2 γιγνέσθω B: γιγνέσθων W b 5 ἀγρίων . . . ἡμέρων transp. W   b 6 τῶν ἡμέρων θήρα W b 7 γε] τε T   ἄνθρωπος coni. Heindorf   δὴ T: om. W b 8 τιθεῖς Cobet   εἴτε ἄλλο] ἢ ἄλλο Cobet   b 10 ὁπότερ’ ἂν] ὅτιπερ ἂν Badham: ὁπότερον Cobet   b 11 εἰρῆσθαί σοι om. W διόρισον TW: διοριστέον B et τέον s.v. W   c 1 ὦ ξένε ἥμερον W

泰阿泰德：确实如此。 222a1

客人：因此，从能够进行获取的技艺出发直到这里为止，智者和垂钓者[88]都一同前行。

泰阿泰德：两者至少看起来是这样。

客人：但两者肯定从动物猎取术那里就分道扬镳了；在那儿，一 222a5 个前往海洋、各种河流和各种湖泊，以便猎取〈生活〉在这些地方中的动物。

泰阿泰德：为何不？

客人：而另一个则前往陆地[89]，并前往一些完全不同的河流，即财 222a10 富和青春之河——就像前往丰沛的[90]草场似的[91]——，以便把在这些地方中的动物弄到手。

泰阿泰德：你为何这么说？ 222b1

客人：在陆上的猎取中，产生出了两个最大的部分。

泰阿泰德：各自是何种？

客人：一个关乎那些温顺的，一个则关乎那些凶野的。 222b5

泰阿泰德：还真有对温顺动物的一种猎取吗[92]？

客人：假如人就是一种温顺动物的话。不过，你喜欢怎样，就请你怎样设定：你要么设定没有任何动物是温顺的；要么设定虽然有其他某种温顺的动物，但人是凶野的；要么你说，尽管人是温顺的，但你认为 222b10 根本没有对人的一种猎取。这些中无论哪个你认为说出来会让你满意，都请你为我们界定它。

泰阿泰德：我肯定认为我们就是一种温顺的动物，客人啊！我也说 222c1 有着对人的一种猎取。

客人：那么，让我们说对温顺动物的猎取术也是双重的。

泰阿泰德：我们根据什么这么说？

客人：〈根据下面这样，那就是〉：一方面，打劫术、奴役术、僭主 222c5

νικὴν καὶ σύμπασαν τὴν πολεμικήν, ἓν πάντα, βίαιον θήραν, ὁρισάμενοι.

ΘΕΑΙ. Καλῶς.

ΞΕ. Τὴν δέ γε δικανικὴν καὶ δημηγορικὴν καὶ προσ- ομιλητικήν, ἓν αὖ τὸ σύνολον, πιθανουργικήν τινα μίαν 10 τέχνην προσειπόντες.   **d**

ΘΕΑΙ. Ὀρθῶς.

ΞΕ. Τῆς δὴ πιθανουργικῆς διττὰ λέγωμεν γένη.

ΘΕΑΙ. Ποῖα;

ΞΕ. Τὸ μὲν ἕτερον ἰδίᾳ, τὸ δὲ δημοσίᾳ γιγνόμενον.   5

ΘΕΑΙ. Γίγνεσθον γὰρ οὖν εἶδος ἑκάτερον.

ΞΕ. Οὐκοῦν αὖ τῆς ἰδιοθηρευτικῆς τὸ μὲν μισθαρνητικόν ἐστιν, τὸ δὲ δωροφορικόν;

ΘΕΑΙ. Οὐ μανθάνω.

ΞΕ. Τῇ τῶν ἐρώντων θήρᾳ τὸν νοῦν, ὡς ἔοικας, οὔπω 10 προσέσχες.

ΘΕΑΙ. Τοῦ πέρι;

ΞΕ. Ὅτι τοῖς θηρευθεῖσι δῶρα προσεπιδιδόασιν.   **e**

ΘΕΑΙ. Ἀληθέστατα λέγεις.

ΞΕ. Τοῦτο μὲν τοίνυν ἐρωτικῆς τέχνης ἔστω εἶδος.

ΘΕΑΙ. Πάνυ γε.

ΞΕ. Τοῦ δέ γε μισθαρνητικοῦ τὸ μὲν προσομιλοῦν διὰ 5 χάριτος καὶ παντάπασι δι' ἡδονῆς τὸ δέλεαρ πεποιημένον καὶ τὸν μισθὸν πραττόμενον τροφὴν ἑαυτῷ μόνον κολακικήν, ὡς ἐγῷμαι, πάντες φαῖμεν ἂν ⟨ἢ⟩ ἡδυντικήν τινα τέχνην εἶναι. **223**

ΘΕΑΙ. Πῶς γὰρ οὔ;

ΞΕ. Τὸ δὲ ἐπαγγελλόμενον μὲν ὡς ἀρετῆς ἕνεκα τὰς ὁμιλίας ποιούμενον, μισθὸν δὲ νόμισμα πραττόμενον, ἆρα οὐ τοῦτο τὸ γένος ἑτέρῳ προσειπεῖν ἄξιον ὀνόματι;   5

c 10 ἐν αὖ τὸ W: εναυτο B: ἐν αὐτὸ T   d 7 μισθαρνευτικόν B T W: correxit Heindorf (et mox infra)   d 8 ἐστιν] τί ἐστιν T d 10 τὸν νοῦν post προσέσχες transp. W   e 1 πρὸς ἔτι δῶρα διδόασιν W e 3 εἶδος ἔστω T: ἔστω W   e 7 μόνον] μόνην T   κολακικήν secl. Schanz   **a** 1 ἢ add. Heindorf   **a** 5 γένος] γεγονὸς B

术以及所有的战争术，我们将它们全部〈合起来〉规定为一，即暴力性的猎取。

泰阿泰德：〈说得〉好。

客人：另一方面，法庭辩论术、煽动术[93]和交谈术[94]，我们复又将 222c10
它们全部〈合起来规定为〉一，将之称为某种单一的技艺，即劝说术[95]。 222d1

泰阿泰德：正确。

客人：那就让我们来说说劝说术的两个家族。

泰阿泰德：哪两个？

客人：其中一个在私下发生，而另一个则公开地发生。 222d5

泰阿泰德：两种形式中的每一个都的确发生了。

客人：那么，在私下猎取术中，岂不复又一部分是能够赚取酬金的，一部分则是赠与性的？

泰阿泰德：我不明白。

客人：你似乎尚未注意到[96]过爱人之间的猎取。 222d10

泰阿泰德：为何？

客人：那就是他们此外还给被猎取者赠送各种礼物。 222e1

泰阿泰德：你说得非常正确。

客人：那么，就让这是恋爱的技艺这种形式[97]。

泰阿泰德：当然。

客人：而在能够赚取酬金的〈形式〉中，一个通过取悦来进行交 222e5
谈，完全用快乐来作为诱饵，并且仅仅把酬金索取[98]为他自己维持生计
的东西，如我所认为的那样，我们所有人都会说，它是一种谄媚术，或 223a1
者某种令人愉悦的技艺[99]。

泰阿泰德：为何不？

客人：但另一个，它一方面声称为了德性才进行交往，另一方面又
为自己索取钱币作为酬金，这个家族岂不值得用另外的名字来进行称呼？ 223a5

ΘΕΑΙ. Πῶς γὰρ οὔ;

ΞΕ. Τίνι δὴ τούτῳ; πειρῶ λέγειν.

ΘΕΑΙ. Δῆλον δή· τὸν γὰρ σοφιστήν μοι δοκοῦμεν ἀνηυρηκέναι. τοῦτ᾽ οὖν ἔγωγε εἰπὼν τὸ προσῆκον ὄνομ᾽ ἂν
10 ἡγοῦμαι καλεῖν αὐτόν.

b ΞΕ. Κατὰ δὴ τὸν νῦν, ὦ Θεαίτητε, λόγον, ὡς ἔοικεν, ἡ τέχνης οἰκειωτικῆς, ⟨χειρωτικῆς⟩, [κτητικῆς,] θηρευτικῆς, ζῳοθηρίας, [πεζοθηρίας,] χερσαίας, [ἡμεροθηρικῆς,] ἀνθρωποθηρίας, ⟨πιθανοθηρίας⟩, ἰδιοθηρίας, [μισθαρνικῆς,] νομισ-
5 ματοπωλικῆς, δοξοπαιδευτικῆς, νέων πλουσίων καὶ ἐνδόξων γιγνομένη θήρα προσρητέον, ὡς ὁ νῦν λόγος ἡμῖν συμβαίνει, σοφιστική.

ΘΕΑΙ. Παντάπασι μὲν οὖν.

c ΞΕ. Ἔτι δὲ καὶ τῇδε ἴδωμεν· οὐ γάρ τι φαύλης μέτοχόν ἐστι τέχνης τὸ νῦν ζητούμενον, ἀλλ᾽ εὖ μάλα ποικίλης. καὶ γὰρ οὖν ἐν τοῖς πρόσθεν εἰρημένοις φάντασμα παρέχεται μὴ τοῦτο ὃ νῦν αὐτὸ ἡμεῖς φαμεν ἀλλ᾽ ἕτερον εἶναί τι γένος.

5 ΘΕΑΙ. Πῇ δή;

ΞΕ. Τὸ τῆς κτητικῆς τέχνης διπλοῦν ἦν εἶδός που, τὸ μὲν θηρευτικὸν μέρος ἔχον, τὸ δὲ ἀλλακτικόν.

ΘΕΑΙ. Ἦν γὰρ οὖν.

ΞΕ. Τῆς τοίνυν ἀλλακτικῆς δύο εἴδη λέγωμεν, τὸ μὲν
10 δωρητικόν, τὸ δὲ ἕτερον ἀγοραστικόν;

ΘΕΑΙ. Εἰρήσθω.

ΞΕ. Καὶ μὴν αὖ φήσομεν ἀγοραστικὴν διχῇ τέμνεσθαι.

d ΘΕΑΙ. Πῇ;

ΞΕ. Τὴν μὲν τῶν αὐτουργῶν αὐτοπωλικὴν διαιρουμένην, τὴν δὲ τὰ ἀλλότρια ἔργα μεταβαλλομένην μεταβλητικήν.

ΘΕΑΙ. Πάνυ γε.

b 2 χειρωτικῆς add. Aldina
θηρικῆς secl. Schleiermacher
μισθαρνικῆς secl. Schleiermacher
μετέχον W   c 4 ἡμεῖς αὐτὸ W
κτικὸν ⟨ὄν⟩ Heindorf
T W: ἂν φήσωμεν B   b 2-4 κτητικῆς, πεζοθηρίας, ἡμερο-
b 4 πιθανοθηρίας add. Heindorf
c 1 ἴδωμεν W: εἰδῶμεν B T   c 7 ἔχον μέρος W   ἀλλα-
c 10 ἕτερον om. W   c 12 αὖ φήσομεν
d 2 διαιρούμενοι al. : δὴ εἰρημένην Stephanus

泰阿泰德：当然。

客人：这名字究竟是什么？请你试着说说。

泰阿泰德：它的确是显而易见的；因为，对我来说我们似乎已经发现了智者。因此，当我这样说时，至少我会认为可用这个恰当的名字来称呼他。 223a10

客人：所以根据现在的言说，泰阿泰德啊，如看起来的那样，对 223b1 那些富有且有名声的青年所发生出来的猎取[100]——它是这样一种技艺：占为己有的[101]、强取的[102]、猎取的，猎取动物的[103]，而且是陆上动物的，猎取人的[104]，劝说性猎取的[105]，私下猎取的，赚取钱币的[106]，貌 223b5 似进行教育的——，必须被称为，正如现在的言说对我们所表明的那样[107]，智者术。

泰阿泰德：完全如此。

客人：不过让我们还要以下面这种方式看看，因为现在所寻找的， 223c1 不是某个分有一种微不足道的技艺的[108]，而是分有一种非常错综复杂的技艺的[109]。其实在前面所说的那些东西中还出现了一个显象，它并非我们现在说它是的这个家族，而是另外某个家族。

泰阿泰德：究竟以何种方式？ 223c5

客人：进行获取的技艺的形式也许是双重的，它一方面有一个进行猎取的部分，另一方面有一个进行交换的部分[110]。

泰阿泰德：的确是这样。

客人：那么让我们来说说交换术的两种形式；一种是关乎赠送的， 223c10 另一种则是关乎市场买卖的？

泰阿泰德：就让它被这么说。

客人：而且我们复又会说，市场买卖术也可被二分。

泰阿泰德：如何？ 223d1

客人：通过这样划分：一方面关于自己做出来的东西的〈市场买卖术〉是自营术，另一方面交换他人产品的〈市场买卖术〉是交易术。

泰阿泰德：肯定。

ΞΕ. Τί δέ; τῆς μεταβλητικῆς οὐχ ἡ μὲν κατὰ πόλιν 5
ἀλλαγή, σχεδὸν αὐτῆς ἥμισυ μέρος ὄν, καπηλικὴ προσαγο-
ρεύεται;

ΘΕΑΙ. Ναί.

ΞΕ. Τὸ δέ γε ἐξ ἄλλης εἰς ἄλλην πόλιν διαλλάττον
ὠνῇ καὶ πράσει ἐμπορική; 10

ΘΕΑΙ. Τί δ' οὔ;

ΞΕ. Τῆς δ' ἐμπορικῆς ἆρ' οὐκ ᾐσθήμεθα ὅτι τὸ μὲν ὅσοις e
τὸ σῶμα τρέφεται καὶ χρῆται, τὸ δὲ ὅσοις ἡ ψυχή, πωλοῦν
διὰ νομίσματος ἀλλάττεται;

ΘΕΑΙ. Πῶς τοῦτο λέγεις;

ΞΕ. Τὸ περὶ τὴν ψυχὴν ἴσως ἀγνοοῦμεν, ἐπεὶ τό γε 5
ἕτερόν που συνίεμεν.

ΘΕΑΙ. Ναί.

ΞΕ. Μουσικήν τε τοίνυν συνάπασαν λέγωμεν, ἐκ πόλεως 224
ἑκάστοτε εἰς πόλιν ἔνθεν μὲν ὠνηθεῖσαν, ἑτέρωσε δὲ ἀγο-
μένην [καὶ πιπρασκομένην], καὶ γραφικὴν καὶ θαυματοποιικὴν
καὶ πολλὰ ἕτερα τῆς ψυχῆς, τὰ μὲν παραμυθίας, τὰ δὲ καὶ
σπουδῆς χάριν ἀχθέντα καὶ πωλούμενα, τὸν ἄγοντα καὶ 5
πωλοῦντα μηδὲν ἧττον τῆς τῶν σιτίων καὶ ποτῶν πράσεως
ἔμπορον ὀρθῶς ἂν λεγόμενον παρασχεῖν.

ΘΕΑΙ. Ἀληθέστατα λέγεις.

ΞΕ. Οὐκοῦν καὶ τὸν μαθήματα συνωνούμενον πόλιν τε b
ἐκ πόλεως νομίσματος ἀμείβοντα ταὐτὸν προσερεῖς ὄνομα;

ΘΕΑΙ. Σφόδρα γε.

ΞΕ. Τῆς δὴ ψυχεμπορικῆς ταύτης ἆρ' οὐ τὸ μὲν ἐπι-
δεικτικὴ δικαιότατα λέγοιτ' ἄν, τὸ δὲ γελοίῳ μὲν οὐχ ἧττον 5
τοῦ πρόσθεν, ὅμως δὲ μαθημάτων οὖσαν πρᾶσιν αὐτὴν
ἀδελφῷ τινι τῆς πράξεως ὀνόματι προσειπεῖν ἀνάγκη;

<hr>

d 6 καὶ πηλίκη Β Τ (corr. b t): καπηλευτική W   d 9 διαλλάττον]
διαλάτ τον W: διαλλαττομένων Β Τ: διαλλαττόμενον vulg.   e 2 καὶ
χρῆται Heindorf: κέχρηται Β Τ   a 1 λέγομεν συνάπασαν W   a 3 καὶ
πιπρασκομένην seclusi   θαυματοποιητικὴν W   a 7 παρέχειν Τ W:
ὑπάρχειν Badham   b 5 γελοίῳ Heindorf: γελοῖον Β Τ

客人：然后呢？在交易术中，一则岂不是在城里 [111] 的交易吗，它 223d5
几乎是其半个部分，它被称为零售术 [112] ？

泰阿泰德：是的。

客人：一则岂不从一个城邦到另一个城邦通过买和卖进行交换，因 223d10
而被称为贸易术 [113] ？

泰阿泰德：为何不？

客人：而在贸易术中，我们岂不觉察到：一则交换身体由之被养育 223e1
和需要的所有东西，一则交换灵魂由之〈被养育和需要的〉所有东西，
并且都通过钱币来进行卖？

泰阿泰德：你为何这么说？

客人：那关乎灵魂的，我们或许不知道，尽管另一个，我们无论如 223e5
何都肯定明白。

泰阿泰德：是的。

客人：那么，每当所有的文艺，从一个城邦到另一个城邦，一方面 224a1
从这里被买进，一方面又被运送到另一处并且被卖出 [114]，同样还有画
艺、变戏法以及许多其他为了灵魂——其中一些是为了它的消遣 [115]，一 224a5
些则是为了它的严肃追求 [116]——而被运送和被售卖的东西，让我们说，
如果可以正确地说出行商〈这个名字〉，那么将之用到那运送并售卖
〈它们的〉人身上，丝毫不亚于用到食物和饮料的兜售身上。

泰阿泰德：你说得非常正确。

客人：因此，那收购各种学问并且从一个城邦到另一个城邦用它们 224b1
来换取钱币的人 [117]，你岂不用同样的名字来称呼他？

泰阿泰德：完全如此。

客人：那么，在这种灵魂贸易术中，一部分岂不可以非常正当地被 224b5
称为展示术，而另一部分，尽管就可笑而言并不亚于前者，但由于它是
对各种学问的兜售，岂不还是必然可以用某种同其行为像兄弟一样的名
字来称呼它？

ΘΕΑΙ. Πάνυ μὲν οὖν.

ΞΕ. Ταύτης τοίνυν τῆς μαθηματοπωλικῆς τὸ μὲν περὶ
c τὰ τῶν ἄλλων τεχνῶν μαθήματα ἑτέρῳ, τὸ δὲ περὶ τὸ τῆς
ἀρετῆς ἄλλῳ προσρητέον.

ΘΕΑΙ. Πῶς γὰρ οὔ;

ΞΕ. Τεχνοπωλικὸν μὴν το γε περὶ τᾶλλα ἂν ἁρμόττοι·
5 τὸ δὲ περὶ ταῦτα σὺ προθυμήθητι λέγειν ὄνομα.

ΘΕΑΙ. Καὶ τί τις ἂν ἄλλο ὄνομα εἰπὼν οὐκ ἂν πλημ-
μελοίη πλὴν τὸ νῦν ζητούμενον αὐτὸ εἶναι τὸ σοφιστικὸν
γένος;

ΞΕ. Οὐδὲν ἄλλο. ἴθι δὴ νῦν συναγάγωμεν αὐτὸ λέ-
10 γοντες ὡς τὸ τῆς κτητικῆς, μεταβλητικῆς, ἀγοραστικῆς,
d ἐμπορικῆς, ψυχεμπορικῆς περὶ λόγους καὶ μαθήματα ἀρετῆς
πωλητικὸν δεύτερον ἀνεφάνη σοφιστική.

ΘΕΑΙ. Μάλα γε.

ΞΕ. Τρίτον δέ γ᾽ οἶμαί σε, κἂν εἴ τις αὐτοῦ καθιδρυμένος
5 ἐν πόλει, τὰ μὲν ὠνούμενος, τὰ δὲ καὶ τεκταινόμενος αὐτὸς
μαθήματα περὶ τὰ αὐτὰ ταῦτα καὶ πωλῶν, ἐκ τούτου τὸ ζῆν
προυτάξατο, καλεῖν οὐδὲν ἄλλο πλὴν ὅπερ νυνδή.

ΘΕΑΙ. Τί δ᾽ οὐ μέλλω;

e ΞΕ. Καὶ τὸ κτητικῆς ἄρα μεταβλητικόν, ἀγοραστικόν,
καπηλικὸν εἴτε αὐτοπωλικόν, ἀμφοτέρως, ὅτιπερ ἂν ᾖ περὶ
τὰ τοιαῦτα μαθηματοπωλικὸν γένος, ἀεὶ σὺ προσερεῖς, ὡς
φαίνῃ, σοφιστικόν.

5 ΘΕΑΙ. Ἀνάγκη· τῷ γὰρ λόγῳ δεῖ συνακολουθεῖν.

ΞΕ. Ἔτι δὴ σκοπῶμεν εἴ τινι τοιῷδε προσέοικεν ἄρα τὸ
νῦν μεταδιωκόμενον γένος.

225 ΘΕΑΙ. Ποίῳ δή;

ΞΕ. Τῆς κτητικῆς ἀγωνιστική τι μέρος ἡμῖν ἦν.

---

c 1 τὸ] τῷ W   c 6 εἰπὼν ὄνομα W   c 9 ἴθι νῦν ΒΤ
(sed δὴ supra versum Τ): ἴθι δὴ W   c 10 μεταβλητικῆς] μετα-
βλητικὸν ΒΤ   d 1 ἐμπορικῆς] ἐμπορικοῦ ΒΤ   ψυχεμπορικοῦ W
sed ῆς supra versum   e 5 λόγῳ] λογικῷ Β   a 2 μέρος τι ἦν
ἡμῖν W

泰阿泰德：当然。

客人：那么，在这种学问贩卖术中，一部分是关乎其他各种技艺 224c1
中的诸学问，必须用一个〈名字〉来进行称呼；一部分是关乎德性的学
问，必须用另一个〈名字〉来进行称呼。

泰阿泰德：为何不？

客人：技艺贩卖的，这肯定会适合于那关乎其他〈各种技艺中的
诸学问〉的那部分，而关于〈后面〉这种东西的那部分，请你尽力说 224c5
出名字。

泰阿泰德：如果有人还能说出其他名字，他岂不会是在乱弹琴 118，
除了说它就是我们现在正寻找的那个东西，即智者的家族之外？

客人：别无其他任何〈名字〉。那么来吧！现在让我们这样对之进
行总结，我们说，作为获取术、交易术、市场交易术、贸易术、灵魂贸 224c10
易术中的一个部分，它所出售的是关乎德性的诸言说和诸学问，它第二 224d1
次显现为了智者术。

泰阿泰德：确实。

客人：我认为，如果某人通过在一个城邦这里定居下来 119，一方面 224d5
购买一些学问，一方面又自己制造关于同样这些东西的一些学问并出售
它们，由此为自己安排生活，那么，你除了用刚才那个名字之外，肯定
不会用任何其他名字来第三次称呼他。

泰阿泰德：我当然不会 120。

客人：那么，在获取术中那进行交易的部分，〈进而〉进行市场交 224e1
易的部分，无论是零售的还是自营的，在两种方式上，任何贩卖学问的
家族都会关乎〈前面所提到的〉这样一些东西，你总是会将之称为——
如显得的那样——智者的家族。

泰阿泰德：必然；因为必须服从言说〈所说出的〉121。 224e5

客人：此外，让我们考察现在正追踪的这个家族是否还与下面这种
东西相像。

泰阿泰德：究竟哪种东西？ 225a1

客人：对我们来说，竞技术是获取术的某个部分。

ΘΕΑΙ. Ἦν γὰρ οὖν.

ΞΕ. Οὐκ ἀπὸ τρόπου τοίνυν ἐστὶ διαιρεῖν αὐτὴν δίχα.

ΘΕΑΙ. Καθ' ὁποῖα λέγε. 5

ΞΕ. Τὸ μὲν ἀμιλλητικὸν αὐτῆς τιθέντας, τὸ δὲ μαχητικόν.

ΘΕΑΙ. Ἔστιν.

ΞΕ. Τῆς τοίνυν μαχητικῆς τῷ μὲν σώματι πρὸς σώματα γιγνομένῳ σχεδὸν εἰκὸς καὶ πρέπον ὄνομα λέγειν τι τοιοῦτον τιθεμένους οἷον βιαστικόν. 10

ΘΕΑΙ. Ναί.

ΞΕ. Τῷ δὲ λόγοις πρὸς λόγους τί τις, ὦ Θεαίτητε, ἄλλο εἴπῃ πλὴν ἀμφισβητητικόν; b

ΘΕΑΙ. Οὐδέν.

ΞΕ. Τὸ δέ γε περὶ τὰς ἀμφισβητήσεις θετέον διττόν.

ΘΕΑΙ. Πῇ;

ΞΕ. Καθ' ὅσον μὲν γὰρ γίγνεται μήκεσί τε πρὸς ἐναντία 5 μήκη λόγων καὶ περὶ [τὰ] δίκαια καὶ ἄδικα δημοσίᾳ, δικανικόν.

ΘΕΑΙ. Ναί.

ΞΕ. Τὸ δ' ἐν ἰδίοις αὖ καὶ κατακεκερματισμένον ἐρωτήσεσι πρὸς ἀποκρίσεις μῶν εἰθίσμεθα καλεῖν ἄλλο πλὴν ἀντιλογικόν; 10

ΘΕΑΙ. Οὐδέν.

ΞΕ. Τοῦ δὲ ἀντιλογικοῦ τὸ μὲν ὅσον περὶ τὰ συμβόλαια ἀμφισβητεῖται μέν, εἰκῇ δὲ καὶ ἀτέχνως περὶ αὐτὸ πράτ- c τεται, ταῦτα θετέον μὲν εἶδος, ἐπείπερ αὐτὸ διέγνωκεν ὡς ἕτερον ὂν ὁ λόγος, ἀτὰρ ἐπωνυμίας οὔθ' ὑπὸ τῶν ἔμπροσθεν ἔτυχεν οὔτε νῦν ὑφ' ἡμῶν τυχεῖν ἄξιον.

ΘΕΑΙ. Ἀληθῆ· κατὰ σμικρὰ γὰρ λίαν καὶ παντοδαπὰ 5 διῄρηται.

ΞΕ. Τὸ δέ γε ἔντεχνον, καὶ περὶ δικαίων αὐτῶν καὶ ἀδίκων καὶ περὶ τῶν ἄλλων ὅλως ἀμφισβητοῦν, ἆρ' οὐκ ἐριστικὸν αὖ λέγειν εἰθίσμεθα;

a 3 οὖν om. W   b 1 ἀμφισβητητικόν] ἀμφισβητικόν BTW
b 3 διττὸν θετέον W   b 5 γὰρ om. W   b 6 τὰ om. TW
c 2 ταῦτα BT : τοῦτο al.   c 9 αὖ om. W   24*

泰阿泰德：的确如此。

客人：那么，将它分成两半就不是不合理的¹²²。

泰阿泰德：以何种〈方式〉，请你说说。 225a5

客人：通过把它的一个部分确定为比赛性的，另一部分为战斗性的。

泰阿泰德：是的。

客人：于是，对于在战斗术中所发生的用身体对抗身体的那个部分，我们为之设定某种这样的名字，如说它是暴力性的，这似乎是合理 225a10
和恰当的。

泰阿泰德：对。

客人：而对于用言说对抗言说的那个部分，泰阿泰德啊，除了将之
称作争论性的，一个人还能将之称作别的什么吗？ 225b1

泰阿泰德：没有别的。

客人：而关于各种争论的那个部分，肯定也必须被二分。

泰阿泰德：以何种方式？

客人：就按照这样：出现用长篇大论来反驳长篇大论，并且公开地 225b5
关乎各种正当的事情和不正当的事情的¹²³，是法庭辩论性的。

泰阿泰德：是的。

客人：而另一方面，那在私下发生并且面对回答通过提问而被分成
一小段一小段的，难道我们会习惯将之称为别的什么吗，除了辩论性的 225b10
之外？

泰阿泰德：没有别的。

客人：而在辩论性的部分中，任何围绕各种合同而展开争论的
部分，在那里都是偶然和无技艺地在行事，这些必须被确定为一种形 225c1
式——既然言说已经把它区分为是另一种形式——，然而，它既未从前
人那里取得名字¹²⁴，现在也不值得从我们这里取得。

泰阿泰德：正确；因为它已经被分得非常细小和五花八门了。 225c5

客人：而其中有技艺的部分，由于它整体地围绕各种公正的东西本
身和不公正的东西，以及围绕其他事情而进行争论，我们岂不复又习惯
于将之称作争吵性的？

10 ΘΕΑΙ. Πῶς γὰρ οὔ;

d ΞΕ. Τοῦ μὴν ἐριστικοῦ τὸ μὲν χρηματοφθορικόν, τὸ δὲ χρηματιστικὸν ὂν τυγχάνει.

ΘΕΑΙ. Παντάπασί γε.

ΞΕ. Τὴν ἐπωνυμίαν τοίνυν ἣν ἑκάτερον δεῖ καλεῖν
5 αὐτῶν πειραθῶμεν εἰπεῖν.

ΘΕΑΙ. Οὐκοῦν χρή.

ΞΕ. Δοκῶ μὴν τό γε δι᾽ ἡδονὴν τῆς περὶ ταῦτα διατριβῆς ἀμελὲς τῶν οἰκείων γιγνόμενον, περὶ δὲ τὴν λέξιν τοῖς πολλοῖς τῶν ἀκουόντων οὐ μεθ᾽ ἡδονῆς ἀκουόμενον καλεῖσθαι
10 κατὰ γνώμην τὴν ἐμὴν οὐχ ἕτερον ἀδολεσχικοῦ.

ΘΕΑΙ. Λέγεται γὰρ οὖν οὕτω πως.

e ΞΕ. Τούτου τοίνυν τοὐναντίον, ἀπὸ τῶν ἰδιωτικῶν ἐρίδων χρηματιζόμενον, ἐν τῷ μέρει σὺ πειρῶ νῦν εἰπεῖν.

ΘΕΑΙ. Καὶ ⟨τί⟩ τις ἂν αὖ εἰπὼν ἕτερον οὐκ ἐξαμάρτοι πλήν γε τὸν θαυμαστὸν πάλιν ἐκεῖνον ἥκειν αὖ νῦν τέταρτον
5 τὸν μεταδιωκόμενον ὑφ᾽ ἡμῶν σοφιστήν;

226 ΞΕ. Οὐδὲν ἀλλ᾽ ἢ τὸ χρηματιστικὸν γένος, ὡς ἔοικεν, ἐριστικῆς ὂν τέχνης, τῆς ἀντιλογικῆς, τῆς ἀμφισβητητικῆς, τῆς μαχητικῆς, τῆς ἀγωνιστικῆς, τῆς κτητικῆς ἔστιν, ὡς ὁ λόγος αὖ μεμήνυκε νῦν, ὁ σοφιστής.

5 ΘΕΑΙ. Κομιδῇ μὲν οὖν.

ΞΕ. Ὁρᾷς οὖν ὡς ἀληθῆ λέγεται τὸ ποικίλον εἶναι τοῦτο τὸ θηρίον καὶ τὸ λεγόμενον οὐ τῇ ἑτέρᾳ ληπτόν;

ΘΕΑΙ. Οὐκοῦν ἀμφοῖν χρή.

b ΞΕ. Χρὴ γὰρ οὖν, καὶ κατὰ δύναμίν γε οὕτω ποιητέον, τοιόνδε τι μεταθέοντας ἴχνος αὐτοῦ. καί μοι λέγε· τῶν οἰκετικῶν ὀνομάτων καλοῦμεν ἄττα που;

ΘΕΑΙ. Καὶ πολλά· ἀτὰρ ποῖα δὴ τῶν πολλῶν πυνθάνῃ;

d 5 αὐτῶν] αὐτὸν B   d 7 μὴν] μὲν Heindorf   τό γε] τόδε B T : τὸ δὲ W   d 8 ἀμελῶς W   d 10 τὴν] τήν γ᾽ W   e 3 τί add. Heindorf   ἐξαμαρτάνοι W   e 5 τὸν om. B   a 2 ἀμφισβη- τικῆς B T W   a 3 κτητητικῆς B   a 6 τὸ θηρίον τοῦτο W   a 7 τῇ ἑτέρᾳ] θατέρᾳ Cobet   ληπτόν W : ληπτέον B T

泰阿泰德：为何不？ 225c10

客人：然而，在争吵性的部分中，一方面恰好是花钱的，另一方面 225d1
则恰好是赚钱的。

泰阿泰德：完全如此。

客人：那么，就让我们尝试说出名字，由之必须称呼它们中的每 225d5
一个。

泰阿泰德：的确必须。

客人：不过在我看来，这个部分，即由于对在这类东西上的消磨时
间感到快乐而变得不关心自己的各种事情，但就说话方式而言，当被听
时对于听众中的许多人来说却并不伴随着快乐，根据我的看法，它不被 225d10
叫作别的，除了叫作闲谈性的[125]。

泰阿泰德：一定会被这样说。

客人：那么，与这相反的那个部分，即从各种私下的争吵中赚钱 225e1
的，现在轮到你来尝试说说[126]。

泰阿泰德：如果一个人还要说出任何别的什么，他又怎能不会犯错
呢[127]，除了那个奇异者——即被我们所追踪的智者——现在再次第四次 225e5
出场之外[128]？

客人：并非任何别的家族，而是那个赚钱的家族，如看起来的那 226a1
样，它作为争吵性的技艺中的〈一个家族〉——它属于辩论术、争论术、
战斗术、竞技术、获取术——，正如言说现在再次已经揭露的，才是
智者。

泰阿泰德：完全如此。 226a5

客人：那么你就看到了，何等正确地说这种野兽是复杂的，并且如
常言所说[129]，它一定只手难擒？

泰阿泰德：那就必须用双手！

客人：确实必须；并且也应当尽可能地通过追踪它的某种这样的足 226b1
迹来这样做。请你告诉我，在那些关乎仆役事务的名字中我们肯定会叫
出一些吗？

泰阿泰德：甚至许多；但你究竟要询问这许许多多中的哪些？

ΞΕ. Τὰ τοιάδε, οἷον διηθεῖν τε λέγομεν καὶ διαττᾶν καὶ 5
βράττειν καὶ †διακρίνειν.†

ΘΕΑΙ. Τί μήν;

ΞΕ. Καὶ πρός γε τούτοις ἔτι ξαίνειν, κατάγειν, κερκίζειν,
καὶ μυρία ἐν ταῖς τέχναις ἄλλα τοιαῦτα ἐνόντα ἐπιστάμεθα.
ἦ γάρ; 10

ΘΕΑΙ. Τὸ ποῖον αὐτῶν πέρι βουληθεὶς δηλῶσαι παρα- c
δείγματα προθεὶς ταῦτα κατὰ πάντων ἤρου;

ΞΕ. Διαιρετικά που τὰ λεχθέντα εἴρηται σύμπαντα.

ΘΕΑΙ. Ναί.

ΞΕ. Κατὰ τὸν ἐμὸν τοίνυν λόγον ὡς περὶ ταῦτα μίαν 5
οὖσαν ἐν ἅπασι τέχνην ἑνὸς ὀνόματος ἀξιώσομεν αὐτήν.

ΘΕΑΙ. Τίνα προσειπόντες;

ΞΕ. Διακριτικήν.

ΘΕΑΙ. Ἔστω.

ΞΕ. Σκόπει δὴ ταύτης αὖ δύο ἄν πῃ δυνώμεθα κατιδεῖν 10
εἴδη.

ΘΕΑΙ. Ταχεῖαν ὡς ἐμοὶ σκέψιν ἐπιτάττεις.

ΞΕ. Καὶ μὴν ἔν γε ταῖς εἰρημέναις διακρίσεσι τὸ μὲν d
χεῖρον ἀπὸ βελτίονος ἀποχωρίζειν ἦν, τὸ δ᾽ ὅμοιον ἀφ᾽
ὁμοίου.

ΘΕΑΙ. Σχεδὸν οὕτω νῦν λεχθὲν φαίνεται.

ΞΕ. Τῆς μὲν τοίνυν ὄνομα οὐκ ἔχω λεγόμενον· τῆς δὲ 5
καταλειπούσης μὲν τὸ βέλτιον διακρίσεως, τὸ δὲ χεῖρον
ἀποβαλλούσης ἔχω.

ΘΕΑΙ. Λέγε τί.

ΞΕ. Πᾶσα ἡ τοιαύτη διάκρισις, ὡς ἐγὼ συννοῶ, λέγεται
παρὰ πάντων καθαρμός τις. 10

ΘΕΑΙ. Λέγεται γὰρ οὖν.

---

b 5 διηθεῖν Β Τ : διησήθειν in marg. Τ sed η priore eraso (διασήθειν
voluit)   τε Β Τ : τι W   post λέγομεν add. διασήθειν W   b 6 δια-
κρίνειν] διαρρινεῖν Orelli : διακινεῖν Campbell : suspicor διασήθειν fuisse
vel ἀνακινεῖν   b 8 ξαίνειν καὶ κατάγειν καὶ κερκίζειν W   d 4 οὕτω
Τ W : οὖν τω Β   d 6 καταλειπούσης W : καταλιπούσης Β Τ

客人： 其实就下面这样一些：例如，我们说滤、筛、簸以及挑选 [130]。 226b5

泰阿泰德： 那还用说？

客人： 并且除了这些之外 [131]，还有梳、纺、织，以及我们知道位于
技艺中的其他成千上万诸如此类的。是这样吗？ 226b10

泰阿泰德： 你通过提出这样一些例子来逐一询问，你究竟想在它们 226c1
身上显明何种东西？

客人： 被提到的所有这些至少都被说成是有区分能力的 [132]。

泰阿泰德： 是的。

客人： 那么根据我的言说，由于在所有这些中有着关于它们的单一 226c5
技艺，所以我们认为它适合有一个名字。

泰阿泰德： 那我们将之称作何种〈技艺〉？

客人： 区分术。

泰阿泰德： 就让它是这样。

客人： 那请你看看 [133]，我们是否复又能够在某种方式上看出 [134]〈它 226c10
的〉两种形式。

泰阿泰德： 在我看来 [135]，你在要求一个快速的看。

客人： 其实就在已经讲到的那些区分中，一则是把较差的从较好的 226d1
那儿分离开来，一则是把相似的同相似的分离开来。

泰阿泰德： 现在一说，这样就变得有些清楚了。

客人： 就其中一种〈区分〉，我没有常言所说的名字；但就另一种 226d5
区分，即一则留下较好的，一则抛弃较坏的，我有。

泰阿泰德： 请你说说是什么。

客人： 所有这类区分，如我所理解的那样，都被所有人说成是一种 226d10
净化。

泰阿泰德： 的确被这么说。

e   ΞΕ. Οὐκοῦν τό γε καθαρτικὸν εἶδος αὖ διπλοῦν ὂν πᾶς ἂν ἴδοι;

ΘΕΑΙ. Ναί, κατὰ σχολήν γε ἴσως· οὐ μὴν ἔγωγε καθορῶ νῦν.

5   ΞΕ. Καὶ μὴν τά γε περὶ τὰ σώματα πολλὰ εἴδη καθάρσεων ἑνὶ περιλαβεῖν ὀνόματι προσήκει.

ΘΕΑΙ. Ποῖα καὶ τίνι;

ΞΕ. Τά τε τῶν ζῴων, ὅσα ἐντὸς σωμάτων ὑπὸ γυμνασ-
227 τικῆς ἰατρικῆς τε ὀρθῶς διακρινόμενα καθαίρεται καὶ περὶ τἀκτός, εἰπεῖν μὲν φαῦλα, ὅσα βαλανευτικὴ παρέχεται· καὶ τῶν ἀψύχων σωμάτων, ὧν γναφευτικὴ καὶ σύμπασα κοσμη-τικὴ τὴν ἐπιμέλειαν παρεχομένη κατὰ σμικρὰ πολλὰ καὶ
5 γελοῖα δοκοῦντα ὀνόματα ἔσχεν.

ΘΕΑΙ. Μάλα γε.

ΞΕ. Παντάπασι μὲν οὖν, ὦ Θεαίτητε. ἀλλὰ γὰρ τῇ τῶν λόγων μεθόδῳ σπογγιστικῆς ἢ φαρμακοποσίας οὐδὲν ἧττον οὐδέ τι μᾶλλον τυγχάνει μέλον εἰ τὸ μὲν σμικρά, τὸ
10 δὲ μεγάλα ἡμᾶς ὠφελεῖ καθαῖρον. τοῦ κτήσασθαι γὰρ
b ἕνεκα νοῦν πασῶν τεχνῶν τὸ συγγενὲς καὶ τὸ μὴ συγγενὲς κατανοεῖν πειρωμένη τιμᾷ πρὸς τοῦτο ἐξ ἴσου πάσας, καὶ θάτερα τῶν ἑτέρων κατὰ τὴν ὁμοιότητα οὐδὲν ἡγεῖται γελοιό-τερα, σεμνότερον δέ τι τὸν διὰ στρατηγικῆς ἢ φθειριστικῆς
5 δηλοῦντα θηρευτικὴν οὐδὲν νενόμικεν, ἀλλ' ὡς τὸ πολὺ χαυνότερον. καὶ δὴ καὶ νῦν, ὅπερ ἤρου, τί προσεροῦμεν ὄνομα συμπάσας δυνάμεις ὅσαι σῶμα εἴτε ἔμψυχον εἴτε ἄψυχον
c εἰλήχασι καθαίρειν, οὐδὲν αὐτῇ διοίσει ποῖόν τι λεχθὲν εὐπρεπέστατον εἶναι δόξει· μόνον ἐχέτω χωρὶς τῶν τῆς ψυχῆς καθάρσεων πάντα συνδῆσαν ὅσα ἄλλο τι καθαίρει.

e 2 ἴδοι] εἴδοι T : συνίδοι W   e 3 ναί secl. Cobet   e 5 γε W : om. BT   e 8–a 2 ὅσοις . . . φαῦλα Badham : ὅσοις . . . φαύλοις Schanz   a 1 καθαίρεται TW : καθαιρεῖται B   περὶ τἀκτός] περιτακτὸς B : τὰ περὶ τὰ ἐκτὸς & T   a 3 κοσμητικὴ] σμητικὴ Badham   a 8 φαρμακοποιίας Ast   b 4 δέ τι W : τέ τι BT ἢ φθειριστικῆς TW : om. B   b 6 δὴ καὶ om. T   c 1 εἰλήχασι W : εἰλήφασι BT

客人：那么，所有人岂不肯定又会看到进行净化的形式复又是双　226e1
重的？

泰阿泰德：是的，或许在有闲暇的时候肯定会；但至少我现在还没
有看出来。

客人：而且用单一的名字来总括关乎形体的各种净化的许多形式，　226e5
这肯定是恰当的。

泰阿泰德：哪些形式，以及用何种名字？

客人：在有生命的东西中，一些全都在形体的里面通过被体育术和　227a1
医术正确区分开来而得到净化，一些，的确说起来很普通，全都在其外
面沐浴术〈为之〉带来〈净化〉；而在无生命的形体中，洗涤术和全部
的装饰术提供出对它们的关心，根据细分，它们具有许多且看起来可笑　227a5
的名字。

泰阿泰德：肯定非常多。

客人：完全如此，泰阿泰德！当然[136]，关于各种言说的方法，它其
实对海绵擦拭术的关心，较之于服药，既不更少些，也不更多些[137]，即
使在进行净化时，一个帮助我们小，而另一个帮助我们大。因为，由于　227a10
它[138]只是为了取得洞察[139]而尝试看清在所有技艺中相同家族的和不同　227b1
家族的，为此它同等地[140]尊敬它们全部，并且根据相似性而不会认为
一些比另一些更为可笑，不会承认那凭借统兵术来显示猎取术的人，就　227b5
比那通过捉虱术来显示猎取术的人，更可敬，而是最多[141]会承认他更
自负些而已。而且现在，就你所问的[142]，即我们用什么名字来称呼所
有那些通过抽签所取得的净化形体——要么是有生命的，要么是无生命
的——的能力，这对它来说根本就是无所谓的[143]，那就是：何种名字，　227c1
如果被说出来，那它将看起来是最恰当的；只需让它能够除了灵魂的各

τὸν γὰρ περὶ τὴν διάνοιαν καθαρμὸν ἀπὸ τῶν ἄλλων ἐπι-
κεχείρηκεν ἀφορίσασθαι τὰ νῦν, εἴ γε ὅπερ βούλεται 5
μανθάνομεν.

ΘΕΑΙ. 'Αλλὰ μεμάθηκα, καὶ συγχωρῶ δύο μὲν εἴδη
καθάρσεως, ἐν δὲ τὸ περὶ τὴν ψυχὴν εἶδος εἶναι, τοῦ περὶ
τὸ σῶμα χωρὶς ὄν.

ΞΕ. Πάντων κάλλιστα. καί μοι τὸ μετὰ τοῦτο ἐπάκουε 10
πειρώμενος αὖ τὸ λεχθὲν διχῇ τέμνειν.   d

ΘΕΑΙ. Καθ' ὁποῖ' ἂν ὑφηγῇ πειράσομαί σοι συν-
τέμνειν.

ΞΕ. Πονηρίαν ἕτερον ἀρετῆς ἐν ψυχῇ λέγομέν τι;

ΘΕΑΙ. Πῶς γὰρ οὔ;   5

ΞΕ. Καὶ μὴν καθαρμός γ' ἦν τὸ λείπειν μὲν θάτερον,
ἐκβάλλειν δὲ ὅσον ἂν ᾖ πού τι φλαῦρον.

ΘΕΑΙ. ἮΗν γὰρ οὖν.

ΞΕ. Καὶ ψυχῆς ἄρα, καθ' ὅσον ἂν εὑρίσκωμεν κακίας
ἀφαίρεσίν τινα, καθαρμὸν αὐτὸν λέγοντες ἐν μέλει φθεγ- 10
ξόμεθα.

ΘΕΑΙ. Καὶ μάλα γε.

ΞΕ. Δύο μὲν εἴδη κακίας περὶ ψυχὴν ῥητέον.

ΘΕΑΙ. Ποῖα;

ΞΕ. Τὸ μὲν οἷον νόσον ἐν σώματι, τὸ δ' οἷον αἶσχος 228
ἐγγιγνόμενον.

ΘΕΑΙ. Οὐκ ἔμαθον.

ΞΕ. Νόσον ἴσως καὶ στάσιν οὐ ταὐτὸν νενόμικας;

ΘΕΑΙ. Οὐδ' αὖ πρὸς τοῦτο ἔχω τί χρή με ἀποκρί- 5
νασθαι.

ΞΕ. Πότερον ἄλλο τι στάσιν ἡγούμενος ἢ τὴν τοῦ φύσει
συγγενοῦς ἔκ τινος διαφθορᾶς διαφοράν;

c 4 τὸν] τὸ W   c 10 ἐπάκουε πειρώμενος] ἐπακολούθει πειρωμένῳ Bad-
ham   d 2 καθόποι ἂν B: καθόποί ἂν T: καθ' ὁποίαν W   d 4 ἀρετῆς]
ἄρ' τῆς B   d 6 γ' W: om. BT   λείπειν Heindorf: καταλείπειν
Olympiodorus: λιπεῖν BT   d 13 μὲν BTW Stobaeus: μὴν Heindorf
a 5 τί] ὅτι W   a 8 διαφθορᾶς διαφοράν Galenus: διαφορᾶς διαφθοράν
BT Stobaeus

种净化之外把所有净化其他东西的捆绑在一起即可。因为它现今 [144] 已经在着手把关于思想的净化从各种其他的净化那里分离出来，假如我们 227c5 理解它所想的。

泰阿泰德：我的确已经理解了，并且我也同意有着净化的两种形式：关乎灵魂的那种形式是〈其中〉一种，而且它是同关乎身体的那种形式相区别的。

客人：非常好。也请你听听在此之后我要说的，并尝试再次把被说 227c10 的分成两半。 227d1

泰阿泰德：无论你将以何种方式引导，我都会试着按照它同你一道来进行切分。

客人：我们把灵魂中的邪恶说成是异于德性的某种东西吗？

泰阿泰德：为何不？ 227d1

客人：而且净化肯定是留下其中一个，而抛弃任何无论怎样都是低劣的那种东西。

泰阿泰德：当然是这样。

客人：那么就灵魂来说，只要到了下面这个份上，即我们会发现对邪恶的某种移除，那么，当我们把它称作净化，我们就是在恰当 227d10 地 [145] 说。

泰阿泰德：的确如此。

客人：而关于灵魂的邪恶之形式必须被说成有两种。

泰阿泰德：哪两种？

客人：一种像发生在身体上的疾病，一种则像发生在身体上的 228a1 丑陋。

泰阿泰德：我不明白。

客人：或许你还没有把疾病与内讧视为一回事。

泰阿泰德：对于这点我也不知我应回答什么。 228a5

客人：你会把内讧视为是其他某种东西吗，除了视为是由于某种腐坏本性上同家族的东西之间的不和之外？

ΘΕΑΙ. Οὐδέν.

10 ΞΕ. ᾿Αλλ᾿ αἶσχος ἄλλο τι πλὴν τὸ τῆς ἀμετρίας πανταχοῦ δυσειδὲς ἐνὸν γένος;

b ΘΕΑΙ. Οὐδαμῶς ἄλλο.

ΞΕ. Τί δέ; ἐν ψυχῇ δόξας ἐπιθυμίαις καὶ θυμὸν ἡδοναῖς καὶ λόγον λύπαις καὶ πάντα ἀλλήλοις ταῦτα τῶν φλαύρως ἐχόντων οὐκ ᾐσθήμεθα διαφερόμενα;

5 ΘΕΑΙ. Καὶ σφόδρα γε.

ΞΕ. Συγγενῆ γε μὴν ἐξ ἀνάγκης σύμπαντα γέγονεν.

ΘΕΑΙ. Πῶς γὰρ οὔ;

ΞΕ. Στάσιν ἄρα καὶ νόσον τῆς ψυχῆς πονηρίαν λέγοντες ὀρθῶς ἐροῦμεν.

10 ΘΕΑΙ. ᾿Ορθότατα μὲν οὖν.

c ΞΕ. Τί δ'; ὅσ᾿ ⟨ἂν⟩ κινήσεως μετασχόντα καὶ σκοπόν τινα θέμενα πειρώμενα τούτου τυγχάνειν καθ᾿ ἑκάστην ὁρμὴν παράφορα αὐτοῦ γίγνηται καὶ ἀποτυγχάνῃ, πότερον αὐτὰ φήσομεν ὑπὸ συμμετρίας τῆς πρὸς ἄλληλα ἢ τοὐναντίον 5 ὑπὸ ἀμετρίας αὐτὰ πάσχειν;

ΘΕΑΙ. Δῆλον ὡς ὑπὸ ἀμετρίας.

ΞΕ. ᾿Αλλὰ μὴν ψυχήν γε ἴσμεν ἄκουσαν πᾶσαν πᾶν ἀγνοοῦσαν.

ΘΕΑΙ. Σφόδρα γε.

10 ΞΕ. Τό γε μὴν ἀγνοεῖν ἐστιν ἐπ᾿ ἀλήθειαν ὁρμωμένης d ψυχῆς, παραφόρου συνέσεως γιγνομένης, οὐδὲν ἄλλο πλὴν παραφροσύνη.

ΘΕΑΙ. Πάνυ μὲν οὖν.

ΞΕ. Ψυχὴν ἄρα ἀνόητον αἰσχρὰν καὶ ἄμετρον θετέον.

5 ΘΕΑΙ. ῎Εοικεν.

ΞΕ. ῎Εστι δὴ δύο ταῦτα, ὡς φαίνεται, κακῶν ἐν αὐτῇ

a 11 ἐνὸν Schleiermacher: ἐν ὂν Stobaeus: ἐν ὄν t: ὂν ΒΤ
b 2 ψυχῇ] τῇ ψυχῇ W   c 1 ἂν add. Cobet   c 2 θέμενον Stobaeus
πειρώμενα om. Β : add. T Galenus Stobaeus : πειρώμεθα W   καθ᾿]
καὶ καθ᾿ Stobaeus   c 3 γίγνεται Galenus Stobaeus al.   ἀπο-
τυγχάνει Β Galenus Stobaeus al.

泰阿泰德：不会。

客人：而丑陋会是其他某种东西吗，除了是处处不好看的不成比例　228a10
这种家族之外[146]？

泰阿泰德：绝对不是别的。　228b1

客人：然后呢？在〈其〉灵魂中各种意见同各种欲望、愤怒同各种
快乐，以及言说同各种痛苦[147]，我们岂不觉察到，当一些人处于低劣的
状态中时，所有这些都变得彼此不和吗？

泰阿泰德：完全如此。　228b5

客人：然而所有这些都必然已经成为同家族的。

泰阿泰德：为何不？

客人：那么，如果我们把灵魂的内讧和疾病称为邪恶，我们肯定说
得正确。

泰阿泰德：的确非常正确。　228b10

客人：然后呢？任何分有运动并为自己设立了某种目标[148]的东西，　228c1
当它尝试抵达这个目标，但每次出发都变得偏离了它和不中的，那我
们将说，它是由于彼此间的成比例而出了这种事呢，还是反过来由于不　228c5
成比例而出了这种事？

泰阿泰德：显然是由于不成比例。

客人：而且我们肯定还已经知道，每一灵魂都是不情愿不知道每一
东西的。

泰阿泰德：的确。

客人：无知就肯定不是任何别的，除了是下面这点之外，那就　228c10
是：当灵魂动身前往真时，发生了理解上的走偏，即〈灵魂的〉理解　228d1
错乱。

泰阿泰德：完全如此。

客人：因此，无知的灵魂就必须被确定为是丑陋和不成比例的。

泰阿泰德：似乎是这样。　228d5

客人：于是，如显得的那样，诸恶的这样两个家族是在灵魂中，一

γένη, τὸ μὲν πονηρία καλούμενον ὑπὸ τῶν πολλῶν, νόσος αὐτῆς σαφέστατα ὄν.

ΘΕΑΙ. Ναί.

ΞΕ. Τὸ δέ γε ἄγνοιαν μὲν καλοῦσι, κακίαν δὲ αὐτὸ ἐν 10 ψυχῇ μόνον γιγνόμενον οὐκ ἐθέλουσιν ὁμολογεῖν.

ΘΕΑΙ. Κομιδῇ συγχωρητέον, ὃ νυνδὴ λέξαντος ἠμφε- e γνόησά σου, τὸ δύο εἶναι γένη κακίας ἐν ψυχῇ, καὶ δειλίαν μὲν καὶ ἀκολασίαν καὶ ἀδικίαν σύμπαντα ἡγητέον νόσον ἐν ἡμῖν, τὸ δὲ τῆς πολλῆς καὶ παντοδαπῆς ἀγνοίας πάθος αἶσχος θετέον. 5

ΞΕ. Οὐκοῦν ἔν γε σώματι περὶ δύο παθήματε τούτω δύο τέχνα τινὲ ἐγενέσθην;

ΘΕΑΙ. Τίνε τούτω;

ΞΕ. Περὶ μὲν αἶσχος γυμναστική, περὶ δὲ νόσον ἰατρική. 229

ΘΕΑΙ. Φαίνεσθον.

ΞΕ. Οὐκοῦν καὶ περὶ μὲν ὕβριν καὶ ἀδικίαν καὶ δειλίαν ἡ κολαστικὴ πέφυκε τεχνῶν μάλιστα δὴ πασῶν προσήκουσα Δίκῃ. 5

ΘΕΑΙ. Τὸ γοῦν εἰκός, ὡς εἰπεῖν κατὰ τὴν ἀνθρωπίνην δόξαν.

ΞΕ. Τί δέ; περὶ σύμπασαν ἄγνοιαν μῶν ἄλλην τινὰ ἢ διδασκαλικὴν ὀρθότερον εἴποι τις ἄν;

ΘΕΑΙ. Οὐδεμίαν. 10

ΞΕ. Φέρε δή· διδασκαλικῆς δὲ ἆρα ἓν μόνον γένος b φατέον [εἶναι] ἢ πλείω, δύο δέ τινε αὐτῆς εἶναι μεγίστω; σκόπει.

ΘΕΑΙ. Σκοπῶ.

ΞΕ. Καί μοι δοκοῦμεν τῇδε ἄν πῃ τάχιστα εὑρεῖν. 5

ΘΕΑΙ. Πῇ;

e 1 ὃν νῦν δὴ B : ὃ δὴ νῦν Stobaeus   ἠμφεγνόησας ου T   e 3 νόσον] ὅσον T   e 6 ἔν γε σώματι Stobaeus : ἔν γε τῷ σώματι W : ἐν σώματί γε B T   ταὐτὼ Stobaeus   a 2 φαίνεται Stobaeus   a 4 δὴ T Stobaeus : δ' ἡ B : ante μάλιστα transp. W   a 5 Δίκῃ Cobet : δίκη B T Stobaeus   b 2 εἶναι om. Stobaeus

个被许多人称作邪恶，它极其明显地是它的疾病。

泰阿泰德： 是的。

客人： 而他们称另一个是无知，但当它还只是出现在灵魂中时，他 228d10
们不愿意承认它就是恶。

泰阿泰德： 的确必须同意——尽管当你刚才说时我还怀疑过——， 228e1
恶的两个家族是在灵魂中[149]；并且，一方面，懦弱、放纵以及不义，
它们全都必须被视为在我们中的疾病，另一方面，许许多多且形形色色 228e5
的无知之情状，则必须被确定为丑陋。

客人： 那么，针对如此这般的两种情状，在身体中岂不肯定产生出
了这样两种技艺？

泰阿泰德： 哪两种？

客人： 针对丑陋是体育术，而针对疾病是医术。 229a1

泰阿泰德： 显然。

客人： 那么，针对侮慢、不义和懦弱，惩戒术肯定生来就是所有技
艺中最为属于正义女神的[150]。

泰阿泰德： 有可能，至少根据属人的意见会这么说。 229a5

客人： 然后呢？针对所有的无知，难道除了教导术，一个人还会更
为正确地说出别的某种技艺吗？

泰阿泰德： 没有别的。 229a10

客人： 来吧！那么就教导术而言，必须得说它只有一个家族呢，还 229b1
是得说，虽然有更多个，但其最大的〈家族〉肯定是某两个[151]？请你
考虑一下！

泰阿泰德： 我正在考虑。

客人： 而在我看来，我们或许通过下面这种方式会最快地发现。 229b5

泰阿泰德： 通过何种方式？

ΞΕ. Τὴν ἄγνοιαν ἰδόντες εἴ πη κατὰ μέσον αὐτῆς τομὴν ἔχει τινά. διπλῆ γὰρ αὕτη γιγνομένη δῆλον ὅτι καὶ τὴν διδασκαλικὴν δύο ἀναγκάζει μόρια ἔχειν, ἐν ἐφ' ἑνὶ [γένει]
10 τῶν αὐτῆς ἑκατέρῳ.

ΘΕΑΙ. Τί οὖν; καταφανές πή σοι τὸ νῦν ζητούμενον;

c ΞΕ. Ἀγνοίας γοῦν μέγα τί μοι δοκῶ καὶ χαλεπὸν ἀφω-ρισμένον ὁρᾶν εἶδος, πᾶσι τοῖς ἄλλοις αὐτῆς ἀντίσταθμον μέρεσιν.

ΘΕΑΙ. Ποῖον δή;

5 ΞΕ. Τὸ μὴ κατειδότα τι δοκεῖν εἰδέναι· δι' οὗ κινδυνεύει πάντα ὅσα διανοίᾳ σφαλλόμεθα γίγνεσθαι πᾶσιν.

ΘΕΑΙ. Ἀληθῆ.

ΞΕ. Καὶ δὴ καὶ τούτῳ γε οἶμαι μόνῳ τῆς ἀγνοίας ἀμαθίαν τοὔνομα προσρηθῆναι.

10 ΘΕΑΙ. Πάνυ γε.

ΞΕ. Τί δὲ δὴ τῷ τῆς διδασκαλικῆς ἄρα μέρει τῷ τοῦτο ἀπαλλάττοντι λεκτέον;

d ΘΕΑΙ. Οἶμαι μὲν [οὖν], ὦ ξένε, τὸ μὲν ἄλλο δημιουρ-γικὰς διδασκαλίας, τοῦτο δὲ ἐνθάδε γε παιδείαν δι' ἡμῶν κεκλῆσθαι.

ΞΕ. Καὶ γὰρ σχεδόν, ὦ Θεαίτητε, ἐν πᾶσιν Ἕλλησιν.
5 ἀλλὰ γὰρ ἡμῖν ἔτι καὶ τοῦτο σκεπτέον, ἆρ' ἄτομον ἤδη ἐστὶ πᾶν ἢ τινα ἔχον διαίρεσιν ἀξίαν ἐπωνυμίας.

ΘΕΑΙ. Οὐκοῦν χρὴ σκοπεῖν.

ΞΕ. Δοκεῖ τοίνυν μοι καὶ τοῦτο ἔτι πη σχίζεσθαι.

ΘΕΑΙ. Κατὰ τί;

b 7 αὐτῆς W : αὕτη Stobaeus : αὐτῆς B T   b 9 γένει om. Sto-baeus   c 1 γοῦν W : δ' οὖν B T : τ' οὖν Stobaei cod. L   ἀφοριζό-μενον Stobaeus   c 2 αὐτὸν ἀντισταθμοῦν Stobaeus   c 6 διανοίᾳ B T : δι' ἀγνοίας Stobaeus   c 8 μόνῳ] μορίῳ Badham   c 9 ἀμα-θίαν W Stobaeus : ἀμαθία B T   c 11 τῷ ante τῆς om. Stobaeus   d 1 οὖν om. W Stobaeus   δημιουργικὴ Stobaeus   d 2 δι'] ὑφ' W Stobaeus   d 5 ante ἡμῖν add. ἐν B W : om. T Stobaeus   καὶ τοῦτο ἐπισκεπτέον Stobaeus   ἆρ' ἄτομον W : ἐξάτομόν Stobaei cod. L : εἰ ἄτομον B T   ἐστιν ἤδη Stobaeus   d 6 ἔχει W Sto-baeus   d 8 καὶ] κατὰ Hermann

客人：通过看无知是否以某种方式在它的中间具有某一切口。因为，如果它自己成为了双重的，那么，显然它就会迫使教导术也具有两个部分，〈其中的〉每一〈部分〉都针对着无知自己的〈那两个家族中〉 229b10 的每一个家族[152]。

泰阿泰德：那然后呢？现在所寻找的在某种方式上对你是清楚的了吗？

客人：至少就我来说，我似乎看到了无知的某一巨大且难对付的独 229c1 特形式[153]，抵得上它的所有其他部分。

泰阿泰德：究竟是何种？

客人：这种，即一个人对某种东西本一无所知，却认为自己有所 229c5 知；有可能由此我们在思想上栽的所有跟头才对每个人发生出来。

泰阿泰德：正确。

客人：而且我认为，无论如何唯有对于无知的这种形式，才会对之冠以愚蠢这种名字。

泰阿泰德：的确。 229c10

客人：那么，在教导术中去除这种东西的那个部分，究竟必须被说成是什么呢？

泰阿泰德：我确实认为[154]，客人啊，它的另一部分被称作各种手艺 229d1 性的教导，而这个部分，至少在〈雅典〉这里因我们〈雅典人〉而被称作教育。

客人：泰阿泰德啊，其实差不多在所有希腊人那里均〈这样说〉。 229d5 当然我们还必须进而考察这点，即它已经是一个不可分的整体了呢，还是它也具有某种配得上名字的划分。

泰阿泰德：肯定必须进行考察。

客人：那么，在我看来这在某种方式上还可被分开。

泰阿泰德：根据什么？

ΞΕ. Τῆς ἐν τοῖς λόγοις διδασκαλικῆς ἡ μὲν τραχυτέρα e
τις ἔοικεν ὁδὸς εἶναι, τὸ δ' ἕτερον αὐτῆς μόριον λειότερον.

ΘΕΑΙ. Τὸ ποῖον δὴ τούτων ἑκάτερον λέγομεν;

ΞΕ. Τὸ μὲν ἀρχαιοπρεπές τι πάτριον, ᾧ πρὸς τοὺς ὑεῖς
μάλιστ' ἐχρῶντό τε καὶ ἔτι πολλοὶ χρῶνται τὰ νῦν, ὅταν 5
αὐτοῖς ἐξαμαρτάνωσί τι, τὰ μὲν χαλεπαίνοντες, τὰ δὲ μαλθα- 230
κωτέρως παραμυθούμενοι· τὸ δ' οὖν σύμπαν αὐτὸ ὀρθότατα
εἴποι τις ἂν νουθετητικήν.

ΘΕΑΙ. Ἔστιν οὕτως.

ΞΕ. Τὸ δέ γε, εἴξασί τινες αὖ λόγον ἑαυτοῖς δόντες 5
ἡγήσασθαι πᾶσαν ἀκούσιον ἀμαθίαν εἶναι, καὶ μαθεῖν οὐδέν
ποτ' ἂν ἐθέλειν τὸν οἰόμενον εἶναι σοφὸν τούτων ὧν οἴοιτο
πέρι δεινὸς εἶναι, μετὰ δὲ πολλοῦ πόνου τὸ νουθετητικὸν
εἶδος τῆς παιδείας σμικρὸν ἀνύτειν.

ΘΕΑΙ. Ὀρθῶς γε νομίζοντες. 10

ΞΕ. Τῷ τοι ταύτης τῆς δόξης ἐπὶ ἐκβολὴν ἄλλῳ τρόπῳ b
στέλλονται.

ΘΕΑΙ. Τίνι δή;

ΞΕ. Διερωτῶσιν ὧν ἂν οἴηταί τίς τι πέρι λέγειν λέγων
μηδέν· εἶθ' ἅτε πλανωμένων τὰς δόξας ῥᾳδίως ἐξετάζουσι, 5
καὶ συνάγοντες δὴ τοῖς λόγοις εἰς ταὐτὸν τιθέασι παρ'
ἀλλήλας, τιθέντες δὲ ἐπιδεικνύουσιν αὐτὰς αὑταῖς ἅμα περὶ
τῶν αὐτῶν πρὸς τὰ αὐτὰ κατὰ ταὐτὰ ἐναντίας. οἱ δ' ὁρῶντες
ἑαυτοῖς μὲν χαλεπαίνουσι, πρὸς δὲ τοὺς ἄλλους ἡμεροῦνται,
καὶ τούτῳ δὴ τῷ τρόπῳ τῶν περὶ αὐτοὺς μεγάλων καὶ σκλη- c
ρῶν δοξῶν ἀπαλλάττονται πασῶν [τε] ἀπαλλαγῶν ἀκούειν τε
ἡδίστην καὶ τῷ πάσχοντι βεβαιότατα γιγνομένην. νομίζοντες
γάρ, ὦ παῖ φίλε, οἱ καθαίροντες αὐτούς, ὥσπερ οἱ περὶ τὰ
σώματα ἰατροὶ νενομίκασι μὴ πρότερον ἂν τῆς προσφερομένης 5

e 2 μόριον αὐτῆς W Stobaeus   e 3 λέγομεν W Stobaeus : λέγωμεν
BT   e 4 τὸ μὲν om. Stobaeus   a 1 τι om. T   a 5 ὡς
ante εἴξασι add. vulg. : om. B T Stobaeus   a 6 οὐδὰν ποτ' ἂν T :
οὐδέ τ' ἂν Stobaei cod. L   b 1 τῷ τοι B Stobaeus : καὶ γάρ τοι T
b 6 συνάγουσι et mox εἰς ταὐτόν τε Stobaeus   b 7 αὑταῖς] αὐταῖς
T W : αὐτοῖς B   c 2 τε om. Stobaeus

客人：就〈出现〉在各种言说中的教导术而言，一条道路显得是比 229e1
较崎岖的，而它的另一部分则显得是比较平坦的[155]。

泰阿泰德：那我们究竟把这两者中的每个称为何种东西呢？

客人：一种是从父辈那里流传下来的某种旧式的〈方法〉，人们主 229e5
要将之运用在儿子们身上，并且现今许多人仍在使用它，每当对他们来 230a1
说儿子们犯了某种错误，有时候他们大动肝火，有时候则比较温和地
进行劝告；因此，一个人可以非常正确地将这整个〈部分〉说成是告
诫术。

泰阿泰德：是这样。

客人：但的确〈还有〉另一种〈方法〉，因为一些人通过把言说交 230a5
给他们自己[156]而似乎已经相信了下面这点，那就是：所有的愚蠢都是
不自愿的，并且那认为〈他自己〉是智慧的人，从不曾愿意学习他认为
〈他自己〉对之是聪明的那些东西[157]，教育中的这种告诫性的形式劳苦
很多却收效甚微。

泰阿泰德：他们的确认为得正确。 230a10

客人：真的[158]，为了抛弃这种意见，他们着手用别的方式来〈完成 230b1
这一任务〉[159]。

泰阿泰德：究竟用何种方式？

客人：对于有人以为对之说了某种东西其实什么也没说的那些事
情，他们进行盘问。然后，由于那些被盘问者感到不知所措[160]，他们就 230b5
容易检查〈他们的〉各种意见，并且当通过诸言说把它们一起领向同一
个东西之后，他们将之彼此并排摆置出来，而在摆置中他们展示它们同
时关于同一些东西、与同一些东西相关联、在同一些方面都彼此相反。
而那些人看到这些之后，一则对他们自己严厉[161]，一则对他人温和[162]，
并且正是凭借这种方式他们摆脱了包围着他们自己的那些过分的[163]和 230c1
固执的意见；在所有的解脱中[164]，对于听〈者〉来说〈这种解脱〉成为
了最愉快的，而对于那经历了它的人来说则成为了最可靠的。因为，亲
爱的孩子啊，洁净他们的人认为，就像关乎身体的医生们已经认为的那 230c5

τροφῆς ἀπολαύειν δύνασθαι σῶμα, πρὶν ἂν τὰ ἐμποδίζοντα
ἐντός τις ἐκβάλῃ, ταὐτὸν καὶ περὶ ψυχῆς διενοήθησαν ἐκεῖνοι,
μὴ πρότερον αὐτὴν ἕξειν τῶν προσφερομένων μαθημάτων
d ὄνησιν, πρὶν ἂν ἐλέγχων τις τὸν ἐλεγχόμενον εἰς αἰσχύνην
καταστήσας, τὰς τοῖς μαθήμασιν ἐμποδίους δόξας ἐξελών,
καθαρὸν ἀποφήνῃ καὶ ταῦτα ἡγούμενον ἅπερ οἶδεν εἰδέναι
μόνα, πλείω δὲ μή.

5 ΘΕΑΙ. Βελτίστη γοῦν καὶ σωφρονεστάτη τῶν ἕξεων αὕτη.

ΞΕ. Διὰ ταῦτα δὴ πάντα ἡμῖν, ὦ Θεαίτητε, καὶ τὸν
ἔλεγχον λεκτέον ὡς ἄρα μεγίστη καὶ κυριωτάτη τῶν καθάρ-
σεών ἐστι, καὶ τὸν ἀνέλεγκτον αὖ νομιστέον, ἂν καὶ τυγχάνῃ
e βασιλεὺς ὁ μέγας ὤν, τὰ μέγιστα ἀκάθαρτον ὄντα, ἀπαίδευτόν
τε καὶ αἰσχρὸν γεγονέναι ταῦτα ἃ καθαρώτατον καὶ κάλλιστον
ἔπρεπε τὸν ὄντως ἐσόμενον εὐδαίμονα εἶναι.

ΘΕΑΙ. Παντάπασι μὲν οὖν.

5 ΞΕ. Τί δέ; τοὺς ταύτῃ χρωμένους τῇ τέχνῃ τίνας
231 φήσομεν; ἐγὼ μὲν γὰρ φοβοῦμαι σοφιστὰς φάναι.

ΘΕΑΙ. Τί δή;

ΞΕ. Μὴ μεῖζον αὐτοῖς προσάπτωμεν γέρας.

ΘΕΑΙ. Ἀλλὰ μὴν προσέοικέ γε τοιούτῳ τινὶ τὰ νῦν
5 εἰρημένα.

ΞΕ. Καὶ γὰρ κυνὶ λύκος, ἀγριώτατον ἡμερωτάτῳ. τὸν
δὲ ἀσφαλῆ δεῖ πάντων μάλιστα περὶ τὰς ὁμοιότητας ἀεὶ
ποιεῖσθαι τὴν φυλακήν· ὀλισθηρότατον γὰρ τὸ γένος. ὅμως
δὲ ἔστω· οὐ γὰρ περὶ σμικρῶν ὅρων τὴν ἀμφισβήτησιν οἴομαι
b γενήσεσθαι τότε ὁπόταν ἱκανῶς φυλάττωσιν.

ΘΕΑΙ. Οὔκουν τό γε εἰκός.

ΞΕ. Ἔστω δὴ διακριτικῆς τέχνης καθαρτική, καθαρτικῆς
δὲ τὸ περὶ ψυχὴν μέρος ἀφωρίσθω, τούτου δὲ διδασκαλική,

---

c 6 ἂν om. W   c 7 ἐντός Stobaeus : ἐν αὐτῷ Β Τ   d 8 τὸν
B Stobaeus : τὸ Τ   e 1 ὤν Τ Stobaeus : ὄν Β   a 1 μὲν om. W
a 3 προσάπτωμεν] προσάπτομεν Β : προσάγωμεν W   a 4 γε W : om.
Β Τ   a 6 ἀγριώτερον Β   a 7 ἀεὶ om. Stobaeus   a 9 ἔστω
scripsi : ἔστωσαν Β Τ : ἔστων Schanz   b 1 φυλάττωμεν Schanz
b 2 τό γε] τότε W

样——即身体不可能从送上的食物那里获益，直到有人扔掉了在里面妨碍〈它〉的各种东西为止——，那些人关于灵魂也同样想到，在下面这点之前它将不可能从各种送上的学问那里得到好处，那就是：有人通过 230d1 反驳把那被反驳的人带到羞愧中，通过取走那些妨碍诸学问的意见，使他成为洁净的[165]并且相信他只知道他所知道的那些，而别无更多。

  泰阿泰德：这一定是最好和最清醒的状态[166]。 230d5
  客人：正是由于所有这些，泰阿泰德啊，也必须得说反驳是各种净化中最重要的和最具决定性的，甚至复又必须得认为，那不可反驳的人，即使他恰好是大王[167]，假如他在最重要的一些事情上是不洁净的， 230e1 那他也会在下面这些事情上变成是未受过教育的和丑陋的：在那里，那将真正是幸福的人适合于是最洁净的和最美的。
  泰阿泰德：完全如此。
  客人：然后呢？我们将把运用这种技艺的那些人称作谁呢？因为我 230e5 确实害怕说〈他们是〉一些智者。 231a1
  泰阿泰德：究竟为何？
  客人：以免我们把过高的礼赞归给他们。
  泰阿泰德：然而，刚才所说的那些，无论如何都非常相似于某个这 231a5 样的人。
  客人：〈其相似〉也正如一头狼之于一只狗，最凶野的之于最温驯的。而谨慎者[168]必须总是尤其警惕各种相似，因为这个家族是最滑溜溜的[169]。但仍然就让他们是那个样子吧[170]！因为我认为，那时争论就不会是围绕那些小的界线而发生，一旦人们〈对他们〉保持足够警惕 231b1 的话。
  泰阿泰德：肯定不可能。
  客人：那么，就让在进行区分的技艺中有净化术，而在净化术中让关乎灵魂的部分分离出来，在这个部分中则有教导术，在教导术中则有 231b5

διδασκαλικῆς δὲ παιδευτική· τῆς δὲ παιδευτικῆς ὁ περὶ τὴν 5
μάταιον δοξοσοφίαν γιγνόμενος ἔλεγχος ἐν τῷ νῦν λόγῳ
παραφανέντι μηδὲν ἄλλ’ ἡμῖν εἶναι λεγέσθω πλὴν ἡ γένει
γενναία σοφιστική.

ΘΕΑΙ. Λεγέσθω μέν· ἀπορῶ δὲ ἔγωγε ἤδη διὰ τὸ πολλὰ
πεφάνθαι, τί χρή ποτε ὡς ἀληθῆ λέγοντα καὶ διισχυριζόμενον c
εἰπεῖν ὄντως εἶναι τὸν σοφιστήν.

ΞΕ. Εἰκότως γε σὺ ἀπορῶν. ἀλλά τοι κἀκεῖνον ἡγεῖσθαι
χρὴ νῦν ἤδη σφόδρα ἀπορεῖν ὅπῃ ποτὲ ἔτι διαδύσεται τὸν
λόγον· ὀρθὴ γὰρ ἡ παροιμία, τὸ τὰς ἁπάσας μὴ ῥᾴδιον εἶναι 5
διαφεύγειν. νῦν οὖν καὶ μάλιστα ἐπιθετέον αὐτῷ.

ΘΕΑΙ. Καλῶς λέγεις.

ΞΕ. Πρῶτον δὴ στάντες οἷον ἐξαναπνεύσωμεν, καὶ πρὸς
ἡμᾶς αὐτοὺς διαλογισώμεθα ἅμα ἀναπαυόμενοι, φέρε, ὁπόσα d
ἡμῖν ὁ σοφιστὴς πέφανται. δοκῶ μὲν γάρ, τὸ πρῶτον
ηὑρέθη νέων καὶ πλουσίων ἔμμισθος θηρευτής.

ΘΕΑΙ. Ναί.

ΞΕ. Τὸ δέ γε δεύτερον ἔμπορός τις περὶ τὰ τῆς ψυχῆς 5
μαθήματα.

ΘΕΑΙ. Πάνυ γε.

ΞΕ. Τρίτον δὲ ἆρα οὐ περὶ αὐτὰ ταῦτα κάπηλος ἀνεφάνη;

ΘΕΑΙ. Ναί, καὶ τέταρτόν γε αὐτοπώλης περὶ τὰ μαθήματα
ἡμῖν ⟨ἦν⟩.   10

ΞΕ. Ὀρθῶς ἐμνημόνευσας. πέμπτον δ’ ἐγὼ πειράσομαι
μνημονεύειν· τῆς γὰρ ἀγωνιστικῆς περὶ λόγους ἦν τις ἀθλητής, e
τὴν ἐριστικὴν τέχνην ἀφωρισμένος.

ΘΕΑΙ. Ἦν γὰρ οὖν.

ΞΕ. Τό γε μὴν ἕκτον ἀμφισβητήσιμον μέν, ὅμως δ’
ἔθεμεν αὐτῷ συγχωρήσαντες δοξῶν ἐμποδίων μαθήμασιν περὶ 5
ψυχὴν καθαρτὴν αὐτὸν εἶναι.

d 2 γάρ W : γὰρ ἄν BT : γὰρ δή Schanz   d 3 καὶ secl. Cobet
d 5 δέ om. T   d 8 αὐτὰ W : ταῦτα BT   ἀνεφάνη εἶναι W
d 10 ἦν add. Heindorf   e 1 γὰρ ἀγωνιστικῆς TW : παραγωνιστικῆς B
e 5 μαθήμασι TW : μάθησιν B

教育术。而在教育术中，那针对自负的表面上看起来的智慧而产生的盘问，依照刚才附带进行显明的言说[171]，让它被说成对我们而言不是其他的，而只是在家族上高贵的智者术[172]。

泰阿泰德： 那就让它这样被说吧！但由于智者表现得如此多端，我的确已经困惑了，即究竟应该如何如讲和自信地断定真的东西那样说出 231c1
智者在是的方式上是什么[173]。

客人： 你当然有可能会困惑。但毫无疑问必须得认识到，那种人从今以后[174]也非常困惑于还能究竟以何种方式规避该言说[175]；因为谚语是对的，即逃脱所有的〈围追堵截〉[176]是不容易的。因此，现在甚至尤 231c5
其必须攻击他。

泰阿泰德： 你说得好。

客人： 但首先得歇一下，以便我们能够喘口气，并且在休息的同 231d1
时让我们为自己盘点一下，来吧！智者究竟已经对我们显现为了多少种
〈形象〉。因为至少在我看来，首先他被发现为了是那些年青且富有的人
的猎人。

泰阿泰德： 是的。

客人： 但其次，他是关于灵魂的各种学问的某种商人。 231d5

泰阿泰德： 当然。

客人： 而第三，他岂不还表现为了就是关于这些东西的零售商？

泰阿泰德： 是的；第四，他的确对我们来说向来还是关于各种学问 231d10
的自营者[177]。

客人： 你回忆得正确。而我将来尝试回忆第五种：因为在竞技术 231e1
中，他向来是关于各种言说的某种竞赛者，从而让争吵性的技艺同他自
己相适合[178]。

泰阿泰德： 的确是。

客人： 第六种虽然是可争论的，但我们还是通过对他表示同意而将 231e5
他确定为是关于灵魂的净化者——〈净化〉那些阻碍着各种学问的意见。

ΘΕΑΙ. Παντάπασι μὲν οὖν.

232   ΞΕ. Ἆρ' οὖν ἐννοεῖς, ὅταν ἐπιστήμων τις πολλῶν φαί-
νηται, μιᾶς δὲ τέχνης ὀνόματι προσαγορεύηται, τὸ φάντασμα
τοῦτο ὡς οὐκ ἔσθ' ὑγιές, ἀλλὰ δῆλον ὡς ὁ πάσχων αὐτὸ πρός
τινα τέχνην οὐ δύναται κατιδεῖν ἐκεῖνο αὐτῆς εἰς ὃ πάντα τὰ
5 μαθήματα ταῦτα βλέπει, διὸ καὶ πολλοῖς ὀνόμασιν ἀνθ' ἑνὸς
τὸν ἔχοντα αὐτὰ προσαγορεύει;

ΘΕΑΙ. Κινδυνεύει τοῦτο ταύτῃ πῃ μάλιστα πεφυκέναι.

b   ΞΕ. Μὴ τοίνυν ἡμεῖς γε αὐτὸ ἐν τῇ ζητήσει δι' ἀργίαν
πάσχωμεν, ἀλλ' ἀναλάβωμεν ⟨ἐν⟩ πρῶτον τῶν περὶ τὸν
σοφιστὴν εἰρημένων. ἓν γάρ τί μοι μάλιστα κατεφάνη
αὐτὸν μηνῦον.

5   ΘΕΑΙ. Τὸ ποῖον;

ΞΕ. Ἀντιλογικὸν αὐτὸν ἔφαμεν εἶναί που.

ΘΕΑΙ. Ναί.

ΞΕ. Τί δ'; οὐ καὶ τῶν ἄλλων αὐτοῦ τούτου διδάσκαλον
γίγνεσθαι;

10   ΘΕΑΙ. Τί μήν;

ΞΕ. Σκοπῶμεν δή, περὶ τίνος ἄρα καί φασιν οἱ τοιοῦτοι
ποιεῖν ἀντιλογικούς. ἡ δὲ σκέψις ἡμῖν ἐξ ἀρχῆς ἔστω τῇδέ
c πῃ. φέρε, περὶ τῶν θείων, ὅσ' ἀφανῆ τοῖς πολλοῖς, ἆρ'
ἱκανοὺς ποιοῦσι τοῦτο δρᾶν;

ΘΕΑΙ. Λέγεται γοῦν δὴ περὶ αὐτῶν ταῦτα.

ΞΕ. Τί δ' ὅσα φανερὰ γῆς τε καὶ οὐρανοῦ καὶ τῶν περὶ
5 τὰ τοιαῦτα;

ΘΕΑΙ. Τί γάρ;

ΞΕ. Ἀλλὰ μὴν ἔν γε ταῖς ἰδίαις συνουσίαις, ὁπόταν
γενέσεώς τε καὶ οὐσίας πέρι κατὰ πάντων λέγηταί τι,
σύνισμεν ὡς αὐτοί τε ἀντειπεῖν δεινοὶ τούς τε ἄλλους ὅτι
10 ποιοῦσιν ἅπερ αὐτοὶ δυνατούς;

a 2 φάντασμα] φάσμα W   b 1 τῇ om. W   b 2 ἐν add.
Heindorf   πρῶτον] πρῶτόν τι al.   b 3 κατεφάνη μάλιστα W
b 4 αὐτὸν] αὐτὸ T   c 3 γοῦν W : οὖν Β Τ   c 8 οὐσίας] οἰκίας Τ
c 9 δεινοὶ] δυνατοὶ W   ὅτι secl. Cobet

泰阿泰德：完全是这样。

客人：那么，你注意到了下面这点吗，那就是：每当某个人显得 232a1
对许多东西是有知识的，却被用单一技艺的名字来称呼时，这个显象就
有可能不是稳当的；然而，显而易见的是，就某一技艺而遭受了这点的
人，他未能洞察到其中[179]的所有这些学问都着眼于的那种东西，也正 232a5
是由于这点，他才用许多的名字而不是用一个名字来称呼那拥有它们
的人？

泰阿泰德：有可能这在某种方式上生来就尤其是这样。

客人：因此，让我们在探索中不要因懒散而遭受这点，相反，让我 232b1
们首先重新拾起关于智者所说的那些中的一个[180]。因为在我看来某种一
尤其揭示了他。

泰阿泰德：哪种？ 232b5

客人：我们在某处曾说过他是一个辩论者[181]。

泰阿泰德：是的。

客人：然后呢？〈我们岂不还说过〉对其他人来说他恰恰成为了这
种事情的老师？

泰阿泰德：那还用说？ 232b10

客人：那让我们看看，究竟关于什么这些人说〈他们〉能够造就
一些辩论者。但让我们的考察以下面种方式从头来过。来吧！关于对 232c1
多数人来说是不可见的所有那些神圣的东西，他们使得那些人能够做这
事吗[182]？

泰阿泰德：无论如何，据说就是关于它们。

客人：但大地和天空[183]，以及属于诸如此类的所有那些可见的，关 232c5
于它们又如何？

泰阿泰德：这还用问吗[184]？

客人：而且在各种私下的交往中，每当就〈上述〉一切关于生成和
所是要说点什么，我们岂不同样知道，一方面他们自己是非常擅长进行
反驳的，另一方面他们也使得其他人如他们自己一样〈对这件事〉是有 232c10
能力的？

ΘΕΑΙ. Παντάπασί γε.

ΞΕ. Τί δ' αὖ περὶ νόμων καὶ συμπάντων τῶν πολιτικῶν, d
ἆρ' οὐχ ὑπισχνοῦνται ποιεῖν ἀμφισβητητικούς;

ΘΕΑΙ. Οὐδεὶς γὰρ ἂν αὐτοῖς ὡς ἔπος εἰπεῖν διελέγετο
μὴ τοῦτο ὑπισχνουμένοις.

ΞΕ. Τά γε μὴν περὶ πασῶν τε καὶ κατὰ μίαν ἑκάστην 5
τέχνην, ἃ δεῖ πρὸς ἕκαστον αὐτὸν τὸν δημιουργὸν ἀντειπεῖν,
δεδημοσιωμένα που καταβέβληται γεγραμμένα τῷ βουλομένῳ
μαθεῖν.

ΘΕΑΙ. Τὰ Πρωταγόρειά μοι φαίνῃ περί τε πάλης καὶ
τῶν ἄλλων τεχνῶν εἰρηκέναι.   e

ΞΕ. Καὶ πολλῶν γε, ὦ μακάριε, ἑτέρων. ἀτὰρ δὴ τὸ
τῆς ἀντιλογικῆς τέχνης ἆρ' οὐκ ἐν κεφαλαίῳ περὶ πάντων
πρὸς ἀμφισβήτησιν ἱκανή τις δύναμις ἔοικ' εἶναι;

ΘΕΑΙ. Φαίνεται γοῦν δὴ σχεδὸν οὐδὲν ὑπολιπεῖν.   5

ΞΕ. Σὺ δὴ πρὸς θεῶν, ὦ παῖ, δυνατὸν ἡγῇ τοῦτο; τάχα
γὰρ ἂν ὑμεῖς μὲν ὀξύτερον οἱ νέοι πρὸς αὐτὸ βλέποιτε, ἡμεῖς
δὲ ἀμβλύτερον.

ΘΕΑΙ. Τὸ ποῖον, καὶ πρὸς τί μάλιστα λέγεις; οὐ γάρ 233
που κατανοῶ τὸ νῦν ἐρωτώμενον.

ΞΕ. Εἰ πάντα ἐπίστασθαί τινα ἀνθρώπων ἐστὶ δυνατόν.

ΘΕΑΙ. Μακάριον μεντἂν ἡμῶν, ὦ ξένε, ἦν τὸ γένος.

ΞΕ. Πῶς οὖν ἄν ποτέ τις πρός γε τὸν ἐπιστάμενον αὐτὸς 5
ἀνεπιστήμων ὢν δύναιτ' ἂν ὑγιές τι λέγων ἀντειπεῖν;

ΘΕΑΙ. Οὐδαμῶς.

ΞΕ. Τί ποτ' οὖν ἂν εἴη τὸ τῆς σοφιστικῆς δυνάμεως
θαῦμα;

ΘΕΑΙ. Τοῦ δὴ πέρι;   10

ΞΕ. Καθ' ὅντινα τρόπον ποτὲ δυνατοὶ τοῖς νέοις δόξαν b
παρασκευάζειν ὡς εἰσὶ πάντα πάντων αὐτοὶ σοφώτατοι.

d 1 τῶν om. W   d 2 ἀμφισβητικούς T   d 3 ὡς ἔπος εἰπεῖν
αὐτοῖς W   d 6 αὐτὸν] αὐτὸ B   d 7 που TW: om. B   e 4 πρὸς] καὶ
πρὸς B   e 5 δὴ W: om. BT   e 6 δὴ BT Stobaeus: δὲ
δὴ W   a 2 που] πω Stobaeus   a 8 τὸ om. T

泰阿泰德：完全是这样。

客人：然后呢，此外关于各种法律和所有的城邦事务，他们岂不许 232d1 诺也将造就一些〈能对之〉进行争论的人？

泰阿泰德：几乎可以说，肯定无人会同他们交谈，假如他们不许诺 这点的话[185]。

客人：甚至那些关乎整个的技艺以及各门单独技艺的——在那里必 232d5 须反驳每一个匠人本人——，它们也肯定已经通过被公开和写出来而存 放在了想学习的人那里。

泰阿泰德：你对我显得在说普罗塔戈拉的那些关于摔跤[186]和各种 232e1 其他技艺的〈作品〉。

客人：其实还有许多其他人的〈作品〉，有福的人啊。不过，就辩 论性的技艺这个部分来说，总而言之[187]，它岂不看起来是在争论方面关 乎一切的一种充分的能力？

泰阿泰德：的确看起来几乎不会遗留任何东西。 232e5

客人：诸神在上，孩子啊，你真的认为这可能吗？或许你们年青人 的确对它看得更为敏锐，而我们则比较迟钝。

泰阿泰德：何种东西，以及你尤其针对什么在说？因为我确实不理 233a1 解你现在所问的。

客人：知道一切，这对于〈我们〉人中间的任何一位来说是否是可 能的。

泰阿泰德：如果真是那样，客人啊，那我们这个家族就是有福的了。

客人：那么，一个人，如果他自身是无知的，那他究竟如何能够通 233a5 过说出某种稳妥的东西来反驳那知道的人呢？

泰阿泰德：决不可能。

客人：那么，智者的能力中那令人称奇的事情究竟会是什么呢？

泰阿泰德：究竟在哪方面〈是令人称奇的〉？ 233a10

客人：在任何一种方式上他们都竟然能够为那些年青人准备出一种 233b1 意见，即他们自己在每一件事情上都是所有人中最智慧的。因为下面这

δῆλον γὰρ ὡς εἰ μήτε ἀντέλεγον ὀρθῶς μήτε ἐκείνοις ἐφαί-
νοντο, φαινόμενοί τε εἰ μηδὲν αὖ μᾶλλον ἐδόκουν διὰ τὴν
5 ἀμφισβήτησιν εἶναι φρόνιμοι, τὸ σὸν δὴ τοῦτο, σχολῇ ποτ᾽
ἂν αὐτοῖς τις χρήματα διδοὺς ἤθελεν ἂν τούτων αὐτῶν μαθητὴς
γίγνεσθαι.

ΘΕΑΙ. Σχολῇ μεντἄν.

ΞΕ. Νῦν δέ γ᾽ ἐθέλουσιν;

10 ΘΕΑΙ. Καὶ μάλα.

c ΞΕ. Δοκοῦσι γὰρ οἶμαι πρὸς ταῦτα ἐπιστημόνως ἔχειν
αὐτοὶ πρὸς ἅπερ ἀντιλέγουσιν.

ΘΕΑΙ. Πῶς γὰρ οὔ;

ΞΕ. Δρῶσι δέ γε τοῦτο πρὸς ἅπαντα, φαμέν;

5 ΘΕΑΙ. Ναί.

ΞΕ. Πάντα ἄρα σοφοὶ τοῖς μαθηταῖς φαίνονται.

ΘΕΑΙ. Τί μήν;

ΞΕ. Οὐκ ὄντες γε· ἀδύνατον γὰρ τοῦτό γε ἐφάνη.

ΘΕΑΙ. Πῶς γὰρ οὐκ ἀδύνατον;

10 ΞΕ. Δοξαστικὴν ἄρα τινὰ περὶ πάντων ἐπιστήμην ὁ
σοφιστὴς ἡμῖν ἀλλ᾽ οὐκ ἀλήθειαν ἔχων ἀναπέφανται.

d ΘΕΑΙ. Παντάπασι μὲν οὖν, καὶ κινδυνεύει γε τὸ νῦν
εἰρημένον ὀρθότατα περὶ αὐτῶν εἰρῆσθαι.

ΞΕ. Λάβωμεν τοίνυν σαφέστερόν τι παράδειγμα περὶ
τούτων.

5 ΘΕΑΙ. Τὸ ποῖον δή;

ΞΕ. Τόδε. καί μοι πειρῶ προσέχων τὸν νοῦν εὖ μάλα
ἀποκρίνασθαι.

ΘΕΑΙ. Τὸ ποῖον;

ΞΕ. Εἴ τις φαίη μὴ λέγειν μηδ᾽ ἀντιλέγειν, ἀλλὰ ποιεῖν
10 καὶ δρᾶν μιᾷ τέχνῃ συνάπαντα ἐπίστασθαι πράγματα—

e ΘΕΑΙ. Πῶς πάντα εἶπες;

ΞΕ. Τὴν ἀρχὴν τοῦ ῥηθέντος σύ γ᾽ ἡμῖν εὐθὺς ἀγνοεῖς·
τὰ γὰρ σύμπαντα, ὡς ἔοικας, οὐ μανθάνεις.

点是显而易见的，那就是：如果他们既没有正确地反驳，也没有对那些〈年青人〉显得〈在正确地反驳〉，或者即使显得〈在正确地反驳〉，但他们还是并未由于争论而看起来更为是明智的，那么，正如你〈前面说 233b5 过〉的那样[188]，根本无人[189]会向他们付钱而愿意就在这些事情上成为〈他们的〉学生。

泰阿泰德：如果那样的话，根本无人会。

客人：但现在他们愿意吗？

泰阿泰德：非常愿意。   233b10

客人：因为，我认为〈智者们〉对于这些事情，即对于他们所反驳 233c1 的那些东西，他们看起来是有知识的[190]。

泰阿泰德：为何不？

客人：而我们说，他们在所有事情上都达成了这点[191]？

泰阿泰德：是的。   233c5

客人：那么，在所有事情上他们也都对学生们显得是智慧的。

泰阿泰德：那还用说？

客人：但他们肯定不是〈智慧的〉，因为这无论如何都显得不可能。

泰阿泰德：怎么会可能[192]？

客人：因此，关于一切，智者对我们显得具有某种意见性的知识，233c10 但不具有真。

泰阿泰德：完全如此，并且目前关于他们所讲的甚至有可能是讲得 233d1 最为正确的。

客人：那么，让我们举出关于这些人的一个更为清楚的例子。

泰阿泰德：究竟何种例子？   233d5

客人：就是下面这种。也请你通过很好地留意我〈所说的〉[193]而试着进行回答。

泰阿泰德：何种？

客人：如果有人说，他不仅知道如何言说和反驳，而且知道〈如 233d10 何〉凭借单一的技艺创造[194]和做成一切事情[195]……

泰阿泰德：你为何说一切？   233e1

客人：你立马就不知道我们所说的事情的出发点，因为你似乎还不理解〈何为〉一切。

ΘΕΑΙ. Οὐ γὰρ οὖν.

ΞΕ. Λέγω τοίνυν σὲ καὶ ἐμὲ τῶν πάντων καὶ πρὸς ἡμῖν 5
τἆλλα ζῷα καὶ δένδρα.

ΘΕΑΙ. Πῶς λέγεις;

ΞΕ. Εἴ τις ἐμὲ καὶ σὲ καὶ τἆλλα φυτὰ πάντα ποιήσειν
φαίη—

ΘΕΑΙ. Τίνα δὴ λέγων τὴν ποίησιν; οὐ γὰρ δὴ γεωργόν 234
γε ἐρεῖς τινα· καὶ γὰρ ζῴων αὐτὸν εἶπες ποιητήν.

ΞΕ. Φημί, καὶ πρός γε θαλάττης καὶ γῆς καὶ οὐρανοῦ καὶ
θεῶν καὶ τῶν ἄλλων συμπάντων· καὶ τοίνυν καὶ ταχὺ ποιή-
σας αὐτῶν ἕκαστα πάνυ σμικροῦ νομίσματος ἀποδίδοται.   5

ΘΕΑΙ. Παιδιὰν λέγεις τινά.

ΞΕ. Τί δέ; τὴν τοῦ λέγοντος ὅτι πάντα οἶδε καὶ ταῦτα
ἕτερον ἂν διδάξειεν ὀλίγου καὶ ἐν ὀλίγῳ χρόνῳ, μῶν οὐ
παιδιὰν νομιστέον;

ΘΕΑΙ. Πάντως που.   10

ΞΕ. Παιδιᾶς δὲ ἔχεις ἤ τι τεχνικώτερον ἢ καὶ χαριέστερον b
εἶδος ἢ τὸ μιμητικόν;

ΘΕΑΙ. Οὐδαμῶς· πάμπολυ γὰρ εἴρηκας εἶδος εἰς ἓν
πάντα συλλαβὼν καὶ σχεδὸν ποικιλώτατον.

ΞΕ. Οὐκοῦν τόν γ᾽ ὑπισχνούμενον δυνατὸν εἶναι μιᾷ 5
τέχνῃ πάντα ποιεῖν γιγνώσκομέν που τοῦτο, ὅτι μιμήματα
καὶ ὁμώνυμα τῶν ὄντων ἀπεργαζόμενος τῇ γραφικῇ τέχνῃ
δυνατὸς ἔσται τοὺς ἀνοήτους τῶν νέων παίδων, πόρρωθεν τὰ
γεγραμμένα ἐπιδεικνύς, λανθάνειν ὡς ὅτιπερ ἂν βουληθῇ
δρᾶν, τοῦτο ἱκανώτατος ὢν ἀποτελεῖν ἔργῳ.   10

ΘΕΑΙ. Πῶς γὰρ οὔ;   c

ΞΕ. Τί δὲ δή; περὶ τοὺς λόγους ἆρ᾽ οὐ προσδοκῶμεν
εἶναί τινα ἄλλην τέχνην, ᾗ αὖ δυνατὸν ⟨ὂν⟩ [αὖ] τυγχάνει

e 4 οὖν] οὔ W   e 8 ποιήσειν W : ποίησιν Β Τ   a 2 γὰρ] γὰρ
δὴ καὶ W   a 3 καὶ γῆς W : om. Β Τ   a 4 καὶ τοίνυν] καίτοι εὖ
Badham   a 7 τὴν] τὸ Schanz   b 1 ἢ bis om. W   b 6 τοῦτο]
τοῦτον al.   c 3 τέχνην τινα ἄλλην W   ᾗ αὖ scripsi : ἢ οὐ Β : ᾗ
οὐ Τ   ὂν addidi   αὖ seclusi   τυγχάνει Heindorf : τυγχάνειν Β Τ

泰阿泰德： 的确不。

客人： 好吧，我说你和我属于一切，并且除了我们之外，其他的动 234e5
物和植物[196] 也如此。

泰阿泰德： 你为何这么说？

客人： 如果有人说，他将创造我、你以及其他一切生长出来的东西[197]
的话……

泰阿泰德： 你究竟在说何种创造？因为你肯定不在说某个农夫，既 234a1
然你说他甚至还是动物的创造者。

客人： 我是在这么说，此外〈他还是〉海洋、陆地、天空、诸神以
及其他一切的〈创造者〉；而且一旦他迅速创造出其中的每一个之后，
为了很少的钱他就会将之出售。 234a5

泰阿泰德： 你在说某种儿戏。

客人： 怎么回事？如果有人说到一门技艺[198]，说他〈凭借它而〉知
道一切，并且为了一点点〈钱〉和在短时间内就会把这些传授给他人，
那么，岂不肯定必然会把它称作儿戏？

泰阿泰德： 当然。 234a10

客人： 但在儿戏中，你把何种形式视作比模仿性的形式是更为有技 234b1
艺的和更受欢迎的？

泰阿泰德： 绝对没有；因为你已经通过把一切集合为一而说出了一
种极其广泛和几乎最丰富多彩的形式。

客人： 那么，当有人许诺能够凭借单一的技艺而创造一切时，我们 234b5
肯定认识到了下面这点：凭借绘画的技艺通过使得模仿品成为同是者同
名的东西，他将能够愚弄年轻的孩子们中那些无甚理智的——通过从远
处显示那些画——，仿佛他想做的任何事情，他事实上[199] 都完全能够 234b10
做成它似的。

泰阿泰德： 当然。 234c1

客人： 那么然后呢？在诸言说方面，我们岂不也能期待有着某种
另外的技艺，凭借它，肯定恰恰复又能够[200] 用各种言说通过其耳朵来

τοὺς νέους καὶ ἔτι πόρρω τῶν πραγμάτων τῆς ἀληθείας
5 ἀφεστῶτας διὰ τῶν ὤτων τοῖς λόγοις γοητεύειν, δεικνύντας
εἴδωλα λεγόμενα περὶ πάντων, ὥστε ποιεῖν ἀληθῆ δοκεῖν λέ-
γεσθαι καὶ τὸν λέγοντα δὴ σοφώτατον πάντων ἅπαντ᾽ εἶναι;

d ΘΕΑΙ. Τί γὰρ οὐκ ἂν εἴη ἄλλη τις τοιαύτη τέχνη;

ΞΕ. Τοὺς πολλοὺς οὖν, ὦ Θεαίτητε, τῶν τότε ἀκουόντων
ἆρ᾽ οὐκ ἀνάγκη χρόνου τε ἐπελθόντος αὐτοῖς ἱκανοῦ καὶ
προϊούσης ἡλικίας τοῖς τε οὖσι προσπίπτοντας ἐγγύθεν καὶ
5 διὰ παθημάτων ἀναγκαζομένους ἐναργῶς ἐφάπτεσθαι τῶν
ὄντων, μεταβάλλειν τὰς τότε γενομένας δόξας, ὥστε σμικρὰ
μὲν φαίνεσθαι τὰ μεγάλα, χαλεπὰ δὲ τὰ ῥᾴδια, καὶ πάντα
e πάντῃ ἀνατετράφθαι τὰ ἐν τοῖς λόγοις φαντάσματα ὑπὸ τῶν
ἐν ταῖς πράξεσιν ἔργων παραγενομένων;

ΘΕΑΙ. Ὡς γοῦν ἐμοὶ τηλικῷδε ὄντι κρῖναι. οἶμαι δὲ
καὶ ἐμὲ τῶν ἔτι πόρρωθεν ἀφεστηκότων εἶναι.

5 ΞΕ. Τοιγαροῦν ἡμεῖς σε οἵδε πάντες πειρασόμεθα καὶ
νῦν πειρώμεθα ὡς ἐγγύτατα ἄνευ τῶν παθημάτων προσάγειν.
περὶ δ᾽ οὖν τοῦ σοφιστοῦ τόδε μοι λέγε· πότερον ἤδη τοῦτο
235 σαφές, ὅτι τῶν γοήτων ἐστί τις, μιμητὴς ὢν τῶν ὄντων, ἢ
διστάζομεν ἔτι μὴ περὶ ὅσωνπερ ἀντιλέγειν δοκεῖ δυνατὸς
εἶναι, περὶ τοσούτων καὶ τὰς ἐπιστήμας ἀληθῶς ἔχων
τυγχάνει;

5 ΘΕΑΙ. Καὶ πῶς ἄν, ὦ ξένε; ἀλλὰ σχεδὸν ἤδη σαφὲς
ἐκ τῶν εἰρημένων, ὅτι τῶν τῆς παιδιᾶς μετεχόντων ἐστί τις
† μερῶν † εἷς.

ΞΕ. Γόητα μὲν δὴ καὶ μιμητὴν ἄρα θετέον αὐτόν τινα.

ΘΕΑΙ. Πῶς γὰρ οὐ θετέον;

10 ΞΕ. Ἄγε δή, νῦν ἡμέτερον ἔργον ἤδη τὸν θῆρα μηκέτ᾽
b ἀνεῖναι· σχεδὸν γὰρ αὐτὸν περιειλήφαμεν ἐν ἀμφιβληστρικῷ

c 7 ἁπάντων W   d 1 τοιαύτη τις ἄλλη W   d 2 ὦ om. B
d 4 τοῖς τε οὖσι om. pr. T   e 3 κρῖναι secl. Ast : κρίνειν W
e 6 πειρώμεθα del. Schanz   a 4 τυγχάνῃ Heindorf   a 7 μερῶν]
μυρίων Apelt   εἷς W : εἰς BT (hospiti tribuunt ut sit εἰς γόητα)
a 8 αὐτόν TW : om. B   a 10 νῦν] νῦν γὰρ W

蛊惑那些年轻且仍然还远远站在各种事情之真的外面的人，通过〈向他 234c5 们〉显示关于一切所说出来的图像，从而使得各种真的东西看起来在被 说似的，并且使得那说话的人〈看起来〉在所有事情上是所有人中最智 慧的似的？

泰阿泰德：为何不能有着另外某种这样的技艺呢？ 234d1

客人：于是，泰阿泰德啊，那时曾经听过的那些人中的许多，对他 们来说下面这点岂不是必然的吗，那就是：随着足够的时间在他们那里逝 去和他们自己的年纪渐长，因在近处遇见那些是着的东西[201]，以及通过 234d5 各种遭遇[202] 而被迫清楚地把握住各种是者[203]，他们不得不改变那些曾 经产生的意见，以至于一些重大的显得微不足道，而一些容易的则显得 困难重重，并且在各种言说中的所有显象在各方面都因发生在各种行为 234e1 中的那些事实而翻转？

泰阿泰德：但愿我在我这个年纪就能这样进行判断。但我认为我自 己也属于那些还在从远处站在一边的人。

客人：因此，在这儿的我们所有这些人都将试着并且现在正试着 234e5 远离那些遭遇而尽可能近地引领你。但回过来[204] 关于智者请你告诉我 这点：这已经是清楚的呢——即他是那些魔术师中的一位，因为他是诸 235a1 是者的一位模仿者——，还是说我们仍然在怀疑[205] 下面这点，即他看 起来能够对多少东西进行反驳，他恰恰也就对多少东西真正具有一些 知识？

泰阿泰德：他如何能〈是那个样子〉，客人啊？基于已经说过的， 235a5 下面这点差不多已经是一清二楚的，那就是：他是那些成千上万参与儿 戏的人中的一位[206]。

客人：那么他也就必须被确定为某种魔术师和模仿者。

泰阿泰德：当然必须得这样确定。

客人：来吧！现在我们的任务就是绝不要再次放走这野兽。因为 235a10 我们差不多已经把他围在某种网形的东西中了——而该东西属于在诸 235b1

τινι τῶν ἐν τοῖς λόγοις περὶ τὰ τοιαῦτα ὀργάνων, ὥστε
οὐκέτ᾽ ἐκφεύξεται τόδε γε.

ΘΕΑΙ. Τὸ ποῖον;

ΞΕ. Τὸ μὴ οὐ τοῦ γένους εἶναι τοῦ τῶν θαυματοποιῶν 5
τις εἷς.

ΘΕΑΙ. Κἀμοὶ τοῦτό γε οὕτω περὶ αὐτοῦ συνδοκεῖ.

ΞΕ. Δέδοκται τοίνυν ὅτι τάχιστα διαιρεῖν τὴν εἰδωλο-
ποιικὴν τέχνην, καὶ καταβάντας εἰς αὐτήν, ἐὰν μὲν ἡμᾶς εὐθὺς
ὁ σοφιστὴς ὑπομείνῃ, συλλαβεῖν αὐτὸν κατὰ τὰ ἐπεσταλμένα 10
ὑπὸ τοῦ βασιλικοῦ λόγου, κἀκείνῳ παραδόντας ἀποφῆναι c
τὴν ἄγραν· ἐὰν δ᾽ ἄρα κατὰ μέρη τῆς μιμητικῆς δύηταί πῃ,
συνακολουθεῖν αὐτῷ διαιροῦντας ἀεὶ τὴν ὑποδεχομένην αὐτὸν
μοῖραν, ἔωσπερ ἂν ληφθῇ. πάντως οὔτε οὗτος οὔτε ἄλλο
γένος οὐδὲν μή ποτε ἐκφυγὸν ἐπεύξηται τὴν τῶν οὕτω 5
δυναμένων μετιέναι καθ᾽ ἕκαστά τε καὶ ἐπὶ πάντα μέθοδον.

ΘΕΑΙ. Λέγεις εὖ, καὶ ταῦτα ταύτῃ ποιητέον.

ΞΕ. Κατὰ δὴ τὸν παρεληλυθότα τρόπον τῆς διαιρέσεως
ἔγωγέ μοι καὶ νῦν φαίνομαι δύο καθορᾶν εἴδη τῆς μιμητικῆς· d
τὴν δὲ ζητουμένην ἰδέαν, ἐν ὁποτέρῳ ποθ᾽ ἡμῖν οὖσα τυγχάνει,
καταμαθεῖν οὐδέπω μοι δοκῶ νῦν δυνατὸς εἶναι.

ΘΕΑΙ. Σὺ δ᾽ ἀλλ᾽ εἰπὲ πρῶτον καὶ δίελε ἡμῖν τίνε τὼ
δύο λέγεις. 5

ΞΕ. Μίαν μὲν τὴν εἰκαστικὴν ὁρῶν ἐν αὐτῇ τέχνην.
ἔστι δ᾽ αὕτη μάλιστα ὁπόταν κατὰ τὰς τοῦ παραδείγματος
συμμετρίας τις ἐν μήκει καὶ πλάτει καὶ βάθει, καὶ πρὸς
τούτοις ἔτι χρώματα ἀποδιδοὺς τὰ προσήκοντα ἑκάστοις, τὴν e
τοῦ μιμήματος γένεσιν ἀπεργάζηται.

ΘΕΑΙ. Τί δ᾽; οὐ πάντες οἱ μιμούμενοί τι τοῦτ᾽ ἐπιχειροῦσι
δρᾶν;

---

b 3 οὐκέτ᾽ W : οὐκ ἔτι B : οὐκ T   b 4 τὸ W : om. BT   b 5 τοῦ
τῶν TW : τούτων B   b 8 δέδεικται W : δέδεικται BT   c 2 κατά]
κατὰ τὰ Heindorf   d 2 ποτὲ οὖσα ἡμῖν W   d 3 νῦν δοκῶ μοι W
d 4 καὶ δίελε πρῶτον W   d 6 ὁρῶ W   e 1 ἑκάστοις W Stobaeus :
ἑκάσταις BT

言说中用来针对这类事情的那些工具——，因此他肯定不再能逃脱下面这点。

泰阿泰德：哪点？

客人：他不得不是那些变戏法者的家族中的某一位。 235b5

泰阿泰德：关于他，我也完全同意就是这样。

客人：因此，似乎得[207]尽可能快地[208]划分创制图像的技艺，并且当〈我们〉下行到它那里时，如果智者直接〈在那里〉静候我们，那么 235b10 我们就按照如国王一样的言说所命令的抓住他，并把他递交出去而展示 235c1 该捕获；但如果他竟然在模仿术的诸部分那里潜入某个地方，那我们就通过总是划分出接纳着他的那个部分而紧跟他，直到他被抓住为止。无 235c5 论是这种人，还是其他任何家族，都绝不会在任何时候自夸曾逃脱过那些能够以这种方式既一个一个地又整体地进行追踪的人的方法。

泰阿泰德：你说得好，并且必须以这样的方式做这件事。

客人：根据已经进行过的划分方式，甚至现在我自己也显得看出了 235d1 模仿术的两种形式。但所寻求的那种形式[209]，对我们来说它究竟恰好是在两者的哪一个中，我似乎现在尚未能够弄明白。

泰阿泰德：无论如何都请你首先说出来，并为我们划分出你说的那 235d5 两种〈形式〉。

客人：在它那里[210]〈我〉看到了一种〈形式〉，即仿像性的技艺。而这种技艺尤其是〈这样〉：每当一个人在长、宽和高上依照范型的比例，并且除此之外他还要付还同每一个〈部分〉相应的各种颜色时，他 235e1 就实现了模仿品的生成。

泰阿泰德：怎么回事？所有〈尝试〉模仿某个东西的人岂不都在着手这样做？

5 ΞΕ. Οὔκουν ὅσοι γε τῶν μεγάλων πού τι πλάττουσιν
ἔργων ἢ γράφουσιν. εἰ γὰρ ἀποδιδοῖεν τὴν τῶν καλῶν
ἀληθινὴν συμμετρίαν, οἶσθ' ὅτι σμικρότερα μὲν τοῦ δέοντος
236 τὰ ἄνω, μείζω δὲ τὰ κάτω φαίνοιτ' ἂν διὰ τὸ τὰ μὲν πόρρωθεν,
τὰ δ' ἐγγύθεν ὑφ' ἡμῶν ὁρᾶσθαι.

ΘΕΑΙ. Πάνυ μὲν οὖν.

ΞΕ. Ἆρ' οὖν οὐ χαίρειν τὸ ἀληθὲς ἐάσαντες οἱ δημιουργοὶ
5 νῦν οὐ τὰς οὔσας συμμετρίας ἀλλὰ τὰς δοξούσας εἶναι καλὰς
τοῖς εἰδώλοις ἐναπεργάζονται;

ΘΕΑΙ. Παντάπασί γε.

ΞΕ. Τὸ μὲν ἄρα ἕτερον οὐ δίκαιον, εἰκός γε ὄν, εἰκόνα
καλεῖν;

10 ΘΕΑΙ. Ναί.

b ΞΕ. Καὶ τῆς γε μιμητικῆς τὸ ἐπὶ τούτῳ μέρος κλητέον
ὅπερ εἴπομεν ἐν τῷ πρόσθεν, εἰκαστικήν;

ΘΕΑΙ. Κλητέον.

ΞΕ. Τί δέ; τὸ φαινόμενον μὲν διὰ τὴν οὐκ ἐκ καλοῦ
5 θέαν ἐοικέναι τῷ καλῷ, δύναμιν δὲ εἴ τις λάβοι τὰ τηλικαῦτα
ἱκανῶς ὁρᾶν, μηδ' εἰκὸς ᾧ φησιν ἐοικέναι, τί καλοῦμεν; ἆρ'
οὐκ, ἐπείπερ φαίνεται μέν, ἔοικε δὲ οὔ, φάντασμα;

ΘΕΑΙ. Τί μήν;

ΞΕ. Οὐκοῦν πάμπολυ καὶ κατὰ τὴν ζωγραφίαν τοῦτο τὸ
c μέρος ἐστὶ καὶ κατὰ σύμπασαν μιμητικήν;

ΘΕΑΙ. Πῶς δ' οὔ;

ΞΕ. Τὴν δὴ φάντασμα ἀλλ' οὐκ εἰκόνα ἀπεργαζομένην
τέχνην ἆρ' οὐ φανταστικὴν ὀρθότατ' ἂν προσαγορεύοιμεν;

5 ΘΕΑΙ. Πολύ γε.

ΞΕ. Τούτω τοίνυν τὼ δύο ἔλεγον εἴδη τῆς εἰδωλοποιικῆς,
εἰκαστικὴν καὶ φανταστικήν.

e 6 καλῶν] κώλων Badham   a 3 πάνυ μὲν οὖν T Stobaeus : δοκεῖ
μοι πάνυ μὲν οὖν W : om. B   a 5 νῦν] οἱ νῦν Heindorf   a 7 παν-
τάπασί γε W : πάνυ μὲν οὖν BT   a 8 τὸ μὲν ἄρα] ἆρ' οὖν τὸ
μὲν W   εἰκός γε ὄν] εἰκαστικόν W   εἰκόνα om. W   b 4 οὐκ ἐκ]
τοῦ Stobaei cod. A : ἐκ al.   b 6 ᾧ] ὅ W   c 1 τὴν ξύμπασαν
T Stobaeus   c 3 φάντασμα W : φαντάσματα BT   c 5 πάνυ γε W

客人：至少所有那些在任何场合塑造或绘制任何巨大作品的人不是 235e5
这样。因为，如果他们付还那些美的东西的真实比例，那么你知道，上
面的部分显得比应然的较小，而下面的部分则显得较大，因为前者被我 236a1
们从远处看，而后者被我们从近处看。

泰阿泰德：当然。

客人：因此，工匠们岂不通过把真相放到一边，在各种图像那儿他 236a5
们所创作出来的，其实[211]并非一些是着的比例，而是一些看起来是美
的比例？

泰阿泰德：完全如此。

客人：那么，称另外那个为影像——既然它的确是像真的一样[212]——，
这岂不是正当的？

泰阿泰德：是。   236a10

客人：并且在模仿术中，针对这点的那个部分，正如在前面[213]我 236b1
们说过的那样，难道不应被称作仿像术吗？

泰阿泰德：应当这样被称呼。

客人：然后呢？那由于不从美的〈地方〉观看而显得同美的东西相
像的——但如果一个人有能力足以观看这些如此巨大的东西，它甚至不 236b5
相像于说它与之相像的那个东西——，我们将之称作什么呢？既然它显
得〈相像〉，但并不相像，岂不〈应将之称作〉显象？

泰阿泰德：为何不？

客人：这部分岂不是极大的，无论是在绘画那儿，还是在整个模仿 236c1
术那儿？

泰阿泰德：如何不是呢？

客人：那么，那产生显象而不是影像的技艺，我们岂不可以极其正
确地将之称作显像术[214]？

泰阿泰德：非常正确。   236c5

客人：因此，在图像创制术中，我曾说的是这样两种形式，即仿像
术和显像术。

ΘΕΑΙ. Ὀρθῶς.

ΞΕ. Ὁ δέ γε καὶ τότ᾽ ἠμφεγνόουν, ⟨ἐν⟩ ποτέρᾳ τὸν
σοφιστὴν θετέον, οὐδὲ νῦν πω δύναμαι θεάσασθαι σαφῶς, 10
ἀλλ᾽ ὄντως θαυμαστὸς ἀνὴρ καὶ κατιδεῖν παγχάλεπος, ἐπεὶ d
καὶ νῦν μάλα εὖ καὶ κομψῶς εἰς ἄπορον εἶδος διερευνήσασθαι
καταπέφευγεν.

ΘΕΑΙ. Ἔοικεν.

ΞΕ. Ἆρ᾽ οὖν αὐτὸ γιγνώσκων σύμφης, ἤ σε οἷον ῥύμη 5
τις ὑπὸ τοῦ λόγου συνειθισμένον συνεπεσπάσατο πρὸς τὸ
ταχὺ συμφῆσαι;

ΘΕΑΙ. Πῶς καὶ πρὸς τί τοῦτο εἴρηκας;

ΞΕ. Ὄντως, ὦ μακάριε, ἐσμὲν ἐν παντάπασι χαλεπῇ
σκέψει. τὸ γὰρ φαίνεσθαι τοῦτο καὶ τὸ δοκεῖν, εἶναι δὲ e
μή, καὶ τὸ λέγειν μὲν ἄττα, ἀληθῆ δὲ μή, πάντα ταῦτά ἐστι
μεστὰ ἀπορίας ἀεὶ ἐν τῷ πρόσθεν χρόνῳ καὶ νῦν. ὅπως γὰρ
εἰπόντα χρὴ ψευδῆ λέγειν ἢ δοξάζειν ὄντως εἶναι, καὶ τοῦτο
φθεγξάμενον ἐναντιολογίᾳ μὴ συνέχεσθαι, παντάπασιν, ὦ 5
Θεαίτητε, χαλεπόν. 237

ΘΕΑΙ. Τί δή;

ΞΕ. Τετόλμηκεν ὁ λόγος οὗτος ὑποθέσθαι τὸ μὴ ὂν
εἶναι· ψεῦδος γὰρ οὐκ ἂν ἄλλως ἐγίγνετο ὄν. Παρμενίδης
δὲ ὁ μέγας, ὦ παῖ, παισὶν ἡμῖν οὖσιν ἀρχόμενός τε καὶ διὰ 5
τέλους τοῦτο ἀπεμαρτύρατο, πεζῇ τε ὧδε ἑκάστοτε λέγων καὶ
μετὰ μέτρων—

Οὐ γὰρ μή ποτε τοῦτο δαμῇ, φησίν, εἶναι μὴ ἐόντα·
ἀλλὰ σὺ τῆσδ᾽ ἀφ᾽ ὁδοῦ διζήμενος εἶργε νόημα.

c 9 τότ᾽] τοῦτ᾽ T   ἐν add. Bessarionis liber   ποτερα B:
πότερα TW   c 10 θεάσασθαι] βεβαιώσασθαι W (an θεάσασθαι
βεβαίως?)   d 1 θαυμαστῶς B   ἀνὴρ Bekker: ἀνήρ BT   d 6 συν-
επεσπάσατο W: νῦν ἐπεσπάσατο BT   d 8 τί W: ὅτι BT   e 3 μεστὰ
TW: om. B   a 4 ἐγίγνετο] γίγνοιτο W   a 5 ἡμῖν W: μὲν BT
τε καὶ Heindorf: γε καὶ W: δὲ καὶ BT   a 6 τοῦτο] ταῦτ᾽ W
πεζῇ] παίζει T   a 8 τοῦτο δαμῇ Simplicius: τοῦτ᾽ οὐδαμῇ BT: τοῦτ᾽
οὐ δαμῇ W   ἐόντα Aristoteles Met. 1089 a, 4: ὄντα BT   a 9 διζή-
μενος BTW (sed διζήσιος infra 258 d)

泰阿泰德：说得正确。

客人：但我那时曾犹豫过的[215]，即智者必须被置于哪一个中[216]，我甚至现在也还没能看得清楚；相反，在是的方式上，这种人是奇怪 236c10 的，并且非常难以看清，因为甚至现在他也很好和很巧妙地逃入了一种 236d1 无迹可寻的形式[217]中。

泰阿泰德：好像是。

客人：那么，你究竟是因为认识到了这点才表示同意呢，还是仿佛 236d5 由言说〈所造成的〉某种冲力，由于你已经习惯了，它把你吸引到它自己的观点上，以便〈你〉仓促地表示同意[218]？

泰阿泰德：你如何以及为何这样说？

客人：事实上，有福的人啊，我们正处在极其困难的考察中。因 236e1 为，这显得和看起来，但却不是；虽然说了某些东西，却不〈在说〉真的东西——所有这些无论在过往的时间里还是现在都总是充满了困惑——。因为，当一个人进行说时，他应当以何种方式来言说或判断一些假的东西在是的方式上是着[219]，并且当他表达出这点时却不会陷入矛 236e5 盾中[220]；泰阿泰德啊，这是极其困难的。 237a1

泰阿泰德：究竟怎么回事？

客人：这个说法[221]已经大胆假设不是者是[222]。因为虚假不会以其他任何方式成为是着的。而伟大的巴门尼德，孩子啊，当我们还是孩童 237a5 时，他自始至终都坚持这点，无论是用散文，还是用韵文[223]，他在任何时候都这样说道：

　　　因为这将永不会获胜[224]，他说，即不是者是；相反，当你在探究时，你要让思想远离这条道路[225]。

b παρ' ἐκείνου τε οὖν μαρτυρεῖται, καὶ μάλιστά γε δὴ πάντων
ὁ λόγος αὐτὸς ἂν δηλώσειε μέτρια βασανισθείς. τοῦτο οὖν
αὐτὸ πρῶτον θεασώμεθα, εἰ μή τί σοι διαφέρει.

ΘΕΑΙ. Τὸ μὲν ἐμὸν ὅπη βούλει τίθεσο, τὸν δὲ λόγον
5 ᾗ βέλτιστα διέξεισι σκοπῶν αὐτός τε ἴθι κἀμὲ κατὰ ταύτην
τὴν ὁδὸν ἄγε.

ΞΕ. Ἀλλὰ χρὴ δρᾶν ταῦτα. καί μοι λέγε· τὸ μηδαμῶς
ὂν τολμῶμέν που φθέγγεσθαι;

ΘΕΑΙ. Πῶς γὰρ οὔ;

10 ΞΕ. Μὴ τοίνυν ἔριδος ἕνεκα μηδὲ παιδιᾶς, ἀλλ' εἰ σπουδῇ
c δέοι συννοήσαντά τινα ἀποκρίνασθαι τῶν ἀκροατῶν ποῖ χρὴ
τοὔνομ' ἐπιφέρειν τοῦτο, τὸ μὴ ὄν, τί δοκοῦμεν ἂν εἰς τί
καὶ ἐπὶ ποῖον αὐτόν τε καταχρήσασθαι καὶ τῷ πυνθανομένῳ
δεικνύναι;

5 ΘΕΑΙ. Χαλεπὸν ἤρου καὶ σχεδὸν εἰπεῖν οἵῳ γε ἐμοὶ
παντάπασιν ἄπορον.

ΞΕ. Ἀλλ' οὖν τοῦτό γε δῆλον, ὅτι τῶν ὄντων ἐπί ⟨τι⟩
τὸ μὴ ὂν οὐκ οἰστέον.

ΘΕΑΙ. Πῶς γὰρ ἄν;

10 ΞΕ. Οὐκοῦν ἐπείπερ οὐκ ἐπὶ τὸ ὄν, οὐδ' ἐπὶ τὸ τὶ φέρων
ὀρθῶς ἄν τις φέροι.

ΘΕΑΙ. Πῶς δή;

d ΞΕ. Καὶ τοῦτο ἡμῖν που φανερόν, ὡς καὶ τὸ "τὶ" τοῦτο
[ῥῆμα] ἐπ' ὄντι λέγομεν ἑκάστοτε· μόνον γὰρ αὐτὸ λέγειν,
ὥσπερ γυμνὸν καὶ ἀπηρημωμένον ἀπὸ τῶν ὄντων ἁπάντων,
ἀδύνατον· ἦ γάρ;

5 ΘΕΑΙ. Ἀδύνατον.

ΞΕ. Ἆρα τῇδε σκοπῶν σύμφης, ὡς ἀνάγκη τόν τι λέγοντα
ἕν γέ τι λέγειν;

---

b 2 αὐτὸς W: οὗτος BT b 8 φθέγξασθαι W b 10 ἀλλ' εἰ
σπουδῇ Bekker: ἄλλης πού δὴ B: ἀλλὴ σπουδῇ T: ἀλλ' ἢ σπουδῆι W
c 2 τί] ὅτι TW c 7 τι add. corr. Par. 1808 c 10 φέρων]
φέρον W d 1 τοῦτο Schanz: τοῦτο ῥῆμα T: τοῦ ῥήματος B:
ῥῆμα W d 2 γὰρ om. T

因此，这既被他所作证，而该说法本身——如果它被恰当地加以考问的 237b1
话——，也尤其会显明〈这点〉。所以，让我们首先就来看看这点，如
果你没有任何异议的话。

泰阿泰德：就〈涉及〉我的〈事情〉来说，你愿意怎样，也就请就
怎样对待；但就言说来说，它最好向着那儿行进，请你仔细看看后自己 237b5
再上路，并且请你沿着该道路引领我。

客人：当然必须这样做。也请你告诉我，我们会敢于以某种方式说
出绝对的不是者 226 吗？

泰阿泰德：为何不〈敢〉？

客人：因此，既不为了争吵，也不为了儿戏，相反，如果〈巴门尼 237b10
德的〉听众中的某位通过理解而认真地回答应当把这一名称，即不是者 237c1
安放到何处，那么，我们设想一下，他自己将能够把它用在什么上面和
用在哪类东西上面，以及把什么显示给那进行询问的人？

泰阿泰德：你问了一个困难的〈问题〉，并且至少对于像我这样的 237c5
一个人来说，几乎完全没有办法来说出〈什么答案〉。

客人：但无论如何下面这点是显而易见的，那就是：不是者一定不
可以被赋予任何是着的东西 227。

泰阿泰德：那如何可以？

客人：那么，既然它不能被赋予是者，因此，如果某人将之赋予某 237c10
个东西，那他并未正确地赋予。

泰阿泰德：究竟怎么回事？

客人：并且下面这点对于我们来说肯定是明显的，那就是："某个 237d1
东西"这一表达 228，我们任何时候都在针对某一是者而说它；因为仅
仅说它，就像赤裸裸地和脱离一切是者孤零零地说它一样，这是不可能
的。对吗？

泰阿泰德：不可能。
237d5

客人：你是因这样考虑而同意的吗，即那说某个东西的人，必然肯
定在说某一东西？

ΘΕΑΙ. Οὕτως.

ΞΕ. Ἑνὸς γὰρ δὴ τό γε "τὶ" φήσεις σημεῖον εἶναι, τὸ δὲ "τινὲ" δυοῖν, τὸ δὲ "τινὲς" πολλῶν. 10

ΘΕΑΙ. Πῶς γὰρ οὔ;

ΞΕ. Τὸν δὲ δὴ μὴ τὶ λέγοντα ἀναγκαιότατον, ὡς ἔοικε, e παντάπασι μηδὲν λέγειν.

ΘΕΑΙ. Ἀναγκαιότατον μὲν οὖν.

ΞΕ. Ἆρ' οὖν οὐδὲ τοῦτο συγχωρητέον, τὸ τὸν τοιοῦτον λέγειν μὲν [τι], λέγειν μέντοι μηδέν, ἀλλ' οὐδὲ λέγειν 5 φατέον, ὅς γ' ἂν ἐπιχειρῇ μὴ ὂν φθέγγεσθαι;

ΘΕΑΙ. Τέλος γοῦν ἂν ἀπορίας ὁ λόγος ἔχοι.

ΞΕ. Μήπω μέγ' εἴπῃς· ἔτι γάρ, ὦ μακάριε, ἔστι, καὶ 238 ταῦτά γε τῶν ἀποριῶν ἡ μεγίστη καὶ πρώτη. περὶ γὰρ αὐτὴν αὐτοῦ τὴν ἀρχὴν οὖσα τυγχάνει.

ΘΕΑΙ. Πῶς φῄς; λέγε καὶ μηδὲν ἀποκνήσῃς.

ΞΕ. Τῷ μὲν ὄντι που προσγένοιτ' ἄν τι τῶν ὄντων ἕτερον. 5

ΘΕΑΙ. Πῶς γὰρ οὔ;

ΞΕ. Μὴ ὄντι δέ τι τῶν ὄντων ἆρά ποτε προσγίγνεσθαι φήσομεν δυνατὸν εἶναι;

ΘΕΑΙ. Καὶ πῶς;

ΞΕ. Ἀριθμὸν δὴ τὸν σύμπαντα τῶν ὄντων τίθεμεν. 10

ΘΕΑΙ. Εἴπερ γε καὶ ἄλλο τι θετέον ὡς ὄν. b

ΞΕ. Μὴ τοίνυν μηδ' ἐπιχειρῶμεν ἀριθμοῦ μήτε πλῆθος μήτε ἓν πρὸς τὸ μὴ ὂν προσφέρειν.

ΘΕΑΙ. Οὔκουν ἂν ὀρθῶς γε, ὡς ἔοικεν, ἐπιχειροῖμεν, ὥς φησιν ὁ λόγος. 5

ΞΕ. Πῶς οὖν ἂν ἢ διὰ τοῦ στόματος φθέγξαιτο ἄν τις ἢ καὶ τῇ διανοίᾳ τὸ παράπαν λάβοι τὰ μὴ ὄντα ἢ τὸ μὴ ὂν χωρὶς ἀριθμοῦ;

d 9 γε om. W   e 4 τὸν τὸ B   e 5 μέν om. B   τι secl. Schleiermacher   e 6 γ'] δ' W : om. T   μὴ ὂν] μηδὲν W e 7 ἂν] δὴ W   ἔχοι ὁ λόγος T   a 1 ἔτι] ἔστι T   a 2 γε delendum susp. Heindorf   a 7 ὄντι δέ τι] ὂν δέ τι B : ὄντι δὲ T ποτε om. B   a 7 φήσομεν προσγίγνεσθαι W   b 3 ἕν] τὸ ἕν W : τὸ ὄν T

泰阿泰德： 是这样。

客人： 因为你肯定会说，"某个东西"是一的标记，"某对东西"是　237d10
二的〈标记〉，而"某些东西"是多的〈标记〉[229]。

泰阿泰德： 为何不？

客人： 因此，那说非任何东西的人，如看起来的那样，最为必然地　237e1
完全一无所说。

泰阿泰德： 的确最为必然地。

客人： 那么下面这点岂不也必然不会被同意，即这样一个人虽然在
说[230]，然而一无所说；相反，必须得讲，那尝试说不是者的人，他其实　237e5
根本没有在说[231]？

泰阿泰德： 该说法[232]无论如何都已经抵达了困境的终点[233]。

客人： 你还不可以说大话[234]；因为，有福的人啊，还有〈一个困　238a1
境〉[235]，况且[236]它才是诸困境中最大和最首要的困境。因为它才恰好
是关乎其起点本身的。

泰阿泰德： 你为何这么讲？请你说说，并且不要有任何犹豫！

客人： 一方面，诸是者中的另外某个肯定可以被添加给某个是者。　238a5

泰阿泰德： 为何不？

客人： 另一方面，我们会说，诸是者中的某个被添加给不是者，这
也曾是可能的吗？

泰阿泰德： 那怎么可能？

客人： 现在我们把全部的数确定为在诸是者中。　238a10

泰阿泰德： 假如其他任何东西也都必须被确定为是着的话。　238b1

客人： 那么，无论是数中的多还是一，让我们都不要尝试将之加到
不是者身上。

泰阿泰德： 无论如何都在不正确地〈尝试〉，如看起来的那样，假
如我们要进行尝试的话，依照〈我们的〉言说所说的。　238b5

客人： 那么，一个人如何能够通过嘴巴说出，甚或完全凭借思想而
把握诸不是者或某个不是者呢，如果离开了数的话？

ΘΕΑΙ. Λέγε πῇ;

10 ΞΕ. Μὴ ὄντα μὲν ἐπειδὰν λέγωμεν, ἆρα οὐ πλῆθος

c ἐπιχειροῦμεν ἀριθμοῦ προστιθέναι;

ΘΕΑΙ. Τί μήν;

ΞΕ. Μὴ ὂν δέ, ἆρα οὐ τὸ ἓν αὖ;

ΘΕΑΙ. Σαφέστατά γε.

5 ΞΕ. Καὶ μὴν οὔτε δίκαιόν γε οὔτε ὀρθόν φαμεν ὂν
ἐπιχειρεῖν μὴ ὄντι προσαρμόττειν.

ΘΕΑΙ. Λέγεις ἀληθέστατα.

ΞΕ. Συννοεῖς οὖν ὡς οὔτε φθέγξασθαι δυνατὸν ὀρθῶς
οὔτ' εἰπεῖν οὔτε διανοηθῆναι τὸ μὴ ὂν αὐτὸ καθ' αὑτό, ἀλλ'
10 ἔστιν ἀδιανόητόν τε καὶ ἄρρητον καὶ ἄφθεγκτον καὶ ἄλογον;

ΘΕΑΙ. Παντάπασι μὲν οὖν.

d ΞΕ. Ἆρ' οὖν ἐψευσάμην ἄρτι λέγων τὴν μεγίστην ἀπορίαν
ἐρεῖν αὐτοῦ πέρι, τὸ δὲ ἔτι μείζω τινὰ λέγειν ἄλλην ἔχομεν;

ΘΕΑΙ. Τίνα δή;

ΞΕ. Ὦ θαυμάσιε, οὐκ ἐννοεῖς αὐτοῖς τοῖς λεχθεῖσιν ὅτι
5 καὶ τὸν ἐλέγχοντα εἰς ἀπορίαν καθίστησι τὸ μὴ ὂν οὕτως,
ὥστε, ὁπόταν αὐτὸ ἐπιχειρῇ τις ἐλέγχειν, ἐναντία αὐτὸν
αὑτῷ περὶ ἐκεῖνο ἀναγκάζεσθαι λέγειν;

ΘΕΑΙ. Πῶς φῄς; εἰπὲ ἔτι σαφέστερον.

ΞΕ. Οὐδὲν δεῖ τὸ σαφέστερον ἐν ἐμοὶ σκοπεῖν. ἐγὼ μὲν
e γὰρ ὑποθέμενος οὔτε ἑνὸς οὔτε τῶν πολλῶν τὸ μὴ ὂν δεῖν
μετέχειν, ἄρτι τε καὶ νῦν οὕτως ἓν αὐτὸ εἴρηκα· τὸ μὴ ὂν
γὰρ φημί. συνίης τοι.

ΘΕΑΙ. Ναί.

5 ΞΕ. Καὶ μὴν αὖ καὶ σμικρὸν ἔμπροσθεν ἄφθεγκτόν τε
αὐτὸ καὶ ἄρρητον καὶ ἄλογον ἔφην εἶναι. συνέπῃ;

ΘΕΑΙ. Συνέπομαι. πῶς γὰρ οὔ;

c 1 ἀριθμοῦ ἐπιχειροῦμεν T   c 5 ὂν TW: om. B   d 2 τὸ δὲ
W: τόδε BT sed τοῦ in marg. T: τί δὲ in marg. al.: τό δὲ (τί δὲ)
... ἔχομεν hospiti primus tribuit Winckelmann   d 3 τίνα δή;
Winckelmann: τί δέ; B: τι δαί; T hospiti tribuentes   d 4 αὐτοῖς]
ἐν αὐτοῖς W   d 7 αὑτῷ T: αὐτῷ W: αὐτὸ B   e 7 ξυνέπομαι.
πῶς γὰρ οὔ; T W: ξυνέπομαί πως B

泰阿泰德：请你说说，为何？

客人：一则每当我们说诸不是者时，我们岂不着手加上了数中 238b10
的多？ 238c1

泰阿泰德：那还用说？

客人：一则每当我们说〈某个〉不是者时，岂不复又着手加上了一？

泰阿泰德：的确非常明显。

客人：并且我们还说，尝试使是者同不是者相适应，肯定既不恰当 238c5
也不正确。

泰阿泰德：你说得非常对。

客人：因此，你岂不理解了：既不可能正确地表达，也不可能正确
地说出，也不可能正确地思想那自在自为的不是者 [237]，它毋宁是不可思 238c10
想的、不可说的、不可表达的和不合道理的 [238]？

泰阿泰德：的确完全如此。

客人：那么，我刚才在说假话吗，当我说〈我〉对之会说出最大的 238d1
困境 [239]，而我们其实还能够说出另外某个更大的困境来？

泰阿泰德：究竟是什么〈困境〉[240]？

客人：令人钦佩的人啊 [241]，难道你没有在所说的那些东西本身那里
理解到下面这点吗，那就是：甚至不是者如此地把那驳斥〈它〉的人带 238d5
入困境，以至于每当有人尝试驳斥它，他自己就被迫同自己相矛盾地来
谈论它？

泰阿泰德：你为何这么说？请你再说得清楚些。

客人：根本无需还要在我这里看得更清楚些！因为，尽管我假定不 238e1
是者必定既不分有一，也不分有多，但无论是刚才，还是现在这样，我
都恰恰已经把它说成一了，因为我在说〈某个〉不是者。你肯定明白
〈我所说的〉。

泰阿泰德：是的。

客人：而且就在前面不久，我曾说它是不可表达的、不可说的和不 238e5
合道理的。你跟得上吗？

泰阿泰德：我跟得上。为何会跟不上呢？

ΞΕ. Οὐκοῦν τό γε εἶναι προσάπτειν πειρώμενος ἐναντία τοῖς πρόσθεν ἔλεγον;

239

ΘΕΑΙ. Φαίνῃ.

ΞΕ. Τί δέ; τοῦτο προσάπτων οὐχ ὡς ἑνὶ διελεγόμην;

ΘΕΑΙ. Ναί.

ΞΕ. Καὶ μὴν ἄλογόν γε λέγων καὶ ἄρρητον καὶ ἄφθεγκτον 5 ὥς γε πρὸς ἓν τὸν λόγον ἐποιούμην.

ΘΕΑΙ. Πῶς δ' οὔ;

ΞΕ. Φαμὲν δέ γε δεῖν, εἴπερ ὀρθῶς τις λέξει, μήτε ὡς ἓν μήτε ὡς πολλὰ διορίζειν αὐτό, μηδὲ τὸ παράπαν αὐτὸ καλεῖν· ἑνὸς γὰρ εἴδει καὶ κατὰ ταύτην ἂν τὴν πρόσρησιν 10 προσαγορεύοιτο.

ΘΕΑΙ. Παντάπασί γε.

ΞΕ. Τὸν μὲν τοίνυν ἐμέ γε τί τις ἂν λέγοι; καὶ γὰρ b πάλαι καὶ τὰ νῦν ἡττημένον ἂν εὕροι περὶ τὸν τοῦ μὴ ὄντος ἔλεγχον. ὥστε ἐν ἔμοιγε λέγοντι, καθάπερ εἶπον, μὴ σκοπῶμεν τὴν ὀρθολογίαν περὶ τὸ μὴ ὄν, ἀλλ' εἶα δὴ νῦν ἐν σοὶ σκεψώμεθα.

5

ΘΕΑΙ. Πῶς φῄς;

ΞΕ. Ἴθι ἡμῖν εὖ καὶ γενναίως, ἅτε νέος ὤν, ὅτι μάλιστα δύνασαι συντείνας πειράθητι, μήτε οὐσίαν μήτε τὸ ἓν μήτε πλῆθος ἀριθμοῦ προστιθεὶς τῷ μὴ ὄντι, κατὰ τὸ ὀρθὸν φθέγξασθαί τι περὶ αὐτοῦ.

10

ΘΕΑΙ. Πολλὴ μεντἂν με καὶ ἄτοπος ἔχοι προθυμία c τῆς ἐπιχειρήσεως, εἰ σὲ τοιαῦθ' ὁρῶν πάσχοντα αὐτὸς ἐπιχειροίην.

ΞΕ. Ἀλλ' εἰ δοκεῖ, σὲ μὲν καὶ ἐμὲ χαίρειν ἐῶμεν· ἕως δ' ἄν τινι δυναμένῳ δρᾶν τοῦτο ἐντυγχάνωμεν, μέχρι τούτου 5

---

a 1 ἔλεγον TW: λόγον B   a 3 προσάπτων] προσάγων T   ἑνὶ] ἓν T: ἓν ὂν Heindorf   a 5 γε TW: τε B   a 8 τις] τι W a 10 ἑνὸς γὰρ εἴδει B: ἕν τε γὰρ εἴδει T: ἑνὸς γὰρ ἔδει W: ἐν ἑνὸς γὰρ εἴδει Winckelmann: ἕν τι γὰρ ἤδη Heindorf   b 1 ἐμέ τε τι τίς B: ἐμέ γε ἔτι τις T: ἐμὲ ἔτι τί τίς W   b 4 εἶα Bessarionis liber: ἔα BT   b 8 τὸ om. W   b 9 τὸ ὀρθὸν] τὸν ὀρθὸν λόγον T c 2 ὁρῶν τοιαῦτα W

客人：那么，当我试图把是〈着〉归给〈它〉时，我岂不在说同前 239a1
面那些相矛盾的东西[242]？

泰阿泰德：显然。

客人：然后呢？当我把这归给〈它〉时[243]，我岂不将之作为一而与
之对谈？

泰阿泰德：是的。

客人：而且当我把它说成是不合道理的、不可说的和不可表达的 239a5
时，我肯定对之做出了一番言说，好像它是一似的。

泰阿泰德：那还用说？

客人：而我们肯定得宣称，如果一个人要正确地说，那他就必须
既不要将它规定为一，也不要把它规定为多，甚至完全不要称呼它；因 239a10
为，甚至〈单单〉通过这样一种称呼，那它也已经在一这种形式上被称
呼了。

泰阿泰德：完全如此。

客人：因此，就我这种人[244]，一个人究竟还能有什么可说呢？因 239b1
为，无论是过去，还是现在，他都会发现在对不是者的反驳方面我是一
个失败者。因此，如我所说[245]，让我们就不要再关注在我的言论中关
于不是者的正确言说了，相反，来吧[246]，现在让我们在你的言论中看 239b5
看它！

泰阿泰德：你为何这么说？

客人：来吧！鉴于你还是个年青人，为了我们你可要尽你所能够的
好好地和高贵地进行努力[247]，请你尝试一下，通过既不要把所是，也不
要把数中的一或多加给不是者，按照正确的方式关于它说出点什么来。 239b10

泰阿泰德：但为了该尝试我得具有很大和非凡的热忱，如果我在看 239c1
到你遭受了这些之后，自己还要进行尝试的话。

客人：那么，假如你〈这么〉认为的话[248]，那就让我们把你和我都
放到一边去。然而，一直到我们遇见了某个能够做这件事的人，直到此 239c5

λέγωμεν ὡς παντὸς μᾶλλον πανούργως εἰς ἄπορον ὁ σοφιστὴς τόπον καταδέδυκεν.

ΘΕΑΙ. Καὶ μάλα δὴ φαίνεται.

ΞΕ. Τοιγαροῦν εἴ τινα φήσομεν αὐτὸν ἔχειν φανταστικὴν
d τέχνην, ῥᾳδίως ἐκ ταύτης τῆς χρείας τῶν λόγων ἀντιλαμβα-
νόμενος ἡμῶν εἰς τοὐναντίον ἀποστρέψει τοὺς λόγους, ὅταν
εἰδωλοποιὸν αὐτὸν καλῶμεν, ἀνερωτῶν τί ποτε τὸ παράπαν
εἴδωλον λέγομεν. σκοπεῖν οὖν, ὦ Θεαίτητε, χρὴ τί τις τῷ
5 νεανίᾳ πρὸς τὸ ἐρωτώμενον ἀποκρινεῖται.

ΘΕΑΙ. Δῆλον ὅτι φήσομεν τά τε ἐν τοῖς ὕδασι καὶ
κατόπτροις εἴδωλα, ἔτι καὶ τὰ γεγραμμένα καὶ τὰ τετυπωμένα
καὶ τἆλλα ὅσα που τοιαῦτ' ἔσθ' ἕτερα.

e ΞΕ. Φανερός, ὦ Θεαίτητε, εἶ σοφιστὴν οὐχ ἑωρακώς.

ΘΕΑΙ. Τί δή;

ΞΕ. Δόξει σοι μύειν ἢ παντάπασιν οὐκ ἔχειν ὄμματα.

ΘΕΑΙ. Πῶς;

5 ΞΕ. Τὴν ἀπόκρισιν ὅταν οὕτως αὐτῷ διδῷς ἐὰν ἐν κατό-
πτροις ἢ πλάσμασι λέγῃς τι, καταγελάσεταί σου τῶν λόγων,
ὅταν ὡς βλέποντι λέγῃς αὐτῷ, προσποιούμενος οὔτε κάτοπτρα
240 οὔτε ὕδατα γιγνώσκειν οὔτε τὸ παράπαν ὄψιν, τὸ δ' ἐκ τῶν
λόγων ἐρωτήσει σε μόνον.

ΘΕΑΙ. Ποῖον;

ΞΕ. Τὸ διὰ πάντων τούτων ἃ πολλὰ εἰπὼν ἠξίωσας ἑνὶ
5 προσειπεῖν ὀνόματι φθεγξάμενος εἴδωλον ἐπὶ πᾶσιν ὡς ἓν
ὄν. λέγε οὖν καὶ ἀμύνου μηδὲν ὑποχωρῶν τὸν ἄνδρα.

ΘΕΑΙ. Τί δῆτα, ὦ ξένε, εἴδωλον ἂν φαῖμεν εἶναι πλήν
γε τὸ πρὸς τἀληθινὸν ἀφωμοιωμένον ἕτερον τοιοῦτον;

ΞΕ. Ἕτερον δὲ λέγεις τοιοῦτον ἀληθινόν, ἢ ἐπὶ τίνι τὸ
b τοιοῦτον εἶπες;

c 6 πανοῦργος B   d 1 χρείας τῶν λόγων TW : χρείας τὸν λόγον B :
χείας τοῦ λόχου Madvig   d 2 ἀποστρέψει corr. T : ἀποτρέψει BTW
d 3 ποτε om. TW   d 4 χρή, ὦ θεαίτητε W   d 7 ἔτι om. W :
ἔτι ⟨δὲ⟩ καὶ Heindorf   e 1 εἶ, ὦ θεαίτητε W   e 5 ἐὰν secl.
Heindorf : ἐὰν . . . λέγῃς τι secl. Cobet   e 7 ὅταν . . . αὐτῷ del.
Cobet   βλέποντι] βλέπων τι T   a 2 λόγων] ἔργων W

时为止 [249] 都让我们说，智者必定 [250] 流氓成性地 [251] 潜入到了一个无迹可寻的地方。

泰阿泰德：非常显然就是这样。

客人：因此，如果我们说他拥有某种显像性的技艺 [252]，那么，他就 239d1 很容易从对诸语词的这种使用出发通过抓住我们的弱点 [253] 而把诸语词转向反面；而每当我们把他称为图像创制者时，他就会通过问我们究竟一般地 [254] 把图像说成什么〈来攻击我们〉。因此，泰阿泰德啊，必须得考虑一下，面对被问的这件事，一个人应该向这火气旺盛的人 [255] 作何 239d5 回答。

泰阿泰德：显然，我们会说〈这样一些图像〉：在水中的各种倒影，镜中的诸影像，此外还有各种画像和各种塑像，以及所有其他诸如是这样的东西。

客人：很明显，泰阿泰德啊，你不曾见过智者。 239e1

泰阿泰德：究竟为什么？

客人：对于你，他将看起来闭着眼睛，甚或完全就没有眼睛。

泰阿泰德：为何？

客人：每当你以这种方式对他给出回答，即如果你说到在镜中或在 239e5 各种造型中的某种东西 [256]，那他就会嘲笑你的那些说法 [257]——每当你将之作为一个在看的人而对他讲话时——，通过佯装既不认识镜子，也 240a1 不认识水，甚或不认识一般所谓的视力，相反，他将仅仅就那出于各种言说的东西来问你。

泰阿泰德：何种东西？

客人：遍及所有这些东西的那种东西，你虽然把它们称之为多，但 240a5 你认为值得用一个名称来进行称呼，你把它们全部表达为图像，仿佛它们是一似的。因此，请你说说，并且保卫自己而不要对那人让步！

泰阿泰德：那么，客人啊，我们到底会说图像是什么呢，除了说它是相似于真实的东西〈但又与之〉不同的这样一种东西之外？

客人：但你把不同的这样一种东西说成真实的东西吗，或者你将这 240b1 种东西说成什么？

ΘΕΑΙ. Οὐδαμῶς ἀληθινόν γε, ἀλλ' ἐοικὸς μέν.

ΞΕ. Ἆρα τὸ ἀληθινὸν ὄντως ὂν λέγων;

ΘΕΑΙ. Οὕτως.

ΞΕ. Τί δέ; τὸ μὴ ἀληθινὸν ἆρ' ἐναντίον ἀληθοῦς; 5

ΘΕΑΙ. Τί μήν;

ΞΕ. Οὐκ ὄντως [οὐκ] ὂν ἄρα λέγεις τὸ ἐοικός, εἴπερ αὐτό γε μὴ ἀληθινὸν ἐρεῖς.

ΘΕΑΙ. 'Αλλ' ἔστι γε μήν πως.

ΞΕ. Οὔκουν ἀληθῶς γε, φής. 10

ΘΕΑΙ. Οὐ γὰρ οὖν· πλήν γ' εἰκὼν ὄντως.

ΞΕ. Οὐκ ὂν ἄρα [οὐκ] ὄντως ἐστὶν ὄντως ἣν λέγομεν εἰκόνα;

ΘΕΑΙ. Κινδυνεύει τοιαύτην τινὰ πεπλέχθαι συμπλοκὴν c τὸ μὴ ὂν τῷ ὄντι, καὶ μάλα ἄτοπον.

ΞΕ. Πῶς γὰρ οὐκ ἄτοπον; ὁρᾷς γοῦν ὅτι καὶ νῦν διὰ τῆς ἐπαλλάξεως ταύτης ὁ πολυκέφαλος σοφιστὴς ἠνάγκακεν ἡμᾶς τὸ μὴ ὂν οὐχ ἑκόντας ὁμολογεῖν εἶναί πως. 5

ΘΕΑΙ. Ὁρῶ καὶ μάλα.

ΞΕ. Τί δὲ δή; τὴν τέχνην αὐτοῦ τίνα ἀφορίσαντες ἡμῖν αὐτοῖς συμφωνεῖν οἷοί τε ἐσόμεθα;

ΘΕΑΙ. Πῇ καὶ τὸ ποῖόν τι φοβούμενος οὕτω λέγεις;

ΞΕ. Ὅταν περὶ τὸ φάντασμα αὐτὸν ἀπατᾶν φῶμεν καὶ d τὴν τέχνην εἶναί τινα ἀπατητικὴν αὐτοῦ, τότε πότερον ψευδῆ δοξάζειν τὴν ψυχὴν ἡμῶν φήσομεν ὑπὸ τῆς ἐκείνου τέχνης, ἢ τί ποτ' ἐροῦμεν;

ΘΕΑΙ. Τοῦτο· τί γὰρ ἂν ἄλλο εἴπαιμεν; 5

ΞΕ. Ψευδὴς δ' αὖ δόξα ἔσται τἀναντία τοῖς οὖσι δοξάζουσα, ἢ πῶς;

b 7 ὄντως W : ὄντων Β : om. T   ὂν T : οὐκὸν Β : οὐκ ὂν W
b 9 πως Hermann : πῶς; ΒΤ (praecedentia hospiti tribuentes)
b 10 οὔκουν W : οὐκοῦν T : οὐκὸν Β   γε φῆς (sic) T : γ' ἔφην ΒW
b 11 ὄντως] ὄντος rec. t (et mox)   b 12 οὐκ ὂν] οὐκὸν Β : οὐκοῦν T
οὐκ secl. Badham   c 3 ὁρᾷς γοῦν TW Stobaeus : om. Β   c 4 ἐπαλλάξεως] ἐπάλξεως Stobaeus   c 7 ἀφορίζοντες W Stobaeus
d 1 φάντασμα T Stobaeus : φάσμα Β   d 2 πότερα W

泰阿泰德：绝非真实的东西，而是相似的东西

客人：真实的东西意味着以是的方式是着的东西吗？

泰阿泰德：是这样。

客人：然后呢？不真实的东西是真的东西的反面吗？　　240b5

泰阿泰德：那还用说？

客人：因此，你把相似的东西称为不以是的方式是着的东西[258]，假如你的确把它称为不真实的东西的话。

泰阿泰德：但它肯定还是以某种方式是着。

客人：不过肯定并非以真的方式，〈至少〉你说。　　240b10

泰阿泰德：的确不，除了它以是的方式〈是〉影像之外。

客人：因此，尽管它不以是的方式是着，却又以是的方式是我们称之为影像的那种东西吗[259]？

泰阿泰德：有可能在这样一种交织中[260]不是者已经同是者缠绕在　240c1
一起了，并且这是非常奇怪的。

客人：又怎么会不奇怪呢[261]？你无论如何都看到，甚至现在由于这种交替，多头的智者已经迫使我们同意——尽管不大情愿——，不是　240c5
者在某种方式上是〈着〉。

泰阿泰德：我看得非常〈清楚〉。

客人：那么然后呢？通过把他的技艺规定为什么，我们将能够同我们自己相一致？

泰阿泰德：你为何以及害怕何种东西而这样说？

客人：每当我们说他在用显象进行欺骗[262]，并且他的技艺是某种欺　240d1
骗术时，那时我们将宣称我们的灵魂因那种技艺而在对一些假的东西下判断呢，还是我们将说〈别的〉什么？

泰阿泰德：〈就说〉这；难道我们还有别的什么要讲？　　240d5

客人：而假的判断复又是在对那些与诸是着的东西相反的东西下判断吗[263]，或者是怎样？

ΘΕΑΙ. Οὕτως· τἀναντία.

ΞΕ. Λέγεις ἄρα τὰ μὴ ὄντα δοξάζειν τὴν ψευδῆ δόξαν;

10 ΘΕΑΙ. ᾿Ανάγκη.

e ΞΕ. Πότερον μὴ εἶναι τὰ μὴ ὄντα δοξάζουσαν, ἤ πως εἶναι τὰ μηδαμῶς ὄντα;

ΘΕΑΙ. Εἶναί πως τὰ μὴ ὄντα δεῖ γε, εἴπερ ψεύσεταί ποτέ τίς τι καὶ κατὰ βραχύ.

5 ΞΕ. Τί δ'; οὐ καὶ μηδαμῶς εἶναι τὰ πάντως ὄντα δοξάζεται;

ΘΕΑΙ. Ναί.

ΞΕ. Καὶ τοῦτο δὴ ψεῦδος;

ΘΕΑΙ. Καὶ τοῦτο.

10 ΞΕ. Καὶ λόγος οἶμαι ψευδὴς οὕτω κατὰ ταὐτὰ νομισθή-
241 σεται τά τε ὄντα λέγων μὴ εἶναι καὶ τὰ μὴ ὄντα εἶναι.

ΘΕΑΙ. Πῶς γὰρ ἂν ἄλλως τοιοῦτος γένοιτο;

ΞΕ. Σχεδὸν οὐδαμῶς· ἀλλὰ ταῦτα ὁ σοφιστὴς οὐ φήσει. ἤ τίς μηχανὴ συγχωρεῖν τινα τῶν εὖ φρονούντων, ὅταν
5 [ἄφθεγκτα καὶ ἄρρητα καὶ ἄλογα καὶ ἀδιανόητα] προσ-διωμολογημένα ᾖ τὰ πρὸ τούτων ὁμολογηθέντα; μανθάνομεν, ὦ Θεαίτητε, ἃ λέγει;

ΘΕΑΙ. Πῶς γὰρ οὐ μανθάνομεν ὅτι τἀναντία φήσει λέγειν ἡμᾶς τοῖς νυνδή, ψευδῆ τολμήσαντας εἰπεῖν ὡς ἔστιν
b ἐν δόξαις τε καὶ κατὰ λόγους; τῷ γὰρ μὴ ὄντι τὸ ὂν προσ-άπτειν ἡμᾶς πολλάκις ἀναγκάζεσθαι, διομολογησαμένους νυνδὴ τοῦτο εἶναι πάντων ἀδυνατώτατον.

ΞΕ. ᾿Ορθῶς ἀπεμνημόνευσας. ἀλλ᾿ ὅρα δὴ [βουλεύεσθαι]
5 τί χρὴ δρᾶν τοῦ σοφιστοῦ πέρι· τὰς γὰρ ἀντιλήψεις καὶ

d 8 οὕτως Stobaeus : om. BT   d 9 δοξάζειν τὰ μὴ ὄντα W: μὴ ὄντα δοξάζειν Stobaeus   e 1 πως] πῶς λέγεις Stobaeus   e 3 δεῖ γε] λέγε Stobaeus: δή γε Heindorf   e 4 τι om. T   e 10 ταῦτα Stobaeus: ταῦτα ταῦτα Β : ταῦτα Τ: ταὐτὰ ταῦτα W   a 2 ἄλλως W Stobaeus: ἄλλος BT   a 3 οὐ om. W   a 4 ἢ om. W   a 5 ἄφθεγκτα . . . ἀδιανόητα secl. Madvig   προδιωμολογημένα Τ   a 7 λέγει] λέγεις BT   a 8 λέγειν φησὶν W   b 3 τοῦτο W: που τοῦτο BT   b 4 ὅρα] ὥρα al.   βουλεύεσθαι seclusi: βου-λεύσασθαι Τ

泰阿泰德：就是这样，对〈与那些东西〉相反的东西〈下判断〉。

客人：那么你在说假判断就是在对诸不是着的东西下判断？

泰阿泰德：必然。 240d10

客人：是因为它在判断诸不是着的东西不是〈着〉呢，还是在判断 240e1
那些绝对不是着的东西在某种方式上是〈着〉？

泰阿泰德：肯定必须得〈判断〉诸不是着的东西在某种方式上是
〈着〉，只要一个人毕竟会说某种假话，哪怕只是一点点。

客人：然后呢？〈假的判断〉也判断那些绝对地是着的东西绝对地 240e1
不是〈着〉吗？

泰阿泰德：是。

客人：而这也肯定是一种虚假吗？

泰阿泰德：这也是。

客人：并且这样一来，我认为一种言说，将同样被视为假的，无论 240e10
它说诸是者不是〈着〉，还是说诸不是者是〈着〉。 241a1

泰阿泰德：难道它还能以其他某种方式成为这样一种东西吗？

客人：几乎没有任何其他方式；不过智者可不会这样说。或者，何
种办法[264]能让任何一个头脑清醒的人[265]同意〈这点〉呢，当此前所同 241a5
意的那些东西预先就已经被承认了之后[266]？泰阿泰德啊，我们明白他
所说的吗？

泰阿泰德：我们又怎么会不明白下面这点呢，即他将宣称我们在说
同刚才那些相矛盾的东西，由于我们竟然敢于说一些假的东西是在各种
判断中和在各种言说中？因为〈他将说〉，我们经常被迫把是者加到不 241b1
是者身上，而我们刚才已经承认这是一切中最为不可能的。

客人：你回忆得正确。然而，毕竟是时候决定[267]必须对于智者做
点什么了；因为，如果我们通过将之置于那些造假者和魔术师的技艺中 241b5

ἀπορίας, ἐὰν αὐτὸν διερευνῶμεν ἐν τῇ τῶν ψευδουργῶν καὶ
γοήτων τέχνῃ τιθέντες, ὁρᾷς ὡς εὔποροι καὶ πολλαί.

ΘΕΑΙ. Καὶ μάλα.

ΞΕ. Μικρὸν μέρος τοίνυν αὐτῶν διεληλύθαμεν, οὐσῶν
ὡς ἔπος εἰπεῖν ἀπεράντων.   c

ΘΕΑΙ. Ἀδύνατόν γ' ἄν, ὡς ἔοικεν, εἴη τὸν σοφιστὴν
ἑλεῖν, εἰ ταῦτα οὕτως ἔχει.

ΞΕ. Τί οὖν; οὕτως ἀποστησόμεθα νῦν μαλθακισθέντες;

ΘΕΑΙ. Οὔκουν ἔγωγέ φημι δεῖν, εἰ καὶ κατὰ σμικρὸν 5
οἷοί τ' ἐπιλαβέσθαι πῃ τἀνδρός ἐσμεν.

ΞΕ. Ἕξεις οὖν συγγνώμην καὶ καθάπερ νῦν εἶπες ἀγα-
πήσεις ἐάν πῃ καὶ κατὰ βραχὺ παρασπασώμεθα οὕτως
ἰσχυροῦ λόγου;

ΘΕΑΙ. Πῶς γὰρ οὐχ ἕξω;   10

ΞΕ. Τόδε τοίνυν ἔτι μᾶλλον παραιτοῦμαί σε.   d

ΘΕΑΙ. Τὸ ποῖον;

ΞΕ. Μή με οἷον πατραλοίαν ὑπολάβῃς γίγνεσθαί τινα.

ΘΕΑΙ. Τί δή;

ΞΕ. Τὸν τοῦ πατρὸς Παρμενίδου λόγον ἀναγκαῖον ἡμῖν 5
ἀμυνομένοις ἔσται βασανίζειν, καὶ βιάζεσθαι τό τε μὴ ὂν ὡς
ἔστι κατά τι καὶ τὸ ὂν αὖ πάλιν ὡς οὐκ ἔστι πῃ.

ΘΕΑΙ. Φαίνεται τὸ τοιοῦτον διαμαχετέον ἐν τοῖς λόγοις.

ΞΕ. Πῶς γὰρ οὐ φαίνεται καὶ τὸ λεγόμενον δὴ τοῦτο τυ-
φλῷ; τούτων γὰρ μήτ' ἐλεγχθέντων μήτε ὁμολογηθέντων σχολῇ   e
ποτέ τις οἷός τε ἔσται περὶ λόγων ψευδῶν λέγων ἢ δόξης,
εἴτε εἰδώλων εἴτε εἰκόνων εἴτε μιμημάτων εἴτε φαντασμάτων
αὐτῶν, ἢ καὶ περὶ τεχνῶν τῶν ὅσαι περὶ ταῦτά εἰσι, μὴ κατα-
γέλαστος εἶναι τά ⟨γ'⟩ ἐναντία ἀναγκαζόμενος αὐτῷ λέγειν.   5

b 6 γοήτων καὶ ψευδουργῶν τιθέντες τέχνῃ W   b 7 εὔποροι] ἄποροι
Heusde   c 2 γ' ἄν scripsi : γὰρ B T : ἄρ' W : γὰρ ἂν al. : τἄρ' Camp-
bell (et mox ἔοικ', ἂν εἴη)   c 4 οὕτως W : om. B T   c 7 εἶπες
νῦν W   c 8 πῃ] πῄ τι Badham   d 8 τὸ . . . λόγοις secl.
Hermann   διαμαχητέον T W : om. B   e 1 μήτε ἐλεγχθέντων T :
μητελεχθέντων B : μήτε λεχθέντων W   e 5 τά γ' ἐναντία scripsi :
τὰ μὲν ἄντι B : τὰ ἐναντία T W

而追踪到他，那么，你肯定会看到各种反驳和各种困境是何等的容易得
到，以及是何等的多。

泰阿泰德：确实。

客人：因此，我们只是细说了其中的一小部分，尽管几乎可以说它 241c1
们是无穷的。

泰阿泰德：捕获智者，这似乎根本就是不可能的[268]，如果情况是这
个样子的话。

客人：怎么回事？我们变得如此懦弱以至于现在就要放弃吗？

泰阿泰德：至少我会说不应该，即使我们只能够以某种方式抓住这 241c5
家伙一点点。

客人：因此，你会有所体谅吗[269]，并且就像现在你说的那样，你会
感到满意吗，如果我们以某种方式哪怕稍微从如此强有力的言说那儿抽
身而退的话？

泰阿泰德：我为何不会？ 241c10

客人：那么我还要进一步恳求你下面这点。 241d1

泰阿泰德：何种东西？

客人：你可不要认为我好像在变成某个弑父者似的。

泰阿泰德：究竟怎么回事？

客人：如果我们要保卫我们自己，那我们就必须检查〈我们的〉父 241d5
亲巴门尼德的说法，并强行让不是者就某个角度来说是〈着〉，而是者
复又在某种方式上不是〈着〉。

泰阿泰德：显而易见，这类东西必须在〈我们的〉讨论中被坚决主张。

客人：这又如何不显而易见呢，甚至如常言所说，对于一个瞎子
来说也如此？因为，如果这些既不被反驳也不被同意，那么，一个人， 241e1
当他谈论那些假的言说或意见时——要么是各种图像，要么是各种影
像，要么是各种模仿品，要么是各种显象——，无论是谈论这些东西本
身[270]，还是谈论所有那些关乎它们的技艺，他都将几乎不可能不是可笑 241e5
的，因为他被迫说出一些自相矛盾的话来[271]。

ΘΕΑΙ. Ἀληθέστατα.

242 ΞΕ. Διὰ ταῦτα μέντοι τολμητέον ἐπιτίθεσθαι τῷ πα-
τρικῷ λόγῳ νῦν, ἢ τὸ παράπαν ἐατέον, εἰ τοῦτό τις εἴργει
δρᾶν ὄκνος.

ΘΕΑΙ. Ἀλλ' ἡμᾶς τοῦτό γε μηδὲν μηδαμῇ εἴρξῃ.

5 ΞΕ. Τρίτον τοίνυν ἔτι σε σμικρόν τι παραιτήσομαι.

ΘΕΑΙ. Λέγε μόνον.

ΞΕ. Εἶπόν που νυνδὴ λέγων ὡς πρὸς τὸν περὶ ταῦτ'
ἔλεγχον ἀεί τε ἀπειρηκὼς ἐγὼ τυγχάνω καὶ δὴ καὶ τὰ νῦν.

ΘΕΑΙ. Εἶπες.

10 ΞΕ. Φοβοῦμαι δὴ τὰ εἰρημένα, μή ποτε διὰ ταῦτά σοι
μανικὸς εἶναι δόξω παρὰ πόδα μεταβαλὼν ἐμαυτὸν ἄνω καὶ
b κάτω. σὴν γὰρ δὴ χάριν ἐλέγχειν τὸν λόγον ἐπιθησόμεθα,
ἐάνπερ ἐλέγχωμεν.

ΘΕΑΙ. Ὡς τοίνυν ἔμοιγε μηδαμῇ δόξων μηδὲν πλημ-
μελεῖν, ἂν ἐπὶ τὸν ἔλεγχον τοῦτον καὶ τὴν ἀπόδειξιν ἴῃς,
5 θαρρῶν ἴθι τούτου γε ἕνεκα.

ΞΕ. Φέρε δή, τίνα ἀρχήν τις ἂν ἄρξαιτο παρακινδυνευ-
τικοῦ λόγου; δοκῶ μὲν γὰρ τήνδ', ὦ παῖ, τὴν ὁδὸν ἀναγκαιο-
τάτην ἡμῖν εἶναι τρέπεσθαι.

ΘΕΑΙ. Ποίαν δή;

10 ΞΕ. Τὰ δοκοῦντα νῦν ἐναργῶς ἔχειν ἐπισκέψασθαι πρῶ-
c τον μή πῃ τεταραγμένοι μὲν ὦμεν περὶ ταῦτα, ῥᾳδίως δ'
ἀλλήλοις ὁμολογῶμεν ὡς εὐκρινῶς ἔχοντες.

ΘΕΑΙ. Λέγε σαφέστερον ὃ λέγεις.

ΞΕ. Εὐκόλως μοι δοκεῖ Παρμενίδης ἡμῖν διειλέχθαι καὶ
5 πᾶς ὅστις πώποτε ἐπὶ κρίσιν ὥρμησε τοῦ τὰ ὄντα διορίσασθαι
πόσα τε καὶ ποῖά ἐστιν.

ΘΕΑΙ. Πῇ;

ΞΕ. Μῦθόν τινα ἕκαστος φαίνεταί μοι διηγεῖσθαι παισὶν
ὡς οὖσιν ἡμῖν, ὁ μὲν ὡς τρία τὰ ὄντα, πολεμεῖ δὲ ἀλλήλοις

---

a 2 νῦν om. T   a 7 που νυνδὴ] νῦν δή που B   c 1 μὲν ὦμεν W :
μένωμεν B T   δ' om. T   c 4 δοκεῖ μοι W   c 5 ὅστις] ὅστις
ἡμῖν Eusebius

泰阿泰德：非常正确。

客人：然而正由于这些，现在就必须得敢于去挑战父亲的〈那个〉242a1
说法；或者，就必须得完全放弃，如果某种胆怯阻止〈我们〉做这件事
的话。

泰阿泰德：不过没有任何东西能以任何方式阻止我们这样做。

客人：那么，我还将恳求你第三个小小的东西。 242a5

泰阿泰德：你只管说！

客人：就在刚才我说过[272]，说我恰恰总是已经放弃了对这点的反
驳，并且现在也依然如此。

泰阿泰德：你说过。

客人：真的，我害怕所说过的，由于它们我竟然将对你显得就像是 242a10
个疯子似的，因为我立刻[273]就在上上下下地改变我自己。正是为了你 242b1
的缘故[274]，我们才致力于反驳该说法，假如我们确实要进行反驳的话。

泰阿泰德：那么，我无论如何都决不会认为你在做任何离谱的事情，
如果你前去〈从事〉这种反驳和证明的话，为此请你鼓起勇气上路吧！ 242b5

客人：那就来吧！一个人究竟应从哪个起点出发来开始这危险的讨
论呢？在我看来，孩子啊，转向下面这条道路，对我们来说是一条最必
然的道路[275]。

泰阿泰德：究竟哪条道路？

客人：那些现在看起来是清楚明白的东西首先得被加以考察，免得 242b10
我们虽然在某种方式上对于它们是混乱的，却轻易地互相赞同，仿佛我 242c1
们有着敏锐的洞察力似的[276]。

泰阿泰德：请你更为清楚地说说你所说的。

客人：在我看来，巴门尼德以及〈其他〉所有那些曾急于判定[277]
下面这点的人——即把诸是者规定为是多少和是怎样——，都心不在焉 242c5
地[278]在同我们进行讨论。

泰阿泰德：为什么？

客人：〈他们中的〉每位对我显得都〈向我们〉描述了一个故事，
仿佛我们是孩子似的：一位说，诸是着的东西〈是〉三，它们中的一些 242d1

ἐνίοτε αὐτῶν ἄττα πη, τοτὲ δὲ καὶ φίλα γιγνόμενα γάμους d
τε καὶ τόκους καὶ τροφὰς τῶν ἐκγόνων παρέχεται· δύο δὲ
ἕτερος εἰπών, ὑγρὸν καὶ ξηρὸν ἢ θερμὸν καὶ ψυχρόν, συνοι-
κίζει τε αὐτὰ καὶ ἐκδίδωσι· τὸ δὲ παρ' ἡμῖν 'Ελεατικὸν ἔθνος,
ἀπὸ Ξενοφάνους τε καὶ ἔτι πρόσθεν ἀρξάμενον, ὡς ἑνὸς ὄντος 5
τῶν πάντων καλουμένων οὕτω διεξέρχεται τοῖς μύθοις. 'Ιάδες
δὲ καὶ Σικελαί τινες ὕστερον Μοῦσαι συνενόησαν ὅτι συμ-
πλέκειν ἀσφαλέστατον ἀμφότερα καὶ λέγειν ὡς τὸ ὂν πολλά e
τε καὶ ἕν ἐστιν, ἔχθρᾳ δὲ καὶ φιλίᾳ συνέχεται. διαφερόμενον
γὰρ ἀεὶ συμφέρεται, φασὶν αἱ συντονώτεραι τῶν Μουσῶν·
αἱ δὲ μαλακώτεραι τὸ μὲν ἀεὶ ταῦτα οὕτως ἔχειν ἐχάλασαν,
ἐν μέρει δὲ τοτὲ μὲν ἓν εἶναί φασι τὸ πᾶν καὶ φίλον ὑπ' 5
'Αφροδίτης, τοτὲ δὲ πολλὰ καὶ πολέμιον αὐτὸ αὑτῷ διὰ νεῖκός 243
τι. ταῦτα δὲ πάντα εἰ μὲν ἀληθῶς τις ἢ μὴ τούτων εἴρηκε,
χαλεπὸν καὶ πλημμελὲς οὕτω μεγάλα κλεινοῖς καὶ παλαιοῖς
ἀνδράσιν ἐπιτιμᾶν· ἐκεῖνο δὲ ἀνεπίφθονον ἀποφήνασθαι—

ΘΕΑΙ. Τὸ ποῖον; 5

ΞΕ. Ὅτι λίαν τῶν πολλῶν ἡμῶν ὑπεριδόντες ὠλιγώρησαν·
οὐδὲν γὰρ φροντίσαντες εἴτ' ἐπακολουθοῦμεν αὐτοῖς λέγουσιν
εἴτε ἀπολειπόμεθα, περαίνουσι τὸ σφέτερον αὐτῶν ἕκαστοι. b

ΘΕΑΙ. Πῶς λέγεις;

ΞΕ. Ὅταν τις αὐτῶν φθέγξηται λέγων ὡς ἔστιν ἢ
γέγονεν ἢ γίγνεται πολλὰ ἢ ἓν ἢ δύο, καὶ θερμὸν αὖ ψυχρῷ
συγκεραννύμενον, ἄλλοθί πη διακρίσεις καὶ συγκρίσεις ὑπο- 5
τιθείς, τούτων, ὦ Θεαίτητε, ἑκάστοτε σύ τι πρὸς θεῶν
συνίης ὅτι λέγουσιν; ἐγὼ μὲν γὰρ ὅτε μὲν ἦν νεώτερος,
τοῦτό τε τὸ νῦν ἀπορούμενον ὁπότε τις εἴποι, τὸ μὴ ὄν,

d 1 ἄττα πη] ἀγάπη B   καὶ B Eusebius : om. T   d 3 καὶ] τε
καὶ W   ψυχρὸν καὶ θερμόν W   d 4 ἡμῖν al. Eusebius : ἡμῶν B T W
d 6 τοὺς μύθους Theodoretus   d 7 σικελαί B Simplicius : σικελικαί
T W Eusebius   ξυνενόησαν T Eusebius Simplicius : ξυννενοήκασιν B
ἐμπλέκειν W   e 1 ἀσφαλέστερον Eusebius   e 5 ἓν T W Eusebius
Simpl.: ὂν B   a 1 δὲ B Eus. Simpl. : δὲ καὶ T   αὑτῷ αὐτὸ B
a 2 πάντα δὲ ταῦτα W   b 8 τε secl. Cobet : γε Hermann   τὸ T W :
om. B   τὸ μὴ ὄν secl. Cobet

有时以某种方式互相战斗，有时则因变得相亲相爱而给出婚姻、生育以
及对后代的抚养；另一位则说，〈诸是着的东西是〉二，即湿和干，或
者热与冷，而且他让它们生活在一起，并进行配婚[279]；在我们那里的
爱利亚部族，从克塞诺法涅斯[280]开始，甚至还要更早，在〈他们的〉 242d5
故事中则这样进行描述，即所谓一切〈是着的东西〉，都是一。而伊奥
尼亚和西西里的一些后来的缪斯们，他们理解到把双方交织在一起是最 242e1
稳妥的，并且说是着的东西既是多又是一，它被仇恨和友爱联结在了一
起。因为在争吵的同时又总是和好[281]，缪斯中那些比较严厉的[282]〈这
样〉说道；而那些比较温和的[283]，则有所松缓，即〈不让〉它们总是这
个样子，他们说，轮流地[284]有时全体是一[285]，并且由于阿佛洛狄忒[286] 242e5
而彼此友爱，有时则全体是多，并且由于某种不和而自己同自己争战。 243a1
但就所有这些，是否这些人中有人曾说得正确，或者不正确，一方面
〈说出来〉是困难的，一方面如此严重地指责这些著名的前人也是离谱
的。然而，揭示出下面那点则无可指责。

泰阿泰德： 哪点？ 243a5

客人： 他们因极其藐视我们这些大众而忽略我们；因为当他们说
时，他们不关心我们是跟上了他们呢，还是被甩在了后面；他们每个人 243b1
都只顾完成他们自己的事。

泰阿泰德： 你为何这么说？

客人： 每当他们中某个人〈通过下面这样而〉表达〈其说法〉时，
即通过说多、或者一、或者二，是着、或者已经生成、或者正在生成，
并且〈说〉热复又同冷混合在一起，以及通过在别处[287]假定分离和结 243b5
合[288]，从这些事情中，泰阿泰德啊，诸神在上，你每回都对他们所说的
有所理解吗？在我还是较为年轻的时候，当有人谈到现在这个让人困惑

ἀκριβῶς ᾤμην συνιέναι. νῦν δὲ ὁρᾷς ἵν᾽ ἐσμὲν αὐτοῦ πέρι
10 τῆς ἀπορίας.

c   ΘΕΑΙ. Ὁρῶ.

ΞΕ. Τάχα τοίνυν ἴσως οὐχ ἧττον κατὰ τὸ ὂν ταὐτὸν
τοῦτο πάθος εἰληφότες ἐν τῇ ψυχῇ περὶ μὲν τοῦτο εὐπορεῖν
φαμεν καὶ μανθάνειν ὁπόταν τις αὐτὸ φθέγξηται, περὶ δὲ
5 θάτερον οὔ, πρὸς ἀμφότερα ὁμοίως ἔχοντες.

ΘΕΑΙ. Ἴσως.

ΞΕ. Καὶ περὶ τῶν ἄλλων δὴ τῶν προειρημένων ἡμῖν
ταὐτὸν τοῦτο εἰρήσθω.

ΘΕΑΙ. Πάνυ γε.

10   ΞΕ. Τῶν μὲν τοίνυν πολλῶν πέρι καὶ μετὰ τοῦτο σκεψό-
d μεθ᾽, ἂν δόξῃ, περὶ δὲ τοῦ μεγίστου τε καὶ ἀρχηγοῦ πρώτου
νῦν σκεπτέον.

ΘΕΑΙ. Τίνος δὴ λέγεις; ἢ δῆλον ὅτι τὸ ὂν φῂς πρῶτον
δεῖν διερευνήσασθαι τί ποθ᾽ οἱ λέγοντες αὐτὸ δηλοῦν
5 ἡγοῦνται;

ΞΕ. Κατὰ πόδα γε, ὦ Θεαίτητε, ὑπέλαβες. λέγω γὰρ
δὴ ταύτῃ δεῖν ποιεῖσθαι τὴν μέθοδον ἡμᾶς, οἷον αὐτῶν
παρόντων ἀναπυνθανομένους ὧδε· "Φέρε, ὁπόσοι θερμὸν
καὶ ψυχρὸν ἤ τινε δύο τοιούτω τὰ πάντ᾽ εἶναί φατε, τί ποτε
e ἄρα τοῦτ᾽ ἐπ᾽ ἀμφοῖν φθέγγεσθε, λέγοντες ἄμφω καὶ ἑκάτερον
εἶναι; τί τὸ εἶναι τοῦτο ὑπολάβωμεν ὑμῶν; πότερον τρίτον
παρὰ τὰ δύο ἐκεῖνα, καὶ τρία τὸ πᾶν ἀλλὰ μὴ δύο ἔτι καθ᾽
ὑμᾶς τιθῶμεν; οὐ γάρ που τοῖν γε δυοῖν καλοῦντες θάτερον
5 ὂν ἀμφότερα ὁμοίως εἶναι λέγετε· σχεδὸν γὰρ ἂν ἀμφοτέρως
ἕν, ἀλλ᾽ οὐ δύο εἴτην."

ΘΕΑΙ. Ἀληθῆ λέγεις.

ΞΕ. "Ἀλλ᾽ ἆρά γε τὰ ἄμφω βούλεσθε καλεῖν ὄν;"

b 10 τῆς secl. Cobet   c 4 ὁπόταν] ὁπότε B   d 1 πρώτου νῦν
T W: πρώτου δὴ B: πρῶτον νῦν al. : πρῶτον δὴ Schanz   d 4 δεῖ W
d 6 πόδα T (ex emend.) W: πολλά B pr. T   d 7 δὴ om. W
e 1 φθέγγεσθαι B   e 2 τοῦτο] τούτω B   e 5 λέγετε] λέγεται B
e 6 εἴτην W: εἰ τὴν B T   e 8 γε W: om. B T

的东西，即不是者时，我当时以为自己清楚地理解了。但是现在你看到 243b10
对之我们处于何等的困惑中。

泰阿泰德：我看到了。 243c1

客人：因此，或许就是者来说，虽然我们有可能已经在灵魂中不相
上下地遭遇了同样的这种经历，但我们说对之有办法，并且理解了它，
每当有人表达出它时，而对另外那个[289] 则不，尽管对于这两者我们处 243c5
于相同的情形中。

泰阿泰德：有可能。

客人：并且关于我们前面已经说过的其他那些[290]，让我们说出这同
样的情况。

泰阿泰德：当然。

客人：那么，关于〈其他〉许多的，我们此后将进行考察，如果你 243c10
认为合适的话，但关于那最重大和首要的本源者，现在必须加以考察。 243d1

泰阿泰德：你究竟在说何者呢？或者下面这点是显而易见的吗，那
就是：你说首先必须追踪是者，〈看看〉那些在说它的人认为它究竟在 243d5
意指什么[291]？

客人：泰阿泰德啊，你的确立马就把握住了〈要点〉。因为我就在
说我们必须这样来追踪[292]〈他们〉，仿佛他们本人就在场似的，通过以
这种方式来打听："来吧！〈你们中〉所有那些[293]宣称全部东西都是热
和冷或者是诸如此类的某种二的人，对于两者你们究竟把这表达为什 243e1
么，当你们说两者以及它们各自都是〈着〉时？我们该将你们的这个是
〈着〉把握为什么呢？它是那两者之外的第三者吗，并且我们应当把全
体——依照你们——设定为三而不再设定为二吗？因为肯定不会当你们
称这二者中的一个是着时，你们说这两者同样地是〈着〉；因为〈那样 243e5
一来〉在两种方式上它们都近乎是一，而不是二。"

泰阿泰德：你说得对。

客人："那么你们真的想把两者都称为在是着吗？"

ΘΕΑΙ. Ἴσως.

ΞΕ. "Ἀλλ᾽, ὦ φίλοι," φήσομεν, "κἂν οὕτω τὰ δύο 244
λέγοιτ᾽ ἂν σαφέστατα ἕν."

ΘΕΑΙ. Ὀρθότατα εἴρηκας.

ΞΕ. "Ἐπειδὴ τοίνυν ἡμεῖς ἠπορήκαμεν, ὑμεῖς αὐτὰ
ἡμῖν ἐμφανίζετε ἱκανῶς, τί ποτε βούλεσθε σημαίνειν ὁπόταν 5
ὂν φθέγγησθε. δῆλον γὰρ ὡς ὑμεῖς μὲν ταῦτα πάλαι
γιγνώσκετε, ἡμεῖς δὲ πρὸ τοῦ μὲν ᾠόμεθα, νῦν δ᾽ ἠπορή-
καμεν. διδάσκετε οὖν πρῶτον τοῦτ᾽ αὐτὸ ἡμᾶς, ἵνα μὴ
δοξάζωμεν μανθάνειν μὲν τὰ λεγόμενα παρ᾽ ὑμῶν, τὸ δὲ
τούτου γίγνηται πᾶν τοὐναντίον." ταῦτα δὴ λέγοντές τε b
καὶ ἀξιοῦντες παρά τε τούτων καὶ παρὰ τῶν ἄλλων ὅσοι
πλεῖον ἑνὸς λέγουσι τὸ πᾶν εἶναι, μῶν, ὦ παῖ, τὶ πλημ-
μελήσομεν;

ΘΕΑΙ. Ἥκιστά γε.   5

ΞΕ. Τί δέ; παρὰ τῶν ἓν τὸ πᾶν λεγόντων ἆρ᾽ οὐ
πευστέον εἰς δύναμιν τί ποτε λέγουσι τὸ ὄν;

ΘΕΑΙ. Πῶς γὰρ οὔ;

ΞΕ. Τόδε τοίνυν ἀποκρινέσθων. "Ἓν πού φατε μόνον
εἶναι;"—"Φαμὲν γάρ," φήσουσιν. ἢ γάρ;   10

ΘΕΑΙ. Ναί.

ΞΕ. "Τί δέ; ὂν καλεῖτέ τι;"

ΘΕΑΙ. Ναί.

ΞΕ. "Πότερον ὅπερ ἕν, ἐπὶ τῷ αὐτῷ προσχρώμενοι δυοῖν c
ὀνόμασιν, ἢ πῶς;"

ΘΕΑΙ. Τίς οὖν αὐτοῖς ἡ μετὰ τοῦτ᾽, ὦ ξένε, ἀπόκρισις;

ΞΕ. Δῆλον, ὦ Θεαίτητε, ὅτι τῷ ταύτην τὴν ὑπόθεσιν
ὑποθεμένῳ πρὸς τὸ νῦν ἐρωτηθὲν καὶ πρὸς ἄλλο δὲ ὁτιοῦν 5
οὐ πάντων ῥᾷστον ἀποκρίνασθαι.

ΘΕΑΙ. Πῶς;

a 1-2 κἂν . . . λέγοιτο ἂν B: καὶ . . . λέγετε ἂν T (sed οι supra-
scripto): κἂν . . . λέγετ᾽ ἂν W   a 7 ὠιμεθα B   a 9 δόξωμεν W
b 9 ἀποκρινέσθων Simpl.: ἀποκρινέσθωσαν B T W   b 12 καλεῖτέ T W:
καλεῖταί B Simpl.   c 1 τῷ αὐτῷ] τὸ αὐτὸ W   c 4 τῷ T W Simpl.: τὸ B

泰阿泰德：或许。

客人："但是，朋友们啊，"我们会说，"这样一来，你们又会最清 244a1
楚地把这二者说成了一。"

泰阿泰德：你说得非常正确。

客人："因此，既然我们已经走投无路了[294]，那就请你们自己[295] 充 244a5
分地向我们显明，每当你们说出是着时，你们究竟想意指什么。因为显
然你们早就已经认识这点，而我们，虽然之前也以为〈认识〉，但现在
却已经感到困惑了。所以，正是这点[296]，请你们首先教我们，免得我们
以为懂得你们所说的那些，但实际上发生的却是完全与之相反的情形。" 244b1
如果我们说出这些，并从这些人那里以及从其他所有那些说全体〈是〉
多于一的人那里要求这些，那么，孩子啊，难道我们会有任何什么不靠
谱的吗？

泰阿泰德：肯定一点也没有。 244b5

客人：然后呢？岂不必须得尽全力去询问那些说全体〈是〉一的
人，他们究竟把是者说成什么？

泰阿泰德：那还用说？

客人：那么就让他们回答[297]下面这点，那就是"你们的确仅仅宣
称一是〈着〉吗？"——"我们宣称"，他们将说。是这样吗？ 244b10

泰阿泰德：是的。

客人："然后呢？你们称某个东西是着吗？"

泰阿泰德：是的。

客人："它就是那个一吗，因而你们对同一个东西使用了两个名称， 244c1
或者怎样？"

泰阿泰德：那么，客人啊，他们接下来的回答是什么？

客人：显然，泰阿泰德啊，对于那提出这种假设的人来说，面对现 244c5
在被问的，而且面对其他任何〈会被问的〉，在一切中最为不容易进行
回答。

泰阿泰德：为何？

ΞΕ. Τό τε δύο ὀνόματα ὁμολογεῖν εἶναι μηδὲν θέμενον πλὴν ἓν καταγέλαστόν που.

10 ΘΕΑΙ. Πῶς δ' οὔ;

ΞΕ. Καὶ τὸ παράπαν γε ἀποδέχεσθαί του λέγοντος ὡς

d ἔστιν ὄνομά τι, λόγον οὐκ ἂν ἔχον.

ΘΕΑΙ. Πῇ;

ΞΕ. Τιθείς τε τοὔνομα τοῦ πράγματος ἕτερον δύο λέγει πού τινε.

5 ΘΕΑΙ. Ναί.

ΞΕ. Καὶ μὴν ἂν ταὐτόν γε αὐτῷ τιθῇ τοὔνομα, ἢ μηδενὸς ὄνομα ἀναγκασθήσεται λέγειν, εἰ δέ τινος αὐτὸ φήσει, συμβήσεται τὸ ὄνομα ὀνόματος ὄνομα μόνον, ἄλλου δὲ οὐδενὸς ὄν.

10 ΘΕΑΙ. Οὕτως.

ΞΕ. Καὶ τὸ ἕν γε, ἑνὸς ὄνομα ὂν καὶ τοῦ ὀνόματος αὖ τὸ ἓν ὄν.

ΘΕΑΙ. Ἀνάγκη.

ΞΕ. Τί δέ; τὸ ὅλον ἕτερον τοῦ ὄντος ἑνὸς ἢ ταὐτὸν

15 φήσουσι τούτῳ;

e ΘΕΑΙ. Πῶς γὰρ οὐ φήσουσί τε καὶ φασίν;

ΞΕ. Εἰ τοίνυν ὅλον ἐστίν, ὥσπερ καὶ Παρμενίδης λέγει,

Πάντοθεν εὐκύκλου σφαίρης ἐναλίγκιον ὄγκῳ,
μεσσόθεν ἰσοπαλὲς πάντῃ· τὸ γὰρ οὔτε τι μεῖζον
5 οὔτε τι βαιότερον πελέναι χρεόν ἐστι τῇ ἢ τῇ,

τοιοῦτόν γε ὂν τὸ ὂν μέσον τε καὶ ἔσχατα ἔχει, ταῦτα δὲ ἔχον πᾶσα ἀνάγκη μέρη ἔχειν· ἢ πῶς;

ΘΕΑΙ. Οὕτως.

c 8 τε] δὲ pr. T   c 11 του Hermann : τοῦ BT   d 1 οὐκ ἂν ἔχον T W Simplicius : ἔχου κανέχον B : οὐκ ἂν ἔχοι al.   d 3 λέγει δύο W   d 11 ὄνομα ὂν Apelt : ἐν ὂν μόνον B : ὂν μόνον T : ὄνομα ὂν μόνον Zeller   τοῦ B W Simpl. : τοῦτο T   αὖ τὸ Schleiermacher : αὐτὸ B T W   d 15 φήσουσι τούτῳ T W Simplicius : θήσουσι τοῦτο B   e 3 σφαίρης Simplicius : σφαίρας B T sed ηι suprascr. T   e 5 πελέναι B T : πέλαν W   χρεόν B T : χρεών W   e 6 ἔχει] ἔχειν al.   e 7 ἔχον T W Simplicius : ἔχων B   πᾶσαν T

客人：一方面，当提出除了一没有任何东西是〈着〉之后，又承认两个名称，这肯定是可笑的。

泰阿泰德：怎么不会？ 244c10

客人：另一方面，当一个人说某个名称是〈着〉，就加以接受，这也肯定完全会没有道理[298]。

泰阿泰德：为什么？

客人：因为如果他设定名称不同于事物，那么他无论如何都在说某两个东西。

泰阿泰德：是的。 244d5

客人：而且如果他把名称设定为与它同一，那么，要么他就被迫说它不是任何东西的名称，〈要么〉如果他将宣称它是某个东西的〈名称〉，那就会得出名称仅仅是名称的名称，而不是任何别的东西的〈名称〉。

泰阿泰德：是这样。 244d10

客人：并且一肯定既仅仅是一的一，也复又是名称的一[299]。

泰阿泰德：必然。

客人：然后呢？他们将说，整体是不同于是着的一[300]呢，还是与 244d15
之同一？

泰阿泰德：他们如何将不说出〈后者〉来呢，而且是现在就说？ 244e1

客人：因此，如果整体是〈着〉，正如巴门尼德所说，

> 从各方看都像一团滚圆的球，
> 从中心到任何地方都是相等的。因为无论更大些
> 还是更小些，都必定不会发生[301]，不管在这里还是那里。 244e5

如果它就是这样一种东西，那它就具有中心和边缘，而这样一来它也就完全必然地具有诸部分；或者怎样？

泰阿泰德：就这样。

ΞΕ. Ἀλλὰ μὴν τό γε μεμερισμένον πάθος μὲν τοῦ ἑνὸς 245
ἔχειν ἐπὶ τοῖς μέρεσι πᾶσιν οὐδὲν ἀποκωλύει, καὶ ταύτῃ δὴ
πᾶν τε ὂν καὶ ὅλον ἓν εἶναι.

ΘΕΑΙ. Τί δ' οὖ;

ΞΕ. Τὸ δὲ πεπονθὸς ταῦτα ἆρ' οὐκ ἀδύνατον αὐτό γε τὸ 5
ἓν αὐτὸ εἶναι;

ΘΕΑΙ. Πῶς;

ΞΕ. Ἀμερὲς δήπου δεῖ παντελῶς τό γε ἀληθῶς ἓν κατὰ
τὸν ὀρθὸν λόγον εἰρῆσθαι.

ΘΕΑΙ. Δεῖ γὰρ οὖν. 10

ΞΕ. Τὸ δέ γε τοιοῦτον ἐκ πολλῶν μερῶν ὂν οὐ συμ- b
φωνήσει τῷ [ὅλῳ] λόγῳ.

ΘΕΑΙ. Μανθάνω.

ΞΕ. Πότερον δὴ πάθος ἔχον τὸ ὂν τοῦ ἑνὸς οὕτως ἕν τε
ἔσται καὶ ὅλον, ἢ παντάπασι μὴ λέγωμεν ὅλον εἶναι τὸ ὄν; 5

ΘΕΑΙ. Χαλεπὴν προβέβληκας αἵρεσιν.

ΞΕ. Ἀληθέστατα μέντοι λέγεις. πεπονθός τε γὰρ τὸ
ὂν ἓν εἶναί πως οὐ ταὐτὸν ὂν τῷ ἑνὶ φανεῖται, καὶ πλέονα
δὴ τὰ πάντα ἑνὸς ἔσται.

ΘΕΑΙ. Ναί. 10

ΞΕ. Καὶ μὴν ἐάν γε τὸ ὂν ᾖ μὴ ὅλον διὰ τὸ πεπονθέναι c
τὸ ὑπ' ἐκείνου πάθος, ᾖ δὲ αὐτὸ τὸ ὅλον, ἐνδεὲς τὸ ὂν ἑαυτοῦ
συμβαίνει.

ΘΕΑΙ. Πάνυ γε.

ΞΕ. Καὶ κατὰ τοῦτον δὴ τὸν λόγον ἑαυτοῦ στερόμενον 5
οὐκ ὂν ἔσται τὸ ὄν.

ΘΕΑΙ. Οὕτως.

ΞΕ. Καὶ ἑνός γε αὖ πλείω τὰ πάντα γίγνεται, τοῦ τε
ὄντος καὶ τοῦ ὅλου χωρὶς ἰδίαν ἑκατέρου φύσιν εἰληφότος.

ΘΕΑΙ. Ναί. 10

ΞΕ. Μὴ ὄντος δέ γε τὸ παράπαν τοῦ ὅλου, ταὐτά τε

---

a 2 ἅπασιν W   b 2 ὅλῳ B: om. Simplicii E F: post λόγῳ
add. T Simplicii D   b 5 ὂν Schleiermacher: ὅλον B T Simplicius
b 8 φανεῖται Simplicius: φαίνεται B T   πλέονα] πλέον ἃ B

26*

客人：无疑没有什么可以妨碍那已经被分成了部分的东西在所有的 245a1
部分上具有一这种情状，并且正是通过这种方式，它既是全体，又是作
为整体的一 302。

泰阿泰德：当然。

客人：但那已经遭遇了这些的东西，它自身肯定不可能是一本身吧？ 245a5

泰阿泰德：怎么回事？

客人：无疑，真正的一，根据正确的说法，应当被说成是完全没有
部分的。

泰阿泰德：确实应当。 245a10

客人：但这样一种出于许多部分而是着的东西，肯定与这种说法不 245b1
相一致 303。

泰阿泰德：我懂了。

客人：那么，以这种方式具有一这种情状的是者，究竟将是一以及
整体呢，还是我们完全不会说是者是整体？ 245b5

泰阿泰德：你已经抛出了一个困难的选择。

客人：不过你说得非常正确。因为，如果是者遭受了下面这点，即
它在某种方式上是一，那么它显然和一不是同一的，并且全部东西肯定
将是多于一的。

泰阿泰德：是的。 245b10

客人：此外，如果是者由于遭受被那个东西 304 〈所加给它〉的情状 245c1
而不是整体，但整体本身又是着，那么就会得出，是者自身就是有所欠
缺的 305。

泰阿泰德：肯定。

客人：并且根据这种说法，是者由于丧失了它自身而将不是是着的。 245c5

泰阿泰德：是这样。

客人：而全部东西也肯定复又变成了多于一，因为是者和整体各自
分别拥有着自己的本性。

泰阿泰德：是的。 245c10

客人：但是，如果整体完全不是着，那么，不仅〈前面〉这些情形 245d1

d ταῦτα ὑπάρχει τῷ ὄντι, καὶ πρὸς τῷ μὴ εἶναι μηδ' ἂν γενέσθαι ποτὲ ὄν.

ΘΕΑΙ. Τί δή;

ΞΕ. Τὸ γενόμενον ἀεὶ γέγονεν ὅλον· ὥστε οὔτε οὐσίαν 5 οὔτε γένεσιν ὡς οὖσαν δεῖ προσαγορεύειν [τὸ ἓν ἢ] τὸ ὅλον ἐν τοῖς οὖσι μὴ τιθέντα.

ΘΕΑΙ. Παντάπασιν ἔοικε ταῦθ' οὕτως ἔχειν.

ΞΕ. Καὶ μὴν οὐδ' ὁποσονοῦν τι δεῖ τὸ μὴ ὅλον εἶναι· ποσόν τι γὰρ ὄν, ὁπόσον ἂν ᾖ, τοσοῦτον ὅλον ἀναγκαῖον 10 αὐτὸ εἶναι.

ΘΕΑΙ. Κομιδῇ γε.

ΞΕ. Καὶ τοίνυν ἄλλα μυρία ἀπεράντους ἀπορίας ἕκαστον e εἰληφὸς φανεῖται τῷ τὸ ὂν εἴτε δύο τινὲ εἴτε ἓν μόνον εἶναι λέγοντι.

ΘΕΑΙ. Δηλοῖ σχεδὸν καὶ τὰ νῦν ὑποφαίνοντα· συν- άπτεται γὰρ ἕτερον ἐξ ἄλλου, μείζω καὶ χαλεπωτέραν φέρον 5 περὶ τῶν ἔμπροσθεν ἀεὶ ῥηθέντων πλάνην.

ΞΕ. Τοὺς μὲν τοίνυν διακριβολογουμένους ὄντος τε πέρι καὶ μή, πάντας μὲν οὐ διεληλύθαμεν, ὅμως δὲ ἱκανῶς ἐχέτω· τοὺς δὲ ἄλλως λέγοντας αὖ θεατέον, ἵν' ἐκ πάντων ἴδωμεν 246 ὅτι τὸ ὂν τοῦ μὴ ὄντος οὐδὲν εὐπορώτερον εἰπεῖν ὅτι ποτ' ἔστιν.

ΘΕΑΙ. Οὐκοῦν πορεύεσθαι χρὴ καὶ ἐπὶ τούτους.

ΞΕ. Καὶ μὴν ἔοικέ γε ἐν αὐτοῖς οἷον γιγαντομαχία τις 5 εἶναι διὰ τὴν ἀμφισβήτησιν περὶ τῆς οὐσίας πρὸς ἀλλήλους.

ΘΕΑΙ. Πῶς;

ΞΕ. Οἱ μὲν εἰς γῆν ἐξ οὐρανοῦ καὶ τοῦ ἀοράτου πάντα ἕλκουσι, ταῖς χερσὶν ἀτεχνῶς πέτρας καὶ δρῦς περιλαμ- βάνοντες. τῶν γὰρ τοιούτων ἐφαπτόμενοι πάντων διισχυρί-

---

d 1 πρὸς τῷ T W Simpl. : πρὸς τὸ B   d 5 γένεσιν ὡς] γενομένην οὔτε W Simpl.   τὸ ἓν ἢ secl. Bekker   d 10 αὐτὸ W Simpl.: om. B T d 12 ἄλλας μυρίας al.   e 1 τὸ T W : om. B   e 3 ὑποφαίνοντα νῦν W e 6 τε om. W   e 7 πάντας Eusebius : πάνυ B T   e 8 αὖ λέ- γοντας W   ἴδωμεν Eusebius : εἰδῶμεν B : εἰδωμεν T   a 8 ἀτεχνῶς ⟨ὡς⟩ Hermann

同样属于是着的东西，而且它³⁰⁶除了不是〈着〉之外，也从不曾生成为了是着的。

泰阿泰德：究竟为什么？

客人：生成出来的东西总是已经生成为了一个整体，因此，既不可 245d5
以把所是称为是着，也不可以把生成称为〈是着〉，如果一个人不把整
体置于诸是者中的话³⁰⁷。

泰阿泰德：完全看起来这些就是这样。

客人：而且那不〈是〉一个整体的东西，必定不是任何大小的东
西；因为，如果它是任何大小的东西，无论是多大，那么，它自身都必 245d10
然是那么大个整体。

泰阿泰德：确实如此。

客人：此外，还有其他成千上万的情形，〈其中〉每一个又都包含着 245e1
无数的困境，显现给了那说是者要么仅仅是某种二，要么仅仅是一的人。

泰阿泰德：甚至现在所显露出来的一点点也差不多表明了这点。因
为它们总是被捆绑在一起，一个从另一个中生起，围绕着前面所说的那
些，带出了更大和更困难的混乱。 245e5

客人：还有，对于那些详细探究是者和不是者的人，我们虽然并未
全部加以细说，不过这仍然是足够的了。现在必须转而考察那些以不同
方式说〈它们〉的人，以便从所有这些中我们将看到，说是者究竟是什 246a1
么并不比说不是者究竟是什么，更容易走得通。

泰阿泰德：那么也就必须前往这些人那里。

客人：而且的确似乎在他们那儿有着一场类似诸神和巨人之间的战
争³⁰⁸，由于他们彼此之间关于所是的争论。 246a5

泰阿泰德：怎么回事？

客人：一些人把全部东西都从天上和不可见的地方拉到地上，完完
全全³⁰⁹在用双手抱紧石头和树木。因为拥抱所有这些东西的他们坚决
主张，唯有这种允许某种接近和触摸的东西才是〈着〉，他们把有形物 246a10
和所是界定为同一个东西；一旦其他人中的某位宣称，某种东西虽然不 246b1

ζονται τοῦτο εἶναι μόνον ὃ παρέχει προσβολὴν καὶ ἐπαφήν 10
τινα, ταὐτὸν σῶμα καὶ οὐσίαν ὁριζόμενοι, τῶν δὲ ἄλλων εἴ b
τίς ⟨τι⟩ φήσει μὴ σῶμα ἔχον εἶναι, καταφρονοῦντες τὸ
παράπαν καὶ οὐδὲν ἐθέλοντες ἄλλο ἀκούειν.

ΘΕΑΙ. Ἦ δεινοὺς εἴρηκας ἄνδρας· ἤδη γὰρ καὶ ἐγὼ
τούτων συχνοῖς προσέτυχον. 5

ΞΕ. Τοιγαροῦν οἱ πρὸς αὐτοὺς ἀμφισβητοῦντες μάλα
εὐλαβῶς ἄνωθεν ἐξ ἀοράτου ποθὲν ἀμύνονται, νοητὰ ἄττα
καὶ ἀσώματα εἴδη βιαζόμενοι τὴν ἀληθινὴν οὐσίαν εἶναι·
τὰ δὲ ἐκείνων σώματα καὶ τὴν λεγομένην ὑπ' αὐτῶν ἀλήθειαν
κατὰ σμικρὰ διαθραύοντες ἐν τοῖς λόγοις γένεσιν ἀντ' οὐσίας c
φερομένην τινὰ προσαγορεύουσιν. ἐν μέσῳ δὲ περὶ ταῦτα
ἄπλετος ἀμφοτέρων μάχη τις, ὦ Θεαίτητε, ἀεὶ συνέστηκεν.

ΘΕΑΙ. Ἀληθῆ.

ΞΕ. Παρ' ἀμφοῖν τοίνυν τοῖν γενοῖν κατὰ μέρος λάβωμεν 5
λόγον ὑπὲρ ἧς τίθενται τῆς οὐσίας.

ΘΕΑΙ. Πῶς οὖν δὴ ληψόμεθα;

ΞΕ. Παρὰ μὲν τῶν ἐν εἴδεσιν αὐτὴν τιθεμένων ῥᾷον,
ἡμερώτεροι γάρ· παρὰ δὲ τῶν εἰς σῶμα πάντα ἑλκόντων
βίᾳ χαλεπώτερον, ἴσως δὲ καὶ σχεδὸν ἀδύνατον. ἀλλ' ὧδέ d
μοι δεῖν δοκεῖ περὶ αὐτῶν δρᾶν.

ΘΕΑΙ. Πῶς;

ΞΕ. Μάλιστα μέν, εἴ πῃ δυνατὸν ἦν, ἔργῳ βελτίους
αὐτοὺς ποιεῖν· εἰ δὲ τοῦτο μὴ ἐγχωρεῖ, λόγῳ ποιῶμεν, 5
ὑποτιθέμενοι νομιμώτερον αὐτοὺς ἢ νῦν ἐθέλοντας ἂν ἀποκρί-
νασθαι. τὸ γὰρ ὁμολογηθὲν παρὰ βελτιόνων που κυριώτερον
ἢ τὸ παρὰ χειρόνων· ἡμεῖς δὲ οὐ τούτων φροντίζομεν, ἀλλὰ
τἀληθὲς ζητοῦμεν.

ΘΕΑΙ. Ὀρθότατα. e

ΞΕ. Κέλευε δὴ τοὺς βελτίους γεγονότας ἀποκρίνασθαί
σοι, καὶ τὸ λεχθὲν παρ' αὐτῶν ἀφερμήνευε.

b 2 τι add. al. : om. BT   φήσει B Eusebius: φησι T   b 4 γὰρ]
δὲ pr. W   b 5 προσέτυχον B pr. T Eusebius: περιέτυχον W corr. T al.
c 8 τιθεμένων αὐτὴν W   d 2 δοκεῖ δεῖν W   e 3 ἐφερμήνευε W

具有形体 [310]，但也是〈着〉时，他们就会完全加以鄙视，并且不愿意听任何别的 [311]。

泰阿泰德：毫无疑问你说到了那些可怕的人，因为我以前也就已经 246b5 碰到过这些人中的许多。

客人：正因为如此，那些同他们进行争论的人非常谨慎地从上面，即从不可见的某处来保卫他们自己，通过强迫某些可思想的、无形的形式是真正的所是。但那些人的各种有形的东西和被他们所称作的真，他 246c1 们通过在各种讨论中把它们撕为碎片而将之称作与所是相对立的某种正在运动着的生成 [312]。而在他们双方中间，泰阿泰德啊，关于这些东西总是已经存在着一场巨大的战争。

泰阿泰德：〈你说得〉对。

客人：因此，让我们分别 [313] 从这两个家族那里为所是取得一种说 246c5 法，〈看看〉他们把它确定为什么。

泰阿泰德：那么，我们究竟将如何取得呢？

客人：从那些在诸形式中确定〈它〉的人那里〈取得它〉，比较容易，因为他们是较为驯服的；而从那些用暴力将全部东西都拖入有形物的人那里〈取得它〉，则比较困难，甚或差不多是不可能的。但在我看 246d1 来，对于他们必须以下面这种方式采取行动。

泰阿泰德：以何种方式？

客人：一方面最重要的是——如果毕竟是可能的话——，实际地使他们变得更为优秀；另一方面，如果这不允许，那也让我们在言词上使 246d5 〈他们变得更优秀〉，通过假设他们会比现在他们愿意〈做〉的更合乎规矩地进行回答。因为被那些较优秀的人所同意，肯定比被那些较低劣的人所同意，要紧要得多。然而我们不操心这些人，相反，我们寻求各种真的东西 [314]。

泰阿泰德：非常正确。

246e1

客人：那么就请你吩咐那些已经变得较为优秀的人来回答你，并且你来〈向我们〉传达他们所说的。

ΘΕΑΙ. Ταῦτ' ἔσται.

5   ΞΕ. Λεγόντων δὴ θνητὸν ζῷον εἴ φασιν εἶναί τι.

ΘΕΑΙ. Πῶς δ' οὔ;

ΞΕ. Τοῦτο δὲ οὐ σῶμα ἔμψυχον ὁμολογοῦσιν;

ΘΕΑΙ. Πάνυ γε.

ΞΕ. Τιθέντες τι τῶν ὄντων ψυχήν;

247   ΘΕΑΙ. Ναί.

ΞΕ. Τί δέ; ψυχὴν οὐ τὴν μὲν δικαίαν, τὴν δὲ ἄδικόν
φασιν εἶναι, καὶ τὴν μὲν φρόνιμον, τὴν δὲ ἄφρονα;

ΘΕΑΙ. Τί μήν;

5   ΞΕ. Ἀλλ' οὐ δικαιοσύνης ἕξει καὶ παρουσίᾳ τοιαύτην
αὐτῶν ἑκάστην γίγνεσθαι, καὶ τῶν ἐναντίων τὴν ἐναντίαν;

ΘΕΑΙ. Ναί, καὶ ταῦτα σύμφασιν.

ΞΕ. Ἀλλὰ μὴν τό γε δυνατόν τῳ παραγίγνεσθαι καὶ
ἀπογίγνεσθαι πάντως εἶναί τι φήσουσιν.

10   ΘΕΑΙ. Φασὶ μὲν οὖν.

b   ΞΕ. Οὔσης οὖν δικαιοσύνης καὶ φρονήσεως καὶ τῆς
ἄλλης ἀρετῆς καὶ τῶν ἐναντίων, καὶ δὴ καὶ ψυχῆς ἐν ᾗ
ταῦτα ἐγγίγνεται, πότερον ὁρατὸν καὶ ἁπτὸν εἶναί φασί τι
αὐτῶν ἢ πάντα ἀόρατα;

5   ΘΕΑΙ. Σχεδὸν οὐδὲν τούτων γε ὁρατόν.

ΞΕ. Τί δὲ τῶν τοιούτων; μῶν σῶμά τι λέγουσιν ἴσχειν;

ΘΕΑΙ. Τοῦτο οὐκέτι κατὰ ταὐτὰ ἀποκρίνονται πᾶν, ἀλλὰ
τὴν μὲν ψυχὴν αὐτὴν δοκεῖν σφίσι σῶμά τι κεκτῆσθαι,
φρόνησιν δὲ καὶ τῶν ἄλλων ἕκαστον ὧν ἠρώτηκας, αἰσχύ-

c   νονται τὸ τολμᾶν ἢ μηδὲν τῶν ὄντων αὐτὰ ὁμολογεῖν ἢ
πάντ' εἶναι σώματα διισχυρίζεσθαι.

ΞΕ. Σαφῶς γὰρ ἡμῖν, ὦ Θεαίτητε, βελτίους γεγόνασιν
ἄνδρες· ἐπεὶ τούτων οὐδ' ἂν ἓν ἐπαισχυνθεῖεν οἵ γε αὐτῶν

5   σπαρτοί τε καὶ αὐτόχθονες, ἀλλὰ διατείνοιντ' ἂν πᾶν ὃ μὴ

a 3 φρονίμην T   a 5 παρουσίᾳ] φρονήσεως Campbell   a 8 τῳ]
τῷ Β Τ : τὸ W   a 9 τι om. W   b 3 τι φασὶν W   b 7 τὰ αὐτὰ W :
ταῦτα Β Τ   b 9 ἕκαστον] ἕκαστα W   c 3 ὦ θεαίτητε ἡμῖν W
c 4 ἄνδρες Bekker: ἄνδρες Β Τ   οὐδ' ἂν ἐν] οὐδὲν ἂν W   ἐνεπαι-
σχυνθεῖεν Β

泰阿泰德：好的 [315]！

客人：那么就让他们说说，他们是否宣称有死的动物是某种东西。 246e5

泰阿泰德：那还用说？

客人：而他们不同意这种东西〈是〉一种有灵魂的形体吗？

泰阿泰德：肯定会同意。

客人：因为他们把灵魂确定为诸是者中的某个？

泰阿泰德：是的。 247a1

客人：然后呢？他们不宣称一种灵魂是正义的，而另一种灵魂是不正义的，以及一种灵魂是明智的，另一种灵魂则是不明智的吗？

泰阿泰德：为何不？

客人：然而，它们中的每个岂不凭借正义或明智之拥有和在场 [316] 而 247a5
成为这样的，并且由于相反的东西〈之拥有和在场〉而〈成为〉相反的？

泰阿泰德：是的，他们也同意这点。

客人：无疑他们将说，那能够于某种东西那儿变得在场和变得不在场的，在任何一种方式上都是某种东西。

泰阿泰德：他们当然这样说。 247a10

客人：于是，如果正义、明智以及其他德性及其反面都是着， 247b1
这些东西发生于其中的灵魂也是着，那么，他们宣称它们中的任何一个都是可见的和可触摸的呢，还是说它们全都是不可见的？

泰阿泰德：的确在这些东西中，几乎没有任何一个是可见的。 247b5

客人：但什么属于这些东西呢？难道他们说它们具有某种形体 [317]？

泰阿泰德：就这点，他们不再完全以同样的方式来进行回答；相反，一方面，在他们看来灵魂本身拥有了某种形体，另一方面，就明智以及你已经询问的其他那些东西中的每一个，他们羞于胆敢：或者承认 247c1
它们不是诸是者中的任何一个，或者坚决主张它们全部都是一些有形的东西。

客人：显然我们中的这些人，泰阿泰德啊，已经变得更优秀了。因为对于这些中的任何一点，他们中那些土生土长的人和本地人 [318] 都不会感到羞愧，而是坚决主张，凡是他们不能够用双手抓紧的东西，全都 247c5

δυνατοὶ ταῖς χερσὶ συμπιέζειν εἰσίν, ὡς ἄρα τοῦτο οὐδὲν τὸ παράπαν ἐστίν.

ΘΕΑΙ. Σχεδὸν οἷα διανοοῦνται λέγεις.

ΞΕ. Πάλιν τοίνυν ἀνερωτῶμεν αὐτούς· εἰ γάρ τι καὶ σμικρὸν ἐθέλουσι τῶν ὄντων συγχωρεῖν ἀσώματον, ἐξαρκεῖ. d τὸ γὰρ ἐπί τε τούτοις ἅμα καὶ ἐπ᾽ ἐκείνοις ὅσα ἔχει σῶμα συμφυὲς γεγονός, εἰς ὃ βλέποντες ἀμφότερα εἶναι λέγουσι, τοῦτο αὐτοῖς ῥητέον. τάχ᾽ οὖν ἴσως ἂν ἀποροῖεν· εἰ δή τι τοιοῦτον πεπόνθασι, σκόπει, προτεινομένων ἡμῶν, ἆρ᾽ 5 ἐθέλοιεν ἂν δέχεσθαι καὶ ὁμολογεῖν τοιόνδ᾽ εἶναι τὸ ὄν.

ΘΕΑΙ. Τὸ ποῖον δή; λέγε, καὶ τάχα εἰσόμεθα.

ΞΕ. Λέγω δὴ τὸ καὶ ὁποιανοῦν [τινα] κεκτημένον δύναμιν εἴτ᾽ εἰς τὸ ποιεῖν ἕτερον ὁτιοῦν πεφυκὸς εἴτ᾽ εἰς τὸ παθεῖν e καὶ σμικρότατον ὑπὸ τοῦ φαυλοτάτου, κἂν εἰ μόνον εἰς ἅπαξ, πᾶν τοῦτο ὄντως εἶναι· τίθεμαι γὰρ ὅρον [ὁρίζειν] τὰ ὄντα ὡς ἔστιν οὐκ ἄλλο τι πλὴν δύναμις.

ΘΕΑΙ. Ἀλλ᾽ ἐπείπερ αὐτοί γε οὐκ ἔχουσιν ἐν τῷ παρόντι 5 τούτου βέλτιον λέγειν, δέχονται τοῦτο.

ΞΕ. Καλῶς· ἴσως γὰρ ἂν εἰς ὕστερον ἡμῖν τε καὶ τούτοις ἕτερον ἂν φανείη. πρὸς μὲν οὖν τούτους τοῦτο ἡμῖν ἐνταῦθα **248** μενέτω συνομολογηθέν.

ΘΕΑΙ. Μένει.

ΞΕ. Πρὸς δὴ τοὺς ἑτέρους ἴωμεν, τοὺς τῶν εἰδῶν φίλους· σὺ δ᾽ ἡμῖν καὶ τὰ παρὰ τούτων ἀφερμήνευε. 5

ΘΕΑΙ. Ταῦτ᾽ ἔσται.

ΞΕ. Γένεσιν, τὴν δὲ οὐσίαν χωρίς που διελόμενοι λέγετε; ἦ γάρ;

ΘΕΑΙ. Ναί.

ΞΕ. Καὶ σώματι μὲν ἡμᾶς γενέσει δι᾽ αἰσθήσεως κοι- 10 νωνεῖν, διὰ λογισμοῦ δὲ ψυχῇ πρὸς τὴν ὄντως οὐσίαν,

---

d 4 δή] δέ Heindorf   d 5 ἡμῶν om. B   d 8 τινα om. B
e 1 εἴτ᾽ εἰς W : εἴ τις B T   e 3 ὁρίζειν secl. Ast : ὁρίζειν τὰ ὄντα
secl. Badham   e 7 ἂν] δὴ Schanz   a 3 μενεῖ Schanz   a 4 δή]
δέ W   a 11 δὲ λογισμοῦ W

为此缘故³¹⁹而完全不是〈着〉。

泰阿泰德： 你几乎在说他们所想的那些。

客人： 那么，让我们再次询问他们；因为，如果他们愿意承认诸是 247d1
者中的某种东西——哪怕是细微的东西——，是无形体的，那么，也就
足够了。因为，那与生俱来地同时在这些〈无形体的东西〉和所有那些
具有形体的东西身上已经生成出来的东西——正因鉴于它，他们才说两
者都是〈着〉——，他们必须把这种东西说出来。但或许他们有可能感
到困惑；如果他们真遭遇了某种这样的事情，那请你看看，假如我们进 247d5
行建议，他们是否会愿意接受并赞同是者是下面这种东西。

泰阿泰德： 究竟哪种东西？请你说说，或许我们将看到。

客人： 我其实在说那已经拥有任何一种能力的东西³²⁰——它要么 247e1
生来就〈能〉对某一别的东西有所行动，要么〈能〉有所遭受³²¹，甚至
从最微不足道的东西那里遭受最小的事情，即使仅仅一次——，所有这
种东西都以是的方式是〈着〉。也即是说，我现在提出一个界定来规定
诸是者³²²：它们不是任何别的，除了是一种能力。

泰阿泰德： 好吧，既然他们本人目前肯定没有比这更好的可说，那 247e5
他们只好接受这个了。

客人： 很好！因为也许到后面，另外的某种东西会对我们以及这些
人显现出来。不过，现在让这个已经被我们所同意的东西在这里保留给 248a1
这些人。

泰阿泰德： 保留〈给他们〉。

客人： 那就让我们前往另外一些人那里，即诸形式的朋友们那里；
但也得请你向我们传达那些来自这些人的〈看法〉。 248a5

泰阿泰德： 好的！

客人： 一则为生成，一则为所是，你们肯定通过把它们分开而分离
地说它们吗？是这样吗？

泰阿泰德： 是的。

客人： 并且我们借助身体通过各种感觉同生成相结合，而借助灵魂 248a10
通过计算³²³同以是的方式是着的所是相结合³²⁴；你们宣称，所是总是

ἦν ἀεὶ κατὰ ταὐτὰ ὡσαύτως ἔχειν φατέ, γένεσιν δὲ ἄλλοτε ἄλλως.

b ΘΕΑΙ. Φαμὲν γὰρ οὖν.

ΞΕ. Τὸ δὲ δὴ κοινωνεῖν, ὦ πάντων ἄριστοι, τί τοῦθ' ὑμᾶς ἐπ' ἀμφοῖν λέγειν φῶμεν; ἆρ' οὐ τὸ νυνδὴ παρ' ἡμῶν ῥηθέν; ΘΕΑΙ. Τὸ ποῖον;

5 ΞΕ. Πάθημα ἢ ποίημα ἐκ δυνάμεώς τινος ἀπὸ τῶν πρὸς ἄλληλα συνιόντων γιγνόμενον. τάχ' οὖν, ὦ Θεαίτητε, αὐτῶν τὴν πρὸς ταῦτα ἀπόκρισιν σὺ μὲν οὐ κατακούεις, ἐγὼ δὲ ἴσως διὰ συνήθειαν.

ΘΕΑΙ. Τίν' οὖν δὴ λέγουσι λόγον;

c ΞΕ. Οὐ συγχωροῦσιν ἡμῖν τὸ νυνδὴ ῥηθὲν πρὸς τοὺς γηγενεῖς οὐσίας πέρι.

ΘΕΑΙ. Τὸ ποῖον;

ΞΕ. Ἱκανὸν ἔθεμεν ὅρον που τῶν ὄντων, ὅταν τῳ παρῇ 5 ἡ τοῦ πάσχειν ἢ δρᾶν καὶ πρὸς τὸ σμικρότατον δύναμις;

ΘΕΑΙ. Ναί.

ΞΕ. Πρὸς δὴ ταῦτα τόδε λέγουσιν, ὅτι γενέσει μὲν μέτεστι τοῦ πάσχειν καὶ ποιεῖν δυνάμεως, πρὸς δὲ οὐσίαν τούτων οὐδετέρου τὴν δύναμιν ἁρμόττειν φασίν.

10 ΘΕΑΙ. Οὐκοῦν λέγουσί τι;

ΞΕ. Πρὸς ὅ γε λεκτέον ἡμῖν ὅτι δεόμεθα παρ' αὐτῶν d ἔτι πυθέσθαι σαφέστερον εἰ προσομολογοῦσι τὴν μὲν ψυχὴν γιγνώσκειν, τὴν δ' οὐσίαν γιγνώσκεσθαι.

ΘΕΑΙ. Φασὶ μὴν τοῦτό γε.

ΞΕ. Τί δέ; τὸ γιγνώσκειν ἢ τὸ γιγνώσκεσθαί φατε 5 ποίημα ἢ πάθος ἢ ἀμφότερον; ἢ τὸ μὲν πάθημα, τὸ δὲ θάτερον; ἢ παντάπασιν οὐδέτερον οὐδετέρου τούτων μεταλαμβάνειν;

ΘΕΑΙ. Δῆλον ὡς οὐδέτερον οὐδετέρου· τἀναντία γὰρ ἂν τοῖς ἔμπροσθεν λέγοιεν.

b3 φῶμεν λέγειν T   c7 τόδε] τόδε γε W   ὅτι] ὅτε W
d5 ἢ τὸ μὲν ... d6 θάτερον om. T   d8 δῆλον ... λέγοιεν
primus Theaeteto tribuit Heindorf

恒常地保持着同一[325]，而生成则因时而异。

泰阿泰德：我们的确这么说。　　　　　　　　　　　　　　248b1

客人：但就这种结合，所有人中你们这些最为杰出的啊，我们该宣称你们在两种情形那儿[326]究竟在说它是什么呢？它岂不就是被我们刚才所说的那种东西？

泰阿泰德：哪种？

客人：出于某种能力而从彼此在一起的东西那儿产生出来的一种遭 248b5 受或一种行动[327]。有可能你，泰阿泰德啊，没有聆听过他们对此的回答，而我或许由于〈与他们〉经常往来而聆听过。

泰阿泰德：那他们究竟说出了何种说法？

客人：他们不同意我们，就刚才对那些土生土长的人[328]关于所是 248c1 所说的那种东西。

泰阿泰德：哪种？

客人：我们肯定提出了关于诸是者的一个充分的界定吗，即每当遭 248c5 受或行动之能力于某种东西——甚至对最微不足道的东西来说——那里在场时？

泰阿泰德：是的。

客人：那么对此他们这样说道，生成诚然分有受动和施动之能力[329]，但他们宣称，这两者中没有任何一个的能力适合于所是。

泰阿泰德：那么他们究竟说得中肯吗？　　　　　　　　　　　248c10

客人：肯定，但对此我们必须得说，我们还需要从他们那里更为清楚地了解〈下面这点〉，即他们是否进一步同意灵魂进行认识，而所是 248d1 被认识。

泰阿泰德：他们肯定会这样宣称。

客人：然后呢？就进行认识或被认识，你们将之宣称为一种行动 248d5 呢，还是一种遭受，还是〈将之宣称〉为两者？或者，将一个〈宣称为〉一种遭受，将另一个〈宣称为〉一种行动[330]？或者，〈宣称〉两个都完全不分享这两者中的任何一个[331]？

泰阿泰德：显然两个都不〈分享这两者中的〉任何一个；因为那样一来他们就会说出与前面的那些相矛盾的话来。

ΞΕ. Μανθάνω· τόδε γε, ὡς τὸ γιγνώσκειν εἴπερ ἔσται 10
ποιεῖν τι, τὸ γιγνωσκόμενον ἀναγκαῖον αὖ συμβαίνει πάσχειν. e
τὴν οὐσίαν δὴ κατὰ τὸν λόγον τοῦτον γιγνωσκομένην ὑπὸ τῆς
γνώσεως, καθ' ὅσον γιγνώσκεται, κατὰ τοσοῦτον κινεῖσθαι διὰ
τὸ πάσχειν, ὃ δή φαμεν οὐκ ἂν γενέσθαι περὶ τὸ ἠρεμοῦν.

ΘΕΑΙ. Ὀρθῶς. 5

ΞΕ. Τί δὲ πρὸς Διός; ὡς ἀληθῶς κίνησιν καὶ ζωὴν καὶ
ψυχὴν καὶ φρόνησιν ἦ ῥᾳδίως πεισθησόμεθα τῷ παντελῶς
ὄντι μὴ παρεῖναι, μηδὲ ζῆν αὐτὸ μηδὲ φρονεῖν, ἀλλὰ σεμνὸν 249
καὶ ἅγιον, νοῦν οὐκ ἔχον, ἀκίνητον ἑστὸς εἶναι;

ΘΕΑΙ. Δεινὸν μεντἄν, ὦ ξένε, λόγον συγχωροῖμεν.

ΞΕ. Ἀλλὰ νοῦν μὲν ἔχειν, ζωὴν δὲ μὴ φῶμεν;

ΘΕΑΙ. Καὶ πῶς; 5

ΞΕ. Ἀλλὰ ταῦτα μὲν ἀμφότερα ἐνόντ' αὐτῷ λέγομεν, οὐ
μὴν ἐν ψυχῇ γε φήσομεν αὐτὸ ἔχειν αὐτά;

ΘΕΑΙ. Καὶ τίν' ἂν ἕτερον ἔχοι τρόπον;

ΞΕ. Ἀλλὰ δῆτα νοῦν μὲν καὶ ζωὴν καὶ ψυχὴν ⟨ἔχειν⟩,
ἀκίνητον μέντοι τὸ παράπαν ἔμψυχον ὂν ἑστάναι; 10

ΘΕΑΙ. Πάντα ἔμοιγε ἄλογα ταῦτ' εἶναι φαίνεται. b

ΞΕ. Καὶ τὸ κινούμενον δὴ καὶ κίνησιν συγχωρητέον ὡς
ὄντα.

ΘΕΑΙ. Πῶς δ' οὔ;

ΞΕ. Συμβαίνει δ' οὖν, ὦ Θεαίτητε, ἀκινήτων τε ὄντων 5
νοῦν μηδενὶ περὶ μηδενὸς εἶναι μηδαμοῦ.

ΘΕΑΙ. Κομιδῇ μὲν οὖν.

ΞΕ. Καὶ μὴν ἐὰν αὖ φερόμενα καὶ κινούμενα πάντ' εἶναι
συγχωρῶμεν, καὶ τούτῳ τῷ λόγῳ ταὐτὸν τοῦτο ἐκ τῶν ὄντων
ἐξαιρήσομεν. 10

ΘΕΑΙ. Πῶς;

d 10 τὸ δέ γε Τ : τὸ δὲ Β   e 3 διὰ] κατὰ W   e 4 ἠρεμοῦν]
ἠρεμεῖν Β   a 6 ἐνόν τ'αὐτῷ W : ἐνόντα αὐτῷ Simplicius : ενὸν
ταυτῷ Β : ἐν ὂν ταυτῷ Τ   λέγωμεν Τ   a 7 γε Β Simplicius : τε Τ
a 9 ἔχειν add. Schleiermacher   b 1 ἔμοιγε ἄλογα] ἐμοὶ γελοῖα
Simplicius   b 2 δὴ om. pr. Τ   b 5 δ' οὖν] γοῦν W Simplicius
ὄντων] ὄντων τῶν ὄντων Heindorf : ὄντων πάντων Badham

客人：我明白了。其实是这样 [332]：假如进行认识是某种施动，那 248d10
么就会复又得出被认识者必然〈有所〉受动。而根据这种说法，所是， 248e1
即被认识所认识到的东西，它在何种程度上被认识了，它也就在何种程
度上由于〈有所〉受动而运动，而我们说，这肯定不会发生在静止着的
东西身上 [333]。

泰阿泰德：说得正确。 248e5

客人：以宙斯之名，究竟怎么回事呢？难道我们将轻易地被说服：
运动、生命、灵魂以及明智，真的于完满地是着的东西那儿 [334] 不在场
吗，它既不活着，也不思想，而是庄严和神圣的，不具有理智，屹然不 249a1
动的吗？

泰阿泰德：客人啊，如果那样的话我们就承认了一种可怕的说法。

客人：但一方面拥有理智，另一方面却不拥有生命，我们会这么说吗？

泰阿泰德：那怎么会呢？ 249a5

客人：然而，既然我们说这两者都内在于它身上，那我们会说它不
是在其灵魂中拥有它们吗？

泰阿泰德：难道它还能以其他的某种方式拥有它们？

客人：但是，如果它真的具有理智、生命和灵魂 [335]，那么，尽管它 249a10
是具有灵魂的，却完全不动地屹立着吗 [336]？

泰阿泰德：所有这些至少对我显得是没有道理的。 249b1

客人：那也就必须得进而把运动着的东西以及运动都承认为是着。

泰阿泰德：为何不？

客人：但由此就会得出，泰阿泰德啊，如果全部的是者 [337] 都是不 249b5
动的，那么，理智对任何人来说关于任何东西在任何地方都不是〈着〉。

泰阿泰德：的确如此。

客人：而且如果我们复又同意全部的东西都是变迁着的和运动着
的，那么，凭借这种说法，我们也就将这同一东西从诸是者中给排除了 249b10
出去。

泰阿泰德：为何？

ΞΕ. Τὸ κατὰ ταὐτὰ καὶ ὡσαύτως καὶ περὶ τὸ αὐτὸ δοκεῖ
c σοι χωρὶς στάσεως γενέσθαι ποτ' ἄν;

ΘΕΑΙ. Οὐδαμῶς.

ΞΕ. Τί δ'; ἄνευ τούτων νοῦν καθορᾷς ὄντα ἢ γενόμενον
ἄν καὶ ὁπουοῦν;

5 ΘΕΑΙ. Ἥκιστα.

ΞΕ. Καὶ μὴν πρός γε τοῦτον παντὶ λόγῳ μαχετέον, ὃς
ἂν ἐπιστήμην ἢ φρόνησιν ἢ νοῦν ἀφανίζων ἰσχυρίζηται περί
τινος ὁπῃοῦν.

ΘΕΑΙ. Σφόδρα γε.

10 ΞΕ. Τῷ δὴ φιλοσόφῳ καὶ ταῦτα μάλιστα τιμῶντι πᾶσα,
ὡς ἔοικεν, ἀνάγκη διὰ ταῦτα μήτε τῶν ἐν ἢ καὶ τὰ πολλὰ
d εἴδη λεγόντων τὸ πᾶν ἑστηκὸς ἀποδέχεσθαι, τῶν τε αὖ
πανταχῇ τὸ ὂν κινούντων μηδὲ τὸ παράπαν ἀκούειν, ἀλλὰ
κατὰ τὴν τῶν παίδων εὐχήν, ὅσα ἀκίνητα καὶ κεκινημένα, τὸ
ὄν τε καὶ τὸ πᾶν συναμφότερα λέγειν.

5 ΘΕΑΙ. Ἀληθέστατα.

ΞΕ. Τί οὖν; ἆρ' οὐκ ἐπιεικῶς ἤδη φαινόμεθα περιειλη-
φέναι τῷ λόγῳ τὸ ὄν;

ΘΕΑΙ. Πάνυ μὲν οὖν.

ΞΕ. Βαβαὶ †μέντ' ἂν ἄρα,† ὦ Θεαίτητε, ὥς μοι δοκοῦμεν
10 νῦν αὐτοῦ γνώσεσθαι πέρι τὴν ἀπορίαν τῆς σκέψεως.

e ΘΕΑΙ. Πῶς αὖ καὶ τί τοῦτ' εἴρηκας;

ΞΕ. Ὦ μακάριε, οὐκ ἐννοεῖς ὅτι νῦν ἐσμεν ἐν ἀγνοίᾳ
τῇ πλείστῃ περὶ αὐτοῦ, φαινόμεθα δέ τι λέγειν ἡμῖν
αὐτοῖς;

5 ΘΕΑΙ. Ἐμοὶ γοῦν· ὅπῃ δ' αὖ λελήθαμεν οὕτως ἔχοντες,
οὐ πάνυ συνίημι.

ΞΕ. Σκόπει δὴ σαφέστερον εἰ τὰ νῦν συνομολογοῦντες

---

c 1 ποτ'] τότ' B   c 4 ἂν TW: αὖ B   c 11 τῶν TW: τὸ B
d 1 τῶν TW: τὸν B   d 3 ὅσα . . . κεκινημένα secl. Schanz
d 4 λέγειν] λέγει B   d 6 οὖν] δὴ οὖν W   d 9 μέντ' ἂν ἄρα
BT: μὴ λίαν θάρρει Apelt: fort. μενετέον ἄρα   e 7 τὰ νῦν] ταῦτα
νῦν T: ταῦτα W: τα B

客人：那〈是〉同一的、同样的以及关乎同一个东西的东西，在你 249c1
看来离开了静止它曾生成出来过吗？

泰阿泰德：绝对没有。

客人：然后呢？如果没有这些东西，你会看到理智是着或曾在某个
地方生成出来过吗？

泰阿泰德：根本不会。　　　　　　　　　　　　　　　　249c5

客人：而且还肯定必须得动用所有的说法来同下面这种人进行斗
争：他虽然抹去知识、明智或理智 338，却仍旧会在某方面极力主张某种
东西。

泰阿泰德：非常必须。

客人：那么对于哲学家，即对于那尤其看重这些的人来说，如看起 249c10
来的那样，在各方面都必然由此一方面不接受那些把全体——无论〈他
们说它是〉一，〈还是说它是〉许多的形式——说成屹然不动的人〈的 249d1
说法〉，另一方面也完全不听从那些在所有方式上让是者运动起来的人，
而是如孩子们的愿望那样 339，所有不动的东西和运动着的东西，把这两
者合在一起将之说成是者和全体。

泰阿泰德：非常正确。　　　　　　　　　　　　　　　　249d5

客人：那么然后呢？我们岂不显得已经用恰当的方式在〈我们的〉
讨论中把握住了是者？

泰阿泰德：当然。

客人：哎呀！然而 340，泰阿泰德啊，在我看来，我们似乎现在对之 249d10
又认识到了考察中的困境。

泰阿泰德：又怎么回事呢，并且为何你这么说？　　　　　249e1

客人：有福的人啊，难道你没有注意到下面这点吗，那就是：〈恰
恰〉现在我们对之正处在最大的无知中，然而我们却对我们自己显得说
得中肯似的？

泰阿泰德：其实我也这么认为；但是，我们如何复又不知不觉地是 249e5
这个样子了，我完全不明白。

客人：那么就请你更为仔细地看看，一旦我们赞同现在〈说的〉这

δικαίως ἂν ἐπερωτηθεῖμεν ἅπερ αὐτοὶ τότε ἠρωτῶμεν τοὺς 250
λέγοντας εἶναι τὸ πᾶν θερμὸν καὶ ψυχρόν.

ΘΕΑΙ. Ποῖα; ὑπόμνησόν με.

ΞΕ. Πάνυ μὲν οὖν· καὶ πειράσομαί γε δρᾶν τοῦτο
ἐρωτῶν σὲ καθάπερ ἐκείνους τότε, ἵνα ἅμα τι καὶ 5
προΐωμεν.

ΘΕΑΙ. Ὀρθῶς.

ΞΕ. Εἶεν δή, κίνησιν καὶ στάσιν ἆρ᾽ οὐκ ἐναντιώτατα
λέγεις ἀλλήλοις;

ΘΕΑΙ. Πῶς γὰρ οὔ; 10

ΞΕ. Καὶ μὴν εἶναί γε ὁμοίως φῂς ἀμφότερα αὐτὰ καὶ
ἑκάτερον;

ΘΕΑΙ. Φημὶ γὰρ οὖν. b

ΞΕ. Ἆρα κινεῖσθαι λέγων ἀμφότερα καὶ ἑκάτερον, ὅταν
εἶναι συγχωρῇς;

ΘΕΑΙ. Οὐδαμῶς.

ΞΕ. Ἀλλ᾽ ἑστάναι σημαίνεις λέγων αὐτὰ ἀμφότερα εἶναι; 5

ΘΕΑΙ. Καὶ πῶς;

ΞΕ. Τρίτον ἄρα τι παρὰ ταῦτα τὸ ὂν ἐν τῇ ψυχῇ τιθείς,
ὡς ὑπ᾽ ἐκείνου τήν τε στάσιν καὶ τὴν κίνησιν περιεχομένην,
συλλαβὼν καὶ ἀπιδὼν αὐτῶν πρὸς τὴν τῆς οὐσίας κοινωνίαν,
οὕτως εἶναι προσεῖπας ἀμφότερα; 10

ΘΕΑΙ. Κινδυνεύομεν ὡς ἀληθῶς τρίτον ἀπομαντεύεσθαί c
τι τὸ ὄν, ὅταν κίνησιν καὶ στάσιν εἶναι λέγωμεν.

ΞΕ. Οὐκ ἄρα κίνησις καὶ στάσις ἐστὶ συναμφότερον τὸ
ὂν ἀλλ᾽ ἕτερον δή τι τούτων.

ΘΕΑΙ. Ἔοικεν. 5

ΞΕ. Κατὰ τὴν αὑτοῦ φύσιν ἄρα τὸ ὂν οὔτε ἕστηκεν οὔτε
κινεῖται.

ΘΕΑΙ. Σχεδόν.

a 1 ἐπερωτηθεῖμεν] ἐρωτηθείημεν T W   a 11 αὐτὰ] ταῦτα W
b 2 λέγων] λέγομεν W   b 8 τήν τε κίνησιν καὶ τὴν στάσιν W
b 9 αὐτῶν] αὐτὸν B   c 1 κινδυνεύωμεν T   c 4 τούτων]
τοῦτο W

些，我们是否会恰恰被正当地质问我们自己曾询问过说全体既是热的又 250a1
是冷的那些人的那些事情。

　　泰阿泰德：哪些事情？请你提醒我一下。

　　客人：当然可以；并且我还要进而通过问你来尝试做这件事，就像 250a1
那时问那些人一样[341]，以便我们能够同时有所进步。

　　泰阿泰德：说得正确。

　　客人：那就这样！难道你不把运动和静止说成〈两个〉彼此最为相
反的东西？

　　泰阿泰德：为何不？ 250a10

　　客人：而且你肯定还进而说，它们两者以及两者中的每个都以同样
的方式是〈着〉。

　　泰阿泰德：我确实这么说。 250b1

　　客人：那么，你在说它们两者以及两者中的每个都在运动吗，每当
你承认它们是〈着〉时？

　　泰阿泰德：绝没有。

　　客人：那你在表明它们都在静止吗，当你说它们两者是〈着〉时？ 250b5

　　泰阿泰德：那怎么会？

　　客人：那么，你就肯定在灵魂中把是者设定了为这〈两者〉之外的
某个第三者，因为静止和运动都被那个东西所包含；而且由于你把它们集
合在一起并看出他们同所是的结合，于是你就说它们两者都是〈着〉吗？ 250b10

　　泰阿泰德：我们真的有可能把是者预言为了某个第三者，每当我们 250c1
说运动和静止是〈着〉时。

　　客人：那么，运动和静止这两者合在一起并不就是是者，相反，它
是与这两者相异的某种东西。

　　泰阿泰德：有可能。 250c5

　　客人：因而根据其本性，是者既不静止，又不运动。

　　泰阿泰德：差不多。

ΞΕ. Ποῖ δὴ χρὴ τὴν διάνοιαν ἔτι τρέπειν τὸν βουλόμενον
10 ἐναργές τι περὶ αὐτοῦ παρ᾽ ἑαυτῷ βεβαιώσασθαι;

ΘΕΑΙ. Ποῖ γάρ;

ΞΕ. Οἶμαι μὲν οὐδαμόσε ἔτι ῥᾴδιον. εἰ γάρ τι μὴ
d κινεῖται, πῶς οὐχ ἕστηκεν; ἢ τὸ μηδαμῶς ἐστὸς πῶς οὐκ
αὖ κινεῖται; τὸ δὲ ὂν ἡμῖν νῦν ἐκτὸς τούτων ἀμφοτέρων
ἀναπέφανται. ἦ δυνατὸν οὖν τοῦτο;

ΘΕΑΙ. Πάντων μὲν οὖν ἀδυνατώτατον.

5 ΞΕ. Τόδε τοίνυν μνησθῆναι δίκαιον ἐπὶ τούτοις.

ΘΕΑΙ. Τὸ ποῖον;

ΞΕ. Ὅτι τοῦ μὴ ὄντος ἐρωτηθέντες τοὔνομα ἐφ᾽ ὅτι
ποτὲ δεῖ φέρειν, πάσῃ συνεσχόμεθα ἀπορίᾳ. μέμνησαι;

ΘΕΑΙ. Πῶς γὰρ οὔ;

e ΞΕ. Μῶν οὖν ἐν ἐλάττονί τινι νῦν ἐσμεν ἀπορίᾳ περὶ
τὸ ὄν;

ΘΕΑΙ. Ἐμοὶ μέν, ὦ ξένε, εἰ δυνατὸν εἰπεῖν, ἐν πλείονι
φαινόμεθα.

5 ΞΕ. Τοῦτο μὲν τοίνυν ἐνταῦθα κείσθω διηπορημένον·
ἐπειδὴ δὲ ἐξ ἴσου τό τε ὂν καὶ τὸ μὴ ὂν ἀπορίας μετειλή-
φατον, νῦν ἐλπὶς ἤδη καθάπερ ἂν αὐτῶν θάτερον εἴτε
ἀμυδρότερον εἴτε σαφέστερον ἀναφαίνηται, καὶ θάτερον οὕτως
251 ἀναφαίνεσθαι· καὶ ἐὰν αὖ μηδέτερον ἰδεῖν δυνώμεθα, τὸν
γοῦν λόγον ὅπῃπερ ἂν οἷοί τε ὦμεν εὐπρεπέστατα διωσόμεθα
οὕτως ἀμφοῖν ἅμα.

ΘΕΑΙ. Καλῶς.

5 ΞΕ. Λέγωμεν δὴ καθ᾽ ὅντινά ποτε τρόπον πολλοῖς ὀνόμασι
ταὐτὸν τοῦτο ἑκάστοτε προσαγορεύομεν.

ΘΕΑΙ. Οἷον δὴ τί; παράδειγμα εἰπέ.

ΞΕ. Λέγομεν ἄνθρωπον δήπου πόλλ᾽ ἄττα ἐπονομάζοντες,
τά τε χρώματα ἐπιφέροντες αὐτῷ καὶ τὰ σχήματα καὶ μεγέθη

---

c 9 δὴ om. T   d 8 συνεχόμεθα W : συνειχόμεθα Heindorf
e 7 καθάπερ ἂν T W : καθετέραν B   a 1 ἀναφανεῖσθαι Heindorf :
ἂν ἀναφαίνεσθαι Hirschig   a 2 διωσόμεθα] διοισόμεθα Wagner
a 9 μεγέθη B T Simpl. : τὰ μεγέθη W t

客人：那么，一个人应将思想转向何处，如果他要在他自己那儿对 250c10
之确立起某种明确的东西的话？

泰阿泰德：究竟转向何处？

客人：我认为转向任何地方都确实不容易。因为，如果某种东西没 250d1
有运动，那它如何不在静止？或者，那绝对不静止的东西，复又如何不
在运动？然而，是者现在向我们显露为在这两者之外。那么，这是可能
的吗？

泰阿泰德：肯定是一切中最为不可能的。

客人：那么关于这些就理当记起下面这点。 250d5

泰阿泰德：哪点？

客人：那就是，当我们被问不是者这个名字究竟应当运用在哪种东
西身上时，我们陷入了整个的困惑中。你已经记起来了吗？

泰阿泰德：当然。

客人：那么，关于是者我们现在就一定会是在某种较小的困惑 250e1
中吗？

泰阿泰德：其实对我而言，客人啊，如果能够说〈它〉的话，我们
显得处在更大的〈困惑〉中。

客人：因此，就让这被放在这儿作为一个疑难吧。但是，既然是 250e5
者和不是者〈这两者〉[342] 同等地[343] 分享着一种困境，那么，现在的希
望实际上只能是，假如它俩中的哪个被显明了——无论是比较模模糊糊
地，还是比较清楚地——，那么另一个也会同样被显明。并且，即使我 251a1
们复又不能看清其中任何一个，那我们至少也要以力所能及的任何一种
最为恰当的方式同时这样在两者那儿推进讨论[344]。

泰阿泰德：〈说得〉好。

客人：那么让我们说说，究竟根据何种方式我们每次都用多个名称 251a5
来称呼这同一个东西。

泰阿泰德：究竟怎么回事，比方说？请你说一个例子。

客人：我们无疑通过给出许多的名称来说一个人，当我们把各种 251a10
颜色、形状、大小、丑恶和德性赋予他时；在所有这些以及其他成千上 251b1

καὶ κακίας καὶ ἀρετάς, ἐν οἷς πᾶσι καὶ ἑτέροις μυρίοις οὐ μόνον 10
ἄνθρωπον αὐτὸν εἶναί φαμεν, ἀλλὰ καὶ ἀγαθὸν καὶ ἕτερα b
ἄπειρα, καὶ τἆλλα δὴ κατὰ τὸν αὐτὸν λόγον οὕτως ἓν ἕκαστον
ὑποθέμενοι πάλιν αὐτὸ πολλὰ καὶ πολλοῖς ὀνόμασι λέγομεν.

ΘΕΑΙ. Ἀληθῆ λέγεις.

ΞΕ. Ὅθεν γε οἶμαι τοῖς τε νέοις καὶ τῶν γερόντων τοῖς 5
ὀψιμαθέσι θοίνην παρεσκευάκαμεν· εὐθὺς γὰρ ἀντιλαβέσθαι
παντὶ πρόχειρον ὡς ἀδύνατον τά τε πολλὰ ἓν καὶ τὸ ἓν
πολλὰ εἶναι, καὶ δήπου χαίρουσιν οὐκ ἐῶντες ἀγαθὸν λέγειν
ἄνθρωπον, ἀλλὰ τὸ μὲν ἀγαθὸν ἀγαθόν, τὸν δὲ ἄνθρωπον c
ἄνθρωπον. ἐντυγχάνεις γάρ, ὦ Θεαίτητε, ὡς ἐγῷμαι,
πολλάκις τὰ τοιαῦτα ἐσπουδακόσιν, ἐνίοτε πρεσβυτέροις
ἀνθρώποις, καὶ ὑπὸ πενίας τῆς περὶ φρόνησιν κτήσεως τὰ
τοιαῦτα τεθαυμακόσι, καὶ δή τι καὶ πάσσοφον οἰομένοις 5
τοῦτο αὐτὸ ἀνηυρηκέναι.

ΘΕΑΙ. Πάνυ μὲν οὖν.

ΞΕ. Ἵνα τοίνυν πρὸς ἅπαντας ἡμῖν ὁ λόγος ᾖ τοὺς
πώποτε περὶ οὐσίας καὶ ὁτιοῦν διαλεχθέντας, ἔστω καὶ πρὸς d
τούτους καὶ πρὸς τοὺς ἄλλους, ὅσοις ἔμπροσθεν διειλέγμεθα,
τὰ νῦν ὡς ἐν ἐρωτήσει λεχθησόμενα.

ΘΕΑΙ. Τὰ ποῖα δή;

ΞΕ. Πότερον μήτε τὴν οὐσίαν κινήσει καὶ στάσει προσ- 5
άπτωμεν μήτε ἄλλο ἄλλῳ μηδὲν μηδενί, ἀλλ' ὡς ἄμεικτα ὄντα
καὶ ἀδύνατον μεταλαμβάνειν ἀλλήλων οὕτως αὐτὰ ἐν τοῖς παρ'
ἡμῖν λόγοις τιθῶμεν; ἢ πάντα εἰς ταὐτὸν συναγάγωμεν ὡς
δυνατὰ ἐπικοινωνεῖν ἀλλήλοις; ἢ τὰ μέν, τὰ δὲ μή; τούτων,
ὦ Θεαίτητε, τί ποτ' ἂν αὐτοὺς προαιρεῖσθαι φήσομεν;   e

b 3 πολλὰ om. Simplicius   b 5 γε TW Simplicius: τε B   b 6 παρε-
σκευάσαμεν W   ἀντιλαβέσθαι] εἰ λαβέσθαι Simplicius   c 1 τὸ]
τὸν Simplicius   τὸν δὲ] τοδὲ (sic) B : τὸ δὲ W   c 3 τὰ
τοιαῦτα πολλάκις W   ἐνίοτε om. Simplicius   c 4 κτήσεως secl.
Badham   c 6 αὐτὸ om. W Simplicius   c 8 ὁ λόγος] ὁμό-
λογος in marg. T   d 7 ἀδύνατα T   d 8 ξυναγάγωμεν W :
ξυνάγωμεν Β Τ   e 1 αὐτοὺς προαιρεῖσθαι] προαιρεῖσθαι τούτους Τ
φήσομεν W : φήσαιμεν Β Τ

万的情形中，我们不仅宣称他是一个人，而且宣称他是善的和无数其他
的。对于其他的东西也如此，根据同样的说法，我们虽然把每个都设定
为一，但复又说它是多并用多个名称来说它。

泰阿泰德： 你说得对。

客人： 正由于这个缘故，我认为，我们为一些年轻人以及为老年 251b5
人中那些晚学的人 [345] 准备了一场筵席；因为对他们所有人来说，都立
马准备好反驳下面这点，即多不可能是一，并且一也不可能是多。无疑
他们不乐意允许说一个人是善的，而只允许说善的东西是善的，而〈一 251c1
个〉人是人。其实你，泰阿泰德啊，如我所认为的那样，肯定经常遇到
过一些热衷于这类东西的人，他们有时是一些年岁较大的人，并且他们
因欠缺对智慧的获取 [346] 而惊讶于这类东西，甚至还认为，他们已经发 251c5
现的这件事情，恰恰就是某种极其智慧的事情 [347]。

泰阿泰德： 确实如此。

客人： 那么，为了我们的讨论〈能够〉针对所有那些曾经就所
是谈论过任何东西的人，让现在将被说的那些事情——仿佛在提问似 251d1
的——，既针对这些人，也针对其他所有那些我们在前面已经与之进行
讨论过的那些人。

泰阿泰德： 究竟哪些事情？

客人： 我们既不应当把所是连接到运动和静止上，也不应当把任 251d5
何东西连接到其他任何东西上，相反，由于它们既是不可混合的，并且
也不能够互相接纳，于是我们就在由我们而来的言说中把它们这样加以
设定吗？或者，我们把它们全部向着同一个东西集合在一起，因为它们
能够互相沟通？或者，一些可以，一些则不可以？在这些中，泰阿泰德 251e1
啊，我们会说他们究竟会宁可选择哪个？

ΘΕΑΙ. Ἐγὼ μὲν ὑπὲρ αὐτῶν οὐδὲν ἔχω πρὸς ταῦτα ἀποκρίνασθαι.

ΞΕ. Τί οὖν οὐ καθ᾽ ἓν ἀποκρινόμενος ἐφ᾽ ἑκάστου τὰ
5 συμβαίνοντα ἐσκέψω;

ΘΕΑΙ. Καλῶς λέγεις.

ΞΕ. Καὶ τιθῶμέν γε αὐτοὺς λέγειν, εἰ βούλει, πρῶτον μηδενὶ μηδὲν μηδεμίαν δύναμιν ἔχειν κοινωνίας εἰς μηδέν. οὐκοῦν κίνησίς τε καὶ στάσις οὐδαμῇ μεθέξετον οὐσίας;

252 ΘΕΑΙ. Οὐ γὰρ οὖν.

ΞΕ. Τί δέ; ἔσται πότερον αὐτῶν οὐσίας μὴ προσκοι-νωνοῦν;

ΘΕΑΙ. Οὐκ ἔσται.

5 ΞΕ. Ταχὺ δὴ ταύτῃ γε τῇ συνομολογίᾳ πάντα ἀνάστατα γέγονεν, ὡς ἔοικεν, ἅμα τε τῶν τὸ πᾶν κινούντων καὶ τῶν ὡς ἐν ἱστάντων καὶ ὅσοι κατ᾽ εἴδη τὰ ὄντα κατὰ ταὐτὰ ὡσαύτως ἔχοντα εἶναί φασιν ἀεί· πάντες γὰρ οὗτοι τό γε εἶναι προσάπτουσιν, οἱ μὲν ὄντως κινεῖσθαι λέγοντες, οἱ δὲ
10 ὄντως ἑστηκότ᾽ εἶναι.

ΘΕΑΙ. Κομιδῇ μὲν οὖν.

b ΞΕ. Καὶ μὴν καὶ ὅσοι τοτὲ μὲν συντιθέασι τὰ πάντα, τοτὲ δὲ διαιροῦσιν, εἴτε εἰς ἓν καὶ ἐξ ἑνὸς ἄπειρα εἴτε εἰς πέρας ἔχοντα στοιχεῖα διαιρούμενοι καὶ ἐκ τούτων συντι-θέντες, ὁμοίως μὲν ἐὰν ἐν μέρει τοῦτο τιθῶσι γιγνόμενον,
5 ὁμοίως δὲ καὶ ἐὰν ἀεί, κατὰ πάντα ταῦτα λέγοιεν ἂν οὐδέν, εἴπερ μηδεμία ἔστι σύμμειξις.

ΘΕΑΙ. Ὀρθῶς.

ΞΕ. Ἔτι τοίνυν ἂν αὐτοὶ πάντων καταγελαστότατα μετίοιεν τὸν λόγον οἱ μηδὲν ἐῶντες κοινωνίᾳ παθήματος
10 ἑτέρου θάτερον προσαγορεύειν.

c ΘΕΑΙ. Πῶς;

---

e 4 τί οὖν ... e 5 ἐσκέψω hospiti tribuit Badham et mox Theaeteto
καλῶς λέγεις   a 2 προσκοινωνοῦν W : προσκοινωνεῖν B T   a 6 τε]
τὰ Campbell   a 8 γε] τε γε W   b 8 αὐτοὶ] αὐτῶν W   b 9 μετ-
ίοιεν] μετίοιμεν B T W

泰阿泰德：但我肯定不能够替他们来回答这点。

客人：那你为什么不通过逐一回答来考察在每种情形那儿所得出的 251e5
那些结果呢？

泰阿泰德：你说得好。

客人：那就让我们假设他们首先会说，如果你愿意的话，没有任何
东西在任何方面有同任何〈其他〉东西结合的能力。于是，运动和静止
〈这两者〉348 岂不都将绝不分有所是？

泰阿泰德：的确不。   252a1

客人：然后呢？如果都不分有所是，那么，它们两者中哪一个又将
是〈着〉呢？

泰阿泰德：都将不是〈着〉。

客人：那么，恰恰凭借这种承认，全部的东西都已经迅速地变得混 252a5
乱不堪了 349，如看起来的那样，同时对于下面这些人：那些让全体运动
起来的人和那些〈把全体〉作为一而使之静止的人，以及所有那些说依
照诸形式而是着的东西 350 都始终是恒常地保持着同一的人；因为所有
这些人都至少加上了是，一些人说它们在是的方式上运动，一些人则说 252a10
它们在是的方式上是静止的。

泰阿泰德：的确如此。

客人：而且所有那些有时把全部的东西合并在一起，有时则将之分 252b1
离开来的人，他们要么把它们〈合并〉为一，并从一中〈分离〉出无限
的东西，要么把它们合并为各种元素——它们是有限的 351 ——，并从
这些元素中分离出它们，同样地，无论他们将这设定为轮流地在发生，
也同样地，无论他们将这设定为总是在发生 352，在所有这些方面他们都 252b5
将说空话，假如没有任何的混合是着的话。

泰阿泰德：正确。

客人：此外，那些不允许通过同别的东西之情状相结合而〈对某种
东西〉说出任何别的东西的人，他们自己以一切中最为可笑的方式在追 252b10
求〈他们的〉言说。

泰阿泰德：为何？   252c1

ΞΕ. Τῷ τε "εἶναί" που περὶ πάντα ἀναγκάζονται
χρῆσθαι καὶ τῷ "χωρὶς" καὶ τῷ "τῶν ἄλλων" καὶ τῷ
"καθ᾽ αὑτὸ" καὶ μυρίοις ἑτέροις, ὧν ἀκρατεῖς ὄντες
εἴργεσθαι καὶ μὴ συνάπτειν ἐν τοῖς λόγοις οὐκ ἄλλων 5
δέονται τῶν ἐξελεγξόντων, ἀλλὰ τὸ λεγόμενον οἴκοθεν
τὸν πολέμιον καὶ ἐναντιωσόμενον ἔχοντες, ἐντὸς ὑποφθεγ-
γόμενον ὥσπερ τὸν ἄτοπον Εὐρυκλέα περιφέροντες ἀεὶ
πορεύονται.

ΘΕΑΙ. Κομιδῇ λέγεις ὅμοιόν τε καὶ ἀληθές.   d

ΞΕ. Τί δ᾽, ἂν πάντα ἀλλήλοις ἐῶμεν δύναμιν ἔχειν
ἐπικοινωνίας;

ΘΕΑΙ. Τοῦτο μὲν οἷός τε κἀγὼ διαλύειν.

ΞΕ. Πῶς;   5

ΘΕΑΙ. Ὅτι κίνησίς τε αὐτὴ παντάπασιν ἵσταιτ᾽ ἂν καὶ
στάσις αὖ πάλιν αὐτὴ κινοῖτο, εἴπερ ἐπιγιγνοίσθην ἐπ᾽
ἀλλήλοιν.

ΞΕ. Ἀλλὰ μὴν τοῦτό γέ που ταῖς μεγίσταις ἀνάγκαις
ἀδύνατον, κίνησίν τε ἵστασθαι καὶ στάσιν κινεῖσθαι;   10

ΘΕΑΙ. Πῶς γὰρ οὔ;

ΞΕ. Τὸ τρίτον δὴ μόνον λοιπόν.

ΘΕΑΙ. Ναί.

ΞΕ. Καὶ μὴν ἕν γέ τι τούτων ἀναγκαῖον, ἢ πάντα ἢ e
μηδὲν ἢ τὰ μὲν ἐθέλειν, τὰ δὲ μὴ συμμείγνυσθαι.

ΘΕΑΙ. Πῶς γὰρ οὔ;

ΞΕ. Καὶ μὴν τά γε δύο ἀδύνατον ηὑρέθη.

ΘΕΑΙ. Ναί.   5

ΞΕ. Πᾶς ἄρα ὁ βουλόμενος ὀρθῶς ἀποκρίνεσθαι τὸ λοιπὸν
τῶν τριῶν θήσει.

ΘΕΑΙ. Κομιδῇ μὲν οὖν.

ΞΕ. Ὅτε δὴ τὰ μὲν ἐθέλει τοῦτο δρᾶν, τὰ δ᾽ οὔ, σχεδὸν

---

c 3 τῶν ἄλλων] ἄλλων T : ἀλλήλων Campbell   c 6 ἐξελεγ-
χόντων T   c 7 ἐναντιωθησόμενον W   d 3 ἐπικοινωνίας T W :
ἐπὶ κοινωνίας B : ἐπικοινωνεῖν Schanz   d 6 τε] γε B T W   e 4 εὑ-
ρέθη. ναί Heindorf : εὑρεθῆναι B T : εὑρεθῆναι. ναί W

客人：因为对于全部的东西，他们无论如何都必然得使用"是"
"除外"[353]"同其他相比""在其自身"，以及成千上万的其他〈表达〉；
由于他们是没有能力排除它们的[354]，也没有能力在各种言说中不联结它 252c5
们，故他们不需要其他的人来反驳〈他们〉，而是如常言说的那样，他
们在家里[355]就有着〈他们自己的〉敌人和将进行反对的人，他们总是
在里面带着一位低声说话者，仿佛带着那位奇特的欧儒克勒厄斯[356]似
的，四处旅行。

泰阿泰德：你的确说得既惟妙惟肖，又真实无疑。 252d1

客人：然后呢？假如我们允许全部东西彼此之间都具有结合的一种
能力的话？

泰阿泰德：甚至连我都能够消除这点。

客人：如何？ 252d5

泰阿泰德：因为运动本身会完全静止，而静止本身复又会重新运动
起来，假如让它俩互相随着另一个发生的话。

客人：而这无论如何都因最大的必然性而是不可能的吧，即运动静 252d10
止，并且静止运动？

泰阿泰德：那还用说？

客人：那就只剩下第三种情形了。

泰阿泰德：是的。

客人：而且下面这些情形的某个肯定是必然的，那就是：要么全部 252e1
东西都愿意，要么没有任何东西愿意，要么一些东西愿意而一些东西不
愿意，混合在一起。

泰阿泰德：为何不？

客人：而其中两个已经被发现为无论如何都是不可能的。

泰阿泰德：是的。

客人：那么，那想正确地进行回答的人全都会提出三者中剩下的 252e5
那个。

泰阿泰德：的确如此。

客人：那么，当一些愿意做这件事，而一些不愿意时，它们所遭遇 253a1

253 οἷον τὰ γράμματα πεπονθότ' ἂν εἴη. καὶ γὰρ ἐκείνων τὰ
μὲν ἀναρμοστεῖ που πρὸς ἄλληλα, τὰ δὲ συναρμόττει.

ΘΕΑΙ. Πῶς δ' οὔ;

ΞΕ. Τὰ δέ γε φωνήεντα διαφερόντως τῶν ἄλλων οἷον
5 δεσμὸς διὰ πάντων κεχώρηκεν, ὥστε ἄνευ τινὸς αὐτῶν
ἀδύνατον ἁρμόττειν καὶ τῶν ἄλλων ἕτερον ἑτέρῳ.

ΘΕΑΙ. Καὶ μάλα γε.

ΞΕ. Πᾶς οὖν οἶδεν ὁποῖα ὁποίοις δυνατὰ κοινωνεῖν, ἢ
τέχνης δεῖ τῷ μέλλοντι δρᾶν ἱκανῶς αὐτό;

10 ΘΕΑΙ. Τέχνης.

ΞΕ. Ποίας;

ΘΕΑΙ. Τῆς γραμματικῆς.

b ΞΕ. Τί δέ; περὶ τοὺς τῶν ὀξέων καὶ βαρέων φθόγγους
ἆρ' οὐχ οὕτως; ὁ μὲν τοὺς συγκεραννυμένους τε καὶ μὴ
τέχνην ἔχων γιγνώσκειν μουσικός, ὁ δὲ μὴ συνιεὶς ἄμουσος;

ΘΕΑΙ. Οὕτως.

5 ΞΕ. Καὶ κατὰ τῶν ἄλλων δὴ τεχνῶν καὶ ἀτεχνιῶν
τοιαῦτα εὑρήσομεν ἕτερα.

ΘΕΑΙ. Πῶς δ' οὔ;

ΞΕ. Τί δ'; ἐπειδὴ καὶ τὰ γένη πρὸς ἄλληλα κατὰ ταὐτὰ
μείξεως ἔχειν ὡμολογήκαμεν, ἆρ' οὐ μετ' ἐπιστήμης τινὸς
10 ἀναγκαῖον διὰ τῶν λόγων πορεύεσθαι τὸν ὀρθῶς μέλλοντα
δείξειν ποῖα ποίοις συμφωνεῖ τῶν γενῶν καὶ ποῖα ἄλληλα
c οὐ δέχεται; καὶ δὴ καὶ διὰ πάντων εἰ συνέχοντ' ἄττ' αὐτ'
ἐστιν, ὥστε συμμείγνυσθαι δυνατὰ εἶναι, καὶ πάλιν ἐν ταῖς
διαιρέσεσιν, εἰ δι' ὅλων ἕτερα τῆς διαιρέσεως αἴτια;

ΘΕΑΙ. Πῶς γὰρ οὐκ ἐπιστήμης δεῖ, καὶ σχεδόν γε ἴσως
5 τῆς μεγίστης;

ΞΕ. Τίν' οὖν αὖ [νῦν] προσεροῦμεν, ὦ Θεαίτητε, ταύτην;

---

a 2 συναρμόττει] ἁρμόττει T   a 8 ὁποῖα] ὁποῖα καὶ W   δυνατὰ]
δύναται W corr. T   a 9 αὐτό] αὐτά T W   b 5 ἀτέχνων T
b 8 ταὐτὰ] τὰ τοιαῦτα B   b 9 ἔχειν T W: om. B   οὐ] οὖν W
b 11 ποῖα om. W   c 1 δὴ καὶ] δὴ W   συνέχοντ' ἄττ' αὐτ' Wagner:
συνέχοντα ταῦτ' B T W   c 7 τίν'] τί Stephanus   νῦν om. T

的就会差不多像那些字母所遭遇的一样[357]。因为在字母中一些肯定彼此不适配，而一些则拼合在一起。

泰阿泰德： 那还用说？

客人： 而远超其他〈字母〉[358]的那些元音字母[359]，它们就像纽带 253a5 似的贯穿了全部的〈其他字母〉，以至于没有它们中的某个，对于其他字母来说下面这点也是不可能的，即一个同另一个相适配。

泰阿泰德： 完全如此。

客人： 那么，所有人都知道哪类字母能够同哪类字母结合呢，还是那打算充分地做它的人需要一种技艺？

泰阿泰德： 需要一种技艺。　　　　　　　　　　　　　　　　253a5

客人： 何种技艺？

泰阿泰德： 文法学。

客人： 然后呢？关于各种高音和各种低音中的那些声音岂不也是这 253b1 样？那因有着一种技艺而认识那些交融在一起和不交融在一起的声音的人是音乐家，而那不理解〈这点〉的人是无音乐修养的？

泰阿泰德： 是这样。

客人： 并且在其他技艺和缺乏技艺那里，我们也将发现像这样的另 253b5 外一些情形。

泰阿泰德： 为何不？

客人： 然后呢？既然我们已经同意诸家族就互相混合而言也处于同样的情形中，那么，那打算正确地显明在诸家族中哪些同哪些和谐共 253b10 处，以及哪些彼此互不接纳的人，他岂不必然凭借某种知识来穿过各种讨论？尤其〈他打算正确地显明〉是否有某些东西贯穿全部而将它们结 253c1 合在一起，以至于能够使〈它们互相〉混合，以及复又在各种分开中，是否有某些另外的东西作为分开的原因而贯穿整体？

泰阿泰德： 为何不需要一种知识呢，并且它差不多或许还是最高的 253c5 〈知识〉[360]？

客人： 那么，我们现在[361]复又把这门〈知识〉称为什么呢，泰阿

ἢ πρὸς Διὸς ἐλάθομεν εἰς τὴν τῶν ἐλευθέρων ἐμπεσόντες
ἐπιστήμην, καὶ κινδυνεύομεν ζητοῦντες τὸν σοφιστὴν πρότερον
ἀνηυρηκέναι τὸν φιλόσοφον;

ΘΕΑΙ. Πῶς λέγεις;

ΞΕ. Τὸ κατὰ γένη διαιρεῖσθαι καὶ μήτε ταὐτὸν εἶδος d
ἕτερον ἡγήσασθαι μήτε ἕτερον ὂν ταὐτὸν μῶν οὐ τῆς διαλεκ-
τικῆς φήσομεν ἐπιστήμης εἶναι;

ΘΕΑΙ. Ναί, φήσομεν.

ΞΕ. Οὐκοῦν ὅ γε τοῦτο δυνατὸς δρᾶν μίαν ἰδέαν διὰ 5
πολλῶν, ἑνὸς ἑκάστου κειμένου χωρίς, πάντῃ διατεταμένην
ἱκανῶς διαισθάνεται, καὶ πολλὰς ἑτέρας ἀλλήλων ὑπὸ μιᾶς
ἔξωθεν περιεχομένας, καὶ μίαν αὖ δι' ὅλων πολλῶν ἐν ἑνὶ
συνημμένην, καὶ πολλὰς χωρὶς πάντῃ διωρισμένας· τοῦτο δ'
ἔστιν, ᾗ τε κοινωνεῖν ἕκαστα δύναται καὶ ὅπῃ μή, διακρίνειν e
κατὰ γένος ἐπίστασθαι.

ΘΕΑΙ. Παντάπασι μὲν οὖν.

ΞΕ. Ἀλλὰ μὴν τό γε διαλεκτικὸν οὐκ ἄλλῳ δώ-
σεις, ὡς ἐγῷμαι, πλὴν τῷ καθαρῶς τε καὶ δικαίως φιλο- 5
σοφοῦντι.

ΘΕΑΙ. Πῶς γὰρ ἂν ἄλλῳ δοίη τις;

ΞΕ. Τὸν μὲν δὴ φιλόσοφον ἐν τοιούτῳ τινὶ τόπῳ καὶ νῦν
καὶ ἔπειτα ἀνευρήσομεν ἐὰν ζητῶμεν, ἰδεῖν μὲν χαλεπὸν
ἐναργῶς καὶ τοῦτον, ἕτερον μὴν τρόπον ἥ τε τοῦ σοφιστοῦ 254
χαλεπότης ἥ τε τούτου.

ΘΕΑΙ. Πῶς;

ΞΕ. Ὁ μὲν ἀποδιδράσκων εἰς τὴν τοῦ μὴ ὄντος σκοτει-
νότητα, τριβῇ προσαπτόμενος αὐτῆς, διὰ τὸ σκοτεινὸν τοῦ 5
τόπου κατανοῆσαι χαλεπός· ἦ γάρ;

ΘΕΑΙ. Ἔοικεν.

ΞΕ. Ὁ δέ γε φιλόσοφος, τῇ τοῦ ὄντος ἀεὶ διὰ λογισμῶν
προσκείμενος ἰδέᾳ, διὰ τὸ λαμπρὸν αὖ τῆς χώρας οὐδαμῶς

d 1 ταὐτὸν ⟨ὂν⟩ Hermann   d 8 ὅλων] ἄλλων Proclus   ἐν] ἐν
Apelt   e 8 τὸν] τὸ W   a 3 πῶς T W : om. B

PLATO, VOL. I.   27

泰德啊？或者以宙斯之名，我们竟然不知不觉就碰上了属于那些自由人的那种知识[362]，并且我们有可能在寻找智者时却先行发现了哲学家？

泰阿泰德：你为何这么说？ 253c10

客人：根据家族进行分开，并且既不要把相同的形式当作不同的， 253d1 也不要把不同的形式当作是相同的，我们岂不会肯定说这是属于谈话的知识[363]？

泰阿泰德：是的，我们将这么说。

客人：因此，那能够做这些事的人，他肯定充分地辨识出了〈下面 253d5 这些〉：一个理念贯穿了多——〈多中〉每一个都同另一个相分离地摆在那儿——，它在方方面面都进行伸展；并且多个彼此相异的理念，它们被一个理念从外面包围；而贯穿多个整体的一个理念复又因一〈个整体〉而被联合为一；以及多个理念在方方面面都彼此分离开来。而这就 253e1 是知道根据家族来决定，每个东西如何能够结合，以及在何种方式上不〈能够结合〉。

泰阿泰德：完全如此。

客人：无疑这种对话的〈能力〉，你肯定不会赋予其他人，如我所 253e5 认为的那样，除了归给那纯粹和恰当地从事哲学的人。

泰阿泰德：一个人如何会将之归给其他任何人呢？

客人：那么，我们现在和以后都肯定将在这种地方发现哲学家，如果我们要寻找〈他〉的话；清楚地看到这种人无疑也是困难的，只不过在 254a1 智者那儿的困难，和在这种人那儿的困难，方式无论如何都是不一样的。

泰阿泰德：为何？

客人：一方面，〈智者〉逃入到不是者的黑暗中，通过历练[364]来把 254a5 自己安放在那儿，由于该地的黑暗而难以被看清；是这样吗？

泰阿泰德：好像是这样。

客人：另一方面，哲学家——他始终通过计算而献身于是者之理念——，由于〈所处〉地方的光明灿烂，他也肯定绝不容易被

10 εὐπετὴς ὀφθῆναι· τὰ γὰρ τῆς τῶν πολλῶν ψυχῆς ὄμματα
b καρτερεῖν πρὸς τὸ θεῖον ἀφορῶντα ἀδύνατα.

ΘΕΑΙ. Καὶ ταῦτα εἰκὸς οὐχ ἧττον ἐκείνων οὕτως ἔχειν.

ΞΕ. Οὐκοῦν περὶ μὲν τούτου καὶ τάχα ἐπισκεψόμεθα
σαφέστερον, ἂν ἔτι βουλομένοις ἡμῖν ᾖ· περὶ δὲ τοῦ σοφιστοῦ
5 που δῆλον ὡς οὐκ ἀνετέον πρὶν ἂν ἱκανῶς αὐτὸν θεασώμεθα.

ΘΕΑΙ. Καλῶς εἶπες.

ΞΕ. Ὅτ' οὖν δὴ τὰ μὲν ἡμῖν τῶν γενῶν ὡμολόγηται
κοινωνεῖν ἐθέλειν ἀλλήλοις, τὰ δὲ μή, καὶ τὰ μὲν ἐπ' ὀλίγον,
τὰ δ' ἐπὶ πολλά, τὰ δὲ καὶ διὰ πάντων οὐδὲν κωλύειν τοῖς
c πᾶσι κεκοινωνηκέναι, τὸ δὴ μετὰ τοῦτο συνεπισπώμεθα τῷ
λόγῳ τῇδε σκοποῦντες, μὴ περὶ πάντων τῶν εἰδῶν, ἵνα μὴ
ταραττώμεθα ἐν πολλοῖς, ἀλλὰ προελόμενοι τῶν μεγίστων
λεγομένων ἄττα, πρῶτον μὲν ποῖα ἕκαστά ἐστιν, ἔπειτα
5 κοινωνίας ἀλλήλων πῶς ἔχει δυνάμεως, ἵνα τό τε ὂν καὶ
μὴ ὂν εἰ μὴ πάσῃ σαφηνείᾳ δυνάμεθα λαβεῖν, ἀλλ' οὖν
λόγου γε ἐνδεεῖς μηδὲν γιγνώμεθα περὶ αὐτῶν, καθ' ὅσον
ὁ τρόπος ἐνδέχεται τῆς νῦν σκέψεως, ἐὰν ἄρα ἡμῖν πῃ
d παρεικάθῃ τὸ μὴ ὂν λέγουσιν ὡς ἔστιν ὄντως μὴ ὂν ἀθῴοις
ἀπαλλάττειν.

ΘΕΑΙ. Οὐκοῦν χρή.

ΞΕ. Μέγιστα μὴν τῶν γενῶν ἃ νυνδὴ διῇμεν τό τε ὂν
5 αὐτὸ καὶ στάσις καὶ κίνησις.

ΘΕΑΙ. Πολύ γε.

ΞΕ. Καὶ μὴν τώ γε δύο φαμὲν αὐτοῖν ἀμείκτω πρὸς
ἀλλήλω.

ΘΕΑΙ. Σφόδρα γε.

10 ΞΕ. Τὸ δέ γε ὂν μεικτὸν ἀμφοῖν· ἐστὸν γὰρ ἄμφω που.

ΘΕΑΙ. Πῶς δ' οὔ;

ΞΕ. Τρία δὴ γίγνεται ταῦτα.

ΘΕΑΙ. Τί μήν;

---

a 10 εὐπετὴς W : εὐπετῶς B T   c 5 καὶ μὴ ὂν om. W   d 1 παρει-
κάθη Boeckh : παρεικασθῇ B T   d 4 τε] γε B   d 5 καὶ . . . καὶ]
καὶ ἡ . . . καὶ ἡ W

看清；因为大众的灵魂的双眼，没有能力持续把目光专注于神圣的 254a10
东西 [365]。 254b1

泰阿泰德： 这种情形似乎不亚于那种情形所处的那个样子。

客人： 那么，关于〈哲学家〉这种人，我们或许很快就会更加仔细
地进行考察，只要我们还愿意的话；但关于智者，在我们充分地看清楚 254b5
他之前，无论如何都显然一定不可以放过。

泰阿泰德： 你说得很好。

客人： 因此，既然下面这些已经被我们同意了——即在诸家族中，
一些愿意互相结合，一些则不愿意；一些同少数东西〈相结合〉，一些
则同多数东西〈相结合〉[366]；还有一些则贯穿全部的东西，没有什么可
以阻碍它们已经同全部东西结合在一起了——，那么，此后的事情就是 254c1
让我们通过下面这样来进行考察而一起伴随〈接下来的〉讨论 [367]，那就
是：不是针对所有的形式，免得我们因许多的〈形式〉而受到扰乱，而
是首先选取所谓最大的那些中的一些，首先〈考察〉它们各自是何种东
西，然后〈考察〉它们彼此在结合的能力方面处于何种情形 [368]，以便 254c5
即使我们不能够十分清楚地把握是者和不是者，但我们至少不要变得欠
缺关于它们的说明 [369]——就现在的考察之方式所允许的而言——，〈看 254d1
看〉是否在某种方式上允许我们 [370] 免于责罚 [371]，当我们说不是着的东
西是在是的方式上不是着时 [372]。

泰阿泰德： 无疑必须这样。

客人： 而我们刚才所细说过的那些家族中最大的，无疑是是者本
身、静止和运动 [373]。
254d5

泰阿泰德： 的确。

客人： 而且我们还进而说，〈其中的〉两个，它们自身肯定是彼此
不可混合的。

泰阿泰德： 完全如此。

客人： 然而是〈者〉肯定同它俩是可混合的，因为它俩肯定都是〈着〉。 254d10

泰阿泰德： 那还用说？

客人： 那么这些就变成了三。

泰阿泰德： 为何不？

ΞΕ. Οὐκοῦν αὐτῶν ἕκαστον τοῖν μὲν δυοῖν ἕτερόν ἐστιν, αὐτὸ δ' ἑαυτῷ ταὐτόν. 15

ΘΕΑΙ. Οὕτως. e

ΞΕ. Τί ποτ' αὖ νῦν οὕτως εἰρήκαμεν τό τε ταὐτὸν καὶ θάτερον; πότερα δύο γένη τινὲ αὐτώ, τῶν μὲν τριῶν ἄλλω, συμμειγνυμένω μὴν ἐκείνοις ἐξ ἀνάγκης ἀεί, καὶ περὶ πέντε ἀλλ' οὐ περὶ τριῶν ὡς ὄντων αὐτῶν σκεπτέον, ἢ τό τε ταὐτὸν 5 τοῦτο καὶ θάτερον ὡς ἐκείνων τι προσαγορεύοντες λανθάνομεν 255 ἡμᾶς αὐτούς;

ΘΕΑΙ. Ἴσως.

ΞΕ. Ἀλλ' οὔ τι μὴν κίνησίς γε καὶ στάσις οὔθ' ἕτερον οὔτε ταὐτόν ἐστι. 5

ΘΕΑΙ. Πῶς;

ΞΕ. Ὅτιπερ ἂν κοινῇ προσείπωμεν κίνησιν καὶ στάσιν, τοῦτο οὐδέτερον αὐτοῖν οἷόν τε εἶναι.

ΘΕΑΙ. Τί δή;

ΞΕ. Κίνησίς τε στήσεται καὶ στάσις αὖ κινηθήσεται· 10 περὶ γὰρ ἀμφότερα θάτερον ὁποτερονοῦν γιγνόμενον αὐτοῖν ἀναγκάσει μεταβάλλειν αὖ θάτερον ἐπὶ τοὐναντίον τῆς αὐτοῦ φύσεως, ἅτε μετασχὸν τοῦ ἐναντίου. b

ΘΕΑΙ. Κομιδῇ γε.

ΞΕ. Μετέχετον μὴν ἄμφω ταὐτοῦ καὶ θατέρου.

ΘΕΑΙ. Ναί.

ΞΕ. Μὴ τοίνυν λέγωμεν κίνησίν γ' εἶναι ταὐτὸν ἢ 5 θάτερον, μηδ' αὖ στάσιν.

ΘΕΑΙ. Μὴ γάρ.

ΞΕ. Ἀλλ' ἆρα τὸ ὂν καὶ τὸ ταὐτὸν ὡς ἕν τι διανοητέον ἡμῖν;

ΘΕΑΙ. Ἴσως. 10

ΞΕ. Ἀλλ' εἰ τὸ ὂν καὶ τὸ ταὐτὸν μηδὲν διάφορον σημαί-

e 2 αὖ] & B   εἴρηκεν W   e 3 αὐτώ] αυτου (sic) B : αὐτου (sic) T
ἄλλω] ἄλλῳ T   e 4 ξυμμιγνυμένων B   a 12 αὖ] αὐτὰ W
b 5 γ'] τε W   b 8 τὸ alterum om. W   b 11 διάφορον W :
διαφόρον T : διαφέρον B

27*

客人：因此，它们中的每个都是异于其他两个的，而自身同于 254d15
自身。

泰阿泰德：是这样。 254e1

客人：〈当我们说〉同和异，我们现在以这种方式究竟复又已经说
了什么呢？或者，它们自身也是某两个家族，虽然在那三个之外，但又
总是必然同那〈三个〉混合在一起，并且它们是五个〈家族〉而不是三 254e5
个〈家族〉，对之必须进行考察？或者，我们自己不知不觉把这个同和 255a1
〈这个〉异称作为了那〈三个〉中的某个？

泰阿泰德：或许

客人：然而，无论动，还是静，无疑都肯定既不〈是〉异，也不 255a5
〈是〉同。

泰阿泰德：为何？

客人：无论我们共同地把动和静称作什么，这个什么都不可能是它
俩[374]中的任何一个。

泰阿泰德：究竟为什么？

客人：〈那样一来〉运动将静止，而静止复又将运动。因为在两种 255a10
情形那儿，它俩[375]中无论哪个一旦变成了〈异于它自己的〉另一个，
那么它都将迫使另一个复又翻转为它自己本性的相反面，鉴于它分有了 255b1
相反面。

泰阿泰德：的确如此。

客人：但两者肯定分有着同和异。

泰阿泰德：是的。

客人：因此，让我们就不要说，动是同或异；也不要说静是同 255b5
或异。

泰阿泰德：的确不要。

客人：然而，难道我们必须把是〈者〉和同思考为某种一吗？

泰阿泰德：也许。 255b10

客人：但是，如果是〈者〉和同〈这两者〉意指一种无差别的东

νετον, κίνησιν αὖ πάλιν καὶ στάσιν ἀμφότερα εἶναι λέγοντες
c ἀμφότερα οὕτως αὐτὰ ταὐτὸν ὡς ὄντα προσεροῦμεν.

ΘΕΑΙ. Ἀλλὰ μὴν τοῦτό γε ἀδύνατον.

ΞΕ. Ἀδύνατον ἄρα ταὐτὸν καὶ τὸ ὂν ἓν εἶναι.

ΘΕΑΙ. Σχεδόν.

5 ΞΕ. Τέταρτον δὴ πρὸς τοῖς τρισὶν εἴδεσιν τὸ ταὐτὸν
τιθῶμεν;

ΘΕΑΙ. Πάνυ μὲν οὖν.

ΞΕ. Τί δέ; τὸ θάτερον ἆρα ἡμῖν λεκτέον πέμπτον; ἢ
τοῦτο καὶ τὸ ὂν ὡς δύ' ἄττα ὀνόματα ἐφ' ἑνὶ γένει διανοεῖ-
10 σθαι δεῖ;

ΘΕΑΙ. Τάχ' ἄν.

ΞΕ. Ἀλλ' οἶμαί σε συγχωρεῖν τῶν ὄντων τὰ μὲν αὐτὰ
καθ' αὑτά, τὰ δὲ πρὸς ἄλλα ἀεὶ λέγεσθαι.

ΘΕΑΙ. Τί δ' οὔ;

d ΞΕ. Τὸ δέ γ' ἕτερον ἀεὶ πρὸς ἕτερον· ἦ γάρ;

ΘΕΑΙ. Οὕτως.

ΞΕ. Οὐκ ἄν, εἴ γε τὸ ὂν καὶ τὸ θάτερον μὴ πάμπολυ
διεφερέτην· ἀλλ' εἴπερ θάτερον ἀμφοῖν μετεῖχε τοῖν εἰδοῖν
5 ὥσπερ τὸ ὄν, ἦν ἄν ποτέ τι καὶ τῶν ἑτέρων ἕτερον οὐ πρὸς
ἕτερον· νῦν δὲ ἀτεχνῶς ἡμῖν ὅτιπερ ἂν ἕτερον ᾖ, συμβέβηκεν
ἐξ ἀνάγκης ἑτέρου τοῦτο ὅπερ ἐστὶν εἶναι.

ΘΕΑΙ. Λέγεις καθάπερ ἔχει.

ΞΕ. Πέμπτον δὴ τὴν θατέρου φύσιν λεκτέον ἐν τοῖς
e εἴδεσιν οὖσαν, ἐν οἷς προαιρούμεθα.

ΘΕΑΙ. Ναί.

ΞΕ. Καὶ διὰ πάντων γε αὐτὴν αὐτῶν φήσομεν εἶναι
διεληλυθυῖαν· ἓν ἕκαστον γὰρ ἕτερον εἶναι τῶν ἄλλων οὐ
5 διὰ τὴν αὑτοῦ φύσιν, ἀλλὰ διὰ τὸ μετέχειν τῆς ἰδέας τῆς
θατέρου.

ΘΕΑΙ. Κομιδῇ μὲν οὖν.

c 5 εἴδεσι Β Τ : εἴδεσιν εἶδος W   c 8 ἆρα om. W   c 13 ἄλλα
Τ W : ἄλληλα Β   d 1 δέ γ'] δέ γε W : δ' Β Τ   d 7 ἑτέρου]
ἕτερον Τ   τοῦτο] τοῦτ' αὐτὸ W

西，那么，由于我们说动和静这两者是〈着〉，那就应正如称它们是

〈着〉那样，复又再次以这种方式称它们为同。 255c1

    泰阿泰德：但这是不可能的。

    客人：因此也就不可能，同和是〈者〉是一。

    泰阿泰德：差不多。

    客人：那么，我们会把同设定为在〈已经提及过的〉那三个形式之 255c5

外 [376] 的第四个吗？

    泰阿泰德：当然。

    客人：然后呢？我们岂不必须得把异说成第五个？或者这个〈形 255c10

式〉和是〈者〉应当被思考为在一个家族那儿的两个名称？

    泰阿泰德：有可能。

    客人：然而我认为你会同意，在诸是者中，一些总是自身就其自身

被说，而另一些则总是之于其他的被说 [377]。

    泰阿泰德：为何不〈同意呢〉？

    客人：而异总是之于他者的，是这样吗？ 255d1

    泰阿泰德：是这样。

    客人：但不会是这个样子的，假如是〈者〉和异〈这两者〉并非极

大地不同的话；相反，假如异如是〈者〉那样也分有〈自身就其自身和

之于他者〉这两种形式，那么，在诸异中有时甚至就会有着某种并非 255d5

于他者〈而是异〉的异。然而，现在我们已经径直得出了，任何是异的

东西，都必然之于别的东西而是它所是的。

    泰阿泰德：就是如你说的那个样子。

    客人：那么就必须得说，在我们有意选择出来的那些形式中 [378]，异 255e1

之本性是第五个。

    泰阿泰德：是的。

    客人：并且我们还将说它无论如何都已经贯穿了它们全部；因为每

一个〈之所以〉是异于其他的，并非由于它自己的本性，而是由于对异 255e5

之理念的分有。

    泰阿泰德：的确如此。

ΞΕ. Ὧδε δὴ λέγωμεν ἐπὶ τῶν πέντε καθ' ἓν ἀναλαμβάνοντες.

ΘΕΑΙ. Πῶς; 10

ΞΕ. Πρῶτον μὲν κίνησιν, ὡς ἔστι παντάπασιν ἕτερον στάσεως. ἢ πῶς λέγομεν;

ΘΕΑΙ. Οὕτως.

ΞΕ. Οὐ στάσις ἄρ' ἐστίν.

ΘΕΑΙ. Οὐδαμῶς. 15

ΞΕ. Ἔστι δέ γε διὰ τὸ μετέχειν τοῦ ὄντος. 256

ΘΕΑΙ. Ἔστιν.

ΞΕ. Αὖθις δὴ πάλιν ἡ κίνησις ἕτερον ταὐτοῦ ἐστιν.

ΘΕΑΙ. Σχεδόν.

ΞΕ. Οὐ ταὐτὸν ἄρα ἐστίν. 5

ΘΕΑΙ. Οὐ γὰρ οὖν.

ΞΕ. Ἀλλὰ μὴν αὕτη γ' ἦν ταὐτὸν διὰ τὸ μετέχειν αὖ πάντ' αὐτοῦ.

ΘΕΑΙ. Καὶ μάλα.

ΞΕ. Τὴν κίνησιν δὴ ταὐτόν τ' εἶναι καὶ μὴ ταὐτὸν ὁμολο- 10
γητέον καὶ οὐ δυσχεραντέον. οὐ γὰρ ὅταν εἴπωμεν αὐτὴν ταὐτὸν καὶ μὴ ταὐτόν, ὁμοίως εἰρήκαμεν, ἀλλ' ὁπόταν μὲν ταὐτόν, διὰ τὴν μέθεξιν ταὐτοῦ πρὸς ἑαυτὴν οὕτω λέγομεν, b ὅταν δὲ μὴ ταὐτόν, διὰ τὴν κοινωνίαν αὖ θατέρου, δι' ἣν ἀποχωριζομένη ταὐτοῦ γέγονεν οὐκ ἐκεῖνο ἀλλ' ἕτερον, ὥστε ὀρθῶς αὖ λέγεται πάλιν οὐ ταὐτόν.

ΘΕΑΙ. Πάνυ μὲν οὖν. 5

ΞΕ. Οὐκοῦν κἂν εἴ πη μετελάμβανεν αὐτὴ κίνησις στάσεως, οὐδὲν ἂν ἄτοπον ἦν στάσιμον αὐτὴν προσαγορεύειν;

ΘΕΑΙ. Ὀρθότατά γε, εἴπερ τῶν γενῶν συγχωρησόμεθα τὰ μὲν ἀλλήλοις ἐθέλειν μείγνυσθαι, τὰ δὲ μή.

e 12 λέγομεν W : λέγωμεν B T   a 3 ἐστι ταυτοῦ W   a 7 αὕτη]
ἑαυτῇ (αὐτῇ Schanz) Madvig : αὖ πη Heindorf   a 8 πάντ' αὐτοῦ]
πᾶν ταὐτοῦ Madvig   a 10 τ'] τε B T : τι W   b 1 λέγομεν W :
λέγωμεν B pr. T   b 6 αὐτὴ] αὖ ἡ Ast : αὐτὴ ἡ Stallbaum : αὖ
Schanz   b 7 post προσαγορεύειν lacunam statuit Heindorf

客人： 那就让我们通过把这五个〈家族〉逐一提出来，以下面这种方式来谈谈它们。

泰阿泰德： 如何？ 255e10

客人： 首先，〈让我们来说说〉动，即它是完全异于静的。或者我们要如何说？

泰阿泰德： 就这样〈说〉。

客人： 因此它不是静。

泰阿泰德： 绝不是。 255e15

客人： 但它〈之所以〉是〈着〉，肯定由于对是〈者〉的分有。 256a1

泰阿泰德： 它是。

客人： 再则，动复又是异于同的。

泰阿泰德： 差不多。

客人： 因而它不是同。 256a5

泰阿泰德： 肯定不。

客人： 但这种东西[379]无疑肯定都向来是同，由于全部的东西复又分有着它[380]。

泰阿泰德： 完全如此。

客人： 那么，动既是同又是不同，对此必须承认而不应心生厌恶。256a10 因为，每当我们说它既是同又是不同时，我们不是以相同的方式在说；相反，无论何时我们说它是同，那是由于就它自己来说对同的分有我们 256b1 才这样说；而每当说它是不同，则是由于复又和异的结合，一旦由于该结合而与同相分离时，它就已经不再成为那个东西而成为别的，从而复又可以再次正确地说它不是同。

泰阿泰德： 的确如此。 256b5

客人： 因此，如果在某种方式上动本身分有了静，那么，将它称作静止的，这岂不就从不是荒谬的了？

泰阿泰德： 的确非常正确，只要我们承认在诸家族中某些愿意互相结合，某些则不愿意。

c ΞΕ. Καὶ μὴν ἐπί γε τὴν τούτου πρότερον ἀπόδειξιν
ἢ τῶν νῦν ἀφικόμεθα, ἐλέγχοντες ὡς ἔστι κατὰ φύσιν
ταύτῃ.

ΘΕΑΙ. Πῶς γὰρ οὔ;

5 ΞΕ. Λέγωμεν δὴ πάλιν· ἡ κίνησίς ἐστιν ἕτερον τοῦ
ἑτέρου, καθάπερ ταὐτοῦ τε ἦν ἄλλο καὶ τῆς στάσεως;

ΘΕΑΙ. Ἀναγκαῖον.

ΞΕ. Οὐχ ἕτερον ἄρ' ἐστί πῃ καὶ ἕτερον κατὰ τὸν νυνδὴ
λόγον.

10 ΘΕΑΙ. Ἀληθῆ.

ΞΕ. Τί οὖν δὴ τὸ μετὰ τοῦτο; ἆρ' αὖ τῶν μὲν τριῶν
ἕτερον αὐτὴν φήσομεν εἶναι, τοῦ δὲ τετάρτου μὴ φῶμεν,
d ὁμολογήσαντες αὐτὰ εἶναι πέντε, περὶ ὧν καὶ ἐν οἷς
προυθέμεθα σκοπεῖν;

ΘΕΑΙ. Καὶ πῶς; ἀδύνατον γὰρ συγχωρεῖν ἐλάττω τὸν
ἀριθμὸν τοῦ νυνδὴ φανέντος.

5 ΞΕ. Ἀδεῶς ἄρα τὴν κίνησιν ἕτερον εἶναι τοῦ ὄντος
διαμαχόμενοι λέγωμεν;

ΘΕΑΙ. Ἀδεέστατα μὲν οὖν.

ΞΕ. Οὐκοῦν δὴ σαφῶς ἡ κίνησις ὄντως οὐκ ὄν ἐστι καὶ
ὄν, ἐπείπερ τοῦ ὄντος μετέχει;

10 ΘΕΑΙ. Σαφέστατά γε.

ΞΕ. Ἔστιν ἄρα ἐξ ἀνάγκης τὸ μὴ ὂν ἐπί τε κινήσεως
εἶναι καὶ κατὰ πάντα τὰ γένη· κατὰ πάντα γὰρ ἡ θατέρου
e φύσις ἕτερον ἀπεργαζομένη τοῦ ὄντος ἕκαστον οὐκ ὂν ποιεῖ,
καὶ σύμπαντα δὴ κατὰ ταὐτὰ οὕτως οὐκ ὄντα ὀρθῶς ἐροῦμεν,
καὶ πάλιν, ὅτι μετέχει τοῦ ὄντος, εἶναί τε καὶ ὄντα.

ΘΕΑΙ. Κινδυνεύει.

5 ΞΕ. Περὶ ἕκαστον ἄρα τῶν εἰδῶν πολὺ μέν ἐστι τὸ ὄν,
ἄπειρον δὲ πλήθει τὸ μὴ ὄν.

ΘΕΑΙ. Ἔοικεν.

c 5 ἢ TW: εἰ B   c 11 αὖ Heindorf: οὐ BT   d 6 λέγομεν B
e 3 τε secl. Schanz

客人：而且在现在的这些证明之前，我们其实就曾抵达过对这点的 256c1
证明，当我们证实它根据本性就是这样时[381]。

泰阿泰德：为何没有？

客人：那就让我们再次说：动是异于异的，正如它一向是有别于同 256c5
和静一样。

泰阿泰德：必然。

客人：那么，根据现在的说法，动在某种方式上就的确既不是异，
又是异。

泰阿泰德：正确。 256c10

客人：那么此后是什么呢？我们一方面会说它是异于那三个的，另
一方面却不会说它是异于第四个的吗，尽管我们同意它们是五个——关 256d1
于它们并且于它们中我们提出来进行考察？

泰阿泰德：那怎么会呢？因为肯定不可能同意数目少于刚在所显明
的数目。

客人：因此，我们就根本不用害怕我们通过争论而说动是异于是 256d5
〈者〉的？

泰阿泰德：当然完全不害怕。

客人：那么，岂不很清楚，动在是的方式上既不是是〈着〉，又是
是〈着〉，既然它分有是〈者〉？

泰阿泰德：的确非常清楚。 256d10

客人：因此，无论是在动那儿，还是遍及全部〈其他〉的家族，下
面这点都是必然的，即不是者是〈着〉；因为就它们全部来说，异之本 256e1
性通过引起每个都异于是〈者〉而使之成为不是〈者〉，并且我们能够
同样以这种方式正确地把所有这些都称作不是者；并且由于它们又都分
有是〈者〉，故〈我们说〉它们复又是〈着〉并且〈是〉是者。

泰阿泰德：有可能。

客人：因此，就诸形式中的每个来说，是〈者〉是多，而不是 256e5
〈者〉在量上则是无限的。

泰阿泰德：似乎是这样。

ΞΕ. Οὐκοῦν καὶ τὸ ὂν αὐτὸ τῶν ἄλλων ἕτερον εἶναι 257
λεκτέον.

ΘΕΑΙ. Ἀνάγκη.

ΞΕ. Καὶ τὸ ὂν ἄρ' ἡμῖν, ὅσαπέρ ἐστι τὰ ἄλλα, κατὰ
τοσαῦτα οὐκ ἔστιν· ἐκεῖνα γὰρ οὐκ ὂν ἓν μὲν αὐτό ἐστιν, 5
ἀπέραντα δὲ τὸν ἀριθμὸν τἆλλα οὐκ ἔστιν αὖ.

ΘΕΑΙ. Σχεδὸν οὕτως.

ΞΕ. Οὐκοῦν δὴ καὶ ταῦτα οὐ δυσχεραντέον, ἐπείπερ ἔχει
κοινωνίαν ἀλλήλοις ἡ τῶν γενῶν φύσις. εἰ δέ τις ταῦτα
μὴ συγχωρεῖ, πείσας ἡμῶν τοὺς ἔμπροσθεν λόγους οὕτω 10
πειθέτω τὰ μετὰ ταῦτα.

ΘΕΑΙ. Δικαιότατα εἴρηκας.

ΞΕ. Ἴδωμεν δὴ καὶ τόδε.   b

ΘΕΑΙ. Τὸ ποῖον;

ΞΕ. Ὁπόταν τὸ μὴ ὂν λέγωμεν, ὡς ἔοικεν, οὐκ ἐναντίον
τι λέγομεν τοῦ ὄντος ἀλλ' ἕτερον μόνον.

ΘΕΑΙ. Πῶς;   5

ΞΕ. Οἷον ὅταν εἴπωμέν τι μὴ μέγα, τότε μᾶλλόν τί σοι
φαινόμεθα τὸ σμικρὸν ἢ τὸ ἴσον δηλοῦν τῷ ῥήματι;

ΘΕΑΙ. Καὶ πῶς;

ΞΕ. Οὐκ ἄρ', ἐναντίον ὅταν ἀπόφασις λέγηται σημαίνειν,
συγχωρησόμεθα, τοσοῦτον δὲ μόνον, ὅτι τῶν ἄλλων τὶ μηνύει 10
τὸ μὴ καὶ τὸ οὒ προτιθέμενα τῶν ἐπιόντων ὀνομάτων, μᾶλλον c
δὲ τῶν πραγμάτων περὶ ἅττ' ἂν κέηται τὰ ἐπιφθεγγόμενα
ὕστερον τῆς ἀποφάσεως ὀνόματα.

ΘΕΑΙ. Παντάπασι μὲν οὖν.

ΞΕ. Τόδε δὲ διανοηθῶμεν, εἰ καὶ σοὶ συνδοκεῖ.   5

ΘΕΑΙ. Τὸ ποῖον;

ΞΕ. Ἡ θατέρου μοι φύσις φαίνεται κατακεκερματίσθαι
καθάπερ ἐπιστήμη.

a 4 ὂν ἄρ'] ὄναρ B   a 11 μετὰ ταῦτα] μεταῦτα B   b 1 ἴδωμεν
W (sed suprascripto ει): εἰδῶμεν B: εἴδωμεν T   b 10 συγχωρή-
σομεν W   c 2 τὰ ἐπιφθεγγόμενα] ἃ ἐπιφθεγγόμεθα Heindorf
c 7 φύσις μοι W

客人：因此，甚至是〈者〉本身也必须被说成是异于其他的。 257a1

泰阿泰德：必然。

客人：并且对我们而言，不同的东西是多少，是者也就在多少上不是〈着〉；因为，一方面，它由于不是那些〈其他的〉而自身是一，另 257a5 一方面，那些其他的在数量上复又是无限的。

泰阿泰德：差不多如此。

客人：因此，一定不要对此心生厌恶，既然诸家族的本性暗含着〈能够〉互相结合。然而，如果有人不同意这点，那么，请他在劝服我 257a10 们前面的那些说法之后，再这样来劝服此后的事情。

泰阿泰德：你已经说得非常正当了。

客人：那么让我们来看看下面这点。 257b1

泰阿泰德：哪点？

客人：每当我们说不是〈者〉时，如看起来的那样，我们并不在说是〈者〉的某个相反者，而是仅仅在说其相异者。

泰阿泰德：为何？ 257b5

客人：例如，当我们说某个东西不大时，难道在你看来那时我们更多地在用该语词显明某个小的东西而不是某个相等的东西？

泰阿泰德：怎么会呢？

客人：因此，我们将不会同意，每当说出否定时就在意指一个相反者，而是〈将〉仅仅〈同意下面〉这么多，那就是：不和非[382]〈这类〉257b10 被摆在前面的〈词〉揭示着有别于跟在后面的那些词中的某个东西，甚 257c1 至是[383]〈在揭示有别于〉在否定词后面所表达出来的那些词被给予之的那些事物中的某个东西。

泰阿泰德：完全如此。

客人：但让我们来思考下面这点，如果你也同意的话。 257c5

泰阿泰德：哪点？

客人：异之本性对我显得已经被切碎了[384]，就像知识一样。

ΘΕΑΙ. Πῶς;

10 ΞΕ. Μία μέν ἐστί που καὶ ἐκείνη, τὸ δ' ἐπί τῳ γιγνό-
μενον μέρος αὐτῆς ἕκαστον ἀφορισθὲν ἐπωνυμίαν ἴσχει τινὰ
d ἑαυτῆς ἰδίαν· διὸ πολλαὶ τέχναι τ' εἰσὶ λεγόμεναι καὶ
ἐπιστῆμαι.

ΘΕΑΙ. Πάνυ μὲν οὖν.

ΞΕ. Οὐκοῦν καὶ τὰ τῆς θατέρου φύσεως μόρια μιᾶς
5 οὔσης ταὐτὸν πέπονθε τοῦτο.

ΘΕΑΙ. Τάχ' ἄν· ἀλλ' ὅπῃ δὴ λέγωμεν;

ΞΕ. Ἔστι τῷ καλῷ τι θατέρου μόριον ἀντιτιθέμενον;

ΘΕΑΙ. Ἔστιν.

ΞΕ. Τοῦτ' οὖν ἀνώνυμον ἐροῦμεν ἤ τιν' ἔχον ἐπωνυμίαν;

10 ΘΕΑΙ. Ἔχον· ὃ γὰρ μὴ καλὸν ἑκάστοτε φθεγγόμεθα,
τοῦτο οὐκ ἄλλου τινὸς ἕτερόν ἐστιν ἢ τῆς τοῦ καλοῦ φύσεως.

ΞΕ. Ἴθι νῦν τόδε μοι λέγε.

e ΘΕΑΙ. Τὸ ποῖον;

ΞΕ. Ἄλλο τι τῶν ὄντων τινὸς ἑνὸς γένους ἀφορισθὲν
καὶ πρός τι τῶν ὄντων αὖ πάλιν ἀντιτεθὲν οὕτω συμβέβηκεν
εἶναι τὸ μὴ καλόν;

5 ΘΕΑΙ. Οὕτως.

ΞΕ. Ὄντος δὴ πρὸς ὃν ἀντίθεσις, ὡς ἔοικ', εἶναί τις
συμβαίνει τὸ μὴ καλόν.

ΘΕΑΙ. Ὀρθότατα.

ΞΕ. Τί οὖν; κατὰ τοῦτον τὸν λόγον ἆρα μᾶλλον μὲν τὸ
10 καλὸν ἡμῖν ἐστι τῶν ὄντων, ἧττον δὲ τὸ μὴ καλόν;

ΘΕΑΙ. Οὐδέν.

258 ΞΕ. Ὁμοίως ἄρα τὸ μὴ μέγα καὶ τὸ μέγα αὐτὸ εἶναι
λεκτέον;

c 10 ἐκείνη] ἐκείνῃ ΒΤ   τῳ] τὸ Β : τούτῳ W   c 11 ἴσχει τινὰ
ἐπωνυμίαν W   d 1 ἑαυτῆς secl. Heindorf : ἑαυτοῦ Baumann   τέ
εἰσι W : τείσι Τ : τισιν Β   d 6 ἀλλ' ὅπη δὴ W : ἄλλό πη Τ :
ἄλλο πῃ Β   e 2 ἑνὸς om. Β   γένους] γρ. μέρους in marg. Τ :
μέρους W (an ἑνός γέ τινος?)   e 3 ξυμβέβηκεν εἶναι Stephanus :
ξυμβεβηκέναι ΒΤ   e 6 ὃν D : ὂν ΒΤ : ὃ W   ἀντίθεσιν Β : ἡ
ἀντίθεσις W   τις Apelt : τι ΒΤ : om. W

泰阿泰德：为何？

客人：那个东西[385]虽然也肯定是一，但当它的每个部分——〈各 257c10
自〉出现在某个东西那儿[386]——被分开后，〈它的每个部分〉都有着它
自己特有的别名。由此技艺和知识才被称作为了多。 257d1

泰阿泰德：当然。

客人：那么，异之本性的诸部分岂不也同样地遭受了这点，即使其 257d5
本性是一？

泰阿泰德：有可能。但我们究竟该以何种方式来说呢？

客人：异的某个部分是与美的东西相对照的吗？

泰阿泰德：是的。

客人：那我们说它是无名称的呢，还是具有某种名称？

泰阿泰德：有。因为每次我们称之为不美的，它无非是异于美之本 257d10
性的某个他者。

客人：那么来吧，请告诉我下面这点。

泰阿泰德：哪点？ 257e1

客人：这样一来是不是已经得出，不美的东西是〈这样一种东西〉：
它从诸是者的某一家族中被划分了出来，而且复又再次同诸是者中的某
个摆在一起进行对照[387]？

泰阿泰德：是这样。 257e5

客人：那么就会得出，如看起来的那样，不美的东西是一种是者与
一种是者的某种对立。

泰阿泰德：非常正确。

客人：那么然后呢？根据这种说法，难道对于我们来说在诸是者中
美的东西更多地是着，而不美的东西则较少地是着？ 257e10

泰阿泰德：不会。

客人：那么必须得说，不大的东西和大的东西自身一样同等地是 258a1
〈着〉吗？

ΘΕΑΙ. Ὁμοίως.

ΞΕ. Οὐκοῦν καὶ τὸ μὴ δίκαιον τῷ δικαίῳ κατὰ ταὐτὰ θετέον πρὸς τὸ μηδέν τι μᾶλλον εἶναι θάτερον θατέρου;   5

ΘΕΑΙ. Τί μήν;

ΞΕ. Καὶ τἆλλα δὴ ταύτῃ λέξομεν, ἐπείπερ ἡ θατέρου φύσις ἐφάνη τῶν ὄντων οὖσα, ἐκείνης δὲ οὔσης ἀνάγκη δὴ καὶ τὰ μόρια αὐτῆς μηδενὸς ἧττον ὄντα τιθέναι.

ΘΕΑΙ. Πῶς γὰρ οὔ;   10

ΞΕ. Οὐκοῦν, ὡς ἔοικεν, ἡ τῆς θατέρου μορίου φύσεως καὶ τῆς τοῦ ὄντος πρὸς ἄλληλα ἀντικειμένων ἀντίθεσις οὐδὲν b ἧττον, εἰ θέμις εἰπεῖν, αὐτοῦ τοῦ ὄντος οὐσία ἐστίν, οὐκ ἐναν-τίον ἐκείνῳ σημαίνουσα ἀλλὰ τοσοῦτον μόνον, ἕτερον ἐκείνου.

ΘΕΑΙ. Σαφέστατά γε.

ΞΕ. Τίν' οὖν αὐτὴν προσείπωμεν;   5

ΘΕΑΙ. Δῆλον ὅτι τὸ μὴ ὄν, ὃ διὰ τὸν σοφιστὴν ἐζητοῦμεν, αὐτό ἐστι τοῦτο.

ΞΕ. Πότερον οὖν, ὥσπερ εἶπες, ἔστιν οὐδενὸς τῶν ἄλλων οὐσίας ἐλλειπόμενον, καὶ δεῖ θαρροῦντα ἤδη λέγειν ὅτι τὸ μὴ ὂν βεβαίως ἐστὶ τὴν αὑτοῦ φύσιν ἔχον, ὥσπερ τὸ μέγα 10 ἦν μέγα καὶ τὸ καλὸν ἦν καλὸν καὶ τὸ μὴ μέγα ⟨μὴ μέγα⟩ καὶ c τὸ μὴ καλὸν ⟨μὴ καλόν⟩, οὕτω δὲ καὶ τὸ μὴ ὂν κατὰ ταὐτὸν ἦν τε καὶ ἔστι μὴ ὄν, ἐνάριθμον τῶν πολλῶν ὄντων εἶδος ἕν; ἤ τινα ἔτι πρὸς αὐτό, ὦ Θεαίτητε, ἀπιστίαν ἔχομεν;

ΘΕΑΙ. Οὐδεμίαν.   5

ΞΕ. Οἶσθ' οὖν ὅτι Παρμενίδῃ μακροτέρως τῆς ἀπορρήσεως ἠπιστήκαμεν;

ΘΕΑΙ. Τί δή;

ΞΕ. Πλεῖον ἢ 'κεῖνος ἀπεῖπε σκοπεῖν, ἡμεῖς εἰς τὸ πρόσθεν ἔτι ζητήσαντες ἀπεδείξαμεν αὐτῷ.   10

---

a 8 ἐφάνη] φανῆ B   b 2 οὐσία] οὖσα Simplicius   b 8 ὥσπερ] ὅπερ W   b 9 οὐσίας] οὐσίᾳ Madvig   δεῖ T W : δὴ B   c 1 μὴ μέγα et mox μὴ καλόν add. Boeckh   c 4 ἔχομεν T W : om. B   c 7 ἠπι-στήκαμεν] ἀφεστήκαμεν Cornarius   c 10 ἔτι ζητήσαντες] ἐπιζητή-σαντες Simplicius

泰阿泰德：同等地。

客人：因此，不正义的东西之于正义的东西岂不必须同等地被确立，就一个并不比另一个更多地是〈着〉而言？ 258a5

泰阿泰德：为何不？

客人：并且我们也将以这种方式来说其他的，既然异之本性已经显然是属于诸是者的；但如果那个〈本性〉是着，那么它的诸部分也就肯定必然被确定为不比〈其他〉任何东西少地是着。

泰阿泰德：那还用说？ 258a10

客人：那么，如看起来的那样，异的某一部分之本性和是之本性互相对立起来的那种对立，它——如果可以这么说的话——，并不比是 258b1 〈者〉本身更不是所是；因为对立并不意指同那种东西 388 相反，而是仅仅意指〈下面〉这么多，即与之相异 389。

泰阿泰德：的确非常清楚。

客人：那么，我们该将之称作什么呢？ 258b5

泰阿泰德：显然，由于智者的缘故我们才进行寻找的那个不是〈者〉，就是这种东西。

客人：那么，或者，就像你说的那样，它并不比其他任何东西缺少所是 390，并且从此就应当有信心说，不是〈者〉可靠地是〈着〉，因为它 258b10 有着它自己的本性，就像大的东西曾是大的，美的东西曾是美的，不大 258c1 的东西曾是不大的，不美的东西曾是不美的 391，以至于根据相同的〈理由〉，不是〈者〉也曾是并且正是不是〈者〉，它应被算作众多是〈者〉中的一种形式？或者，泰阿泰德啊，我们仍然对之有着某种怀疑？

泰阿泰德：没有。 258c5

客人：那么你知道吗，我们已经不再听从巴门尼德了，远远超出了〈他的〉禁令？

泰阿泰德：究竟为什么？

客人：因为同他禁止我们去考察的相比，我们还继续往前走，通过 258c10 研究向他证明了更多的东西。

ΘΕΑΙ. Πῶς;

d   ΞΕ. Ὅτι ὁ μέν πού φησιν—

Οὐ γὰρ μή ποτε τοῦτο δαμῇ, εἶναι μὴ ἐόντα,
ἀλλὰ σὺ τῆσδ᾽ ἀφ᾽ ὁδοῦ διζήσιος εἶργε νόημα.

ΘΕΑΙ. Λέγει γὰρ οὖν οὕτως.

5   ΞΕ. Ἡμεῖς δέ γε οὐ μόνον τὰ μὴ ὄντα ὡς ἔστιν ἀπε-
δείξαμεν, ἀλλὰ καὶ τὸ εἶδος ὃ τυγχάνει ὂν τοῦ μὴ ὄντος
ἀπεφηνάμεθα· τὴν γὰρ θατέρου φύσιν ἀποδείξαντες οὖσάν
e   τε καὶ κατακεκερματισμένην ἐπὶ πάντα τὰ ὄντα πρὸς ἄλληλα,
τὸ πρὸς τὸ ὂν ἕκαστον μόριον αὐτῆς ἀντιτιθέμενον ἐτολμή-
σαμεν εἰπεῖν ὡς αὐτὸ τοῦτό ἐστιν ὄντως τὸ μὴ ὄν.

ΘΕΑΙ. Καὶ παντάπασί γε, ὦ ξένε, ἀληθέστατά μοι
5   δοκοῦμεν εἰρηκέναι.

ΞΕ. Μὴ τοίνυν ἡμᾶς εἴπῃ τις ὅτι τοὐναντίον τοῦ ὄντος
τὸ μὴ ὂν ἀποφαινόμενοι τολμῶμεν λέγειν ὡς ἔστιν. ἡμεῖς
γὰρ περὶ μὲν ἐναντίου τινὸς αὐτῷ χαίρειν πάλαι λέγομεν,
259 εἴτ᾽ ἔστιν εἴτε μή, λόγον ἔχον ἢ καὶ παντάπασιν ἄλογον·
ὃ δὲ νῦν εἰρήκαμεν εἶναι τὸ μὴ ὄν, ἢ πεισάτω τις ὡς οὐ
καλῶς λέγομεν ἐλέγξας, ἢ μέχριπερ ἂν ἀδυνατῇ, λεκτέον
καὶ ἐκείνῳ καθάπερ ἡμεῖς λέγομεν, ὅτι συμμείγνυταί τε
5   ἀλλήλοις τὰ γένη καὶ τό τε ὂν καὶ θάτερον διὰ πάντων καὶ
δι᾽ ἀλλήλων διεληλυθότε τὸ μὲν ἕτερον μετασχὸν τοῦ ὄντος
ἔστι μὲν διὰ ταύτην τὴν μέθεξιν, οὐ μὴν ἐκεῖνό γε οὗ
μετέσχεν ἀλλ᾽ ἕτερον, ἕτερον δὲ τοῦ ὄντος ὂν ἔστι σαφέστατα
b   ἐξ ἀνάγκης εἶναι μὴ ὄν· τὸ δὲ ὂν αὖ θατέρου μετειληφὸς
ἕτερον τῶν ἄλλων ἂν εἴη γενῶν, ἕτερον δ᾽ ἐκείνων ἁπάντων
ὂν οὐκ ἔστιν ἕκαστον αὐτῶν οὐδὲ σύμπαντα τὰ ἄλλα πλὴν
αὐτό, ὥστε τὸ ὂν ἀναμφισβητήτως αὖ μυρία ἐπὶ μυρίοις οὐκ

d 2 τοῦτο δαμῇ Simplicius : τοῦτ᾽ οὐδαμῇ Β Τ   ἐόντα Aristoteles :
ὄντα Β Τ   d 3 διζήσιος hic re vera Β Τ (sed cf. 237 a)   d 5 ὡς
ἔστιν τὰ μὴ ὄντα Β Simplicius   e 2 ἕκαστον Simplicius : ἑκάστου
Β Τ   a 4 τε Β Simplicius : om. Τ   a 6 διεληλυθότε Simplicius :
διεληλυθότα Β Τ

泰阿泰德：如何？

客人：因为他在某处说：

> 这将永不会获胜，即不是者是；
>
> 相反，你要让思想远离这条探究之路。

泰阿泰德：他确实在这样说。

客人：而我们不仅证明了诸不是〈者〉是〈着〉，而且还揭示了不 258d5 是〈者〉恰好的那种形式。因为，如果我们证明了异之本性是着，并 258e1 且已经被切碎了〈而分散〉在所有彼此相对的是〈者〉身上，那么，我 们就敢于说，该本性那同是者相对立的每个部分，这种东西在是的方式 上就是不是者。

泰阿泰德：完全是这样，客人啊，至少在我看来我们已经说出了一 258e5 些最真的东西。

客人：那么，就不要让有人就下面这点对我们说三道四，那就是， 我们通过把不是者揭示为是者的相反者而敢于说它是〈着〉。因为关于 同它的某种相反[392]，我们早已说了告别[393]，无论它是〈着〉抑或不是 259a1 〈着〉，能够被说明还是完全不可说明的[394]。而就我们刚才已经说的不 是〈者〉是〈着〉，要么，让一个人通过反驳而说服〈我们相信〉我们 说得不好，要么，只要他不能，那他也就必须如我们说的那样说：诸家 族彼此混合在一起，以及是〈者〉和异〈这两者〉既贯穿一切又彼此贯 259a5 穿。一方面，既然异分有是〈者〉，正由于这种分有，它是〈着〉，然 而它又不是它所分有的那个东西，而是一个相异者；但由于它是异于 是〈者〉的，那么，它就最为清楚地是和必然地是不是着的。另一方 259b1 面，由于是〈者〉复又分有着异，那它就会是异于其他那些家族的；而 既然它是异于所有〈其他〉那些〈家族〉的，那么，它就既不是它们 中的每一个，也不是全部的其他那些，除了是它自身之外。因此，是 〈者〉复又不可置疑地不是无数成千上万的东西，并且〈所有〉其他的， 259b5

ἔστι, καὶ τἆλλα δὴ καθ' ἕκαστον οὕτω καὶ σύμπαντα πολλαχῇ 5
μὲν ἔστι, πολλαχῇ δ' οὐκ ἔστιν.

ΘΕΑΙ. Ἀληθῆ.

ΞΕ. Καὶ ταύταις δὴ ταῖς ἐναντιώσεσιν εἴτε ἀπιστεῖ τις,
σκεπτέον αὐτῷ καὶ λεκτέον βέλτιόν τι τῶν νῦν εἰρημένων·
εἴτε ὥς τι χαλεπὸν κατανενοηκὼς χαίρει τοτὲ μὲν ἐπὶ θάτερα c
τοτὲ δ' ἐπὶ θάτερα τοὺς λόγους ἕλκων, οὐκ ἄξια πολλῆς
σπουδῆς ἐσπούδακεν, ὡς οἱ νῦν λόγοι φασί. τοῦτο μὲν γὰρ
οὔτε τι κομψὸν οὔτε χαλεπὸν εὑρεῖν, ἐκεῖνο δ' ἤδη καὶ χαλεπὸν
ἅμα καὶ καλόν. 5

ΘΕΑΙ. Τὸ ποῖον;

ΞΕ. Ὃ καὶ πρόσθεν εἴρηται, τὸ ταῦτα ἐάσαντα ὡς
† δυνατὰ † τοῖς λεγομένοις οἷόν τ' εἶναι καθ' ἕκαστον
ἐλέγχοντα ἐπακολουθεῖν, ὅταν τέ τις ἕτερον ὂν πῃ ταὐτὸν
εἶναι φῇ καὶ ὅταν ταὐτὸν ὂν ἕτερον, ἐκείνῃ καὶ κατ' ἐκεῖνο d
ὅ φησι τούτων πεπονθέναι πότερον. τὸ δὲ ταὐτὸν ἕτερον
ἀποφαίνειν ἀμῇ γέ πῃ καὶ τὸ θάτερον ταὐτὸν καὶ τὸ μέγα
σμικρὸν καὶ τὸ ὅμοιον ἀνόμοιον, καὶ χαίρειν οὕτω τἀναντία
ἀεὶ προφέροντα ἐν τοῖς λόγοις, οὔτε τις ἔλεγχος οὗτος 5
ἀληθινὸς ἄρτι τε τῶν ὄντων τινὸς ἐφαπτομένου δῆλος
νεογενὴς ὤν.

ΘΕΑΙ. Κομιδῇ μὲν οὖν.

ΞΕ. Καὶ γάρ, ὠγαθέ, τό γε πᾶν ἀπὸ παντὸς ἐπιχειρεῖν
ἀποχωρίζειν ἄλλως τε οὐκ ἐμμελὲς καὶ δὴ καὶ παντάπασιν e
ἀμούσου τινὸς καὶ ἀφιλοσόφου.

ΘΕΑΙ. Τί δή;

ΞΕ. Τελεωτάτη πάντων λόγων ἐστὶν ἀφάνισις τὸ δια-
λύειν ἕκαστον ἀπὸ πάντων· διὰ γὰρ τὴν ἀλλήλων τῶν εἰδῶν 5
συμπλοκὴν ὁ λόγος γέγονεν ἡμῖν.

b 9 σκεπτέον] ἐπισκεπτέον T   c 4 ἤδη καὶ] ἤδη W   c 8 δυνατὰ]
δυνατώτατα Schanz : ἀνήνυτα Badham : δυνατὸν μάλιστα Campbell :
an δέον αὐτὰ ? Apelt   d 2 τούτων T W : τοῦτο B   d 5 προσφέ-
ροντα W   τις om. W   e 4 ἀφάνισίς ἐστι W   e 5 ἀλλήλων]
ἀλλήλοις Baumann

每个和全部虽然都以这种方式在许多方面是〈着〉，但又在许多方面不是〈着〉。

泰阿泰德： 正确。

客人： 并且，如果有人确实不相信这些相反的情形，要么，他就必须进行考察，并且必须说出比现在所说出的那些更好的某种东西来；要 259c1 么，如果他因仿佛看清了某种困难而满足于时而把一些说法拖向一边，时而又把它们拖向另一边[395]，那么他就是在热心那些不值得许多热心的东西，就像〈我们〉现在的说法所宣称的那样。因为，发现这种东西，既非什么机敏，也无什么困难；而现在的那种事情，才是困难的，同时 259c5 也是美好的。

泰阿泰德： 哪种事情？

客人： 也就是前面已经讲过的，即一旦把这些〈相反的情形〉作为对所有人来说都是可能的而予以容许[396]，就能够紧跟那些被说出来的东西[397]——每当有人说尽管它是异，但在某种方式上又是同，以及每 259d1 当〈有人说〉尽管它是同，但〈在某种方式上〉又是异——，通过逐个盘问〈为何〉在那种方式上和根据那种方式两者中的一个遭受了他所说的。但是，表明无论在哪种方式上[398]同都是异，异都是同，大都是小，相似都是不相似，并且满足于总是这样在诸说法中举出各种相反的东 259d5 西，这就不是一种真正的盘问，而显然是某个才刚刚触摸到了诸是者的人的新生儿[399]。

泰阿泰德： 的确如此。

客人： 因为，好人啊，试图把每一东西都同〈其他的〉每一东西相分离，这不仅是特别地不合适的，而且是属于某个极其粗俗和非哲学的 259e1 人的。

泰阿泰德： 究竟为什么？

客人： 把每一东西同所有〈其他的〉东西分开，这是对全部的言说的彻彻底底的消灭；因为，正是通过诸形式的相互联结，言说才对我们 259e5 产生出来了。

ΘΕΑΙ. Ἀληθῆ.

260   ΞΕ. Σκόπει τοίνυν ὡς ἐν καιρῷ νυνδὴ τοῖς τοιού-
τοις διεμαχόμεθα καὶ προσηναγκάζομεν ἐᾶν ἕτερον ἑτέρῳ
μείγνυσθαι.

ΘΕΑΙ. Πρὸς δὴ τί;

5   ΞΕ. Πρὸς τὸ τὸν λόγον ἡμῖν τῶν ὄντων ἕν τι γενῶν
εἶναι. τούτου γὰρ στερηθέντες, τὸ μὲν μέγιστον, φιλοσοφίας
ἂν στερηθεῖμεν· ἔτι δ’ ἐν τῷ παρόντι δεῖ λόγον ἡμᾶς
διομολογήσασθαι τί ποτ’ ἔστιν, εἰ δὲ ἀφηρέθημεν αὐτὸ μηδ’
εἶναι τὸ παράπαν, οὐδὲν ἂν ἔτι που λέγειν οἷοί τ’ ἦμεν.

b   ἀφηρέθημεν δ’ ἄν, εἰ συνεχωρήσαμεν μηδεμίαν εἶναι μεῖξιν
μηδενὶ πρὸς μηδέν.

ΘΕΑΙ. Ὀρθῶς τοῦτό γε· λόγον δὲ δι’ ὅτι νῦν διομολογητέον
οὐκ ἔμαθον.

5   ΞΕ. Ἀλλ’ ἴσως τῇδ’ ἐπόμενος ῥᾷστ’ ἂν μάθοις.

ΘΕΑΙ. Πῇ;

ΞΕ. Τὸ μὲν δὴ μὴ ὂν ἡμῖν ἕν τι τῶν ἄλλων γένος ὂν
ἀνεφάνη, κατὰ πάντα τὰ ὄντα διεσπαρμένον.

ΘΕΑΙ. Οὕτως.

10   ΞΕ. Οὐκοῦν τὸ μετὰ τοῦτο σκεπτέον εἰ δόξῃ τε καὶ λόγῳ
μείγνυται.

ΘΕΑΙ. Τί δή;

c   ΞΕ. Μὴ μειγνυμένου μὲν αὐτοῦ τούτοις ἀναγκαῖον ἀληθῆ
πάντ’ εἶναι, μειγνυμένου δὲ δόξα τε ψευδὴς γίγνεται καὶ
λόγος· τὸ γὰρ τὰ μὴ ὄντα δοξάζειν ἢ λέγειν, τοῦτ’ ἔστι που
τὸ ψεῦδος ἐν διανοίᾳ τε καὶ λόγοις γιγνόμενον.

5   ΘΕΑΙ. Οὕτως.

ΞΕ. Ὄντος δέ γε ψεύδους ἔστιν ἀπάτη.

ΘΕΑΙ. Ναί.

ΞΕ. Καὶ μὴν ἀπάτης οὔσης εἰδώλων τε καὶ εἰκόνων ἤδη
καὶ φαντασίας πάντα ἀνάγκη μεστὰ εἶναι.

a 4 δὴ τί] τί δή W   a 5 τὸν W : om. BT   a 8 αὐτὸ] αὖ
τὸ W   μηδ’] μηδὲν B   b 3 ὁμολογητέον W   b 7 ὂν om. T
b 8 ἐφάνη W

泰阿泰德： 正确。

客人： 因此，请你考虑一下，这是何等的适逢其时啊[400]，我们刚才 260a1 同这样一些人进行战斗，并且我们还迫使〈他们〉允许一个同另一个混合在一起。

泰阿泰德： 究竟为了什么？

客人： 为了这点，那就是，对我们来说，言说是诸是者之家族中的 260a5 某一个。因为，一旦我们被剥夺了这种东西，一方面〈由于它对我们来说是〉最重大的，我们也就会被剥夺了哲学。另一方面，我们在眼下还必须对言说〈就下面这点〉达成一致，即它究竟是什么；但如果我们完全排除它，即它根本不是〈着〉，那么，我们也就肯定不再能够说任何东西。而如果我们同意就任何东西之于另一个东西来说，无任何的混合 260b1 是〈着〉，那么，我们也就把它给排除了。

泰阿泰德： 这肯定〈说得〉正确。但我不明白，为何现在必须对言说达成一致。

客人： 那么，或许以这种方式进行跟随，你就会非常容易明白。 260b5

泰阿泰德： 哪种方式？

客人： 不是〈者〉的确对我们显明为了是其他东西的某一家族，散布在了全部的是〈者〉那儿。

泰阿泰德： 是这样。

客人： 那么在此之后就必须得考察一下，它是否与意见[401]和言说 260b10 混合在一起？

泰阿泰德： 究竟为什么？

客人： 如果它不与这两者混合在一起，那么，必然全部东西都是真 260c1 的；但如果它〈与之〉混合在一起，那么，就会出现假的意见和言说。因为，对诸不是者形成意见或进行言说，这无论如何都是出现在思想和言说中的假象。

泰阿泰德： 是这样。 260c5

客人： 但如果假象是〈着〉，那么，欺骗就肯定是〈着〉。

泰阿泰德： 是的。

客人： 而且如果欺骗是〈着〉，那么，全部东西都必然已经充满了图像、映像和想象[402]。

ΘΕΑΙ. Πῶς γὰρ οὔ;

ΞΕ. Τὸν δέ γε σοφιστὴν ἔφαμεν ἐν τούτῳ που τῷ τόπῳ καταπεφευγέναι μέν, ἔξαρνον δὲ γεγονέναι τὸ παράπαν μηδ' d εἶναι ψεῦδος· τὸ γὰρ μὴ ὂν οὔτε διανοεῖσθαί τινα οὔτε λέγειν· οὐσίας γὰρ οὐδὲν οὐδαμῇ τὸ μὴ ὂν μετέχειν.

ΘΕΑΙ. Ἦν ταῦτα.

ΞΕ. Νῦν δέ γε τοῦτο μὲν ἐφάνη μετέχον τοῦ ὄντος, ὥστε ταύτῃ μὲν ἴσως οὐκ ἂν μάχοιτο ἔτι· τάχα δ' ἂν φαίη τῶν εἰδῶν τὰ μὲν μετέχειν τοῦ μὴ ὄντος, τὰ δ' οὔ, καὶ λόγον δὴ καὶ δόξαν εἶναι τῶν οὐ μετεχόντων, ὥστε τὴν εἰδωλοποιικὴν καὶ φανταστικήν, ἐν ᾗ φαμεν αὐτὸν εἶναι, διαμάχοιτ' ἂν πάλιν ὡς παντάπασιν οὐκ ἔστιν, ἐπειδὴ δόξα e καὶ λόγος οὐ κοινωνεῖ τοῦ μὴ ὄντος· ψεῦδος γὰρ τὸ παράπαν οὐκ εἶναι ταύτης μὴ συνισταμένης τῆς κοινωνίας. διὰ ταῦτ' οὖν λόγον πρῶτον καὶ δόξαν καὶ φαντασίαν διερευνητέον ὅτι ποτ' ἔστιν, ἵνα φανέντων καὶ τὴν κοινωνίαν αὐτῶν τῷ μὴ ὄντι κατίδωμεν, κατιδόντες δὲ τὸ ψεῦδος ὂν ἀποδείξωμεν, 261 ἀποδείξαντες δὲ τὸν σοφιστὴν εἰς αὐτὸ ἐνδήσωμεν, εἴπερ ἔνοχός ἐστιν, ἢ καὶ ἀπολύσαντες ἐν ἄλλῳ γένει ζητῶμεν.

ΘΕΑΙ. Κομιδῇ δέ γε, ὦ ξένε, ἔοικεν ἀληθὲς εἶναι τὸ περὶ τὸν σοφιστὴν κατ' ἀρχὰς λεχθέν, ὅτι δυσθήρευτον εἴη τὸ γένος. φαίνεται γὰρ οὖν προβλημάτων γέμειν, ὧν ἐπειδάν τι προβάλῃ, τοῦτο πρότερον ἀναγκαῖον διαμάχεσθαι πρὶν ἐπ' αὐτὸν ἐκεῖνον ἀφικέσθαι. νῦν γὰρ μόγις μὲν τὸ μὴ ὂν ὡς οὐκ ἔστι προβληθὲν διεπεράσαμεν, ἕτερον δὲ προβέβληται, καὶ δεῖ δὴ ψεῦδος ὡς ἔστι καὶ περὶ λόγον καὶ b περὶ δόξαν ἀποδεῖξαι, καὶ μετὰ τοῦτο ἴσως ἕτερον, καὶ ἔτ' ἄλλο μετ' ἐκεῖνο· καὶ πέρας, ὡς ἔοικεν, οὐδὲν φανήσεταί ποτε.

ΞΕ. Θαρρεῖν, ὦ Θεαίτητε, χρὴ τὸν καὶ σμικρόν τι δυνά- μενον εἰς τὸ πρόσθεν ἀεὶ προϊέναι. τί γὰρ ὅ γ' ἀθυμῶν ἐν

c 11 δέ γε W : δὲ BT   d 9 αὐτὸν] αὐτῶν B   e 2 γὰρ τὸ
TW : τὸ γὰρ B   a 2 αὐτὸ W : αὐτὸν BT   a 4 δέ om. TW
a 7 τοῦτο] τούτῳ W

泰阿泰德： 那还用说？ 260c10

客人： 但我们曾说，智者一方面的确逃到在这个地方中的某处寻求 庇护，另一方面则完完全全坚决否定了[403]任何的虚假是〈着〉；因为， 260d1 一个人既不〈能〉思想也不〈能〉言说不是者，既然不是者绝不会以任 何方式分有所是。

泰阿泰德： 曾是这样。

客人： 然而，现在这种东西[404]实际上已经被显明为分有着是 260d5 〈者〉，因而或许他不会仍然在这方面进行战斗。但他有可能会说，在诸 形式中，一些分有不是〈者〉，一些则不，并且言说和意见恰恰是属于 那些不进行分有的东西，由此一来，就图像创制术和显像术——我们说 他是在其中——，他会再次坚持战斗，〈说〉它们完全不是〈着〉，既然 260e1 意见和言说并不同不是〈者〉结合在一起；因为虚假完全不是〈着〉， 假如这种结合没有被建立起来的话。因此，正由于这些，必须首先探查 言说、意见和显象，〈看看〉它们究竟是什么，以便当它们被显明出来 260e5 后，我们也就可以看清它们同不是〈者〉的结合；而一旦看清楚之后， 261a1 我们就可以证明虚假是〈着〉；而一旦证明了这点，我们就可以把智者 同它捆绑在一起，假如他应该〈于其中〉被捉住的话，要不然我们就得 把他给释放了，而在其他的家族中寻找他。

泰阿泰德： 确实如此，不过，客人啊，最初关于智者所说的看起来 是真的，那就是：该家族似乎是难以捕捉的。因为他确实显得充满了各 261a5 种防御[405]，每当他抛出其中某个，在抵达他本人之前就必然得先行同这 个防御进行坚决战斗。因为，现在我们虽然已经艰难地穿过了被〈他〉 抛出来的〈那个防御〉，即不是者不是〈着〉，但另一个防御又已经被 261b1 〈他〉抛了出来；因而现在就必须证明关于言说以及关于意见的一种虚 假是〈着〉，并且在此之后或许还有其他的，在那之后又还有另外的， 好像永远不会显现出任何终点似的。

客人： 泰阿泰德啊，那能够持续不断地往前走的人——哪怕是一小 261b5 步——，应当有信心。因为，一个在这些事情上就气馁的人，在别的事

τούτοις δράσειεν ἂν ἐν ἄλλοις, ἢ μηδὲν ἐν ἐκείνοις ἀνύτων
ἢ καὶ πάλιν εἰς τοὔπισθεν ἀπωσθείς; σχολῇ που, τὸ κατὰ
c τὴν παροιμίαν λεγόμενον, ὅ γε τοιοῦτος ἄν ποτε ἕλοι πόλιν.
νῦν δ' ἐπεί, ὠγαθέ, τοῦτο ὃ λέγεις διαπεπέρανται, τό τοι
μέγιστον ἡμῖν τεῖχος ᾑρημένον ἂν εἴη, τὰ δ' ἄλλα ἤδη ῥᾴω
καὶ σμικρότερα.

5 ΘΕΑΙ. Καλῶς εἶπες.

ΞΕ. Λόγον δὴ πρῶτον καὶ δόξαν, καθάπερ ἐρρήθη νυνδή,
λάβωμεν, ἵνα ἐναργέστερον ἀπολογισώμεθα πότερον αὐτῶν
ἅπτεται τὸ μὴ ὂν ἢ παντάπασιν ἀληθῆ μέν ἐστιν ἀμφότερα
ταῦτα, ψεῦδος δὲ οὐδέποτε οὐδέτερον.

10 ΘΕΑΙ. Ὀρθῶς.

d ΞΕ. Φέρε δή, καθάπερ περὶ τῶν εἰδῶν καὶ τῶν γραμμάτων
ἐλέγομεν, περὶ τῶν ὀνομάτων πάλιν ὡσαύτως ἐπισκεψώμεθα.
φαίνεται γάρ πῃ ταύτῃ τὸ νῦν ζητούμενον.

ΘΕΑΙ. Τὸ ποῖον οὖν δὴ περὶ τῶν ὀνομάτων ὑπακουστέον;

5 ΞΕ. Εἴτε πάντα ἀλλήλοις συναρμόττει εἴτε μηδέν, εἴτε
τὰ μὲν ἐθέλει, τὰ δὲ μή.

ΘΕΑΙ. Δῆλον τοῦτό γε, ὅτι τὰ μὲν ἐθέλει, τὰ δ' οὔ.

ΞΕ. Τὸ τοιόνδε λέγεις ἴσως, ὅτι τὰ μὲν ἐφεξῆς λεγόμενα
e καὶ δηλοῦντά τι συναρμόττει, τὰ δὲ τῇ συνεχείᾳ μηδὲν
σημαίνοντα ἀναρμοστεῖ.

ΘΕΑΙ. Πῶς τί τοῦτ' εἶπας;

ΞΕ. Ὅπερ ᾠήθην ὑπολαβόντα σε προσομολογεῖν. ἔστι
5 γὰρ ἡμῖν που τῶν τῇ φωνῇ περὶ τὴν οὐσίαν δηλωμάτων
διττὸν γένος.

ΘΕΑΙ. Πῶς;

262 ΞΕ. Τὸ μὲν ὀνόματα, τὸ δὲ ῥήματα κληθέν.

ΘΕΑΙ. Εἰπὲ ἑκάτερον.

---

b 7 ἀνύτω B   c 1 ἄν ποτε B : ἄν ποθ' W : om. T   c 6 καὶ δόξαν
πρῶτον W   c 7 ἀπολογισώμεθα Heindorf : ἀπολογησώμεθα B T
d 1 περὶ B Stobaeus : ἐπὶ T   d 3 φαίνεται B T Stobaeus : φανεῖται
Heindorf   d 5 ξυναρμόττει W : ξυναρμόττειν B T   d 8 ἴσως
B Stobaeus : ὡς T

情上又还会做出什么来呢，要么在那些〈别的〉事情上一无所成，要么
甚至打退堂鼓重新回去？正如谚语所说的那样，这样一种人肯定从未在 261c1
任何时候拔取城池过。而现在，好人啊，既然你说的这种〈防御〉已经
被突破了，那么，我们似乎就真的已经占领了最高的城墙，而其他的那
些此后就是较容易的和较矮小的了。

泰阿泰德：你说得很好。 261c5

客人：那么，首先让我们拾起言说和意见，正如刚才已经说过的
那样，以便我们可以更加清楚明白地估计一下，不是〈者〉附着在它们
〈两者〉身上呢，还是，一方面，它们两者都完全是真的，另一方面，
其中任何一个在任何时候都不会是虚假。

泰阿泰德：正确。 261c10

客人：那就来吧！就像我们关于诸形式和诸字母曾说过的那样，让 261d1
我们再次以同样的方式来考察一下诸语词。因为现在所探寻的东西在某
个地方以这种方式显现出来。

泰阿泰德：那么，关于诸语词究竟必须怎样来进行回答呢？

客人：要么全部的语词都相互拼合在一起；要么全都不；要么一些 261d5
愿意，一些则不愿意。

泰阿泰德：这点肯定是显然的，即一些愿意，一些则不。

客人：你或许是在说下面这样的东西，那就是：那些依次被说并揭
示着某种东西的东西，拼合在一起，而那些在单纯的顺序中[406]无所意 261e1
指的东西，则不拼合在一起。

泰阿泰德：你为何这么说？

客人：我以为的是，你因理解了才进行同意的。因为，对于我们来 261e5
说，那些通过语音对所是进行揭示的东西的家族肯定是两个。

泰阿泰德：如何？

客人：一个被称作各种名词，另一个被称为各种动词[407]。

泰阿泰德：请你说说它俩中的每一个。

ΞΕ. Τὸ μὲν ἐπὶ ταῖς πράξεσιν ὂν δήλωμα ῥῆμά που λέγομεν.

ΘΕΑΙ. Ναί. 5

ΞΕ. Τὸ δέ γ' ἐπ' αὐτοῖς τοῖς ἐκείνας πράττουσι σημεῖον τῆς φωνῆς ἐπιτεθὲν ὄνομα.

ΘΕΑΙ. Κομιδῇ μὲν οὖν.

ΞΕ. Οὐκοῦν ἐξ ὀνομάτων μὲν μόνων συνεχῶς λεγομένων οὐκ ἔστι ποτὲ λόγος, οὐδ' αὖ ῥημάτων χωρὶς ὀνομάτων 10 λεχθέντων.

ΘΕΑΙ. Ταῦτ' οὐκ ἔμαθον.

ΞΕ. Δῆλον γὰρ ὡς πρὸς ἕτερόν τι βλέπων ἄρτι συνωμο- b λόγεις· ἐπεὶ τοῦτ' αὐτὸ ἐβουλόμην εἰπεῖν, ὅτι συνεχῶς ὧδε λεγόμενα ταῦτα οὐκ ἔστι λόγος.

ΘΕΑΙ. Πῶς;

ΞΕ. Οἷον "βαδίζει" "τρέχει" "καθεύδει," καὶ 5 τἆλλα ὅσα πράξεις σημαίνει ῥήματα, κἂν πάντα τις ἐφεξῆς αὔτ' εἴπῃ, λόγον οὐδέν τι μᾶλλον ἀπεργάζεται.

ΘΕΑΙ. Πῶς γάρ;

ΞΕ. Οὐκοῦν καὶ πάλιν ὅταν λέγηται "λέων" "ἔλαφος" "ἵππος," ὅσα τε ὀνόματα τῶν τὰς πράξεις αὖ πραττόντων 10 ὠνομάσθη, καὶ κατὰ ταύτην δὴ τὴν συνέχειαν οὐδείς πω c συνέστη λόγος· οὐδεμίαν γὰρ οὔτε οὕτως οὔτ' ἐκείνως πρᾶξιν οὐδ' ἀπραξίαν οὐδὲ οὐσίαν ὄντος οὐδὲ μὴ ὄντος δηλοῖ τὰ φωνηθέντα, πρὶν ἄν τις τοῖς ὀνόμασι τὰ ῥήματα κεράσῃ. τότε δ' ἥρμοσέν τε καὶ λόγος ἐγένετο εὐθὺς 5 ἡ πρώτη συμπλοκή, σχεδὸν τῶν λόγων ὁ πρῶτός τε καὶ σμικρότατος.

ΘΕΑΙ. Πῶς ἄρ' ὧδε λέγεις;

a 4 λεγόμενον Stobaeus   a 6 αὐτοῖς τοῖς ἐκείνας B Stobaeus: αὐτοῖς τοῖς ἐκείνά γε W (sed γε ex σε factum): αὐτοῖς ἐκεῖνα T: αὖ τοῖς ἐκεῖνα Heindorf   a 9 μόνον W   b 1 ξυνωμολόγεις T Stobaeus: ξυνομολογεῖς B   b 2 ἐπεὶ τοῦτ'] ἔπειτ' οὔτ' T   b 9 ὅταν TW: om. B (sed κἂν pro καὶ b)   b 10 τε] τε ἄλλα W   c 1 ὠνομάσθη T Stobaeus: ὀνομασθῇ B: ὀνομαστί W   c 3 ὄντος post οὐσίαν B Stobaeus: ὄντως T   c 6 τε καὶ W Stobaeus: εἰ καὶ T: καὶ B

客人：一方面，那就各种行为来揭示是〈者〉的东西，我们肯定把它称作动词。

泰阿泰德：是的。 262a5

客人：另一方面，那被用在做那些行为的行为者自己身上的语音之标志，〈是〉名词。

泰阿泰德：的确如此。

客人：因此，言说，它一方面从不会是来自仅仅连续地被说出的各种名词，另一方面，它复又不会是来自缺乏名词而被说出的各种 262a10 动词[408]。

泰阿泰德：我不明白这点。

客人：那么，显然当你刚才表示同意时，你在着眼于另外某种东 262b1 西。因为我想说的恰恰是下面这点，那就是：以下面这种方式连续地被说出来这些〈语词〉，不是言说。

泰阿泰德：何种方式？

客人：例如，"走""跑""躺"，以及其他所有意指行为的动词， 262b5 即使有人连续地把它们全都说出来，〈这些动词〉也丝毫没有更形成任何的言说。

泰阿泰德：那怎么会？

客人：再次，每当说出"狮子""鹿""马"，以及〈其他〉所有那 262b10 些得名于做出各种行为的行为者的名词时，通过这种单纯的顺序也无 262c1 论如何都不联合成一种言说。因为，发出来的那些语音，既不以这种方式，也不以那种方式，揭示是者或不是者之行动，或〈揭示其〉不行动，或〈揭示其〉所是，在某人把一些动词和一些名词混合起来之前。但是，一旦它们配合在一起，最简单的交织就也就立即成为了言说，在 262c5 诸言说中它差不多是最基本的和最小的[409]。

泰阿泰德：你为何这样说呢？

ΞΕ. Ὅταν εἴπῃ τις· "ἄνθρωπος μανθάνει," λόγον
10 εἶναι φῇς τοῦτον ἐλάχιστόν τε καὶ πρῶτον;

d ΘΕΑΙ. Ἔγωγε.

ΞΕ. Δηλοῖ γὰρ ἤδη που τότε περὶ τῶν ὄντων ἢ γιγνο-
μένων ἢ γεγονότων ἢ μελλόντων, καὶ οὐκ ὀνομάζει μόνον
ἀλλά τι περαίνει, συμπλέκων τὰ ῥήματα τοῖς ὀνόμασι. διὸ
5 λέγειν τε αὐτὸν ἀλλ᾽ οὐ μόνον ὀνομάζειν εἴπομεν, καὶ δὴ καὶ
τῷ πλέγματι τούτῳ τὸ ὄνομα ἐφθεγξάμεθα λόγον.

ΘΕΑΙ. Ὀρθῶς.

ΞΕ. Οὕτω δὴ καθάπερ τὰ πράγματα τὰ μὲν ἀλλήλοις
ἥρμοττεν, τὰ δ᾽ οὔ, καὶ περὶ τὰ τῆς φωνῆς αὖ σημεῖα τὰ μὲν
e οὐχ ἁρμόττει, τὰ δὲ ἁρμόττοντα αὐτῶν λόγον ἀπηργάσατο.

ΘΕΑΙ. Παντάπασι μὲν οὖν.

ΞΕ. Ἔτι δὴ σμικρὸν τόδε.

ΘΕΑΙ. Τὸ ποῖον;

5 ΞΕ. Λόγον ἀναγκαῖον, ὅτανπερ ᾖ, τινὸς εἶναι λόγον, μὴ
δὲ τινὸς ἀδύνατον.

ΘΕΑΙ. Οὕτως.

ΞΕ. Οὐκοῦν καὶ ποιόν τινα αὐτὸν εἶναι δεῖ;

ΘΕΑΙ. Πῶς δ᾽ οὔ;

10 ΞΕ. Προσέχωμεν δὴ τὸν νοῦν ἡμῖν αὐτοῖς.

ΘΕΑΙ. Δεῖ γοῦν.

ΞΕ. Λέξω τοίνυν σοι λόγον συνθεὶς πρᾶγμα πράξει
δι᾽ ὀνόματος καὶ ῥήματος· ὅτου δ᾽ ἂν ὁ λόγος ᾖ, σύ μοι
φράζειν.

263 ΘΕΑΙ. Ταῦτ᾽ ἔσται κατὰ δύναμιν.

ΞΕ. "Θεαίτητος κάθηται." μῶν μὴ μακρὸς ὁ λόγος;

d 2 τότε] τὸ W   d 4 περαίνει T W Stobaeus : περαίνει καὶ B :
καὶ περαίνει Hermann   d 5 τε W Stobaeus : τε καὶ B T   εἴπο-
μεν Stobaeus : εἴποιμεν B T   καὶ δὴ καὶ B Stobaeus : καὶ δὴ T
d 6 ἐπεφθεγξάμεθα Stobaeus   d 8 τὰ πράγματα καθάπερ W   τὰ
μὲν T W Stobaeus : μὲν B   d 9 ἁρμόττεῖ W   e 1 λόγον T W Sto-
baeus : om. B   e 3 δὴ om. T   e 8 δεῖ εἶναι W   e 12 πρᾶγμα]
πράγματα W   e 14 φράζε W   a 2 μῶν μὴ B : μὴ T, sed μῶν
suprascripto et μὴ eraso

客人：每当有人说"〈一个〉人学习"时，你会宣称这是最少和最 262c10
基本的言说吗？

泰阿泰德：我肯定会。 262d1

客人：因为他那时关于一些是着的东西，或一些正在生成的东西，
或一些已经生成的东西，或一些将要〈生成〉的东西，肯定有所显明；
并且它不仅仅在进行命名，而且通过一些动词和一些名词的交织而达成
了某种东西 [410]。因此，我们说他在言说，而不是仅仅在命名；而且我们 262d5
把言说这个名字表达给这种编织物。

泰阿泰德：正确。

客人：因此，正如一些事情互相结合在一起，一些则不；同样，在
语音的那些标记那儿，一些不结合在一起，其中一些则通过结合在一起 262e1
而实现了一种言说。

泰阿泰德：完全如此。

客人：但在这儿还有一小点。

泰阿泰德：哪一点？

客人：言说，只要它是言说，都必然是关于某东西的言说；不是关 262e5
于任何东西的言说，这是不可能的。

泰阿泰德：是这样。

客人：那么，它岂不也必然是某种性质的〈言说〉？

泰阿泰德：为何不？

客人：那就让我们把注意力转向我们自己。 262e10

泰阿泰德：无论如何都理应如此。

客人：那现在我将对你说出一个言说，通过借助一个名词和一个动
词而把一件事情同一个行为结合在一起；而你要向我说明 [411]，该言说是
关于什么。

泰阿泰德：好的，尽力。 263a1

客人："泰阿泰德坐着。"该言说肯定不长吧？

ΘΕΑΙ. Οὔκ, ἀλλὰ μέτριος.

ΞΕ. Σὸν ἔργον δὴ φράζειν περὶ οὗ τ' ἐστὶ καὶ ὅτου.

ΘΕΑΙ. Δῆλον ὅτι περὶ ἐμοῦ τε καὶ ἐμός.   5

ΞΕ. Τί δὲ ὅδ' αὖ;

ΘΕΑΙ. Ποῖος;

ΞΕ. " Θεαίτητος, ᾧ νῦν ἐγὼ διαλέγομαι, πέτεται."

ΘΕΑΙ. Καὶ τοῦτον οὐδ' ἂν εἷς ἄλλως εἴποι πλὴν ἐμόν   10
τε καὶ περὶ ἐμοῦ.

ΞΕ. Ποιὸν δέ γέ τινά φαμεν ἀναγκαῖον ἕκαστον εἶναι
τῶν λόγων.

ΘΕΑΙ. Ναί.   b

ΞΕ. Τούτων δὴ ποῖόν τινα ἑκάτερον φατέον εἶναι;

ΘΕΑΙ. Τὸν μὲν ψευδῆ που, τὸν δὲ ἀληθῆ.

ΞΕ. Λέγει δὲ αὐτῶν ὁ μὲν ἀληθὴς τὰ ὄντα ὡς ἔστιν
περὶ σοῦ.   5

ΘΕΑΙ. Τί μήν;

ΞΕ. Ὁ δὲ δὴ ψευδὴς ἕτερα τῶν ὄντων.

ΘΕΑΙ. Ναί.

ΞΕ. Τὰ μὴ ὄντ' ἄρα ὡς ὄντα λέγει.

ΘΕΑΙ. Σχεδόν.   10

ΞΕ. Ὄντων δέ γε ὄντα ἕτερα περὶ σοῦ. πολλὰ μὲν γὰρ
ἔφαμεν ὄντα περὶ ἕκαστον εἶναί που, πολλὰ δὲ οὐκ ὄντα.

ΘΕΑΙ. Κομιδῇ μὲν οὖν.

ΞΕ. Ὃν ὕστερον δὴ λόγον εἴρηκα περὶ σοῦ, πρῶτον μέν,   c
ἐξ ὧν ὡρισάμεθα τί ποτ' ἔστι λόγος, ἀναγκαιότατον αὐτὸν
ἕνα τῶν βραχυτάτων εἶναι.

ΘΕΑΙ. Νυνδὴ γοῦν ταύτῃ συνωμολογήσαμεν.

ΞΕ. Ἔπειτα δέ γε τινός.   5

ΘΕΑΙ. Οὕτως.

ΞΕ. Εἰ δὲ μὴ ἔστιν σός, οὐκ ἄλλου γε οὐδενός.

a 10 τε] τ' εἶναι B W   b 4 αὐτῶν] αὐτῷ B   b 11 ὄντων Cor-
narius: ὄντως B T   b 12 ὄντα ἔφαμεν W   c 5 δέ γε B: λέγε T
c 7 γε T W: τε B

泰阿泰德：不长，而是适中的。

客人：那么你的任务在于说明它是关于什么的以及是〈属于〉哪个的。

泰阿泰德：显然，它是关于我的以及是〈属于〉我的。 263a5

客人：但下面这个〈言说〉又如何呢？

泰阿泰德：哪个？

客人："泰阿泰德"——我现在正与之交谈——，"在飞。"

泰阿泰德：就这句言说，也无人会说任何其他的，除了说是〈属 263a10 于〉我的以及关于我之外。

客人：但我们宣称，〈这两个〉言说中的每一个无论如何都必然是某种性质的〈言说〉。

泰阿泰德：是的。

客人：那必须得说出它们中的每个是何种性质吗？

泰阿泰德：一个肯定是假的，另一个则是真的。

客人：而其中那个真的〈言说〉，关于你在说一些如其是那样是着 263b5 的东西。

泰阿泰德：那还用说？

客人：而那个假的〈言说〉，〈关于你〉则在说一些异于是着的东西的东西。

泰阿泰德：是的。

客人：因此，它把一些不是着的东西说成是着。

泰阿泰德：差不多。 263b10

客人：而关于你它们肯定都是一些异于是着的东西的东西。因为我们曾在某处宣称，关于每个东西一则许多东西是着，一则许多东西不是着[412]。

泰阿泰德：的确如此。

客人：于是，就我关于你已经说出的后一个言说，首先，基于我们 263c1 对言说究竟是什么所规定的那些，它最为必然地是各种最短的〈言说〉中的一个。

泰阿泰德：无论如何我们刚才曾就此达成了一致。

客人：其次，它肯定是〈属于〉某个东西的。 263c5

泰阿泰德：是这样。

客人：而如果它不是〈属于〉你的，那它就肯定不是〈属于〉其他任何一个东西的。

ΘΕΑΙ. Πῶς γάρ;

ΞΕ. Μηδενὸς ⟨δέ⟩ γε ὢν οὐδ' ἂν λόγος εἴη τὸ παράπαν·
10 ἀπεφήναμεν γὰρ ὅτι τῶν ἀδυνάτων ἦν λόγον ὄντα μηδενὸς
εἶναι λόγον.

ΘΕΑΙ. Ὀρθότατα.

d ΞΕ. Περὶ δὴ σοῦ λεγόμενα, ⟨λεγόμενα⟩ μέντοι θάτερα
ὡς τὰ αὐτὰ καὶ μὴ ὄντα ὡς ὄντα, παντάπασιν [ὡς] ἔοικεν ἡ
τοιαύτη σύνθεσις ἔκ τε ῥημάτων γιγνομένη καὶ ὀνομάτων
ὄντως τε καὶ ἀληθῶς γίγνεσθαι λόγος ψευδής.

5 ΘΕΑΙ. Ἀληθέστατα μὲν οὖν.

ΞΕ. Τί δὲ δή; διάνοιά τε καὶ δόξα καὶ φαντασία, μῶν
οὐκ ἤδη δῆλον ὅτι ταῦτά γε ψευδῆ τε καὶ ἀληθῆ πάνθ' ἡμῶν
ἐν ταῖς ψυχαῖς ἐγγίγνεται;

ΘΕΑΙ. Πῶς;

10 ΞΕ. Ὧδ' εἴσῃ ῥᾷον, ἂν πρῶτον λάβῃς αὐτὰ τί ποτ' ἔστιν
e καὶ τί διαφέρουσιν ἕκαστα ἀλλήλων.

ΘΕΑΙ. Δίδου μόνον.

ΞΕ. Οὐκοῦν διάνοια μὲν καὶ λόγος ταὐτόν· πλὴν ὁ μὲν
ἐντὸς τῆς ψυχῆς πρὸς αὑτὴν διάλογος ἄνευ φωνῆς γιγνόμενος
5 τοῦτ' αὐτὸ ἡμῖν ἐπωνομάσθη, διάνοια;

ΘΕΑΙ. Πάνυ μὲν οὖν.

ΞΕ. Τὸ δέ γ' ἀπ' ἐκείνης ῥεῦμα διὰ τοῦ στόματος ἰὸν
μετὰ φθόγγου κέκληται λόγος;

ΘΕΑΙ. Ἀληθῆ.

10 ΞΕ. Καὶ μὴν ἐν λόγοις γε αὖ ἴσμεν ἐνὸν—

ΘΕΑΙ. Τὸ ποῖον;

ΞΕ. Φάσιν τε καὶ ἀπόφασιν.

ΘΕΑΙ. Ἴσμεν.

c 9 δέ add. Heindorf   c 10 ἀπεφηνάμην T   d 1 λεγόμενα
add. Badham   d 2 ὡς om. W   ἐν τοιαύτῃ συνθέσει ῥημάτων W
d 7 γε Stobaeus: γένη T: τὰ γένη B   d 10 αὐτὰ W Stobaeus:
om. B T   e 1 διαφέρονθ' Schanz   e 5 ἐπωνομάσθη W Stobaeus:
ἐπωνομάσθαι B: ἐπωνομάσθαι T   e 7 δέ γ'] δ' Stobaeus   e 10 γε
αὖ Stobaeus: γε αὐτὸ W: αὐτὸ B T   ἴσμεν B T: οἷς μὲν Stobaeus
ἐνὸν Stobaeus: ὂν B T

泰阿泰德：那还用说？

客人：但如果它不是〈属于〉任何一个东西的[413]，那它就全然不会是一种言说。因为我们已经显明，一方面是一种言说，一方面却不是〈对〉任何东西的言说，这属于不可能的事情。 263c10

泰阿泰德：非常正确。

客人：于是，关于你的一些东西虽然被说了，然而一些异的东西被说成同的东西[414]，一些不是着的东西被说成是着的东西，那么，产生自动词和名词的这样一种联结，似乎就在是的方式上和真的〈方式上〉完全变成了一种假的言说。 263d1

泰阿泰德：的确极其真的〈变成了一种假的言说〉。 263d5

客人：但然后呢？就思想、意见和想象而言，下面这点岂不已经是显而易见的，那就是：在我们灵魂中的所有这些东西，肯定既能生成为真的，也能生成为假的？

泰阿泰德：为何？

客人：以这样一种方式你就会比较容易看清，如果你首先取得它们究竟是什么，以及它们各自彼此之间有何不同。 263d10 263e1

泰阿泰德：只好请你〈将之〉提供出来。

客人：思想和言说岂不是同一个东西，除了下面这点之外，那就是，灵魂在内里同它自己进行的无声的对话，这种东西恰恰被我们叫作：思想[415]？ 263e5

泰阿泰德：的确如此。

客人：但从灵魂出发通过嘴而带有声音的那种气流，则被称为了一种言说[416]？

泰阿泰德：正确。

客人：而且我们肯定还看到了这种东西是在诸言说中[417]。 263e10

泰阿泰德：哪种东西？

客人：肯定和否定。

泰阿泰德：我们看到了。

ΞΕ. Ὅταν οὖν τοῦτο ἐν ψυχῇ κατὰ διάνοιαν ἐγγίγνηται 264
μετὰ σιγῆς, πλὴν δόξης ἔχεις ὅτι προσείπῃς αὐτό;

ΘΕΑΙ. Καὶ πῶς;

ΞΕ. Τί δ᾽ ὅταν μὴ καθ᾽ αὑτὸ ἀλλὰ δι᾽ αἰσθήσεως παρῇ
τινι, τὸ τοιοῦτον αὖ πάθος ἆρ᾽ οἷόν τε ὀρθῶς εἰπεῖν ἕτερόν 5
τι πλὴν φαντασίαν;

ΘΕΑΙ. Οὐδέν.

ΞΕ. Οὐκοῦν ἐπείπερ λόγος ἀληθὴς ἦν καὶ ψευδής, τού-
των δ᾽ ἐφάνη διάνοια μὲν αὐτῆς πρὸς ἑαυτὴν ψυχῆς διάλογος,
δόξα δὲ διανοίας ἀποτελεύτησις, " φαίνεται " δὲ ὃ λέγομεν b
σύμμειξις αἰσθήσεως καὶ δόξης, ἀνάγκη δὴ καὶ τούτων τῷ
λόγῳ συγγενῶν ὄντων ψευδῆ [τε] αὐτῶν ἔνια καὶ ἐνίοτε εἶναι.

ΘΕΑΙ. Πῶς δ᾽ οὔ;

ΞΕ. Κατανοεῖς οὖν ὅτι πρότερον ηὑρέθη ψευδὴς δόξα 5
καὶ λόγος ἢ κατὰ τὴν προσδοκίαν ἣν ἐφοβήθημεν ἄρτι, μὴ
παντάπασιν ἀνήνυτον ἔργον ἐπιβαλλοίμεθα ζητοῦντες αὐτό;

ΘΕΑΙ. Κατανοῶ.

ΞΕ. Μὴ τοίνυν μηδ᾽ εἰς τὰ λοιπὰ ἀθυμῶμεν. ἐπειδὴ
γὰρ πέφανται ταῦτα, τῶν ἔμπροσθεν ἀναμνησθῶμεν κατ᾽ c
εἴδη διαιρέσεων.

ΘΕΑΙ. Ποίων δή;

ΞΕ. Διειλόμεθα τῆς εἰδωλοποιικῆς εἴδη δύο, τὴν μὲν
εἰκαστικήν, τὴν δὲ φανταστικήν. 5

ΘΕΑΙ. Ναί.

ΞΕ. Καὶ τὸν σοφιστὴν εἴπομεν ὡς ἀποροῖμεν εἰς ὁποτέραν
θήσομεν.

ΘΕΑΙ. Ἦν ταῦτα.

ΞΕ. Καὶ τοῦθ᾽ ἡμῶν ἀπορουμένων ἔτι μείζων κατεχύθη 10
σκοτοδινία, φανέντος τοῦ λόγου τοῦ πᾶσιν ἀμφισβητοῦντος

a 4 ὅταν] ὅταν δόξα Stobaeus   καθ᾽ αὑτὸ Stobaeus : καθ᾽ αὑτὴν Β Τ
ἀλλὰ] ἀλλ᾽ ἢ W   a 5 ἆρ᾽ om. Stobaeus   a 8 ὁ ante λόγος W
a 9 ψυχῆς] τῆς ψυχῆς W   b 1 φαίνεσθαι Stobaeus   b 2 τῷ λόγῳ]
τῶν λόγων Stobaeus   b 3 τε secl. Heindorf : γε Schanz   b 5 πρό-
τερον] πραότερον Τ Stobaeus   c 10 μείζω Β

客人：因此，每当这根据思想而缄默地发生在灵魂中时，除了判断 [418] 264a1 之外，你还能把它称为〈别的〉什么吗？

泰阿泰德：那怎么可能？

客人：但是，每当它不是在其自身地，而是通过一种感觉于某人那儿在场时，复又能够正确地把这样一种情状称作别的什么东西吗，除了 264a5 想象之外 [419]？

泰阿泰德：没有〈别的〉。

客人：因此，既然言说向来既可能是真的，也可能是假的，在这些〈言说过程〉中思想表现为灵魂同它自己的对话，判断则表现为思想的 264b1 结果 [420]，而我们称之为"〈某个东西〉显像出来"的那种东西则是感觉和判断的一种混合，那么，由于这些事情都与言说是同类的，故必然它们中有些在有的时候就是假的。

泰阿泰德：为何不？

客人：那么，你注意到下面这点没有，那就是：假的判断和言说已 264b5 经比按照预期的那样 [421] 提前被发现了，我们刚才还在担心该预期，当我们探寻它们时，我们完全在从事 [422] 一件无止境的任务？

泰阿泰德：我注意到了。

客人：因此，让我们不要对剩下的东西气馁。因为，既然这些事 264c1 情已经显明了，那么，让我们回忆一下在前面根据诸形式而来的那些划分 [423]。

泰阿泰德：究竟哪样一些划分？

客人：我们曾把图像创制术分成两种形式，一则是仿像术，一则是 264c5 显像术。

泰阿泰德：是的。

客人：并且就智者我们曾说，我们对下面这点感到困惑，即我们将把他置于两者的哪一个中。

泰阿泰德：曾是这样。

客人：而就在我们为此感到困惑时，一个还要大得多的晕眩又降临 264c10 了，因为一种言说显得在反驳〈提到的〉所有〈那些〉，〈它说〉影像、

ὡς οὔτε εἰκὼν οὔτε εἴδωλον οὔτε φάντασμ' εἴη τὸ παράπαν

d οὐδὲν διὰ τὸ μηδαμῶς μηδέποτε μηδαμοῦ ψεῦδος εἶναι.

ΘΕΑΙ. Λέγεις ἀληθῆ.

ΞΕ. Νῦν δέ γ' ἐπειδὴ πέφανται μὲν λόγος, πέφανται δ' οὖσα δόξα ψευδής, ἐγχωρεῖ δὴ μιμήματα τῶν ὄντων εἶναι

5 καὶ τέχνην ἐκ ταύτης γίγνεσθαι τῆς διαθέσεως ἀπατητικήν.

ΘΕΑΙ. Ἐγχωρεῖ.

ΞΕ. Καὶ μὴν ὅτι γ' ἦν ὁ σοφιστὴς τούτων πότερον, διωμολογημένον ἡμῖν ἐν τοῖς πρόσθεν ἦν.

ΘΕΑΙ. Ναί.

10 ΞΕ. Πάλιν τοίνυν ἐπιχειρῶμεν, σχίζοντες διχῇ τὸ

e προτεθὲν γένος, πορεύεσθαι κατὰ τοὐπὶ δεξιὰ ἀεὶ μέρος τοῦ τμηθέντος, ἐχόμενοι τῆς τοῦ σοφιστοῦ κοινωνίας, ἕως ἂν αὐτοῦ τὰ κοινὰ πάντα περιελόντες, τὴν οἰκείαν λιπόντες

265 φύσιν ἐπιδείξωμεν μάλιστα μὲν ἡμῖν αὐτοῖς, ἔπειτα καὶ τοῖς ἐγγυτάτω γένει τῆς τοιαύτης μεθόδου πεφυκόσιν.

ΘΕΑΙ. Ὀρθῶς.

ΞΕ. Οὐκοῦν τότε μὲν ἠρχόμεθα ποιητικὴν καὶ κτητικὴν

5 τέχνην διαιρούμενοι;

ΘΕΑΙ. Ναί.

ΞΕ. Καὶ τῆς κτητικῆς ἐν θηρευτικῇ καὶ ἀγωνίᾳ καὶ ἐμπορικῇ καί τισιν ἐν τοιούτοις εἴδεσιν ἐφαντάζεθ' ἡμῖν;

ΘΕΑΙ. Πάνυ μὲν οὖν.

10 ΞΕ. Νῦν δέ γ' ἐπειδὴ μιμητικὴ περιείληφεν αὐτὸν τέχνη, δῆλον ὡς αὐτὴν τὴν ποιητικὴν δίχα διαιρετέον πρώτην.

b ἡ γάρ που μίμησις ποίησίς τίς ἐστιν, εἰδώλων μέντοι, φαμέν, ἀλλ' οὐκ αὐτῶν ἑκάστων· ἦ γάρ;

ΘΕΑΙ. Παντάπασι μὲν οὖν.

ΞΕ. Ποιητικῆς δὴ πρῶτον δύ' ἔστω μέρη.

5 ΘΕΑΙ. Ποίω;

ΞΕ. Τὸ μὲν θεῖον, τὸ δ' ἀνθρώπινον.

d 4 ψευδεῖς T   δὴ om. W   d 7 ὅτι γ'] ὅτ' W   e 3 οἰκείαν] ἴδιον οἰκείαν T   a 1 ἔπειτα] ἔπειτα δὲ T   a 7 ἐν ἀγωνίᾳ W
a 8 ἐν ἐμπορικῇ T W   b 1 εἴδωλον T   b 4 ἔστω δύο Stobaeus

图像以及显象，都完全不会是着，因为虚假在任何方式上、任何时候、264d1
任何场合都绝不是着。

泰阿泰德： 你说得对。

客人： 但现在，既然一则已经显明假的言说是着，一则显明了假的
判断是着，因而也就肯定容许了诸是者的各种模仿品是着，以及从这样 264d5
一种状况中产生出一种欺骗性的技艺。

泰阿泰德： 容许了。

客人： 而且在前面的〈各种讨论〉中，我们其实已经同意了智者是
属于这〈两者〉[424] 中的某一个的。

泰阿泰德： 是的。

客人： 因此，让我们再次尝试一下，通过把前面〈已经提出来〉的 264d10
那个家族进行二分，总是沿着被切分出来的东西在右边的那个部分往前 264e1
走，紧紧抓住 [425] 智者的那个团体不放，直到剥去他〈和其他人〉所共有
的全部东西；当留下〈其〉固有的本性之后，让我们展示它，最主要是 265a1
对我们自己，然后也对那些生来在家族上最为接近这样一种方法的人。

泰阿泰德： 正确。

客人： 我们当时岂不通过这样来开始，即划分出进行创制的技艺和 265a5
进行获取的技艺？

泰阿泰德： 是的。

客人： 并且在获取术中，他对我们显现在了猎取术、竞技术、贸易
术以及诸如此类的形式中。

泰阿泰德： 确实如此。

客人： 但现在，既然模仿的技艺已经围住了他，那么，显然首先必 265a10
须被二分的就是创制术，因为模仿无论如何都是一种创制，只不过，我 265b1
们说它是对诸图像的创制，而不是对各个事物本身的创制；是这样吗？

泰阿泰德： 完全如此。

客人： 首先，创制术应当是两个部分。

泰阿泰德： 哪两个部分？ 265b5

客人： 一个部分是属神的，一个部分是属人的。

ΘΕΑΙ. Οὔπω μεμάθηκα.

ΞΕ. Ποιητικήν, εἴπερ μεμνήμεθα τὰ κατ᾽ ἀρχὰς λεχθέντα, πᾶσαν ἔφαμεν εἶναι δύναμιν ἥτις ἂν αἰτία γίγνηται τοῖς μὴ πρότερον οὖσιν ὕστερον γίγνεσθαι. 10

ΘΕΑΙ. Μεμνήμεθα.

ΞΕ. Ζῷα δὴ πάντα θνητά, καὶ δὴ καὶ φυτὰ ὅσα τ᾽ ἐπὶ c γῆς ἐκ σπερμάτων καὶ ῥιζῶν φύεται, καὶ ὅσα ἄψυχα ἐν γῇ συνίσταται σώματα τηκτὰ καὶ ἄτηκτα, μῶν ἄλλου τινὸς ἢ θεοῦ δημιουργοῦντος φήσομεν ὕστερον γίγνεσθαι πρότερον οὐκ ὄντα; ἢ τῷ τῶν πολλῶν δόγματι καὶ ῥήματι χρώμενοι— 5

ΘΕΑΙ. Ποίῳ τῳ;

ΞΕ. Τὴν φύσιν αὐτὰ γεννᾶν ἀπό τινος αἰτίας αὐτομάτης καὶ ἄνευ διανοίας φυούσης, ἢ μετὰ λόγου τε καὶ ἐπιστήμης θείας ἀπὸ θεοῦ γιγνομένης;

ΘΕΑΙ. Ἐγὼ μὲν ἴσως διὰ τὴν ἡλικίαν πολλάκις ἀμφό- d τερα μεταδοξάζω· νῦν μὴν βλέπων εἰς σὲ καὶ ὑπολαμβάνων οἴεσθαί σε κατά γε θεὸν αὐτὰ γίγνεσθαι, ταύτῃ καὶ αὐτὸς νενόμικα.

ΞΕ. Καλῶς γε, ὦ Θεαίτητε. καὶ εἰ μέν γέ σε ἡγούμεθα 5 τῶν εἰς τὸν ἔπειτ᾽ ⟨ἂν⟩ χρόνον ἄλλως πως δοξαζόντων εἶναι, νῦν ἂν τῷ λόγῳ μετὰ πειθοῦς ἀναγκαίας ἐπεχειροῦμεν ποιεῖν ὁμολογεῖν· ἐπειδὴ δέ σου καταμανθάνω τὴν φύσιν, ὅτι καὶ ἄνευ τῶν παρ᾽ ἡμῶν λόγων αὐτὴ πρόσεισιν ἐφ᾽ ἅπερ νῦν e ἕλκεσθαι φής, ἐάσω· χρόνος γὰρ ἐκ περιττοῦ γίγνοιτ᾽ ἄν. ἀλλὰ θήσω τὰ μὲν φύσει λεγόμενα ποιεῖσθαι θείᾳ τέχνῃ, τὰ δ᾽ ἐκ τούτων ὑπ᾽ ἀνθρώπων συνιστάμενα ἀνθρωπίνῃ, καὶ κατὰ τοῦτον δὴ τὸν λόγον δύο ποιητικῆς γένη, τὸ μὲν 5 ἀνθρώπινον εἶναι, τὸ δὲ θεῖον.

b 11 μεμάθηκα Stobaeus   c 1 δὴ καὶ W Stobaeus: om. BT
c 2 ἐκ γῆς ἐν γῇ Stobaeus   c 3 τικτὰ καὶ ἄτικτα B   c 5 τῷ τῶν]
τῶν Stobaeus   καὶ ῥήματι om. Stobaeus   c 6 ποίῳ τῳ Hermann:
ποίῳ τῷ BT: ποιητῶν Stobaeus: Ποίῳ; ΞΕ. Τῷ vulg.   d 2 μὴν
b: μὴ BT: μὲν Stobaeus   d 3 γε om. W Stobaeus   d 5 γε
om. Stobaeus   d 6 ἂν addidi   δοξασόντων Baumann   e 1 αὐτὴ
W: αὕτη B: αυτη T: αὐτῇ Stobaeus   ἅπερ] ἃ Stobaeus

泰阿泰德：我还是没有懂。

客人：如果我们记起了开始时所说的，〈就会发现〉我们曾说，一些先前并不是着的东西后来才生成出来，那成为其原因的每一种能力，265b10 就是创制的〈能力〉。

泰阿泰德：我们记起来了。

客人：一切有死的动物，以及在大地上从各种种子和根系生长出来 265c1 的植物，还有在大地上组成的所有无生命的形体——无论是可溶解还是和不可溶解——，难道我们将说，当不同于神的某种其他的东西进行作工后，〈所有这些〉先前并不是着的东西后来才生成出来？或者我们采 265c5 用多数人的见解和说法……

泰阿泰德：哪种？

客人：〈这种见解和说法认为〉自然从某种自发的且无思想地进行生成的原因中生成出它们；或者，〈该原因〉带有理性 [426] 和产生自神的神圣的知识？

泰阿泰德：然而我，或许由于年纪的原因而经常在这两种意见中来 265d1 回摇摆；但现在，当我看着你并且料想你会认为它们肯定凭借神意 [427] 才生成出来时，我本人也承认了这种〈看法〉。

客人：〈说得〉很好，泰阿泰德！并且如果我们认为你是属于那些 265d5 在以后的时间里会以某种其他的方式 [428] 持有意见的人 [429]，那么，我们现在就会试着凭借带有必然的说服力的言说来使你同意。但是，既然我很清楚你的本性，那就是，即使没有来自我们的那些言说，它自己也会 265e1 前往你现在说你被拽往的那些事情，所以我将放弃〈那样做〉，因为那样时间会变得过于冗长 [430]。然而，我将把那些被说成因自然而〈是着〉的东西设定为被属神的技艺所造成，而把那些被人从这些东西中组成的东西〈设定为〉被属人的技艺〈所造成〉；并且依照这种说法，两个家 265e5 族属于创制术，一个是属人的，一个则是属神的。

ΘΕΑΙ. Ὀρθῶς.

ΞΕ. Τέμνε δὴ δυοῖν οὔσαιν δίχα ἑκατέραν αὖθις.

ΘΕΑΙ. Πῶς;

266 ΞΕ. Οἷον τότε μὲν κατὰ πλάτος τέμνων τὴν ποιητικὴν πᾶσαν, νῦν δὲ αὖ κατὰ μῆκος.

ΘΕΑΙ. Τετμήσθω.

ΞΕ. Τέτταρα μὴν αὐτῆς οὕτω τὰ πάντα μέρη γίγνεται,
5 δύο μὲν τὰ πρὸς ἡμῶν, ἀνθρώπεια, δύο δ᾽ αὖ τὰ πρὸς θεῶν, θεῖα.

ΘΕΑΙ. Ναί.

ΞΕ. Τὰ δέ γ᾽ ὡς ἑτέρως αὖ διῃρημένα, μέρος μὲν ἐν ἀφ᾽ ἑκατέρας τῆς μερίδος αὐτοποιητικόν, τὼ δ᾽ ὑπολοίπω
10 σχεδὸν μάλιστ᾽ ἂν λεγοίσθην εἰδωλοποιικώ· καὶ κατὰ ταῦτα δὴ πάλιν ἡ ποιητικὴ διχῇ διαιρεῖται.

b ΘΕΑΙ. Λέγε ὅπῃ ἑκατέρα αὖθις.

ΞΕ. Ἡμεῖς μέν που καὶ τἆλλα ζῷα καὶ ἐξ ὧν τὰ πεφυκότ᾽ ἐστίν, πῦρ καὶ ὕδωρ καὶ τὰ τούτων ἀδελφά, θεοῦ γεννήματα πάντα ἴσμεν αὐτὰ ἀπειργασμένα ἕκαστα· ἢ πῶς;
5 ΘΕΑΙ. Οὕτως.

ΞΕ. Τούτων δέ γε ἑκάστων εἴδωλα ἀλλ᾽ οὐκ αὐτὰ παρέπεται, δαιμονίᾳ καὶ ταῦτα μηχανῇ γεγονότα.

ΘΕΑΙ. Ποῖα;

ΞΕ. Τά τε ἐν τοῖς ὕπνοις καὶ ὅσα μεθ᾽ ἡμέραν φαντάσ-
10 ματα αὐτοφυῆ λέγεται, σκιὰ μὲν ὅταν ἐν τῷ πυρὶ σκότος
c ἐγγίγνηται, διπλοῦν δὲ ἡνίκ᾽ ἂν φῶς οἰκεῖόν τε καὶ ἀλλότριον περὶ τὰ λαμπρὰ καὶ λεῖα εἰς ἓν συνελθὸν τῆς ἔμπροσθεν εἰωθυίας ὄψεως ἐναντίαν αἴσθησιν παρέχον εἶδος ἀπεργά-ζηται.
5 ΘΕΑΙ. Δύο γὰρ οὖν ἐστι ταῦτα θείας ἔργα ποιήσεως, αὐτό τε καὶ τὸ παρακολουθοῦν εἴδωλον ἑκάστῳ.

e 8 αὖθις] αὐτοῖς T sed θις in marg.   a 4 τὰ πάντα T : πάντα W : τὰ B   a 8 αὖ T : δύο B W   a 9 αὖ τὸ ποιητικόν T W   a 10 μά-λιστα (om. ἂν) B   b 1 ὅπῃ] ὅποι B T : ὁποῖ᾽ W   ἑκάτερα B   b 9 φάσματ᾽ W   c 1 ἡνίκα (om. ἂν) T   c 3 παρασχὸν T

泰阿泰德：〈说得〉正确。

客人：既然两个〈家族〉是着[431]，现在就请你再次把它们各自进行二分。

泰阿泰德：如何〈分〉？

客人：就像你那时曾横向地划分了全部的创制术那样，现在复又纵 266a1 向地这么做。

泰阿泰德：就让它这样被划分。

客人：不过这样一来，它的所有部分就变成了四个；两个在我们这 266a5 边，适合于人的，而另外两个在诸神那边，属神的。

泰阿泰德：是的。

客人：而当它们复又以另一种方式被划分时，从两者中的每一个部分那儿〈又划分出〉一个部分，即创制事物本身的，而两个剩下的〈部 266a10 分〉[432]差不多都完全可以被称作创制图像的。并且按照这样创制术再次被二分。

泰阿泰德：请你再次说说两者各自如何〈被二分〉。 266b1

客人：我们和其他动物，以及那些由之一些东西才自然而然产生出来的东西，〈如〉火、水以及这类东西的那些兄弟姊妹们，我们知道全都是神的产物，每个都是被〈他〉成就出来的东西本身；或者又如何？

泰阿泰德：就是这样。 266b5

客人：而每个这种东西的图像，都不是〈这种东西〉本身，而是伴随着〈它们〉，并且它们也因神一样的技巧而产生出来了。

泰阿泰德：哪些？

客人：在睡眠中以及所有那些在大白天被称作自生出来的显影，〈而那些在大白天的显影〉，它们是一种阴影，一则每当在火中出现了黑 266b10 暗时，一则每当双重的光——自己的和他者的——因在光洁且平滑的那 266c1 些东西上汇聚成一，通过提供出同以前已经习惯的视觉相反的感觉而产生出一种形象时。

泰阿泰德：那么，在属神的创制中两种这样的产物的确是〈着〉[433]， 266c5 即〈事物〉本身以及紧跟着每个〈事物〉的图像。

ΞΕ. Τί δὲ τὴν ἡμετέραν τέχνην; ἆρ' οὐκ αὐτὴν μὲν οἰκίαν οἰκοδομικῇ φήσομεν ποιεῖν, γραφικῇ δέ τιν' ἑτέραν, οἷον ὄναρ ἀνθρώπινον ἐγρηγορόσιν ἀπειργασμένην;

ΘΕΑΙ. Πάνυ μὲν οὖν.

d

ΞΕ. Οὐκοῦν καὶ τἆλλα οὕτω κατὰ δύο διττὰ ἔργα τῆς ἡμετέρας αὖ ποιητικῆς πράξεως, τὸ μὲν αὐτό, φαμέν, [αὐτουργική], τὸ δὲ εἴδωλον [εἰδωλοποιική].

ΘΕΑΙ. Νῦν μᾶλλον ἔμαθον, καὶ τίθημι δύο διχῇ ποιητικῆς 5 εἴδει· θείαν μὲν καὶ ἀνθρωπίνην κατὰ θάτερον τμῆμα, κατὰ δὲ θάτερον τὸ μὲν αὐτῶν ὄν, τὸ δὲ ὁμοιωμάτων τινῶν γέννημα.

ΞΕ. Τῆς τοίνυν εἰδωλουργικῆς ἀναμνησθῶμεν ὅτι τὸ μὲν εἰκαστικόν, τὸ δὲ φανταστικὸν ἔμελλεν εἶναι γένος, εἰ τὸ ψεῦδος ὄντως ὂν ψεῦδος καὶ τῶν ὄντων ἕν τι φανείη πεφυκός. e

ΘΕΑΙ. Ἦν γὰρ οὖν.

ΞΕ. Οὐκοῦν ἐφάνη τε καὶ διὰ ταῦτα δὴ καταριθμήσομεν αὐτὼ νῦν ἀναμφισβητήτως εἴδη δύο;

ΘΕΑΙ. Ναί.

5

ΞΕ. Τὸ τοίνυν φανταστικὸν αὖθις διορίζωμεν δίχα. 267

ΘΕΑΙ. Πῇ;

ΞΕ. Τὸ μὲν δι' ὀργάνων γιγνόμενον, τὸ δὲ αὐτοῦ παρέχοντος ἑαυτὸν ὄργανον τοῦ ποιοῦντος τὸ φάντασμα.

ΘΕΑΙ. Πῶς φής;

5

ΞΕ. Ὅταν οἶμαι τὸ σὸν σχῆμά τις τῷ ἑαυτοῦ χρώμενος σώματι προσόμοιον ἢ φωνὴν φωνῇ φαίνεσθαι ποιῇ, μίμησις τοῦτο τῆς φανταστικῆς μάλιστα κέκληταί που.

ΘΕΑΙ. Ναί.

ΞΕ. Μιμητικὸν δὴ τοῦτο αὐτῆς προσειπόντες ἀπονειμώ- 10 μεθα· τὸ δ' ἄλλο πᾶν ἀφῶμεν μαλακισθέντες καὶ παρέντες ἑτέρῳ συναγαγεῖν τε εἰς ἓν καὶ πρέπουσαν ἐπωνυμίαν b ἀποδοῦναί τιν' αὐτῷ.

d 2 κατά] καὶ τὰ Β   d 4 αὐτουργική et mox εἰδωλοποιική secl. Apelt   d 6 θείαν ... ἀνθρωπίνην Heindorf: θεία . . . ἀνθρωπίνη Β : θεία . . . ἀνθρωπίνη Τ   e 4 αὐτὼ] αὐτῷ Β Τ   a 10 ἀπονειμώ- μεθα W : ἀπονειμόμεθα Β Τ

客人：而我们的技艺又如何呢？我们岂不会说，一方面它凭借建筑术而造了一栋房子本身，另一方面又凭借绘画术而造了另外一栋〈房子〉，就像为那些已经醒来的人造就了一个属人的梦似的？

泰阿泰德：确实如此。　266d1

客人：因此，这样一来我们那进行创制的行动的其他产物复又是成双成对的；一则是〈事物〉本身，我们说，创制真实事物的技艺[434]〈创制出它〉，一则是图像，创制图像的技艺〈创制出它〉[435]。

泰阿泰德：现在我更为明白些了，并且我以双重的方式来确定创　266d5
制术的两种形式：按照一种切分，有属神的〈创制术〉和属人的〈创制术〉；而按照另一种切分，一个是〈事物〉本身的〈产生〉，另一个则是某些相像的东西的产生。

客人：那么让我们回忆一下，在图像创制术中，一个曾将是仿像性的家族，另一个则曾将是显像性的家族，如果虚假在是的方式上是虚假　266e1
并且生来就显现为那些是着的东西中的某一个的话。

泰阿泰德：确实曾是这样。

客人：它[436]岂不已经显现出来了，并且正由于这点我们现在将无可争辩地把它们两者算作两种形式？

泰阿泰德：是的。　266e5

客人：那么，让我们再次把进行显像的〈家族〉分成两个部分。　267a1

泰阿泰德：以何种方式？

客人：一个部分通过各种工具而产生，一个部分则通过下面这样产生出来，那就是创制显象的人自己把他自己提供为工具。

泰阿泰德：你为何这么说？　267a5

客人：我认为，每当有人通过运用他自己的身体或声音来使得你的形态或声音显得〈同他自己的〉非常相似，显像术的这个〈部分〉肯定尤其被称为了模仿。

泰阿泰德：是的。

客人：那就让我们通过把它的这个〈部分〉称作模仿性的而将之归　267a10
给我们自己[437]；而所有其他的，就让我们通过变得懦弱而将之放到一边[438]，听任其他某个人将之聚合成一，并为它赋予一个相适合的名字。　267b1

ΘΕΑΙ. Νενεμήσθω, τὸ δὲ μεθείσθω.

ΞΕ. Καὶ μὴν καὶ τοῦτο ἔτι διπλοῦν, ὦ Θεαίτητε, ἄξιον
5 ἡγεῖσθαι· δι’ ἃ δέ, σκόπει.

ΘΕΑΙ. Λέγε.

ΞΕ. Τῶν μιμουμένων οἱ μὲν εἰδότες ὃ μιμοῦνται τοῦτο
πράττουσιν, οἱ δ’ οὐκ εἰδότες. καίτοι τίνα μείζω διαίρεσιν
ἀγνωσίας τε καὶ γνώσεως θήσομεν;

10 ΘΕΑΙ. Οὐδεμίαν.

ΞΕ. Οὐκοῦν τό γε ἄρτι λεχθὲν εἰδότων ἦν μίμημα; τὸ
γὰρ σὸν σχῆμα καὶ σὲ γιγνώσκων ἄν τις μιμήσαιτο.

c ΘΕΑΙ. Πῶς δ’ οὔ;

ΞΕ. Τί δὲ δικαιοσύνης τὸ σχῆμα καὶ ὅλης συλλήβδην
ἀρετῆς; ἆρ’ οὐκ ἀγνοοῦντες μέν, δοξάζοντες δέ πῃ, σφόδρα
ἐπιχειροῦσιν πολλοὶ τὸ δοκοῦν σφίσιν τοῦτο ὡς ἐνὸν αὑτοῖς
5 προθυμεῖσθαι φαίνεσθαι ποιεῖν, ὅτι μάλιστα ἔργοις τε καὶ
λόγοις μιμούμενοι;

ΘΕΑΙ. Καὶ πάνυ γε πολλοί.

ΞΕ. Μῶν οὖν πάντες ἀποτυγχάνουσι τοῦ δοκεῖν εἶναι
δίκαιοι μηδαμῶς ὄντες; ἢ τούτου πᾶν τοὐναντίον;

10 ΘΕΑΙ. Πᾶν.

d ΞΕ. Μιμητὴν δὴ τοῦτόν γε ἕτερον ἐκείνου λεκτέον οἶμαι,
τὸν ἀγνοοῦντα τοῦ γιγνώσκοντος.

ΘΕΑΙ. Ναί.

ΞΕ. Πόθεν οὖν ὄνομα ἑκατέρῳ τις αὐτῶν λήψεται
5 πρέπον; ἢ δῆλον δὴ χαλεπὸν ὄν, διότι τῆς τῶν γενῶν κατ’
εἴδη διαιρέσεως παλαιά τις, ὡς ἔοικεν, ἀργία τοῖς ἔμπροσθεν
καὶ ἀσύννους παρῆν, ὥστε μηδ’ ἐπιχειρεῖν μηδένα διαιρεῖσθαι·
καθὸ δὴ τῶν ὀνομάτων ἀνάγκη μὴ σφόδρα εὐπορεῖν. ὅμως
δέ, κἂν εἰ τολμηρότερον εἰρῆσθαι, διαγνώσεως ἕνεκα τὴν
e μὲν μετὰ δόξης μίμησιν δοξομιμητικὴν προσείπωμεν, τὴν δὲ
μετ’ ἐπιστήμης ἱστορικήν τινα μίμησιν.

泰阿泰德：就让一个〈部分〉被占有，另一个〈部分〉被放弃吧。

客人：而且这个〈部分〉仍然值得被视为是双重的，泰阿泰德啊。
但为何如此，请你考虑一下。 267b5

泰阿泰德：你只管说。

客人：在那些进行模仿的人中间，一些人做这件事时，他们知道他
们所模仿的东西，而一些人则不知道。然而，我们还将确定出比不认识
和认识〈之间的区分〉更大的某种区分吗？

泰阿泰德：绝对没有。 267b10

客人：那么刚才所说的那种模仿一向是属于知道者们的吗？因为那
认识你的形态以及你的某个人才会模仿你。

泰阿泰德：那还用说？ 267c1

客人：但正义之形态，以及概而言之整个德性的形态又是什么呢？
岂不有许多的人，虽然他们并不认识它，而只是在某种方式上对之持有
意见，却热衷于尝试〈做下面这件事，那就是〉：渴望使得那看起来如
此的东西显现出来，仿佛它是内在于他们自己身上似的，尤其通过在各 267c5
种行动和各种言辞上进行模仿？

泰阿泰德：确实有非常多的人。

客人：那么，难道他们全都失败于看起来是正义的吗，既然他们根
本不是正义的？或者，完全与这相反？

泰阿泰德：完全〈相反〉。 267c10

客人：那么我认为，必须得说这种模仿者不同于那种〈模仿者〉， 267d1
即不认识者不同于认识者。

泰阿泰德：是的。

客人：那么，一个人将从何处为他俩中的每一个取来合适的名称
呢？或者，这显然是困难的，因为，就按照诸形式而来的家族之划分， 267d5
如看起来的那样，在以前的那些人那里曾有着一个古老的且考虑不周的
懒散，以至于无人尝试过进行一种划分；因此，必然不会有着极其丰富
的名称[439]。然而，即使说出来有些大胆，但为了分别，让我们仍然把在 267e1
意见中间的模仿称为意见模仿术，而把在知识中间的模仿称为一种知识
性的模仿[440]。

ΘΕΑΙ. Ἔστω.

ΞΕ. Θατέρῳ τοίνυν χρηστέον· ὁ γὰρ σοφιστὴς οὐκ ἐν τοῖς εἰδόσιν ἦν ἀλλ᾽ ἐν τοῖς μιμουμένοις δή. 5

ΘΕΑΙ. Καὶ μάλα.

ΞΕ. Τὸν δοξομιμητὴν δὴ σκοπώμεθα ὥσπερ σίδηρον, εἴτε ὑγιὴς εἴτε διπλόην ἔτ᾽ ἔχων τινά ἐστιν ἐν αὐτῷ.

ΘΕΑΙ. Σκοπῶμεν.

ΞΕ. Ἔχει τοίνυν καὶ μάλα συχνήν. ὁ μὲν γὰρ εὐήθης 10 αὐτῶν ἐστιν, οἰόμενος εἰδέναι ταῦτα ἃ δοξάζει· τὸ δὲ 268 θατέρου σχῆμα διὰ τὴν ἐν τοῖς λόγοις κυλίνδησιν ἔχει πολλὴν ὑποψίαν καὶ φόβον ὡς ἀγνοεῖ ταῦτα ἃ πρὸς τοὺς ἄλλους ὡς εἰδὼς ἐσχημάτισται.

ΘΕΑΙ. Πάνυ μὲν οὖν ἔστιν ἑκατέρου γένος ὧν εἴρηκας. 5

ΞΕ. Οὐκοῦν τὸν μὲν ἁπλοῦν μιμητήν τινα, τὸν δὲ εἰρωνικὸν μιμητὴν θήσομεν;

ΘΕΑΙ. Εἰκὸς γοῦν.

ΞΕ. Τούτου δ᾽ αὖ τὸ γένος ἓν ἢ δύο φῶμεν;

ΘΕΑΙ. Ὅρα σύ. 10

ΞΕ. Σκοπῶ, καί μοι διττὼ καταφαίνεσθόν τινε· τὸν b μὲν δημοσίᾳ τε καὶ μακροῖς λόγοις πρὸς πλήθη δυνατὸν εἰρωνεύεσθαι καθορῶ, τὸν δὲ ἰδίᾳ τε καὶ βραχέσι λόγοις ἀναγκάζοντα τὸν προσδιαλεγόμενον ἐναντιολογεῖν αὐτὸν αὐτῷ. 5

ΘΕΑΙ. Λέγεις ὀρθότατα.

ΞΕ. Τίνα οὖν ἀποφαινώμεθα τὸν μακρολογώτερον εἶναι; πότερα πολιτικὸν ἢ δημολογικόν;

ΘΕΑΙ. Δημολογικόν.

ΞΕ. Τί δὲ τὸν ἕτερον ἐροῦμεν; σοφὸν ἢ σοφιστικόν; 10

ΘΕΑΙ. Τὸ μέν που σοφὸν ἀδύνατον, ἐπείπερ οὐκ εἰδότα αὐτὸν ἔθεμεν· μιμητὴς δ᾽ ὢν τοῦ σοφοῦ δῆλον ὅτι παρω- c

泰阿泰德：就让它这样吧。

客人：因此必须得使用另外一个〈名称〉；因为智者一向不是在那些知道者中，而确实是在那些进行模仿的人中。 267e5

泰阿泰德：肯定。

客人：那么，就让我们考察一下意见模仿者，好像他是一块铁似的，〈看看〉他是完好无损的呢，还是在自己那里仍然有着某种裂隙。

泰阿泰德：就让我们来考察一下。

客人：他确实有〈裂隙〉，甚至还非常长。因为，他们中的一类人是 267e10 心地单纯的，认为他知道他对之持有意见的那些东西；而另一类人的形象 268a1 〈是这样〉：由于在各种言说中摸爬滚打而对下面这点怀有许多的怀疑和恐惧，那就是，他并不认识他在其他人面前已经假装成知道的那些东西[441]。

泰阿泰德：〈意见模仿者〉的确是属于你所说的这两个家族中的每 268a5 一个的[442]。

客人：那么，我们岂不将把一个确定为某种单纯的模仿者，而将把另一个确定为假装的模仿者？

泰阿泰德：至少是有可能的。

客人：但这后一个的家族，我们复又说是一个还是两个？

泰阿泰德：你自己看吧。 268a10

客人：我正在考虑，并且某一对〈家族〉对我显露了出来。我看清 268b1 楚了，一个是能够在公共场合用各种长篇大论于大众面前进行假装的，一个则是在私下场合用各种简短的言说迫使〈与之〉交谈的人自己同自己相矛盾的。

泰阿泰德：你说得非常正确。 268b5

客人：那么，我们会把那比较长篇大论的人显明为是谁呢？是一位政治家呢，还是一位公共演说家？

泰阿泰德：一位公共演说家。

客人：但我们将把另一种人说成什么呢？一位智慧的人，还是一位 268b10 精通智者术的人？

泰阿泰德：一方面〈说他是〉一位智慧的人，这肯定不可能，既然我们已经把他确定为了一个不知道者。另一方面，如果〈说他〉是智 268c1

νύμιον αὐτοῦ τι λήψεται, καὶ σχεδὸν ἤδη μεμάθηκα ὅτι
τοῦτον δεῖ προσειπεῖν ἀληθῶς αὐτὸν ἐκεῖνον τὸν παντάπασιν
ὄντως σοφιστήν.

5   ΞΕ. Οὐκοῦν συνδήσομεν αὐτοῦ, καθάπερ ἔμπροσθεν,
τοὔνομα συμπλέξαντες ἀπὸ τελευτῆς ἐπ' ἀρχήν;

ΘΕΑΙ. Πάνυ μὲν οὖν.

ΞΕ. Τὸ δὴ τῆς ἐναντιοποιολογικῆς εἰρωνικοῦ μέρους
τῆς δοξαστικῆς μιμητικόν, τοῦ φανταστικοῦ γένους ἀπὸ τῆς
d εἰδωλοποιικῆς οὐ θεῖον ἀλλ' ἀνθρωπικὸν τῆς ποιήσεως
ἀφωρισμένον ἐν λόγοις τὸ θαυματοποιικὸν μόριον, "ταύτης
τῆς γενεᾶς τε καὶ αἵματος" ὃς ἂν φῇ τὸν ὄντως σοφιστὴν
εἶναι, τἀληθέστατα, ὡς ἔοικεν, ἐρεῖ.

5   ΘΕΑΙ. Παντάπασι μὲν οὖν.

c 3 τὸν] τὸ W   c 8 τὸ Schleiermacher: τὸν B T   d 2 θαυ-
ματοποιικὸν W : θαυμαστοποιηκὸν B : θαυμαστοποιικὸν T

慧的人的一个模仿者，那么显然他将取得他自己的某种〈从智慧的人那儿〉衍生而来的名字；并且我差不多已经弄明白了下面这点，即应当真的称把他就称为这种人，即完完全全在是的方式上是着的智者。

客人：那么，我们岂不要把他的名字捆绑在一起，就像前面那 268c5
样[443]，通过把它从终点到起点编织在一起?

泰阿泰德：确实要。

客人：那么，〈对于〉那个能够进行模仿的[444]——他〈具有〉意见
术的那个假装的部分中的制造矛盾的技艺，他属于从图像制造术而来的
那个能够制造显象的家族，他被限定在了创制术中那个不属神的，而属 268d1
人的部分中——而这个部分在各种言说中是从事变戏法的——，那会说
智者在是的方式上是属于"这个家系和血统"[445]的人，如看起来的那样，
他将说出了最真实的东西。

泰阿泰德：完全如此。 268d5

注　释

1　参见《泰阿泰德》（210d3-4）：ἕωθεν δέ, ὦ Θεόδωρε, δεῦρο πάλιν ἀπαντῶμεν.
［不过忒俄多洛斯啊，〈明天〉清晨让我们再次到这儿碰面。］

2　副词 κοσμίως 的本义是"规规矩矩地""有秩序地"，这里基于文义将之译为
"老老实实地"。

3　τόνδε τινὰ ξένον ἄγομεν［我们在这里还带来了一位客人］，也可以译为"我们
还带来了这儿的这位客人"。τόνδε 是 ὅδε 的阳性单数宾格；ὅδε 除了是指示代
词之外，还常作表地点或时间的副词使用，但与所修饰的名词同样变格。

4　希腊文方括号中的复数属格 ἑταίρων［伙伴］，伯内特和法国布德本希腊文均
认为是窜入，新校勘的牛津古典本希腊文直接将之删除，从之。

5　μάλα ἄνδρα φιλόσοφον［一位非常有哲学家气质的人］，当然也可以译为"一
位非常热爱智慧的人"。

6　忒俄多洛斯（Θεόδωρος），来自希腊北非殖民地库瑞涅（Κυρήνη，也译为
"昔兰尼"）的一位几何学家；根据柏拉图在《泰阿泰德》中的相关记载，他
证明了 3 到 17（不包括 17）的非平方数的根是无理数。第欧根尼·拉尔修在
《名哲言行录》（3.6）中说，在苏格拉底死后，柏拉图本人曾去库瑞涅拜访
过他。

7　参见荷马《奥德修斯》（17.485-487）：καί τε θεοὶ ξείνοισιν ἐοικότες ἀλλοδαποῖσι,
παντοῖοι τελέθοντες, ἐπιστρωφῶσι πόληας, ἀνθρώπων ὕβριν τε καὶ εὐνομίην
ἐφορῶντες.［诸神有可能像一些异乡的客人，变成各种样子，出没于各个城
邦，观察人的侮慢和守法。］以及（9. 270-271）：Ζεὺς δ' ἐπιτιμήτωρ ἱκετάων
τε ξείνων τε, ξείνιος.［宙斯，祈求者和异乡人的复仇者，是客人的保护神。］

8　τοῖς ἀνθρώποις ὁπόσοι μετέχουσιν αἰδοῦς δικαίας［对于所有那些分得一种理
应的羞耻心的人来说］是一个整体。μετέχουσιν 是动词 μετέχω［分得 / 有份
儿］的现在时分词主动态阳性复数与格，修饰和限定阳性名词复数与格 τοῖς

ἀνθρώποις［人］；而该动词要求属格作宾语，所以后面出现的是单数属格 αἰδοῦς δικαίας［理应的羞耻心／正当的羞耻心／恰当的羞耻心］。

9　οὐχ ἥκιστα［尤其是／尤其］是词组，副词 ἥκιστα 的本义是"最少""最小"。

10　τὸν ξένιον... θεόν［异乡人的那位保护神］，即宙斯。此外，Ζεὺς ξένιος 是固定用语，意思是"客人的保护神宙斯"或"异乡人的保护神宙斯"。

11　συνοπαδὸν γιγνόμενον［通过成为〈他们的〉陪伴者］，也可以简单译为"通过陪伴着〈他们〉"。

12　τάχα 是形容词 ταχύς［快的／迅速的］的副词，但 τάχ' ἄν 是固定搭配，意思是"或许""大概""有可能"。

13　τις... τῶν κρειττόνων［那些更强有力者中的一位］。τῶν κρειττόνων［更强有力者］，既可以指神，也可以指那些作为半神的英雄。

14　ἐν τοῖς λόγοις［在诸言说方面］。我在这里权且把 λόγος 译为"言说"，当然也可以将之译为"讨论""道理"等；另一种可选择的做法就是直接将之音译为"逻各斯"。

15　参见《泰阿泰德》（145c2）：Οὐχ οὗτος ὁ τρόπος Θεοδώρου.［这不是忒俄多洛斯的风格。］

16　在希腊化时期，柏拉图本人就获得了 ὁ θεῖος Πλάτων［像神一样的柏拉图／神圣的柏拉图］这一称号，而将亚里士多德称作 ὁ δαιμόνιος Ἀριστοτέλης［精灵般的亚里士多德］。

17　τοῦτο... τὸ γένος... διακρίνειν［区分开这个家族］，在这里也可以译为"辨识这个家族"。γένος 源于动词 γένω／γίγνομαι［出生／产生／形成］，具有"家族""后代""种族"等意思，后来亚里士多德在逻辑学上明确将它同 εἶδος［种］区分开，用它意指"属"。在本书中我统一将之译为"家族"，而没有译为"属"；如果将之译为"属"，也应注意该词的原初意义。新柏拉图主义者珀尔菲琉斯（Porphyrius）在其《导论》（Isagoge）的 Περὶ γένους［论属］一节中曾这样总结了 γένος［属］这一概念：γένος γὰρ λέγεται καὶ ἡ τινῶν ἐχόντων πως πρὸς ἕν τι καὶ πρὸς ἀλλήλους ἄθροισις, ... λέγεται δὲ καὶ ἄλλως πάλιν γένος ἡ ἑκάστου τῆς γενέσεως ἀρχὴ εἴτε ἀπὸ τοῦ τεκόντος εἴτε ἀπὸ τοῦ τόπου ἐν ᾧ τις γέγονεν. ... καὶ πρότερόν γε ὠνομάσθη γένος ἡ ἑκάστου τῆς γενέσεως ἀρχή, μετὰ δὲ ταῦτα καὶ τὸ πλῆθος τῶν ἀπὸ μιᾶς ἀρχῆς, ... ἄλλως δὲ πάλιν γένος λέγεται, ᾧ ὑποτάσσεται τὸ εἶδος, καθ' ὁμοιότητα ἴσως τούτων εἰρημένον · καὶ γὰρ ἀρχή τίς ἐστι τὸ τοιοῦτο γένος τῶν ὑφ' ἑαυτὸ καὶ δοκεῖ καὶ τὸ πλῆθος περιέχειν πᾶν τὸ ὑφ' ἑαυτό. Τριχῶς οὖν τοῦ γένους λεγομένου περὶ τοῦ τρίτου παρὰ τοῖς φιλοσόφοις ὁ λόγος.［所谓属，指那些与某一东西有关系以及彼此间有关系的东西的聚

集。……此外，在另一种意义上，所谓属，指每个人出生的根源，即要么来自祖先，要么来自其降生地。……首先，每个人出生的根源被称作属；其次，那些源于同一根源的许多人被称作属。……再次，在另一种意义上，所谓属，指种位于其下的那种东西，之所以这么讲或许是源于与前面两者的相似。因为属似乎是那位于其下的东西的某种根源，并且包含着所有位于其下的各种东西。因此，属被以三种方式加以言说，而哲学家们所考虑的是第三种。]

18 ὡς ἔπος εἰπεῖν［几乎可以说］是固定表达，此外它还具有"总之一句话""一言以蔽之"等意思。该表达相当于德语的 sozusagen；在拉丁语中，相应的表达是 paene dixerim［我几乎会说］，ut ita dicam［以至于我会这样说］。

19 διὰ τὴν τῶν ἄλλων ἄγνοιαν［由于其他人的无知］，似乎也可以直接意译为"由于众人的无知"。

20 参见荷马《奥德修斯》（17.486）。

21 ὄντως［真正的 / 实实在在的］是由 εἰμί / εἶναι 的分词变来的副词，等于 τῷ ὄντι, ὡς ἀληθῶς 等；如果要强调其词源上的联系，可译为"以是的方式是着的""在是的方式上是着的"。

22 方括号中的希腊文 τίμιοι［贵重的 / 受尊敬的］，伯内特认为可能是窜入，但法国布德本希腊文和新校勘的牛津古典本希腊文均直接保留了它，从之。

23 δόξα［意见 / 看法 / 判断］，基于文义，这里将之译为"印象"。

24 παντάπασιν ἔχοντες μανικῶς［他们完完全全是一群疯子］，这是意译；字面意思是"他们完全处在一种发疯的状态"或"他们完完全全是在发疯"。动词ἔχω 加副词，等于 εἰμί 加相应的形容词；此外，ἔχω 同副词连用，表"处于某种状态""是某种样子"。

25 εἰ φίλον αὐτῷ［如果这对他来说是合适的话］，也可以译为"如果这合他的意的话"。

26 ταῦθ' 即 ταῦτα，是中性复数宾格，指事情，而不指人。

27 τρία καὶ τὰ γένη διαιρούμενοι［也通过区分出三个家族］，其中的 τρία καὶ τὰ γένη，新校勘的牛津古典本希腊文作 τρία καὶ γένη，从之。

28 希腊文方括号中的 γένος［家族 / 属］，伯内特认为有可能是窜入；而法国布德本希腊文和新校勘的牛津古典本希腊文均直接保留了它，从之。

29 οὐδείς... φθόνος αὐτῷ διελθεῖν αὐτά［他不会吝惜细说它们］，也可以简单译为"他愿意细说它们"。φθόνος οὐδείς 是词组，本义是"不嫉妒""不吝惜"，转义为"愿意"，跟不定式，所以后面出现的是不定式 διελθεῖν αὐτά［细说它们］。参见《斐洞》（61d9-10）：ἃ μὲν οὖν τυγχάνω ἀκηκοὼς φθόνος οὐδεὶς λέγειν［但哪怕是我碰巧听到的，我也愿意把它们讲出来］。

30 ἀπαρνηθεὶς γένῃ［你不要变成一位坚决的拒绝者］，当然也可以简单译为"你不要坚决拒绝"。

31 αὐτὸς ἐπὶ σαυτοῦ［独白式地］，字面意思是"自己对你自己"。

32 参见《泰阿泰德》（183e5–184a1）：Παρμενίδης δέ μοι φαίνεται, τὸ τοῦ Ὁμήρου, "αἰδοῖός τέ μοι" εἶναι ἅμα "δεινός τε". συμπροσέμειξα γὰρ δὴ τῷ ἀνδρὶ πάνυ νέος πάνυ πρεσβύτῃ, καί μοι ἐφάνη βάθος τι ἔχειν παντάπασι γενναῖον.［巴门尼德对我显得，用荷马的话来说，"对我来说既可敬"同时又是"可畏的"。因为我曾经同这个人交往过，那时我还很年轻，而他已经完全老了，并且向我表现出了具有某种极其高贵的深度。］

33 ἀλύπως τε καὶ εὐηνίως προσδιαλεγομένῳ［在进行交谈时不是一碰就痛而是容易引导的］，这是意译。ἀλύπως 是形容词 ἄλυπος［不受痛苦的／不引起痛苦的］派生而来的副词，而 εὐηνίως 则是形容词 εὐήνιος［驯服的／容易约束的／容易教的／容易引导的］派生而来的副词；因此，这句话的字面意思是"不引起痛苦地和容易引导地进行交谈"。

34 τὸ πρὸς ἄλλον... τὸ καθ' αὐτόν［彼此对谈〈来阐述道理〉……独自〈阐述道理〉］，之所以这样补充翻译，因为 τὸ πρὸς ἄλλον 和 τὸ καθ' αὐτόν 均省略了διεξιέναι τοὺς λόγους［阐述道理／详细叙述道理］。此外，单就 τὸ πρὸς ἄλλον，也可以译为"和他人一起讨论〈来阐述道理〉"或"交替地说〈来阐述道理〉"。

35 ἔξεστι... ἐκλέξασθαι［能够选择］是一个整体。无人称动词 ἔξεστι［能够／可以］跟不定式。

36 参见《泰阿泰德》（161b2–4）：οὐ δυσμενῶς οὐδὲ μαχητικῶς ἀλλ' ἵλεῳ τῇ διανοίᾳ συγκαθεὶς ὡς ἀληθῶς σκέψῃ τί ποτε λέγομεν.［你将既不怀有敌意地，也不好斗地，而是通过带着亲切的意图附耳倾听来真正检查我们究竟在说什么。］

37 τῶν ἄλλων εἴ τις［其他人中任何一位］是一个整体，大致等于 εἴ τις ἄλλος 或 ὅστις ἄλλος。

38 σοι κατὰ νοῦν 是一整体，意思是"按照你的意愿""合你心意地"；单就 κατὰ νοῦν 来说，意思是"如愿"。

39 αἰδώς τίς μ' ἔχει［我有点羞愧］，这句话的字面意思是"某种羞愧抓住了我"，主语是 αἰδώς τις［某种羞愧］。

40 πρὸς ἕτερον［同另一个人〈对谈〉］，这是意译；字面意思是"冲着他人"，即"对另外的人说并和他一道说"。

41 τῷ ὄντι［事实上／真正地／确实地］是固定表达，等于 ὄντως 或 ὡς ἀληθῶς。

42 τυγχάνει... ὄν 在这里是一个整体，意思是"要求""需要"，跟属格，所以这里出现的是单数属格 λόγου παμμήκους [一个极长的发言]。

43 ἄλλως τε καί 是固定搭配，意思是 "尤其" "特别是"。

44 Δρᾶ [请你做吧！] 伯内特本、法国布德本以及新校勘的牛津古典本希腊文均作动词 Δρᾶ，而不是如坎贝尔（L. Campbell）等主张的那样，作疑问词 Ἆρα。

45 ἤδη 在这里的意思不是 "已经"，而是 "此后" "从现在起"。

46 ἀπερεῖν 是动词 ἀπερῶ / ἀπερέω 的不定式。ἀπερῶ 即 ἀπεῖπον，意思是 "否认" "拒绝" "放弃"。

47 参见《泰阿泰德》（147c7-d1）：{ΘΕΑΙ.} Ῥᾴδιον, ὦ Σώκρατες, νῦν γε οὕτω φαίνεται· ἀτὰρ κινδυνεύεις ἐρωτᾶν οἷον καὶ αὐτοῖς ἡμῖν ἔναγχος εἰσῆλθε διαλεγομένοις, ἐμοί τε καὶ τῷ σῷ ὁμωνύμῳ τούτῳ Σωκράτει. [泰阿泰德：苏格拉底啊，像这样的话，那现在肯定就显得容易了！况且你可能在问那类问题，它不久前也就发生在进行讨论的我们自己身上，即发生在我和这位与你同名的苏格拉底身上。]

48 ᾧ συνδιαπονεῖν μετ᾽ ἐμοῦ τὰ πολλὰ οὐκ ἄηθες. [对他来说，同我一道共同致力于许多事情，这不是不寻常的。] 动词 συνδιαπονέω 的本义是 "一起工作"，这里基于文义将之译为 "共同致力于"。另外，这样翻译，是将 τὰ πολλά 视为动词不定式 συνδιαπονεῖν [一起工作 / 共同致力于] 的宾语；另一种理解则是把 τὰ πολλά 视为副词，其意思是 "通常" "多半"，于是，整个这句话就当译为："对他来说，同我一道共同工作，这通常不是不寻常的。"

49 οὐκ ἄηθες [不是不寻常的]，当然也可以转译为 "是习以为常的"。

50 παντὸς... μᾶλλον [务必] 是固定表达，意思是 "必定" "务必"，字面意思是 "比一切都更"。

51 φῦλον [族类] 和 γένος [家族 / 属] 是同义词。γένος [家族 / 属] 源于动词 γένω / γίγνομαι [出生 / 产生 / 形成]；而 φῦλον [族类] 则来自动词 φύω [出生 / 产生 / 生长]，与 φύσις [自然 / 本性] 是同源词。

52 καὶ πάλαι [甚至很久以前]，καί 在这里不是连词，而是表强调。

53 νῷν οὕτω συμβουλεύω [我对我俩这样加以建议]。νῷν 是 ἐγώ [我] 的双数与格，故译为 "我俩"。

54 ἔχεις εἰπεῖν [你能够说出] 是一个整体；动词 ἔχω 跟不定式，表 "能够……"。

55 留意 μέθοδος [方法] 和 ὁδός [道路] 之间的词源联系。μέθοδος 由 μετά [依赖 / 凭借 / 跟随] 和 ὁδός [道路] 构成；现代西语中的 Methode（德文）或 method（英文），均源自该词的拉丁字母转写。

56 περί τινος τῶν φαύλων μετιόντες [探寻某个普通的东西]，字面意思是 "探寻

那些普通东西中的某个"。περί... μετιόντες 是一个整体，意思是"探寻""寻
找"。动词 μέτειμι 由于词源的区别，有两方面的意思：（1）"在……当中""参
与""分有"（词干为 εἰμί [是]），要求与格作宾语。（2）"从……中间走
过""跟随""追求""寻找"（词干为 εἶμι [来 / 去]），而固定搭配 μέτειμι
περί τινος 的意思就是"寻找某物""探究某物"。

57 παράδειγμα [例子 / 范型 / 范例] 来自动词 παραδείκνυμι [并排展示 / 相比
较 / 相对照]，本义是拿来做比较的东西；现代西方哲学中，库恩提出的
paradigm（范式）就来自这个词。

58 λόγον δὲ μηδενὸς ἐλάττονα ἔχον τῶν μειζόνων [但它在言说上并不比那些更重
大东西中的任何一个更差]，也可以完全按字面意思译为"但它并不比那些
更重大的东西中的任何一个有更差的言说"。此外，单就 ἔλασσον ἔχειν 而言
是词组，意思就是"更差"。

59 φέρε δή 是一个整体，等于 ἄγε δή。φέρω 本是动词，表"携带""带到"等，
用命令式时，可当副词用，意味"来吧""来呀"；其字面意思是"你这就
来吧"。

60 动词 ἄρχω [开始] 要求属格，所以这里出现的是属格 αὐτοῦ [他]。如果把
αὐτοῦ 理解为中性单数属格，那么，这句话也可以译"让我们这样开始这
件事"。

61 περὶ τὸ θνητὸν πᾶν σῶμα θεραπεία [对有死的每一有形者的照料]，单就这
句话也可以译为"对全部有死的形体的照料"；这里有意不把 σῶμα 译为
"身体"。

62 尖括号中的希腊文 ἃ，是伯内特根据文义补充上去的，新校勘的牛津古典本
希腊文同样如此；而法国布德本希腊文直接加上了该词。

63 εἰς τοῦτο [为了这点]，即"为了进行创制"，也可以译为"前往这点"。

64 εἶδος [形式]，鉴于前面没有把 γένος 译为"属"，这里也不把 εἶδος 译为
"种"，而径直译为"形式"。

65 δημιουργεῖ [为众人做工]，有意按字面意思翻译；该词由 δῆμος [民众] 和
ἔργω [劳作] 构成，意思就是"为众人做工"，即生产日常公共生活中所需
要的东西。此外，在宽泛的意义上该词也具有"创制"的意思。

66 τὰ μὲν... τὰ δέ [一些……一些]，在这里也可以译为"要么……要么"。另外，
之所以这样补充翻译，因为动词 ἐπιτρέπω [允许] 跟不定式，同时要求允许
的对象用与格，故前面出现的是复数与格 τοῖς χειρουμένοις [那些要弄到手的
人]，并且这里省略了不定式 χειροῦσθαι αὐτά [把它们弄到手]。

67 μάλιστ' ἄν που διὰ ταῦτα συνάπαντα τὰ μέρη τέχνῃ τις κτητικὴ λεχθεῖσα ἂν

διαπρέψειεν［因此，就这整个部分，当说出某种能够进行获取的技艺时，也许是最为合适的。］这句话也可以简单译为：因此，某种能够进行获取的技艺也许最为适合被用来称呼这整个部分。（1）διὰ ταῦτα 是词组，意思是"由此""因此"。（2）τέχνη τις κτητικὴ λεχθεῖσα［当说出某种能够进行获取的技艺时］，字面意思是"当某种能够进行获取的技艺被说出时"；此外，τέχνη τις κτητική［某种能够进行获取的技艺］，也可以简单译为"某种获取术"。（3）διαπρέψειεν 是动词 διαπρέπω 的一次性过去时祈愿式主动态第三人称单数；διαπρέπω 的本义是"变得显眼""出类拔萃"，在这里的意思则为"是合适的"，《牛津希-英词典》（*A Greek-English Lexicon, H. G. Liddell and R. Scott, With a Revised Supplement.* Charendon Press · Oxford, 1996）举了柏拉图在这里的这个表达，对之的解释是：to be suitable。

68 ἑκόντων πρὸς ἑκόντας［彼此自愿］，字面意思是"自愿对自愿"。

69 ἀψύχου... ἐμψύχου［无灵魂的……有灵魂的］，也可以译为"无生命的……有生命的"。

70 χαίρειν ἐᾶσαι［不必管／不理会／放到一边］是词组。动词 ἐάω 的本义是"允许""让""听任"，而动词 χαίρω 的本义是"喜悦""满意"，其命令式则具有"欢迎""再会"等意思；由这两个词所构成的词组 ἐᾶν χαίρειν 的意思是"由它去"，而固定搭配 ἐᾶν χαίρειν τινά／τι 的意思是"不把某人或某事放在心上"。

71 τὸ μέν... τὸ δέ［一方面……另一方面］是固定表达。

72 ἐν δίκῃ 是固定表达，等于 ἐνδίκως，意思是"正当地""公正地"。

73 πτηνὸν φῦλον［能够飞的族类］，也可以译为"有羽翼的族类"。

74 τὸ σύνολον 在这里作副词使用，意思是"总而言之""就全体而论""总的看"。

75 ταύτην αὖ τὴν θήραν ἆρ' οὐκ ἂν κατὰμέγιστα μέρη δύο διέλοιμεν；［我们岂不复又可以按照两个最大的部分来划分这种猎取？］也可以简单译为：我们岂不复又可以把这种猎取分成两个最大的部分？

76 副词 αὐτόθεν 表地点，意思是"从当地""就地"；表时间，则指"立即""立刻"。但它在这里的意思是"仅仅""单单"；《牛津希-英词典》举了柏拉图在这里的这个表达，对之的解释是：merely, only。此外，法国布德本希腊文也作 αὐτόθεν，而新校勘的牛津古典本希腊文将之改为了 αὐτοῖν［从其自身／从它们自身］，不从。

77 πληκτικὴν... θήραν［击打性的猎取］，也可以译为"通过击打而来的猎取"。

78 ῥηθῆναι συμβέβηκεν［恰好被称作］是一个整体；动词 συμβαίνω 跟不定式，意思是"恰好……"。

79 οὕτω[以这种方式／这样]，即220e3那里说的 ἄνωθεν εἰς τὸ κάτω[从上至下]。

80 περὶ τὴν κεφαλὴν καὶ τὸ στόμα τοῦ θηρευθέντος[围绕被猎取者的头和嘴]，当然也可以简单译为"围绕猎物的头和嘴"。

81 ἐπίκλην 是副词，意思是"别名叫""浑名叫""又称……"。

82 副词 κομιδῇ 的本义是"的确""全然"，作回答语时，κομιδῇ μὲν οὖν 构成一个整体，意思是"完全如此""正是"。《牛津希-英词典》举了柏拉图在这里的这个表达，对之的解释是：just so。

83 καὶ μήν 是词组，意思是"真的""确实""而且"。

84 ἰδιώτης[一无所长的人]是由形容词 ἴδιος[自己的／个人的]派生而来的名词，但意思比较丰富。除了泛指"普通人"和"平民"之外，如果同 στρατηγός[将军]相对则表"士兵"，同 πόλις[城邦]相对则指"个人"；这里基于文义，将之译为"一无所长的人"。

85 见 219a4–6。

86 παντὸς δεῖ... εἶναι[完全不应是／远不应是]是一个整体。παντὸς δεῖ 类似于 πολλοῦ δεῖ[远不应／差得远／差很多]；无人称动词 δεῖ 要求属格，所以前面出现的是属格 παντὸς[全部／完全]。

87 νευστικοῦ μέρους, τὸ δὲ πεζοῦ[一半关乎能够游泳的部分，另一半关乎陆行的部分]，之所以这样翻译，因为其完整的表达当为：<τὸ μὲν> νευστικοῦ μέρους, τὸ δὲ πεζοῦ <μέρους>。参见前面 220a7–10：Ζῳοθηρικῆς δὲ ἆρ' οὐ διπλοῦν εἶδος ἂν λέγοιτο ἐν δίκῃ, τὸ μὲν πεζοῦ γένους, πολλοῖς εἴδεσι καὶ ὀνόμασι διῃρημένον, πεζοθηρικόν, τὸ δ' ἕτερον νευστικοῦ ζῴου πᾶν ἐνυγροθηρικόν;[而动物猎取术岂不又可正当地被说成两种形式，一方面关乎陆行的家族——它又在许多形式和名字上被划分——，即猎取陆行动物的；另一方面关乎能够游泳的动物，全都是关乎猎取水中动物的？]

88 方括号中的希腊文定冠词 ὁ，伯内特认为是窜入，而法国布德本希腊文和新校勘的牛津古典本希腊文均保留了它，从之。

89 方括号中的希腊文定冠词 τὴν，伯内特认为是窜入，法国布德本希腊文删掉了该词，而新校勘的牛津古典本希腊文则直接保留了它，从之。

90 形容词 ἀφθόνος 的本义是"不嫉妒的""不吝惜的"，转义为"慷慨的""大度的""丰富的""充足的"等。

91 这显然是一个比喻，即前往那些乐于从自己那儿献出财富和青春的人，以便把他们弄到手。参见后面 231d2–3：τὸ πρῶτον ηὑρέθη νέων καὶ πλουσίων ἔμμισθος θηρευτής.[首先他被发现为了是年青且富有的人的猎人。]

92 之所以这么翻译，因为 εἶτα 在这里表达一种惊讶。

93 δημηγορική[煽动术]，也可以译为"公开演讲术"。

94 προσομιλητική[交谈术]，当然也可以译为"交往术"；但鉴于这里所提到的都同"话语""言辞"相关，故译为"交谈术"更好。

95 πιθανουργικήν τινα μίαν τέχνην προσειπόντες[将之称为某种单一的技艺，即劝说术。]如果考虑到同前面 βίαιον θήραν[暴力性的猎取]相呼应，这句话也可以译为："将之称为某种单一的技艺，即劝说性的猎取。"

96 τὸν νοῦν... προσέσχες[你注意到]是一个整体。προσέχω τὸν νοῦν 是固定表达，意思是"注意……"，要求与格作宾语，所以这里出现的是单数与格 τῇ τῶν ἐρώντων θήρα[爱人之间的猎取]。

97 这句话也可以译为"那么，就让这种形式是恋爱的技艺〈这种形式〉。"ἐρωτικῆς τέχνης... εἶδος[恋爱的技艺这种形式]，之所以这么翻译，而不译为"恋爱的技艺的一种形式"，因为这里的属格是同位语属格。

98 πραττόμενον 是动词 πράσσω 的中动态分词；πράσσω 的基本意思是"做""完成"，但其中动态的意思则是"为自己勒索""为自己征收"，这里简单将之译为"索取"。

99 尖括号中的希腊文小词 ἤ[或者]是校勘者根据文义补充的，法国布德本希腊文和新校勘的牛津古典本希腊文均如此。

100 之所以这么翻译，因为 ἤ... νέων πλουσίων καὶ ἐνδόξων γιγνομένη θήρα 是一个整体。

101 οἰκειωτική[占为己有的]，大致等于前面所说的 κτητική[获取的]。

102 尖括号中的 χειρωτικῆς[强取的]，是伯内特根据文义所补充的，法国布德本希腊文和新校勘的牛津古典本希腊文均没有这么做；而后面方括号中的 κτητικῆς[获取的]，伯内特认为是窜入，法国布德本希腊文同样如此，而新校勘的牛津古典本直接将之删去。这里的翻译从伯内特子。

103 后面方括号中的 πεζοθηρίας[猎取陆行动物的]，伯内特认为是窜入，法国布德本希腊文同样如此，而新校勘的牛津古典本直接将之删去。

104 前面方括号中的 ἡμεροθηρικῆς[猎取温顺动物的]，伯内特认为是窜入，新校勘的牛津古典本希腊文直接删掉了它；而法国布德本希腊文保留了该词。从伯内特和新校勘的牛津古典本。

105 尖括号中的 πιθανοθηρίας[劝说性猎取的]，是伯内特根据文义所补充的，新校勘的牛津古典本希腊文同样如此；而法国布德本希腊文没有该词。从伯内特和新校勘的牛津古典本希腊文。

106 前面方括号中的 μισθαρνικῆς[赚取酬金的]，伯内特认为是窜入，新校勘的牛津古典本希腊文直接删掉了它；而法国布德本希腊文保留了该词。从伯内特和新校勘的牛津古典本希腊文。

107 ὡς ὁ νῦν λόγος ἡμῖν συμβαίνει［正如现在的言说对我们所表明的那样］，字面意思是"正如现在的言说落到我们身上那样"。

108 μέτοχόν ἐστι，等于 μετέχει［分享/分有］，要求属格作宾语，所以这里出现的是单数属格 φαύλης τέχνης［一种微不足道的技艺］。

109 形容词 ποικίλος 的本义是"多花色的""花哨的"，喻为"错综复杂的""多变化的"等。

110 ἀλλακτικός［进行交换的］，相当于 219d5 那里的 μεταβλητικός［进行交易的］，单就这个词，也可以译为"进行买卖的"。

111 κατὰ πόλιν 即 ἐν πόλει，意思是"在城里"；参见《泰阿泰德》（142a4）：Οὐ γὰρ ἦ κατὰ πόλιν.［因为我那时不在城里。］

112 καπηλική［零售术］，即有固定的摊点和门面进行售卖，而 κάπηλος 即所谓的"坐商""小店主""小商贩"。

113 ἐμπορική［贸易术］。形容词 ἐμπορικός 来自名词 ἔμπορος［旅行者/商人］，而该名词则由介词 ἐν［在……上］和名词 πόρος［道路］构成；由该形容词阴性而来的名词 ἐμπορική 可译为"贸易术""交易术"。

114 希腊文方括号中的 καὶ πιπρασκομένην［并且被卖出］，伯内特认为可能是窜入，但法国布德本希腊文和新校勘的牛津古典本希腊文均直接保留了它们，从之。

115 名词 παραμυθία 的主要意思是"鼓励""劝告""安慰""安抚"，但这里指"消遣"；《牛津希-英词典》举了柏拉图在这里的这个表达，对之的解释是：diversion, distraction。

116 τῆς ψυχῆς, τὰ μὲν παραμυθίας, τὰ δὲ καὶ σπουδῆς χάριν［为了灵魂——其中一些是为了它的消遣，一些则是为了它的严肃追求。］这里的断句，法国布德本希腊文与之相同，而新校勘的牛津古典本希腊文则略有出入：τῆς ψυχῆς τὰ μὲν παραμυθίας, τὰ δὲ καὶ σπουδῆς χάριν，即把 ψυχῆς 后面的逗号删掉了。χάριν 是名词 χάρις［感谢/愉悦］派生而来的副词，作介词使用，要求属格，所以这里出现了三个单数属格 τῆς ψυχῆ［灵魂］、παραμυθίας［消遣］和 σπουδῆς［严肃的追求］。当然，这句话也可以整个简单地译为：其中一些是为了灵魂的消遣，一些则是为了它的严肃追求。

117 νομίσματος ἀμείβοντα［换取钱币］。τί τινος ἀμείβω 是固定表达，意思是"用……换取……"，所以这里出现了单数属格 νομίσματος［现金/钱币］。

118 πλημμελοίη［乱弹琴］，也可以译为"不着调"或"离谱"。动词 πλημμελέω 的本义就是"弹错调子"，喻为"做错事"，它同 224c4 那里的 ἀρμόττοι［适合〕正相反对；因为动词 ἁρμόζω 作为及物动词，意思是"联结""绷紧"，而作为不及物动词，指"合适""适合"，由之派生而来的名词 ἁρμονία，则具有"和谐""协调"等意思。

119 αὐτοῦ... ἐν πόλει〔在一个城邦这里〕是一个整体；αὐτοῦ 是由反身代词 αὐτός 的属格派生而来的副词，意思是"在这里""在那里""在当地"。参见《泰阿泰德》(142c1): ἀτὰρ πῶς οὐκ αὐτοῦ Μεγαροῖ κατέλυεν;〔但他为何不就在墨伽拉这里歇脚？〕

120 τί δ' οὐ μέλλω 作为回答语是固定表达，根据文义既可译为"我当然会"，也可以译为"我当然不会"；其字面意思是"为何我不应该？"

121 动词 συνακολουθεῖν 的本义是"伴随""紧随"，喻为"服从""听从"，要求与格作宾语，所以前面出现的是单数与格 τῷ λόγῳ〔言说〕。

122 ἀπὸ τρόπου〔不合理的 / 不恰当的〕是固定表达，其反义词是 πρὸς τρόπου〔合理的 / 恰当的〕。

123 方括号中的希腊文冠词 τὰ，伯内特认为是窜入，法国布德本希腊文和新校勘的牛津古典本希腊文均直接删掉了该词。

124 ἐπωνυμίας... ἔτυχεν〔取得名字〕是一个整体。动词 τυγχάνω 跟属格，意思是"取得某物""得到某物"，所以这里出现的是单数属格 ἐπωνυμίας〔名字〕；此外，名词 ἐπωνυμία 的基本意思是"外号""别名"，但也泛指"名字"。

125 ἀδολεσχικός〔闲谈性的〕，单就这个词，也可以译为"瞎扯的"。参见《泰阿泰德》(195b9-10): Δεινόν τε, ὦ Θεαίτητε, ὡς ἀληθῶς κινδυνεύει καὶ ἀηδὲς εἶναι ἀνὴρ ἀδολέσχης.〔泰阿泰德啊，一个人，〈当他变成一个〉闲谈的人时，有可能真的是一件可怕而令人生厌的事情。〕

126 ἐν τῷ μέρει 是词组，意思是"轮到某人"。

127 希腊文尖括号中的疑问词 τί，是校勘者根据文义补充的；法国布德本希腊文和新校勘的牛津古典本希腊文均如此。

128 根据后面 231c-d 所进行的总结，也可以说是"第五次"。

129 τὸ λεγόμενον〔如常言所说〕，是固定用法，本义是"俗话"，这里根据上下文将之译为"如常言所说"。

130 οἷον διηθεῖν τε λέγομεν καὶ διαττᾶν καὶ βράττειν καὶ διακρίνειν.〔例如，我们说滤、筛、簸以及挑选。〕关于这句话，尤其是最后一个词 διακρίνειν，略有分歧。法国布德本希腊文与伯内特校勘本一致，而新校勘的牛津古典本希腊文作: οἷον διηθεῖν τε λέγομεν καὶ διασήθειν καὶ διαττᾶν καὶ βράττειν;〔例如，我们说滤、漏、筛以及簸？〕不从。

131 πρός... τούτοις〔除了这些之外〕。介词 πρός 跟与格，表"在……之外""此

外还有……"。

132 形容词 διαιρετικός［有区分能力的］派生自动词 διαιρέω［分开］，当然也可以译为"能够进行区分的""区分性的"；这里将之译为"有区分能力的"，采纳了拉丁文对之的解释：vim aut facultatem dividendi habens.

133 动词 σκοπέω，以及下面 226c12 由之派生出来的名词 σκέψις，其本义就是"观看""观察"，从而衍生出"考虑""注意"等意思；这里有意直接将之译为"看"，而不译为"考虑"。

134 动词 κατεῖδον，等于 καθοράω，本指从上往下看，即"俯瞰"，这里简单将之译为"看出"。

135 ὡς ἐμοί 是词组，完整表达是 ὡς ἐμοὶ δοκεῖ，意思是"依我看""在我看来"。

136 ἀλλὰ γάρ 是固定表达，意思是"的确""当然""但其实"。

137 τῇ τῶν λόγων μεθόδῳ σπογγιστικῆς ἢ φαρμακοποσίας οὐδὲν ἧττον οὐδέ τι μᾶλλον τυγχάνει μέλον［关于各种言说的方法，它其实对海绵擦拭术的关心，较之于服药，既不更少些，也不更多些］。对这句话的翻译作如下说明：（1）动词 τυγχάνω，在阿提卡方言中常与分词连用，所以后面出现的是分词 μέλον［关心］。（2）动词 μέλω［关心］常作无人称动词使用，进行关心的要求与格，被关心的事情要求属格，所以这里出现的是与格 τῇ τῶν λόγων μεθόδῳ［关于各种言说的方法］，两个属格 σπογγιστικῆς［海绵擦拭术］和 φαρμακοποσίας［服药］。

138 即"关于各种言说的方法"。

139 τοῦ κτήσασθαι... ἕνεκα νοῦν［为了取得洞察］。这里简单把 νοῦς 译为"洞察"，当然也可以直接音译为"努斯"。

140 ἐξ ἴσου 是固定表达，意思是"同等地"。

141 ὡς τὸ πολύ 是词组，意思是"最多""至多"。

142 ὅπερ ἤρου［就你所问的］，见前面 226e7：Ποῖα καὶ τίνι；［哪些形式，以及用何种名字？］

143 οὐδὲν αὐτῇ διοίσει［这对它来说根本就是无所谓的］，也可以简单译为"这对它来说并无不同"。这里的 αὐτῇ［它］，由于是阴性与格，故仍指代"关于言说的方法 / 关于逻各斯的方法"。

144 τὰ νῦν 是一个整体和固定表达，意思是"现在""如今"。

145 ἐν μέλει 是词组；名词 μέλος 除了具有"四肢""肢"这一基本意思之外，在音乐中指"曲调"。ἐν μέλει 的意思是"合适地""恰当地""正确地"，同 παρὰ μέλος［不恰当地 / 不正确地］相对；《牛津希-英词典》举了柏拉图在这里的这个表达，对之的解释是：properly, correctly。

146 πλὴν τὸ τῆς ἀμετρίας πανταχοῦ δυσειδὲς ἐνὸν γένος[除了是处处不好看的不成比例这种家族之外]。τὸ τῆς ἀμετρίας... γένος[不成比例这种家族]，当然也可以译为"不成比例这种属"，τῆς ἀμετρίας[不协调/不成比例]在这里当理解为同位语属格。此外，πανταχοῦ δυσειδὲς ἐνὸν[是处处不好看的/是处处不成样子的]，新校勘的牛津古典本也如此，而法国布德本希腊文作πανταχοῦ δυσειδὲς ὄν，但意思并无差异。

147 λόγον λύπαις[言说同各种痛苦]，在这儿也可以译为"理性同各种痛苦"，或音译为"逻各斯同各种痛苦"。

148 σκοπόν τινα θέμενα[为自己设立了某种目标]，之所以这样翻译，因为θέμενα 是 τίθημι[设立/确定]的中动态分词。此外，尖括号中的希腊文小词 ἂν，是校勘者根据文义补充的，新校勘的牛津古典本同样如此，而法国布德本希腊文没有这样做。

149 τὸ δύο εἶναι γένη κακίας ἐν ψυχῇ[恶的两个家族是在灵魂中]，当然也可以译为"恶的两个家族在灵魂中是⟨着⟩"或"在灵魂中有着恶的两个家族"。

150 προσήκουσα Δίκῃ[属于正义女神]，也可以译为"适合于正义女神"。名词δίκη[正义]作专名，则指"正义女神"。法国布德本希腊文也作 Δίκῃ，而新校勘的牛津古典本希腊文改为 δίκῃ，不从。

151 διδασκαλικῆς δὲ ἆρα ἓν μόνον γένος φατέον[εἶναι]ἢ πλείω, δύο δέ τινε αὐτῆς εἶναι μεγίστω;[那么就教导术而言，必须得说它只有一个家族呢，还是得说，虽然有更多个，但其最大的⟨家族⟩肯定是某两个？]关于这句话，不同的校勘者对之的处理略有不同。伯内特认为希腊文方括号中的 εἶναι 是窜入，而法国布德本希腊文直接保留了它；新校勘的牛津古典本希腊文虽然同样保留了该词，但断句略有不同：διδασκαλικῆς δὲ ἆρα ἓν μόνον γένος φατέον εἶναι, ἢ πλείω, δύο δέ τινε αὐτῆς εἶναι μεγίστω; 这里的翻译从新校勘的牛津古典本。

152 ἓν ἐφ' ἑνὶ[γένει]τῶν αὐτῆς ἑκατέρῳ[⟨其中的⟩每一⟨部分⟩都针对着无知自己的⟨那两个家族中⟩的每一个家族]。伯内特认为希腊文方括号中的γένει[家族/属]是窜入，法国布德本希腊文直接将之删除，而新校勘的牛津古典本希腊文直接保留了它，从之。另外，之所以这么补充翻译，因为ἓν[一]是中性，只能指代前面的 μόριον[部分]；而 τῶν 在这里当理解为中性复数属格，指代 γένος[家族/属]。

153 ἀφωρισμένον[独特的/有区别的]是动词 ἀφορίζω[分开/分离]的被动态分词，《牛津希-英词典》举了柏拉图在这里的这个表达，对之的解释是：distinct。

154　伯内特认为方括号中的小词 οὖν，有可能是窜入，而法国布德本希腊文和新校勘的牛津古典本希腊文均保留了它，从之。

155　参见赫西俄德《工作与时日》（287-292）: τὴν μέν τοι κακότητα καὶ ἰλαδὸν ἔστιν ἑλέσθαι ῥηιδίως· λείη μὲν ὁδός, μάλα δ' ἐγγύθι ναίει· τῆς δ' ἀρετῆς ἱδρῶτα θεοὶ προπάροιθεν ἔθηκαν ἀθάνατοι· μακρὸς δὲ καὶ ὄρθιος οἶμος ἐς αὐτὴν καὶ τρηχὺς τὸ πρῶτον· ἐπὴν δ' εἰς ἄκρον ἵκηται, ῥηιδίη δὴ ἔπειτα πέλει, χαλεπή περ ἐοῦσα.〔真的，恶很容易就能够成群结队地被弄到手；一则〈通向它的〉道路是平坦的，一则它也住得非常近。但是，不朽的诸神在德性前面放置了汗水，通往它的小路既漫长又陡峭，并且一开始就崎岖不平；然而，一旦到达其顶部，随后它就变得容易了，即使它仍然是困难的。〕

156　λόγον ἑαυτοῖς δόντες〔通过把言说交给他们自己〕，也可以意译为"通过反思""通过考虑""通过思考"。

157　καὶ μαθεῖν οὐδέν ποτ' ἂν ἐθέλειν τὸν οἰόμενον εἶναι σοφὸν τούτων ὧν οἴοιτο πέρι δεινὸς εἶναι.〔并且那认为〈他自己〉是智慧的人，从不曾愿意学习他认为〈他自己〉对之是聪明的那些东西。〕参见泰阿泰德（173b1-3）: ὥσθ' ὑγιὲς οὐδὲν ἔχοντες τῆς διανοίας εἰς ἄνδρας ἐκ μειρακίων τελευτῶσι, δεινοί τε καὶ σοφοὶ γεγονότες, ὡς οἴονται.〔从年青时开始，一直到成年，他们终其一生虽然在思想方面都没有任何健康的东西，却变得非常聪明和智慧——〈只不过是〉他们以为的——。〕

158　τοι 是个小品词，源自 σύ〔你〕的单数与格，本义是"让我告诉你"，转义为"真的""的确"。

159　στέλλονται 是动词 στέλλω 的现在时直陈式中动态复数。στέλλω 的基本意思是"准备好""派出"，但其中动态形式跟介词 πρός / ἐπί，意思则是"着手做某事""开始做某事"；《牛津希-英词典》举了柏拉图在这里的这个表达，对之的解释是: set out upon a task。

160　πλανωμένων 在这里是动词 πλανάω 的现在时分词被动态阳性复数。πλανάω 的本义是"使飘荡""引入歧途"，但其被动态的意思则是"漫游""飘荡"，喻为"感到困惑""不知所措"。

161　参见《泰阿泰德》（168a2-4）: ἂν μὲν γὰρ οὕτω ποιῇς, ἑαυτοὺς αἰτιάσονται οἱ προσδιατρίβοντές σοι τῆς αὑτῶν ταραχῆς καὶ ἀπορίας ἀλλ' οὐ σέ.〔如果你真的这样做，那么那些和你一起消磨时间的人将把他们的混乱和困惑归咎于他们自己，而不归咎于你。〕

162　参见《泰阿泰德》（210c2-4）: ἐάντε κενὸς ᾖς, ἧττον ἔσῃ βαρὺς τοῖς συνοῦσι καὶ ἡμερώτερος σωφρόνως οὐκ οἰόμενος εἰδέναι ἃ μὴ οἶσθα.〔如果你仍是腹中

空空，那么，对那些〈同你〉结交的人你也会少一些严苛和更温和些，因为你清醒地不认为知道你所不知道的。]

163 形容词 μέγας 的基本意思是"大的""高的"，但用于贬义，则指"过分的""过多的"。

164 方括号中的希腊文小词 τε，伯内特认为有可能是窜入，法国布德本希腊文保留了它，而新校勘的牛津古典本希腊文直接将之删除。

165 καθαρὸν ἀποφήνῃ［使他成为洁净的］，也可以译为"使他成为纯粹的"。动词 ἀποφαίνω 除了具有"展示""显明"等意思之外，还具有"使成为……""使显得是……"的意思。

166 Βελτίστη γοῦν καὶ σωφρονεστάτη τῶν ἕξεων αὕτη［这一定是最好和最清醒的状态］，当然也可以完全按字面意思直接译为"这无论如何都是各种状态中最好和最清醒的"。

167 βασιλεὺς ὁ μέγας［大王］，在当时一般专指波斯王。

168 τὸν ἀσφαλῆ［谨慎者］。形容词 ἀσφαλής 的本义是"稳定的""不动摇的"，用于人则指"可靠的""可信赖的"，这里基于文义将之意译为"谨慎的"。

169 ὀλισθηρότατον［最滑溜溜的］，也可以意译为"最难捉摸的"或"最难抓住的"。

170 ὅμως δὲ ἔστω［但仍然就让他们是那个样子吧！］即"就让智者们是运用那种技艺的人"。无论是法国布德本希腊文，还是新校勘的牛津古典本希腊文，ἔστω（现在时命令式第三人称单数）均作 ἔστωσαν（现在时命令式第三人称复数），从之。

171 ἐν τῷ νῦν λόγῳ παραφανέντι［依照刚才附带进行显明的言说］，也可以译为"依照刚才的言说附带显明的"。介词 ἐν 在这里表"手段""方式"，意思是"依照""按照""根据"；例如，ἐν πυρὶ πρήσαντες［用火焚烧］，δῆσαι ἐνὶ δεσμῷ［用锁链拴住］，ἐν λόγοις［用言辞／用逻各斯］。

172 ἡ γένει γενναία σοφιστική［在家族上高贵的智者术］，单就该表达，也可以译为"出生高贵的智者术"。

173 τί... ὄντως εἶναι［在是的方式上是什么］。之所以这样翻译，是有意强调其词源上的联系。

174 νῦν ἤδη［从今以后］是词组，《牛津希-英词典》对之的解释是：henceforth。

175 διαδύσεται τὸν λόγον［规避该言说］。动词 διαδύνω 的基本意思是"溜走"，但跟宾格则指"规避""逃避"；《牛津希-英词典》举了柏拉图这里的这个表达，对之的解释是：evade, shirk。

176 τὰς ἁπάσας[所有的〈围追堵截〉]。从文法上看，τὰς ἁπάσας[所有的]是阴性复数宾格，在该谚语中究竟意指什么并不清楚；这里基于文义将之补充为"所有的〈围追堵截〉"。

177 尖括号中的希腊文 ἦν，是校勘者根据文义补充的；法国布德本和新校勘的牛津古典本希腊文均如此。

178 τὴν ἐριστικὴν τέχνην ἀφωρισμένος[从而让争吵性的技艺同他自己相适合]，也可以译为"从而把争吵性的技艺占为己有"。ἀφωρισμένος 在这里是动词 ἀφορίζω 的完成时分词中动态阳性单数主格；ἀφορίζω 的基本意思是"分离""分开"，但其中动态则具有"使……适合于自己""把……占为己有"的意思，《牛津希-英词典》对之的解释是：appropriate to oneself。如果保留其"分离"的意思，这句话也可以通过补充而译为"从而用争吵性的技艺把自己〈同其他的竞赛者〉区分开来"。

179 αὑτῆς[其中]，即"该技艺中"或"在该技艺那儿"。

180 希腊文尖括号中的 ἐν[一]，是编辑校勘者根据文义补充的，法国布德本希腊文没有这样做，而新校勘的牛津古典本希腊文同伯内特本子，从之。

181 见 225b。

182 τοῦτο δρᾶν[做这事]，即进行辩论。

183 φανερὰ γῆς τε καὶ οὐρανοῦ，单就这句话当译为"大地和天空这类可见的东西"。属格 γῆς τε καὶ οὐρανοῦ 在这里当理解为"同位语属格"，故不译为"大地和天空中那些可见的东西"。

184 如果将之译为肯定句，也可以译为："肯定也同样如此。"

185 参见《泰阿泰德》(178e9-179a3)：ἢ οὐδείς γ᾽ ἂν αὐτῷ διελέγετο διδοὺς πολὺ ἀργύριον, εἰ μὴ τοὺς συνόντας ἔπειθεν ὅτι καὶ τὸ μέλλον ἔσεσθαί τε καὶ δόξειν οὔτε μάντις οὔτε τις ἄλλος ἄμεινον κρίνειεν ἂν ἢ αὐτός[αὐτῷ].[否则就无人会通过付许多的银子来同他交谈，如果他没有说服那些与之结交的人〈相信下面这点的话〉：对于〈什么〉将是和将显得，既没有一位预言家，也没有任何其他人，会比他本人判断得更好。]

186 第欧根尼·拉尔修在《名哲言行录》(9.55.3)中，明确记载普罗塔戈拉著有 Περὶ πάλης[论摔跤]一书。

187 ἐν κεφαλαίῳ[总而言之]是词组，等于 ὡς ἐν κεφαλαίῳ εἰπεῖν，也可以译为"概括性地讲"。

188 见前面 232d3-4。

189 σχολῇ 是由名词 σχολή[闲暇]的单数与格派生而来的副词，除了具有"悠闲地"的意思之外，也表否定，即"决不""根本不"。

190 Δοκοῦσι... ἐπιστημόνως ἔχειν［他们看起来是有知识的］，也可以译为"他们看起来处在有知识的状态中"。

191 即在所有事情上都看起来是有知识的。

192 也可以直接译为陈述句："当然不可能"。

193 μοι... προσέχων τὸν νοῦν εὖ μάλα［很好地留意我〈所说的〉］是一个整体。προσέχω τὸν νοῦν 是词组，意思是"留意""注意""当心"，要求与格，所以这里出现的是单数与格 μοι［我］；εὖ μάλα 也是词组，意思是"很好地"。

194 ποιεῖν［创造］。基于文义和中文表达，这里不将之译为"创制""制作"等，而简单译为"创造"。

195 μὴ...ἀλλά，在这里当理解为"不仅……而且"。这一结构的通常表达是 οὐ μόνον / μὴ μόνον... ἀλλά，但也可以省略副词 μόνον；参见《苏格拉底的申辩》（40d7-e2）：οἶμαι ἂν μὴ ὅτι ἰδιώτην τινά, ἀλλὰ τὸν μέγαν βασιλέα εὐαριθμήτους ἂν εὑρεῖν αὐτὸν ταύτας πρὸς τὰς ἄλλας ἡμέρας καὶ νύκτας.［我会认为，不仅一个普通人，而且〈波斯〉大王本人也会发现同其他的日日夜夜相比，这种夜晚是屈指可数的。］欧里庇得斯《残篇》（Fr. 1006）：οὐχ ἑσπέρας, ἀλλὰ καὶ μεσημβρίας［不仅傍晚，而且中午］。

196 δένδρον 本义指"树""树木"，这里泛译为"植物"。

197 φυτόν 派生自动词 φύω［生成／生长］，基本意思是"植物"，也泛指"生物"；这里有意基于词源而将之译为"生长出来的东西"。

198 之所以这样翻译，因为定冠词阴性单数宾格 τὴν 后面当理解为省略了 τέχνην［技艺］一词。

199 ἔργῳ［事实上］，也可以直接译为"在行为上"；ἔργῳ 同 λόγῳ［在言词上］相对。

200 ᾗ αὖ δυνατὸν <ὂν> [αὖ] τυγχάνει［凭借它，肯定恰恰复又能够］。这句话，法国布德本希腊文作 ᾗ που δυνατὸν αὖ τυγχάνει，而新的牛津校勘本作 ᾗ δυνατὸν αὖ τυγχάνει；这里的翻译从布德本希腊文。

201 τοῖς... οὖσι προσπίπτοντας［遇见那些是着的东西］是一个整体，动词 προσπίπτω 的本义是"扑向……""拥抱"，这里基于文义将之意译为"遇见"，它要求与格作宾语，所以这里出现的是中性复数与格 τοῖς οὖσι［那些是着的东西］。

202 διὰ παθημάτων［通过各种遭遇］，也可以直接译为"通过各种经验"。

203 ἐφάπτεσθαι τῶν ὄντων［把握住各种是者］，也可以译为"接触各种是者"。ἐφάπτεσθαι 是动词 ἐφάπτω 中动态不定式，ἐφάπτω 的本义是"拴在……上""钉牢在……上"，但其中动态转义为"抓住""把握住""获得"，并要求属格作宾语，所以这里出现的是中性复数属格 τῶν ὄντων［各种是者］。

204　δ' οὖν［但回过来］是词组，表中断以后继续讲下去。

205　διστάζομεν ἔτι μὴ［我们仍在怀疑］是一个整体，当 μὴ 位于具有"害怕""担心""犹豫"这类动词之后时，起加强语气的作用，不表否定，翻译时可不译出。

206　τῶν τῆς παιδιᾶς μετεχόντων ἐστί τις †μερῶν† εἷς［他是那些成千上万参与儿戏的人中的一位］。其中的 μερῶν［部分］，伯内特对之阙疑，而法国布德本希腊文认为是窜入；新校勘的牛津古典本希腊文改作 μυρίων［无数的 / 成千上万的］，从之。

207　δέδοκται［似乎得］，也可以译为"必须下决心"或"已经决意"。

208　ὅτι τάχιστα［尽可能快地］。ὅτι 加形容词或副词的最高级，用来加强语气，表"尽可能地……"。

209　τὴν δὲ ζητουμένην ἰδέαν［但所寻求的那种形式］。这里基于文义，没有把 ἰδέα 译为"理念"，而是将之视为前面 δύο... εἴδη τῆς μιμητικῆς［模仿术的两种形式］中的 εἶδος 的同义词，直接把它译为"形式"；如果要在术语表达上体现出二者的区别，在这里也可以将之译为"形相"或"形象"。

210　ἐν αὐτῇ［在它那里］，即"在创制图像的技艺那里"。

211　νῦν［其实］在这儿不表时间，也可以译为"事实上"。

212　εἰκός γε ὄν［它的确是像真的一样］。εἰκός 的基本意思就是"像真的一样"，《牛津希-英词典》对之的解释是：like truth；进而转义为"可能的""合理的""当然的"等。

213　见 235d6-e2。

214　φανταστική［显像术］，单就该词，也可以译为"想象术"。

215　见 235d2-3。

216　尖括号中的希腊文介词 ἐν 是编辑校勘者根据文义补充的，新校勘的牛津古典本希腊文同样如此，而法国布德本希腊文直接加上了该词。

217　ἄπορον εἶδος διερευνήσασθαι［无迹可寻的形式］，也可以译为"难以追踪的形式"。

218　σε... συνεπεσπάσατο πρὸς τὸ ταχὺ συμφῆσαι［它把你吸引到它自己的观点上，以便〈你〉仓促地表示同意］是一个整体，也可以简单译为"它把你吸引到这种仓促地同意上"。συνεπεσπάσατο 是动词 συνεπισπάω 的一次性过去时直陈式中动态第三人称单数；συνεπισπάω 本义是"一起拉向""一起拖向"，转义为"把某人吸引到自己的观点上"，《牛津希-英词典》举了柏拉图在这里的这个表达，对之的解释是：draw on along with one, i.e. to one's own views。

219 ψευδῆ... δοξάζειν［判断那些假的东西］，当然也可以译为"对那些假的东西形成意见""对那些假的东西得出看法"等。参见《泰阿泰德》（187d1-6）：{ΣΩ.} Θράττει μέ πως νῦν τε καὶ ἄλλοτε δὴ πολλάκις, ὥστ᾽ ἐν ἀπορίᾳ πολλῇ πρὸς ἐμαυτὸν καὶ πρὸς ἄλλον γεγονέναι, οὐκ ἔχοντα εἰπεῖν τί ποτ᾽ ἐστὶ τοῦτο τὸ πάθος παρ᾽ ἡμῖν καὶ τίνα τρόπον ἐγγιγνόμενον. {ΘΕΑΙ.} Τὸ ποῖον δή; {ΣΩ.} Τὸ δοξάζειν τινὰ ψευδῆ.［苏格拉底：不知怎的，无论现在还是在别的时候它都经常使我不安，以至于面对我自己和面对他人我都处在了巨大的困惑中，因为我不能够说出在我们身上的这种遭遇究竟是什么，以及它以什么样的方式发生〈在我们身上〉的。泰阿泰德：究竟是何种东西？苏格拉底：有人在对一些假的东西下判断。］此外，ψευδῆ λέγειν ἢ δοξάζειν ὄντως εἶναι［言说或判断一些假的东西在是的方式上是着］，新的牛津校勘本作 ψευδῆ λέγειν ἢ δοξάζειν ⟨φάναι⟩ ὄντως εἶναι［言说或判断一些假的东西〈显得〉在是的方式上是着］。

220 ἐναντιολογίᾳ μὴ συνέχεσθαι［不会陷入矛盾中］，字面意思是"不同矛盾连在一起"。

221 ὁ λόγος οὗτος［这个说法］，即 236e4 那里的 ψευδῆ... ὄντως εἶναι［一些假的东西在是的方式上是着／一些假的东西以是的方式是着］。

222 τὸ μὴ ὂν εἶναι［不是者是］，也可以译为"不是着的东西是〈着〉"。

223 πεζῇ τε... καὶ μετὰ μέτρων［无论是用散文，还是用韵文］是一个整体。πεζῇ 是由形容词 πεζός 的阴性单数与格派生而来的副词；πεζός 除了具有"陆行的""步行的"等含义之外，同"韵文的"相对，指"散文的""不入乐的"。而 μέτρων 是名词 μέτρον 的复数属格；μέτρον 的本义是"尺度""标准""适度"，其复数形式则具有"韵文""诗行"的意思。

224 μή ποτε τοῦτο δαμῇ［这将永不会获胜］，也可以译为"你永不要屈服于这点"。

225 Οὐ γὰρ μή ποτε τοῦτο δαμῇ... εἶναι μὴ ἐόντα· ἀλλὰ σὺ τῆσδ᾽ ἀφ᾽ ὁδοῦ διζήμενος εἶργε νόημα.［这将永不会获胜，……即不是者；相反，当你在探究时，你要让思想远离这条道路。］在后面 258d2-3 中再次引用了巴门尼德的这句话，但略有不同：Οὐ γὰρ μή ποτε τοῦτο δαμῇ, εἶναι μὴ ἐόντα, ἀλλὰ σὺ τῆσδ᾽ ἀφ᾽ ὁδοῦ διζήσιος εἶργε νόημα.［这将永不会获胜，即不是者是；相反，你要让思想远离这条探究之路。］也即是说，在前者那里出现的是动词 δίζημαι［探究］的现在分词阳性主格单数 διζήμενος［当你在探究时］，在后者那里出现的则是名词 δίζησις［探究］的单数属格 διζήσιος。

226 τὸ μηδαμῶς ὄν［绝对的不是者］，鉴于 μηδαμῶς 是副词，当然也可以译为
　　"绝对不是着的东西"。

227 尖括号中的希腊文不定代词 τι，是校勘者根据文义补充的；法国布德本希腊
　　文和新校勘的牛津古典本希腊文均如此。

228 方括号中的名词 ῥῆμα［言辞／表达］，伯内特认为是窜入，而法国布德本希
　　腊文和新校勘的牛津古典本希腊文均直接保留了它，从之。

229 Ἑνὸς γὰρ δὴ τό γε "τὶ" φήσεις σημεῖον εἶναι, τὸ δὲ "τινὲ" δυοῖν, τὸ δὲ "τινὲς"
　　πολλῶν.［因为你肯定会说，"某个东西"是一的标记，"某对东西"是二的
　　〈标记〉，而"某些东西"是多的〈标记〉。］这句话也可以译为：因为你肯
　　定会说，"单数的东西"是一的标记，"双数的东西"是二的〈标记〉，而
　　"复数的东西"是多的〈标记〉。

230 希腊文方括号中的不定代词 τι［某个东西］，伯内特认为是窜入，法国布德
　　本希腊文也如此，而新校勘的牛津古典本希腊文直接将之删除，从之。

231 ἀλλ' οὐδὲ λέγειν φατέον, ὅς γ' ἂν ἐπιχειρῇ μὴ ὂν φθέγγεσθαι［相反，必须得
　　讲，那尝试说不是者的人，他其实根本没有在说］。这句话也可以译为：
　　而是必须得否认，那尝试说不是者的人在说。参见《泰阿泰德》(188e3–
　　189a14)：{ΣΩ.} Ἦ οὖν καὶ ἄλλοθί πού τὸ τοιοῦτόν ἐστιν; {ΘΕΑΙ.} Τὸ ποῖον;
　　{ΣΩ.} Εἴ τις ὁρᾷ μέν τι, ὁρᾷ δὲ οὐδέν. {ΘΕΑΙ.} Καὶ πῶς; {ΣΩ.} Ἀλλὰ μὴν εἰ ἕν
　　γέ τι ὁρᾷ, τῶν ὄντων τι ὁρᾷ. ἢ σὺ οἴει ποτὲ τὸ ἕν ἐν τοῖς μὴ οὖσιν εἶναι; {ΘΕΑΙ.}
　　Οὐκ ἔγωγε. {ΣΩ.} Ὁ ἄρα ἕν γέ τι ὁρῶν ὄν τι ὁρᾷ. {ΘΕΑΙ.} Φαίνεται. {ΣΩ.}
　　Καὶ ὁ ἄρα τι ἀκούων ἕν γέ τι ἀκούει καὶ ὂν [ἀκούει]. {ΘΕΑΙ.} Ναί. {ΣΩ.} Καὶ ὁ
　　ἁπτόμενος δή του ἑνός γέ του ἅπτεται καὶ ὄντος, εἴπερ ἑνός; {ΘΕΑΙ.} Καὶ τοῦτο.
　　{ΣΩ.} Ὁ δὲ δὴ δοξάζων οὐχ ἕν γέ τι δοξάζει; {ΘΕΑΙ.} Ἀνάγκη. {ΣΩ.} Ὁ δ' ἕν
　　τι δοξάζων οὐκ ὄν τι; {ΘΕΑΙ.} Συγχωρῶ. {ΣΩ.} Ὁ ἄρα μὴ ὂν δοξάζων οὐδὲν
　　δοξάζει. {ΘΕΑΙ.} Οὐ φαίνεται. {ΣΩ.} Ἀλλὰ μὴν ὅ γε μηδὲν δοξάζων τὸ παράπαν
　　οὐδὲ δοξάζει. {ΘΕΑΙ.} Δῆλον, ὡς ἔοικεν.［苏格拉底：那么〈下面〉这种情形
　　也有可能出现在其他任何地方吗？泰阿泰德：哪种？苏格拉底：如果某人
　　虽然看见了某个东西，他却什么也没有看见。泰阿泰德：那怎么会？苏格
　　拉底：然而，如果他的确看见了某一东西，那他就看见了是的东西中的
　　某个。或者你认为一居然是在那些不是着的东西中？泰阿泰德：我肯定不
　　会这么认为。苏格拉底：因此，那的确看见了某一东西的人，他看到了某
　　种是着的东西。泰阿泰德：显然。苏格拉底：那听到某一东西的人，他也
　　肯定听到了某个东西，即某个是着的东西。泰阿泰德：是的。苏格拉底：
　　那的确触摸到了某一东西的人，他也肯定触摸到了某个东西，即某个是着

的东西吗，既然〈它是〉一？泰阿泰德：也如此。苏格拉底：那么，那在
下判断的人，岂不肯定在对某一东西下判断？泰阿泰德：必然。苏格拉
底：而对某一东西下判断的人，岂不在对某个是着的东西〈下判断〉？泰
阿泰德：我同意。苏格拉底：因此，那对不是的东西下判断的人，他没
有对任何东西下判断。泰阿泰德：显然没有。苏格拉底：而那没有对任何
东西下判断的人，他其实完全就没有在下判断。泰阿泰德：似乎是显而易
见的。]

232　ὁ λόγος[该说法]，即 τὸ μὴ ὂν εἶναι[不是者是 / 不是着的东西是〈着〉]。

233　τέλος... ἀπορίας... ἔχοι[已经抵达了困境的终点]是一个整体；例如，《牛津
希-英词典》对 τέλος ἔχειν βίου[已经抵达了生命的终点]的解释是：to have
reached the end of life, to be dead。

234　参见索福克勒斯《残篇》(662.1)：μήπω μέγ᾽ εἴπῃς, πρὶν τελευτήσαντ᾽ ἴδῃς.
[在你看到终点之前，你还不可以说大话。]

235　之所以这样补充翻译，因为 ἔστι 后面省略了 ἀπορία[困境 / 困惑]一词。

236　καὶ ταῦτα 是固定表达，本义是"况且""还有"。

237　τὸ μὴ ὂν αὐτὸ καθ᾽ αὑτό[自在自为的不是者]，当然也可以译为"自身就其
自身来说的不是者"；单就这一表达，也可以译为"不是者自身就其自身
来说"。

238　ἄλογον[不合道理的]，在这里似乎音译为"无逻各斯的"更好。形容词
ἄλογος 的本义是"无言的""说不出的"，转义为"无理性的""不合道
理的"。

239　见 238a1–3。

240　{ΞΕ.} Ἆρ᾽ οὖν ἐψευσάμην ἄρτι λέγων τὴν μεγίστην ἀπορίαν ἐρεῖν αὐτοῦ πέρι, τὸ
δὲ ἔτι μεῖζω τινὰ λέγειν ἄλλην ἔχομεν; {ΘΕΑΙ.} Τίνα δή;[客人：那么，我刚才
在说假话吗，当我说〈我〉对之会说出最大的困惑，而我们其实还能够说
出另外某个更大的困惑来？泰阿泰德：究竟是什么〈困惑〉？]新的牛津
校勘本同伯内特本一致，而法国布德本希腊文则与之有很大的不同：{ΞΕ.}
Ἆρ᾽ οὖν ἐψευσάμην ἄρτι λέγων τὴν μεγίστην ἀπορίαν ἐρεῖν αὐτοῦ πέρι; {ΘΕΑΙ.}
Τί δέ; ἔτι μεῖζω τινὰ λέγειν ἄλλην ἔχομεν;[客人：那么，我刚才在说假话吗，
当我说〈我〉对之会说出最大的困惑时？泰阿泰德：怎么回事？我们还能
够说出另外某个更大的困惑来吗？]从伯内特本和新校勘的牛津古典本希
腊文。

241　Ὦ θαυμάσιε[令人钦佩的人啊]。这句话在新校勘的牛津古典本希腊文中也
如此，而法国布德本希腊文作：Τί δέ, Ὦ θαυμάσιε;[怎么回事，令人钦佩的

人啊？〕从伯内特本和新校勘的牛津古典本希腊文。

242 见前面 238a7-9。

243 τοῦτο προσάπτων〔当我把这归给〈它〉时〕，即把 τό εἶναι〔是 / 是〈着〉〕归给 τὸ μὴ ὄν〔不是者 / 不是着的东西〕。法国布德本希腊文同伯内特本一致，而新校勘的牛津古典本希腊文采纳了康福德（F. M. Cornford）的意见（*Plato's Theory of Knowledge: The Theaetetus and the Sophist of Plato, translated with a running commentary*. London, 1935. p. 207），将之改为 τὸ "τό" προσάπτων，不从。

244 τὸν ἐμέ〔我这种人〕。参见《泰阿泰德》（166a5-6）：γέλωτα δὴ τὸν ἐμὲ ἐν τοῖς λόγοις ἀπέδειξεν.〔他于是就在讨论中把我这种人显明为是一个笑料。〕

245 见 238d9：Οὐδὲν δεῖ τὸ σαφέστερον ἐν ἐμοὶ σκοπεῖν.〔根本无需还要在我这里看得更清楚些！〕

246 εἶα δή 是词组，意思是"来吧""上啊""走啊"。

247 συντείνας 是动词 συντείνω 的一次性过去时分词主动态阳性主格单数；συντείνω 的本义是"拉紧""绑紧"，喻为"努力""奋起"，《牛津希-英词典》举了柏拉图在这里的这个表达，对之的解释是：exert oneself, strive。

248 εἰ δοκεῖ〔假如你〈这么〉认为的话〕，也可以译为"如果你已经做了决定"。

249 μέχρι τούτου〔直到此时为止〕是一个整体，μέχρι 要求属格，所以后面出现的是单数属格 τούτου。

250 παντὸς μᾶλλον 是固定搭配，其字面意思是"比一切都更"，转义为"必定""务必"。

251 πανούργως〔流氓成性地〕，如果偏中性地进行翻译，也可以译为"机灵地"。πανούργως 是由形容词 πανοῦργος 派生而来的副词，πανοῦργος 本为贬义词，意思是"邪恶的""为非作歹的"，但有时也用在偏中性的场合，意思是"伶俐的""机灵的"；参见《泰阿泰德》（177a7-8）：ταῦτα δὴ καὶ παντάπασιν ὡς δεινοὶ καὶ πανοῦργοι ἀνοήτων τινῶν ἀκούσονται.〔他们听到这些完全就像一群聪明且机灵的人在听某些蠢人说话似的。〕此外，从词源上看，πανοῦργος 由 πᾶν〔一切 / 全部〕和 ἔργον〔事情 / 工作〕合成，字面意思是"准备做任何事情的""无所不干的"。

252 τινα...φανταστικὴν τέχνην〔某种显像性的技艺〕，当然也可以简单译为"某种显像术"。

253 ἀντιλαμβανόμενος ἡμῶν〔通过抓住我们的弱点〕，也可以简单译为"通过攻击我们""通过谴责我们"。ἀντιλαμβανόμενος 在这儿是动词 ἀντιλαμβάνω 的现在时分词中动态阳性单数；ἀντιλαμβάνω 大多使用中动态形式，并要求属格作宾语，所以这里后面出现的是复数属格 ἡμῶν[我们]。该词除了具有"抓住""参与""帮助"等基本意思之外，还有"抓住某人的弱点""谴责""攻击"的意思，《牛津希–英词典》举了柏拉图在这里的这个表达，对之的解释是：take hold of for the purpose of finding fault, reprehend, attack。

254 τὸ παράπαν 是一个整体，基本意思是"完全""总共"，这里基于文义将之译为"一般地"，当然也可以译为"总的"。

255 τῷ νεανίᾳ[向这火气旺盛的人]。νεανίας 既可以是名词，即"年青人""青年"，也可以是形容词。作形容词使用时，除了泛指"有年青人性格的"之外，在褒义上表"奋发的""精力充沛的"，在贬义上则表"火气旺盛的""鲁莽的"。这里的翻译取其贬义的意思；当然，从开玩笑的角度，也可以直接译为"向这年青人"。

256 ἐν... πλάσμασι[在各种造型中]，即前面 239d7 那里提到的 τὰ γεγραμμένα καὶ τὰ τετυπωμένα[各种画像和各种塑像]。

257 καταγελάσεταί σου τῶν λόγων[他就会嘲笑你的那些说法]。动词 καταγελάω[嘲笑 / 讥讽]，一般要求属格作宾语，所以这里后面出现的是复数属格 σου τῶν λόγων[你的那些说法]。

258 这里以及下面 240b12 那里希腊文方括号中的否定词 οὐκ，伯内特均认为是窜入，但法国布德本希腊文保留了它们，而新校勘的牛津古典本希腊文直接将之删除；从伯内特和新校勘的牛津古典本希腊文。

259 Οὐκ ὂν ἄρα ὄντως ἐστὶν ὄντως ἣν λέγομεν εἰκόνα;[因此，尽管它不以是的方式是着，却又以是的方式是我们称之为影像的那种东西吗？]这句话也可以译为：我们称之为影像的那种东西，它既不以是的方式是着，又以是的方式是着吗？

260 τοιαύτην τινὰ... συμπλοκήν[在这样一种交织中]，也可以译为"在这样一种融合中"或"在这样一种联结中"。

261 Πῶς γὰρ οὐκ ἄτοπον;[又怎么会不奇怪呢？]如果将之译为陈述句，也可以译为"当然奇怪"。

262 περὶ τὸ φάντασμα αὐτὸν ἀπατᾶν[他在用显象进行欺骗]，也可以译为"他围绕着显象在进行欺骗"。

263 如果把名词 δόξα 译为"意见"，同时把动词 δοξάζω 译为"持有意见"，那么，这句话也可以译为："而假的意见复又是在对那些与诸是着的东西相反的东西持有意见吗？"

264 疑问词组 τίς μηχανὴ[什么办法／何种办法]期待的是否定回答。

265 τινα τῶν εὖ φρονούντων[任何一个头脑清醒的人]。动词 φρονέω 常和副词连用，εὖ φρονεῖν 的意思是"正确地思想""头脑清醒"。

266 ὅταν[ἄφθεγκτα καὶ ἄρρητα καὶ ἄλογα καὶ ἀδιανόητα]προσδιωμολογημένα ᾖ τὰ πρὸ τούτων ὁμολογηθέντα[当此前所同意的那些东西预先就已经被承认了之后]。关于这句话的希腊文，不同的编辑校勘者分歧比较大，作如下说明：（1）伯内特认为方括号中的 ἄφθεγκτα καὶ ἄρρητα καὶ ἄλογα καὶ ἀδιανόητα[不可表达的、不可说的、不合道理的和不可思想的]是窜入，但法国布德本希腊文保留了它们，而新校勘的牛津古典本希腊文直接将之删除；（2）τὰ πρὸ τούτων ὁμολογηθέντα[在这之前就被同意的东西]，法国布德本希腊文认为是窜入，而新校勘的牛津古典本希腊文保留了它们；（3）προσδιωμολογημένα[预先被承认／预先被同意]，法国布德本希腊文和新校勘的牛津古典本希腊文均作 προδιωμολογημένα，但意思不变。这里的翻译从新校勘的牛津古典本希腊文；如果保留方括号中的希腊文，这句话也可以译为："当此前所同意的那些东西预先被承认为是不可表达的、不可说的、不合道理的和不可思想的之后。"

267 ἀλλ᾽ ὥρα δὴ[βουλεύεσθαι]，法国布德本希腊文和新校勘的牛津古典本希腊文均作 ἀλλ᾽ ὥρα δὴ βουλεύεσθαι，也即是说，把动词命令式 ὅρα[你要看]改为了名词 ὥρα[时候／时刻]，并保留了动词不定式 βουλεύεσθαι[决定／商议]，从之。名词 ὥρα 跟不定式，表示"正是做……时候"，所以后面跟的是不定式 βουλεύεσθαι。参见《泰阿泰德》（145b6-7）：Ὥρα τοίνυν, ὦ φίλε Θεαίτητε, σοὶ μὲν ἐπιδεικνύναι, ἐμοὶ δὲ σκοπεῖσθαι.[因此，亲爱的泰阿泰德啊，于你，现在正是进行展示的时候；于我，则是进行考察的时候。]

268 Ἀδύνατόν γ᾽ ἄν, ὡς ἔοικεν, εἴη τὸν σοφιστὴν ἑλεῖν.[捕获智者，这似乎根本就是不可能的。]法国布德本希腊文与伯内特所校勘的本子一致，而新校勘的牛津古典本希腊文略有不同：Ἀδύνατόν γ᾽ ἄρα, ὡς ἔοικεν, <ἄν> εἴη τὸν σοφιστὴν ἑλεῖν.[所以，捕获智者，这似乎根本就是不可能的。]

269 συγγνώμην ἔχειν 是词组，意思是"体谅""原谅""宽恕"；如果同与格连用，意思是"同……感同身受"。参见《斐洞》（88c8）：Νὴ τοὺς θεούς, ὦ Φαίδων, συγγνώμην γε ἔχω ὑμῖν.[诸神在上，斐洞啊，我确实和你们感同身受。]

270 之所以这样翻译，因为 αὐτῶν 修饰和限定前面所提到的所有那些东西。

271 尖括号中的希腊文小词 γ᾽，是伯内特根据文义补充的，而法国布德本希腊文和新校勘的牛津古典本希腊文均没有这样做，从之。

272 见 239b1-3。

273 名词 πούς 的本义是"脚""足",但 παρὰ πόδα 是短语,意思是"立刻""立即";《牛津希-英词典》举了柏拉图在这里的这个表达,对之的解释是：in a moment。

274 σὴν χάριν［为了你的缘故］是词组,还有 ἐμὴν χάριν［为了我的缘故］。

275 δοκῶ μὲν γὰρ τήνδ', ὦ παῖ, τὴν ὁδὸν ἀναγκαιοτάτην ἡμῖν εἶναι τρέπεσθαι.［在我看来,孩子啊,转向下面这条道路,对我们来说是一条最必然的道路。］这句话当然也可以简单译为：在我看来,孩子啊,我们必然转向下面这条道路。

276 ὡς εὐκρινῶς ἔχοντες［仿佛我们有着敏锐的洞察力似的］,也可以译为"仿佛我们是目光敏锐的似的"。εὐκρινῶς 是由形容词 εὐκρινής 派生而来的副词,εὐκρινής 的本义是"分类很好的""安排得很好的",转义为"清清楚楚的";εὐκρινῶς 同动词 ἔχειν 连用,则指"具有敏锐的洞察力"或"处于有洞察力的状态"。

277 ἐπὶ κρίσιν ὥρμησε［急于判定］是一个整体,字面意思是"冲向判定"。

278 εὐκόλως 是由形容词 εὔκολος 派生而来的副词,εὔκολος 的本义是"容易满足的""随和的",而 εὐκόλως 在这里指"粗心地""马虎地""心不在焉地";《牛津希-英词典》举了柏拉图在这里的这个表达,对之的解释是：carelessly。

279 动词 ἐκδίδωμι 的基本意思是"交出去""放弃""投降",转义为"嫁女",进一步泛指"配婚"。

280 克塞诺法涅斯（Ξενοφάνης,公元前 570-前 478 年）,也译为"克塞诺芬尼"。第欧根尼·拉尔修在《名哲言行录》(9. 18-20)中,记载了他的生平和言行,并且说他是第一位宣称所有生成的东西都要毁灭的人。

281 διαφερόμενον γὰρ ἀεὶ συμφέρεται［因为在争吵时又总是和好］,这是意译;当然,也可以照字面意思译为"因为在分离时又总是结合在一起"。此外,διαφερόμενον 是动词 διαφέρω 的现在时分词中动态,而 διαφέρω 作为不及物动词使用时,除了具有"和……不同"的意思之外,其中动态本身也就具有"争吵""不和"的意思;参见《欧悌弗戎》(7b2-4)：Οὐκοῦν καὶ ὅτι στασιάζουσιν οἱ θεοί, ὦ Εὐθύφρων, καὶ διαφέρονται ἀλλήλοις καὶ ἔχθρα ἐστὶν ἐν αὑτοῖς πρὸς ἀλλήλους.［欧悌弗戎啊,但诸神相互争吵,彼此不和,并且在他们自己那儿互相敌视。］

282 αἱ συντονώτεραι［那些比较严厉的］。συντονώτεραι 是形容词 σύντονος 的比较级阴性复数,σύντονος 的本义是"拉紧的""绷紧的",喻为"强烈的""猛烈的"等，在这里则指"严厉的""苛刻的"；《牛津希-英词典》举了柏拉图在这里的这个表达，对之的解释是：severe。一般认为，这里说的是赫拉克利特学派的人。

283 一般认为这里说的是恩培多克勒及其门徒。

284 ἐν μέρει［轮流／依次／按次序］是词组。

285 ἓν εἶναι... τὸ πᾶν［全体是一］。τὸ πᾶν 在这里不译为"一切"，而译为"全体"。关于 τὸ πᾶν［全体］、τὰ πάντα［全部东西］和 τὸ ὅλον［整体］之间的关系的详细讨论，可参见《泰阿泰德》（204 以下）。

286 阿佛洛狄忒（Ἀφροδίτη, Aphrodite），希腊神话中的爱神；赫西俄德在《神谱》（190-197）中提到了该词的词源，说天神克洛诺斯（Κρόνος）割掉了其父亲乌拉诺斯（Οὐρανός）的阴茎，将之扔到海里，在它的周围泛起了白色的泡沫，从浪花间的泡沫中诞生了阿佛洛狄忒，因而 Ἀφροδίτη 源自 ἀφρός［泡沫］一词。

287 ἄλλοθί πῃ［在别处］，似乎既可以理解为在其作品的其他某个地方，也可以理解为在宇宙中的其他某个地方。

288 καὶ θερμὸν αὖ ψυχρῷ συγκεραννύμενον, ἄλλοθί πῃ διακρίσεις καὶ συγκρίσεις ὑποτιθείς.［并且〈说〉热复又同冷混合在一起，以及通过在别处假定分离和结合时。］这句话的希腊文在新校勘的牛津古典本希腊文中原样保留，但在法国布德本希腊文中作：καὶ θερμὸν αὖ ψυχρῷ συγκεραννύμενον ἄλλος εἴπῃ, διακρίσεις καὶ συγκρίσεις ὑποτιθείς.［并且当另外某个人复又说热同冷混合在一起，通过假设分离和聚合。］从义理上看，两者都成立。

289 即对 τὸ μὴ ὄν［不是者］。

290 περὶ τῶν ἄλλων δὴ τῶν προειρημένων ἡμῖν［关于前面我们已经说过的其他那些］，即 243b3-6 中除了"是"之外的其他那些，如 γέγονεν［已经生成］、γίγνεται［正在生成］等等。

291 τί ποθ' οἱ λέγοντες αὐτὸ δηλοῦν ἡγοῦνται;［那些在说它的人认为它究竟在意指什么？］对这句话的另一种断句是把 οἱ λέγοντες αὐτὸ δηλοῦν［那些在说〈能够〉揭示它的人］视为一个整体，于是整个这句话就当译为：那些说〈能够〉揭示它的人究竟把它视为什么？

292 ποιεῖσθαι τὴν μέθοδον［追踪／追求］是短语，《牛津希-英词典》对之的解释是：following after, pursuit。

293 之所以这样补充翻译，因为后面的动词 φατε［说／宣称］是第二人称复数。

294 ἠπορήκαμεν［我们已经走投无路了］，这里有意按字面翻译，而不简单译为"我们已经困惑了"。动词 ἀπορέω 派生自形容词 ἄπορος，由褫夺性前缀 ἀ

[无] 和 πόρος[通路/道路] 构成，即 "走投无路"。

295 αὐτά 在文法上虽然是中性复数，但仍可视为是对 ὑμεῖς[你们] 的强调，所以将之译为 "你们自己"。

296 τοῦτ' αὐτό[正是这点]。αὐτό 在这里表强调，不能译为 "本身"，

297 ἀποκρινέσθων[让他们回答]。新校勘的牛津古典本希腊文也作 ἀποκρινέσθων，而法国布德本希腊文作 ἀποκρινέσθωσαν；前者为现在时命令式中动态第三人称复数，后者为一次性过去时命令式中动态第三人称复数。

298 Καὶ τὸ παράπαν γε ἀποδέχεσθαί του λέγοντος ὡς ἔστιν ὄνομά τι, λόγον οὐκ ἂν ἔχον.[另一方面，当一个人说某个名称是〈着〉，就加以接受，这也肯定完全会没有道理。] 关于这句话的理解和翻译有歧义，关键是如何理解动词 ἔχον 的主语是谁。ἔχον 从文法上看，在这里只能是动词 ἔχω[有] 的现在时分词中性单数，其主语既可以是前面的动词不定式 ἀποδέχεσθαι[接受]，也可以是 ὄνομά τι[某个名称]。如果将其主语理解为 ἀποδέχεσθαι，那么这句话就当译为："另一方面，当一个人说某个名称是〈着〉，就加以接受，这也肯定完全会没有道理。" 如果将其主语理解为 ὄνομά τι，那么这句话则应该译为："另一方面，当一个人说某个名称——尽管它没有逻各斯——是〈着〉，就加以接受，这也肯定完全〈是可笑的〉。" 这里的翻译取前一种理解。

299 "并且一肯定既仅仅是一的一，也复又是名称的一。" 对这句话的校勘和处理，分歧比较大。伯内特本作：Καὶ τὸ ἕν γε, ἑνὸς ὄνομα ὂν καὶ τοῦ ὀνόματος αὖ τὸ ἓν ὄν.[并且一，肯定既是一的名称，也复又是名称的一。] 法国布德本希腊文作：Καὶ τὸ ἕν γε, ἑνὸς ἓν ὂν μόνον, καὶ τοῦ ὀνόματος αὐτὸ ἓν ὄν.[并且一，肯定既仅仅是一的一，它自身也是名称的一。] 新校勘的牛津古典本希腊文作：Καὶ τὸ ἕν γε ἑνὸς ἓν ὂν μόνον καὶ τοῦ ὀνόματος αὖ τὸ ἓν ὄν.[并且一肯定既仅仅是一的一，也复又是名称的一。] 这里的翻译从新校勘的牛津古典本希腊文。

300 τοῦ ὄντος ἑνός[是着的一]，也可以译为 "作为一的是者"。

301 πελέναι χρεόν[必定不会发生]。πελέναι 是动词 πέλω 的现在时不定式，πέλω 常以中动态 πέλομαι 的形式出现，意思是 "变成" "成为" "是" "来到"；《牛津希-英词典》举了巴门尼德在残篇（8.45）中的这个表达。

302 ὅλον ἓν εἶναι[是作为整体的一]，当然也可以简单译为 "是一个整体"。

303 希腊文方括号中的 ὅλῳ[整个的]，伯内特认为是窜入，法国布德本希腊文和新校勘的牛津古典本希腊文都直接将之删除。

304 ὑπ' ἐκείνου［被那个东西］，即"被一"。

305 ἐνδεὲς τὸ ὂν ἑαυτοῦ［是者自身就是有所欠缺的］。这是意译，字面意思是"是者比它自身要差"或"是者比它自身要不足"。

306 即 τὸ ὂν［是着的东西 / 是者］。

307 [τὸ ἓν ἢ] τὸ ὅλον ἐν τοῖς οὖσι μὴ τιθέντα.［如果一个人不把整体置于诸是者中的话。］希腊文方括号中的 τὸ ἓν ἢ［一或者］，伯内特认为是窜入，新校勘的牛津古典本希腊文直接删除了它们；但法国布德本希腊文保留了它们，于是这句话就当译为："如果一个人不把一或者整体置于诸是者中的话。"从伯内特和新校勘的牛津古典本希腊文。

308 γιγαντομαχία［诸神和巨人之间的战争］是专门表达，《牛津希-英词典》对之的解释是：battle of the gods and giants。关于该战争，参见赫西俄德《神谱》(675-715)。

309 ἀτεχνῶς 是由形容词 ἀτεχνής［无技艺的］派生而来的副词，本义是"完完全全地""真正地""直截了当地"，如 ἀτεχνῶς ξένως ἔχω［我完完全全是个异邦人］。希腊语的 ἀτεχνῶς 和 ἀτέχνως 是两个不同的副词，仅仅重音不同。前者来自形容词 ἀτεχνής，后者来自形容词 ἄτεχνος。尽管 ἀτεχνής 和 ἄτεχνος 是同义词，都是由 τέχνη［技艺］加上褫夺性的前缀 ἀ- 构成，但由前者派生出来的副词 ἀτεχνῶς 的意思是"完全地""直截了当地"，由后者派生出来的副词 ἀτέχνως 的意思是"粗糙地""笨拙地""无技艺地"。

310 希腊文尖括号中的 τι，是校勘者根据文义补充的，法国布德本希腊文和新校勘的牛津古典本希腊文均如此。

311 参见《泰阿泰德》(155e3-7)：Ἄθρει δὴ περισκοπῶν μή τις τῶν ἀμυήτων ἐπακούη. εἰσὶν δὲ οὗτοι οἱ οὐδὲν ἄλλο οἰόμενοι εἶναι ἢ οὗ ἂν δύνωνται ἀπρὶξ τοῖν χεροῖν λαβέσθαι, πράξεις δὲ καὶ γενέσεις καὶ πᾶν τὸ ἀόρατον οὐκ ἀποδεχόμενοι ὡς ἐν οὐσίας μέρει.［那就请你环视周围，观察一下，免得那些门外汉中的某个人也在听。不过他们是这样一些人：认为除了他们能用双手紧紧握住的那种东西之外，没有任何其他的东西是着，而根本不同意把各种行为、各种生成以及所有不可见的东西归入所是的一类。］

312 γένεσιν... φερομένην τινά［某种正在运动着的生成］是一个整体；参见《泰阿泰德》(177c7)：τὴν φερομένην οὐσίαν［在运动的所是 / 运动着的所是］，以及 (179d3)：τὴν φερομένην ταύτην οὐσίαν［这个运动着的所是］。另外，还可参见对天上星辰的一种比喻表达：οἱ φερόμενοι θεοί［在运动的诸神 / 运动着的诸神］。

313 κατὰ μέρος［一个一个地 / 分别地 / 分开地］是词组，差不多等于 ἀνὰ μέρος，一般译为"轮流""轮番""依次",拉丁文将之译为 sigillatim。《牛津希-英词典》对之的解释是：severally。

314 参见《斐洞》(91b8–c3)：ὑμεῖς μέντοι, ἂν ἐμοὶ πείθησθε, σμικρὸν φροντίσαντες Σωκράτους, τῆς δὲ ἀληθείας πολὺ μᾶλλον, ἐὰν μέν τι ὑμῖν δοκῶ ἀληθὲς λέγειν, συνομολογήσατε, εἰ δὲ μή, παντὶ λόγῳ ἀντιτείνετε.［你们，如果听从我，那就一定要少操心苏格拉底，而要更多地操心真；如果在你们看来我在说某种真的东西，那就要〈和我〉一起表示同意；但如果没有，那你们就要用所有的说法来进行抵制。］

315 ταῦτ' ἔσται, 即 ἔσται ταῦτα；它是固定用法，也写作 ἔστι ταῦτα 或 ταῦτα。指示代词 οὗτος 的中性复数 ταῦτα 在这里作副词使用；ἔσται ταῦτα / ἔστι ταῦτα / ταῦτα 作为答复语，意思是"好的""是的""遵命""照办"，例如：ταῦτ', ὦ δέσποτα.［好的，主人！］

316 δικαιοσύνης ἕξει καὶ παρουσίᾳ［凭借正义之拥有和在场］。法国布德本希腊文也如此，而新校勘的牛津古典本希腊文根据上下文将之补充为 δικαιοσύνης 〈ἢ φρονήσεως〉ἕξει καὶ παρουσίᾳ［凭借正义或明智之拥有和在场］，从之。

317 Τί δὲ τῶν τοιούτων; μῶν σῶμά τι λέγουσιν ἴσχειν;［但什么属于这些东西呢？难道他们说它们具有某种形体？］这句话在法国布德本希腊文中也如此，而新校勘的牛津古典本希腊文将之断句为：Τί δέ; τῶν τοιούτων μῶν σῶμά τι λέγουσιν ἴσχειν;［然后呢？难道他们说这些东西中的某个具有形体？］从伯内特和法国布德本希腊文。

318 σπαρτοί τε καὶ αὐτόχθονες［土生土长的人和本地人］。σπαρτοί［土生土长的人］，作为专名指"种出来的人"；根据传说，卡德摩斯（Κάδμος）杀死一条龙，把龙牙种在地里，从中长出一些武士，他们互相残杀，最后剩下五人，成为忒拜人的祖先，所以忒拜人也被称为"种出来的人"。而αὐτόχθονες［本地人］所指的范围要广一些，但也尤其指雅典人。

319 ἄρα τοῦτο［为此缘故］是短语，等于 ταῦτ' ἄρα。

320 希腊文方括号中的 τινα［某种］，伯内特认为是窜入，而法国布德本希腊文和新校勘的牛津古典本希腊文均直接保留了它，从之。此外，δύναμις［能力］在这里也可以译为"可能性"。

321 εἴτ' εἰς τὸ ποιεῖν... εἴτ' εἰς τὸ παθεῖν［要么〈能〉有所行动，要么〈能〉有所遭受］，也可以译为"要么〈能〉进行影响，要么〈能〉被影响"，或者"要么〈能〉起作用，要么〈能〉被作用"，或者"要么〈能〉施动，要么〈能〉受动"。

322 希腊文方括号中的动词 ὁρίζειν［定义／规定］，伯内特认为是窜入，而法国布德本希腊文和新校勘的牛津古典本希腊文均直接保留了它，从之。此外，新校勘的牛津古典本希腊文在其后面还补充了动词不定式 δεῖν［必须／应当］，不从。

323　διὰ λογισμοῦ［通过计算］，当然也可以译为"通过思考"。

324　σώματι μὲν ἡμᾶς γενέσει· δι' αἰσθήσεως κοινωνεῖν, διὰ λογισμοῦ δὲ ψυχῇ πρὸς τὴν ὄντως οὐσίαν.［我们借助身体通过各种感觉同生成相结合，而借助灵魂通过计算同以是的方式是着的所是相结合。］单就这句话，也可以译为"我们借助身体通过各种感觉参与生成，而借助灵魂通过计算同以是的方式是着的所是相结合。"动词 κοινωνέω 既有"参与""分享"的意思（要求与格作宾语），也有"结合"的意思（同介词 πρός 连用）。

325　ἀεὶ κατὰ ταὐτὰ ὡσαύτως ἔχειν［总是恒常地保持着同一］，也可以译为"总是同样地保持着同一"或"总是以同样的方式保持着同一"。参见《斐洞》（78c6–8）：Οὐκοῦν ἅπερ ἀεὶ κατὰ ταὐτὰ καὶ ὡσαύτως ἔχει, ταῦτα μάλιστα εἰκὸς εἶναι τὰ ἀσύνθετα, τὰ δὲ ἄλλοτ' ἄλλως καὶ μηδέποτε κατὰ ταὐτά, ταῦτα δὲ σύνθετα;［因此，那些总是保持同一和同样状态的东西，它们岂不最可能是非组合在一起的东西；而那些时而这样、时而那样，从不曾保持同一的东西，它们就是组合在一起的东西？］（78d1–3）：αὐτὴ ἡ οὐσία ἧς λόγον δίδομεν τοῦ εἶναι καὶ ἐρωτῶντες καὶ ἀποκρινόμενοι, πότερον ὡσαύτως ἀεὶ ἔχει κατὰ ταὐτὰ ἢ ἄλλοτ' ἄλλως;［我们在问和答中对其是给予说明的那种所是本身，总是以同样的方式保持同一呢，还是时而这样、时而那样？］以及（80b1–5）：τῷ μὲν θείῳ καὶ ἀθανάτῳ καὶ νοητῷ καὶ μονοειδεῖ καὶ ἀδιαλύτῳ καὶ ἀεὶ ὡσαύτως κατὰ ταὐτὰ ἔχοντι ἑαυτῷ ὁμοιότατον εἶναι ψυχή, τῷ δὲ ἀνθρωπίνῳ καὶ θνητῷ καὶ πολυειδεῖ καὶ ἀνοήτῳ καὶ διαλυτῷ καὶ μηδέποτε κατὰ ταὐτὰ ἔχοντι ἑαυτῷ ὁμοιότατον αὖ εἶναι σῶμα.［灵魂最相似于神性的东西、不死的东西、可思想的东西、单一形相的东西、不可分解的东西、总是同样地与自身保持同一的东西；而身体则最相似于那属人的东西、有死的东西、多样形相的东西、非可思想的东西、可分解的东西、从不与自身保持同一的东西。］《政治家》（269d5–7）：Τὸ κατὰ ταὐτὰ καὶ ὡσαύτως ἔχειν ἀεὶ καὶ ταὐτὸν εἶναι τοῖς πάντων θειοτάτοις προσήκει μόνοις, σώματος δὲ φύσις οὐ ταύτης τῆς τάξεως.［总是保持着同一和同样并且是同一的，这仅仅适合于一切中那些最神圣的，而形体的本性不属于这种等级。］

326　ἐπ' ἀμφοῖν［在两种情形那儿］，即"在生成和所是"那儿。

327　πάθημα ἢ ποίημα［一种遭受或一种行动］，当然也可以译为"一种被影响或一种影响"。

328 πρὸς τοὺς γηγενεῖς［对那些土生土长的人］。形容词 γηγενής 的意思就是"地生的""土生土长的"。

329 γενέσει... μέτεστι τοῦ πάσχειν καὶ ποιεῖν δυνάμεως［生成分有受动和施动之能力］。动词 μέτειμι［在……当中／分有］在这里作无人称动词使用；"进行分有的"要求与格，所以这里出现的是单数与格 γενέσει［生成］，"被分有的"要求属格，所以出现的是单数属格 δυνάμεως［能力／可能性］。

330 ἢ τὸ μὲν πάθημα, τὸ δὲ θάτερον;［或者，将一个〈宣称为〉一种遭受，将另一个〈宣称为〉一种行动？］也可以完全按字面简单译为：或者，一个为一种遭受，一个则为另一种？

331 παντάπασιν οὐδέτερον οὐδετέρου τούτων μεταλαμβάνειν［两个都完全不分享这两者中的任何一个］。动词 μεταλαμβάνω［分享／分有／有份儿］要求属格作宾语。

332 τόδε γε［其实是这样］。法国布德本希腊文也作 τόδε γε，而新校勘的牛津古典本希腊文将之改为 τὸ δέ γε，不过意思差不多。

333 参见《泰阿泰德》（156a5-b2）：τὸ πᾶν κίνησις ἦν καὶ ἄλλο παρὰ τοῦτο οὐδέν, τῆς δὲ κινήσεως δύο εἴδη, πλήθει μὲν ἄπειρον ἑκάτερον, δύναμιν δὲ τὸ μὲν ποιεῖν ἔχον, τὸ δὲ πάσχειν. ἐκ δὲ τῆς τούτων ὁμιλίας τε καὶ τρίψεως πρὸς ἄλληλα γίγνεται ἔκγονα πλήθει μὲν ἄπειρα, δίδυμα δέ, τὸ μὲν αἰσθητόν, τὸ δὲ αἴσθησις, ἀεὶ συνεκπίπτουσα καὶ γεννωμένη μετὰ τοῦ αἰσθητοῦ.［一切都向来是运动，除了运动，别无其他；但运动有两种，一方面两者各自在数量上都是无限的，一方面〈其中〉一种具有施动能力，一种则具有受动能力。从这两者的交互和彼此的摩擦中产生出后裔，虽然在数量上无限，但又是成双的，即一方为被感觉到的东西，一方为总是同被感觉到的东西一道出现和产生出来的感觉。］

334 τῷ παντελῶς ὄντι［于完满地是着的东西那儿］，也可以译为"于绝对地是着的东西那儿"。

335 希腊文尖括号中的动词不定式 ἔχειν［有］，是校勘者根据文义补充的，但法国布德本希腊文没有该词，而新校勘的牛津古典本希腊文将之改为了现在时分词单数 ἔχον，从之。

336 参见《泰阿泰德》（153a6-7）：ὅτι τὸ μὲν εἶναι δοκοῦν καὶ τὸ γίγνεσθαι κίνησις παρέχει, τὸ δὲ μὴ εἶναι καὶ ἀπόλλυσθαι ἡσυχία.［运动造成看起来是和生成，而静止造成不是和毁灭。］

337 ἀκινήτων τε ὄντων，新校勘的牛津古典本希腊文作 ἀκινήτων τε ὄντων ＜πάντων＞，即补充了 πάντων［全部的］一词，从之。

338 ἐπιστήμην ἢ φρόνησιν ἢ νοῦν ἀφανίζων［他虽然抹去知识、明智或理智］。动词 ἀφανίζω 的本义是"使不见""使失去光泽"，喻为"抹去""夷平""使消失"。参见《政治家》（284a5-7）：Οὐκοῦν τὰς τέχνας τε αὐτὰς καὶ τἆργα αὐτῶν σύμπαντα διολοῦμεν τούτῳ τῷ λόγῳ, καὶ δὴ καὶ τὴν ζητουμένην νῦν πολιτικὴν καὶ τὴν ῥηθεῖσαν ὑφαντικὴν ἀφανιοῦμεν;［那么，我们岂不将因这种主张而毁掉了各种技艺本身以及它们的所有工作，当然我们也将抹去现在正寻找的政治术和已经谈论过的纺织术？］

339 κατὰ τὴν τῶν παίδων εὐχήν［如孩子们的愿望那样］，当然也可以译为"如孩子们的祈祷那样"。《牛津希-英词典》举了柏拉图在这里的这个表达，对之的解释是：like a boy's wish。

340 Βαβαὶ †μέντ' ἂν ἄρα,† ὦ Θεαίτητε［哎呀！然而，泰阿泰德啊］。法国布德本希腊文作：Βαβαὶ, μένοι ἂν ἄρα, ὦ Θεαίτητε［哎呀！好像还得等一等，泰阿泰德啊］；而新校勘的牛津古典本希腊文将之改为：Βαβαὶ, <οὐ> μέντ' ἄρα, ὦ Θεαίτητε［哎呀！还不一定呢，泰阿泰德啊］。这里的翻译从伯内特本。

341 见 243e。

342 之所以这么补充翻译，因为后面的动词 μετειλήφατον 是动词 μεταλαμβάνω［分享/取得/占有］的完成时直陈式中动态双数，并且该动词要求属格作宾语，所以这里出现的是单数属格 ἀπορίας［困境/困惑］。

343 ἐξ ἴσου 是固定表达，意思是"平等地""同等地"。

344 διωσόμεθα［我们将推进］是动词 διωθέω［推走］的将来时中动态第一人称复数；法国布德本希腊文也作 διωσόμεθα，而新的牛津校勘本将之改作 διακριβωσόμεθα［我们将仔细讨论］，不从。

345 一般认为这里说的是安提司忒涅斯（Ἀντισθένης）及其追随者。安提司忒涅斯是后来犬儒主义的开创者。据第欧根尼·拉尔修在《名哲言行录》（6.1）中的记载：他最初是修辞学家高尔吉亚的学生，后来前往后苏格拉底那儿，仿效其对外在事物的不动心，从而成为犬儒学派的奠基人；并且他是第一个规定 λόγος［逻各斯/定义］的人（6.3）：λόγος ἐστὶν ὁ τὸ τί ἦν ἢ ἔστι δηλῶν.［定义是对某物曾是什么或是什么的揭示。］

此外，亚里士多德在《政治学》第三卷第 13 章（1284a11-22）还这样谈及过他：ὅθεν δῆλον ὅτι καὶ τὴν νομοθεσίαν ἀναγκαῖον εἶναι περὶ τοὺς ἴσους καὶ τῷ γένει καὶ τῇ δυνάμει, κατὰ δὲ τῶν τοιούτων οὐκ ἔστι νόμος· αὐτοὶ γάρ εἰσι νόμος. καὶ γὰρ γελοῖος ἂν εἴη νομοθετεῖν τις πειρώμενος κατ' αὐτῶν. λέγοιεν γὰρ ἂν ἴσως ἅπερ Ἀντισθένης ἔφη τοὺς λέοντας δημηγορούντων τῶν δασυπόδων καὶ τὸ ἴσον ἀξιούντων πάντας ἔχειν. διὸ καὶ τίθενται τὸν ὀστρακισμὸν αἱ δημοκρατούμεναι πόλεις, διὰ τὴν τοιαύτην αἰτίαν· αὗται γὰρ δὴ δοκοῦσι διώκειν τὴν ἰσότητα μάλιστα πάντων, ὥστε τοὺς δοκοῦντας ὑπερέχειν δυνάμει διὰ πλοῦτον ἢ πολυφιλίαν ἤ τινα ἄλλην πολιτικὴν ἰσχὺν ὠστράκιζον καὶ μεθίστασαν ἐκ τῆς πόλεως χρόνους ὡρισμένους. [因此，显然立法必定只针对那些在出生和能力上相似的人；而对于那些〈杰出者〉，是没有法律的，因为他们自身就是法律。那试图为他们立法的人将是可笑的。因为他们或许会说出安提司特涅斯曾讲过的：当兔子们在集会上发表演讲并要求大家都应享有平等时，狮子们回答说〈你们有爪牙吗？〉因此，那些实行民主政制的城邦由于该原因而制定了陶片放逐法，因为它们在所有事情中最为追求平等，以至面对那些看起来或者由于财富、或者由于广受爱戴、或者由于某种别的政治力量而在能力上高出一头的人，他们施以陶片放逐法，定期将他们逐出城邦。]

346 τῆς περὶ φρόνησιν κτήσεω [对智慧的获取]。φρόνησις 一般译为"明智"或"审慎"，我在这里有意基于下面的 πάσσοφον [极其智慧]，而将之译为"智慧"。事实上该词在柏拉图那里几乎等同于 σοφία [智慧] 一词，后来亚里士多德才对之进行了明确的区分；狭义的 σοφία 即"理论智慧"，而 φρόνησις 专指"实践智慧"。

347 参见亚里士多德《形而上学》第五卷第 29 章（1024b26-36）：λόγος δὲ ψευδὴς ὁ τῶν μὴ ὄντων, ἧ ψευδής, διὸ πᾶς λόγος ψευδὴς ἑτέρου ἢ οὗ ἐστιν ἀληθής, οἷον ὁ τοῦ κύκλου ψευδὴς τριγώνου. ἑκάστου δὲ λόγος ἔστι μὲν ὡς εἷς, ὁ τοῦ τί ἦν εἶναι, ἔστι δ᾽ ὡς πολλοί, ἐπεὶ ταὐτό πως αὐτὸ καὶ αὐτὸ πεπονθός, οἷον Σωκράτης καὶ Σωκράτης μουσικός (ὁ δὲ ψευδὴς λόγος οὐθενός ἐστιν ἁπλῶς λόγος)· διὸ Ἀντισθένης ᾤετο εὐήθως μηθὲν ἀξιῶν λέγεσθαι πλὴν τῷ οἰκείῳ λόγῳ, ἓν ἐφ᾽ ἑνός· ἐξ ὧν συνέβαινε μὴ εἶναι ἀντιλέγειν, σχεδὸν δὲ μηδὲ ψεύδεσθαι. ἔστι δ᾽ ἕκαστον λέγειν οὐ μόνον τῷ αὐτοῦ λόγῳ ἀλλὰ καὶ τῷ ἑτέρου. [假的言说之为假的，乃是就它关乎不是者来说的。因此，所有的言说对于那异于它自身之对象的东西来说——对于它自身的对象来说它是真的——都是假的；例如，关于圆的言说对于三角形来说就是假的。关于每个东西的言说一方面作为一，即关于是其所是的言说，另一方面又作为多；因为在某种意义上，它自身和遭遇到某种事情的它是同一的，例如，苏格拉底和有教养的苏格拉底（而假的言说根本不是关于任何东西的言说）。因此，安提司涅斯头脑简单地认为，除了被自己的言说所说之外，不能被任何东西所说，即一对一；由此就得出，既不可能有自相矛盾，也几乎不可能有犯错这回事。然而，每个东西不仅可以被关于它自己的言说所说，而且

也被关于其他东西的言说所说。]

348 之所以这么补充翻译，因为后面的动词 μεθέξετον 是动词 μετέχω［分享／分有］的将来时直陈式主动态双数，并且该动词要求属格作宾语，所以这里出现的是单数属格 οὐσίας［所是］。

349 ἀνάστατα γέγονεν［已经变得混乱不堪了］，也可以译为"已经成为了无家可归的"。形容词 ἀνάστατος 由动词 ἀνίστημι［使激动／使叛变／使迁居］而来，其基本意思是"被赶走的""被赶出家门的""被洗劫一空的"，在讨论中则专指"混乱的""颠覆的""弄翻的"；《牛津希-英词典》专门举了柏拉图在这里的这个表达，对之的解释是：upset。关于这里所讲的，还可参见《泰阿泰德》（138a4-7）：τὸ δ’, ὡς ἔοικεν, ἐφάνη, εἰ πάντα κινεῖται, πᾶσα ἀπόκρισις, περὶ ὅτου ἄν τις ἀποκρίνηται, ὁμοίως ὀρθὴ εἶναι, οὕτω τ’ ἔχειν φάναι καὶ μὴ οὕτω, εἰ δὲ βούλει, γίγνεσθαι, ἵνα μὴ στήσωμεν αὐτοὺς τῷ λόγῳ.［但似乎下面这点将是显而易见的，如果一切都在运动的话，那就是，任何回答，关于一个人会回答的任何东西，都是同样正确的，无论说是这样或不是这样——但如果你愿意，〈也可以说〉成为〈这样或不成为这样〉，免得我们用说话把它们固定住——。]

350 κατ’ εἴδη τὰ ὄντα［依照诸形式而是着的东西］，也可以译为"那些在形式上是着的东西"；我这里将之作为一个整体来理解和翻译。

351 πέρας ἔχοντα［它们是有限的］。名词 πέρας 的基本意思是"终点""结局""极限"，πέρας ἔχειν 是短语，等于动词 περαίνεσθαι［结束／完结］，这里基于文义将之译为"它们是有限的"。

352 ἐν μέρει...ἀεί［轮流地……总是］，也可以译为"轮流地……始终"或"轮流地……永远地"。

353 χωρίς［除外］也可以译为"没有""分开""分离"，甚或"单独"。

354 εἴργεσθαι 是动词 ἔργω 的现在时被动态不定式，动词 ἔργω 的基本意思是"关""关进去""围起来"，但其被动态则具有"排除""阻止"等意思，并要求属格作宾语，所以这里出现的是复数属格 ὧν［它们］。

355 οἴκοθεν 的本义是"从家里"，但在这里同动词 ἔχω［有］连用，指"在家里"；《牛津希-英词典》举了柏拉图在这里的这个表达，对之的解释是：at home, within。

356 欧儒克勒厄斯（Εὐρυκλέης），一位著名的腹语术者，能够用肚子讲话；参见阿里斯托芬《马蜂》（1017-1020）。

357 参见《泰阿泰德》202e5 以下。

358 διαφερόντως τῶν ἄλλων［远超其他〈字母〉］是短语。副词 διαφερόντως 跟属

格，意思是"超出……"，而 διαφερόντως τῶν ἄλλων 的字面意思是"超过其他〈一切〉"，《牛津希-英词典》对之的解释是：above all others。这里基于上下文将之译为"远超其他〈字母〉"。

359　τὰ φωνήεντα［元音字母］。形容词 φωνήεις 的基本意思是"有声音的""能说话的"，但其中性复数 τὰ φωνήεντα 专指元音字母，同 ἄφωνα［辅音字母］相对。

360　τῆς μεγίστης［最高的〈知识〉］。形容词 μέγας 除了具有"大"的意思之外，也有"高"的意思，这里有意将之译为"高"，而不译为"大"或"重要"。

361　方括号中的希腊文 νῦν［现在］，伯内特认为是窜入，而法国布德本希腊文和新校勘的牛津古典本希腊文均保留了该词，从之。

362　参见《泰阿泰德》（172c8-d2）：Κινδυνεύουσιν οἱ ἐν δικαστηρίοις καὶ τοῖς τοιούτοις ἐκ νέων κυλινδούμενοι πρὸς τοὺς ἐν φιλοσοφίᾳ καὶ τῇ τοιᾷδε διατριβῇ τεθραμμένους ὡς οἰκέται πρὸς ἐλευθέρους τεθράφθαι.［那些从年轻的时候开始就在法庭及诸如此类的地方摸爬滚打的人，之于那些在哲学和这类消遣中长大的人，看起来就像家奴的培养之于自由人的培养。］以及亚里士多德《形而上学》（982b24-28）：δῆλον οὖν ὡς δι' οὐδεμίαν αὐτὴν ζητοῦμεν χρείαν ἑτέραν, ἀλλ' ὥσπερ ἄνθρωπος, φαμέν, ἐλεύθερος ὁ αὑτοῦ ἕνεκα καὶ μὴ ἄλλου ὤν, οὕτω καὶ αὐτὴν ὡς μόνην οὖσαν ἐλευθέραν τῶν ἐπιστημῶν· μόνη γὰρ αὕτη αὑτῆς ἕνεκέν ἐστιν.［显然我们不是为了别的用处而寻求它；相反，正如我们称那为了自己而不为了他人的人是自由的一样，在诸知识中唯有这种知识是自由的，因为只有它是为了它自身。］

363　τῆς διαλεκτικῆς ἐπιστήμης［属于谈话的知识］，也可以将之进一步扩展译为"属于以问答方式进行讨论的知识"；当然，如果联系整个哲学史，也可以把 ἡ διαλεκτικὴ ἐπιστήμη 译为"辩证的知识"或"辩证法的知识"。

364　τριβῇ［通过历练］，也可以译为"通过单纯的练习"。名词 τριβή 派生自动词 τρίβω［磨/搓］，除了具有"磨损""消磨"等基本意思之外，同 τέχνη［技艺］和 μέθοδος［方法/研究］相对照，指"单纯的练习""磨炼"，接近于 ἐμπειρία［经验］；参见《斐德若》（260e4-5）：οὐκ ἔστι τέχνη ἀλλ' ἄτεχνος τριβή.［不是一种技艺，而是一种缺乏技艺的历练。］《高尔吉亚》（463b3-4）：οὐκ ἔστιν τέχνη ἀλλ' ἐμπειρία καὶ τριβή.［不是一种技艺，而是一种经验和历练。］

365　参见亚里士多德《形而上学》第二卷第 1 章（993b9-11）：ὥσπερ γὰρ τὰ τῶν νυκτερίδων ὄμματα πρὸς τὸ φέγγος ἔχει τὸ μεθ' ἡμέραν, οὕτω καὶ τῆς ἡμετέρας ψυχῆς ὁ νοῦς πρὸς τὰ τῇ φύσει φανερώτατα πάντων.［我们灵魂中的努斯（译

按：也可以译为"智性直观"或"理智"），对于万物中本性上最明显的东西，犹如蝙蝠的眼睛之于白昼。]

366　τὰ μὲν ἐπ᾽ ὀλίγον, τὰ δ᾽ ἐπὶ πολλά［一些同少数东西〈相结合〉，一些则同多数东西〈相结合〉］，也可以译为"一些适用的范围小，一些适用的范围大"。

367　συνεπισπώμεθα τῷ λόγῳ［让我们一起伴随〈接下来的〉讨论］，这是比喻和拟人手法，也可以译为"让我们一同跟随〈接下来的〉讨论"。συνεπισπώμεθα 是动词 συνεφέπομαι［一同跟随／一起伴随］的一次性过去时虚拟式中动态第一人称复数；《牛津希-英词典》举了柏拉图在这里的这个表达，对之的解释是：follow together。

368　πῶς ἔχει［处于何种情形］，也可以译为"是如何"。

369　λόγου... ἐνδεεῖς... γιγνώμεθα［我们……变得欠缺说明］是一个整体，形容词 ἐνδεής［不足的／欠缺的］要求属格，所以这里出现的是单数属格 λόγου［说明］。

370　ἡμῖν... παρεικάθη［允许我们］是一个整体，字面意思是"对我们来说是允许的"。παρεικάθη 是动词 παρείκω［允许／容许］的一次性过去时虚拟式第三人称单数，在这里作无人称动词使用，要求与格。

371　ἀθῷοις ἀπαλλάττειν［我们免于责罚］是短语。形容词 ἀθῷος 的意思是"不受处罚的""无罪的"，动词 ἀπαλλάττειν 的意思则是"摆脱""避免"，而 ἀθῷος ἀπαλλάττειν 或 ἀθῷος ἀπαλλάττεσθαι 构成短语，意思是"免于责罚""逍遥法外"。《牛津希-英词典》举了柏拉图在这里的这个表达，对之的解释是：get off scot-free。

372　τὸ μὴ ὂν λέγουσιν ὡς ἔστιν ὄντως μὴ ὄν［当我们说不是着的东西是在是的方式上不是着时］，这句话也可以简单译为"当我们说不是的东西确实是不是着〈的东西〉时"或"当我们说不是者确实是不是〈者〉时"。

373　τό τε ὂν αὐτὸ καὶ στάσις καὶ κίνησις［是者本身、静止和运动］，也可以译为"是本身、静和动"。

374　αὐτοῖν［它俩］，即"同和异"。

375　αὐτοῖν［它俩］，即"动和静"。

376　πρὸς τοῖς τρισὶν εἴδεσιν［在〈已经提及过的〉那三个形式之外］，即在 254d4-5 那里提到的 τό τε ὂν αὐτὸ καὶ στάσις καὶ κίνησις［是者本身、静止和运动］之外。

377　αὐτὰ καθ᾽ αὑτά［自身就其自身］也可以意译为"绝对地"或"自在自为地"，而 πρὸς ἄλλα［之于其他的／相对于其他的］也可以意译为"相对地"。关于两者的区别，可参见《菲勒玻斯》（51c6-7）：ταῦτα γὰρ οὐκ εἶναι πρός τι καλὰ λέγω, καθάπερ ἄλλα, ἀλλ' ἀεὶ καλὰ καθ' αὑτὰ πεφυκέναι.［我说，这些东西并非相对于某种东西是美的，如其他东西一样，相反，它们总是在其自身生来就是美的。］

378 Πέμπτον δὴ τὴν θατέρου φύσιν λεκτέον ἐν τοῖς εἴδεσιν οὖσαν, ἐν οἷς προαιρούμεθα.［那么就必须得说，在我们有意选择出来的那些形式中，异之本性是第五个。］法国布德本希腊文也如此，而新校勘的牛津古典本希腊文将之改作 Πέμπτον δὴ τὴν θατέρου φύσιν λεκτέον ἐν τοῖς εἴδεσιν οὖσαν οἷς προαιρούμεθα，即去掉了逗号，并删掉了后面的介词 ἐν；这里的翻译从新校勘的牛津古典本希腊文。此外，προαιρούμεθα［有意选择］，也可以译为"首先选择"，或简单地译为"选择"。

379 αὕτη［这种东西］，指代 ἡ κίνησις［运动］。

380 αὐτοῦ［它］，指代 ταὐτόν［同］。此外，Ἀλλὰ μὴν αὕτη γ' ἦν ταὐτὸν διὰ τὸ μετέχειν αὖ πάντ' αὐτοῦ.［但这种东西无疑肯定都向来是同，由于全部的东西复又分有着它。］法国布德本希腊文与之一致，但新校勘的牛津古典本希腊文将之改为：Ἀλλὰ μὴν αὐτῇ γ' ἦν ταὐτὸν διὰ τὸ μετέχειν αὖ πᾶν ταὐτοῦ.［但无疑对这种东西来说，同肯定向来都是着，因为全体复又都分有着同。］这里的翻译从伯内特和布德本希腊文。

381 见 251-252 中的相关内容。

382 τὸ μὴ καὶ τὸ οὐ［不和非］。严格说来，μή 和 οὐ 这两个否定词之间是有差别的：μή 表示相对的否定，而 οὐ 表示绝对的否定；μή 表示对假设事件的否定，而 οὐ 表示对实际发生的事情的否定。

383 μᾶλλον δέ 是词组，意思是"宁可说""甚至是"，表达对前面所说内容的修正或扩展。

384 κατακεκερματίσθαι［已经被切碎了］，也可以意译为"分散开来了"。动词 κατακερματίζω 的本义是"切细""剁碎"，喻为"把一个面值大的钱币兑换成一些面值小的钱币"。参见《巴门尼德》（144b4-c1）：Κατὰ κεκερμάτισται ἄρα ὡς οἷόν τε σμικρότατα καὶ μέγιστα καὶ πανταχῶς ὄντα, καὶ μεμέρισται πάντων μάλιστα, καὶ ἔστι μέρη ἀπέραντα τῆς οὐσίας.［因此，所是尽可能地被切碎了为最小的、最大的以及各式各样的是者，是一切中最为分成了若干份的，并且它的部分是无限的。］

385 ἐκείνη［那个东西］，即 ἐπιστήμη［知识］。

386 ἐπί τῳ γιγνόμενον［〈各自〉出现在某个东西那儿］，即每个部分都有着自己所关乎的东西。

387 Ἄλλο τι τῶν ὄντων τινὸς ἑνὸς γένους ἀφορισθὲν καὶ πρός τι τῶν ὄντων αὖ πάλιν

ἀντιτεθὲν οὕτω συμβέβηκεν εἶναι τὸ μὴ καλόν;［这样一来是不是已经得出，不美的东西是〈这样一种东西〉：它从诸是者的某一家族中被划分了出来，而且复又再次同诸是者中的某个摆在一起进行对照？］关于这句话的理解有分歧，焦点在于如何理解 ἄλλο τι。一种理解是将之理解为短语，等于 ἄλλο τι ἤ，引导疑问句，相当于拉丁文的 numquid alius quam 或 nonne［是不是 / 对不对］，我这里的翻译基于这种理解。另一种看法是将之理解为"某一另外的东西"，于是整句话就当译为："这样一来〈岂不〉已经得出，不美的东西是从诸是者的某一家族中被划分出来的某一另外的东西，而且复又再次同诸是者中的某个摆在一起进行对照？"

388 ἐκείνῳ［同那种东西］，即同 αὐτὸ τὸ ὄν［是〈者〉本身］。

389 后来亚里士多德对 ἀντικείμενον［对立］概念进行了总结，区分出了四种 ἀντικείμενα［对立］方式。参见亚里士多德《范畴篇》第 10 章（11b17-23）：Λέγεται δὲ ἕτερον ἑτέρῳ ἀντικεῖσθαι τετραχῶς, ἢ ὡς τὰ πρός τι, ἢ ὡς τὰ ἐναντία, ἢ ὡς στέρησις καὶ ἕξις, ἢ ὡς κατάφασις καὶ ἀπόφασις. ἀντίκειται δὲ ἕκαστον τῶν τοιούτων, ὡς τύπῳ εἰπεῖν, ὡς μὲν τὰ πρός τι οἷον τὸ διπλάσιον τῷ ἡμίσει, ὡς δὲ τὰ ἐναντία οἷον τὸ κακὸν τῷ ἀγαθῷ, ὡς δὲ κατὰ στέρησιν καὶ ἕξιν οἷον τυφλότης καὶ ὄψις, ὡς δὲ κατάφασις καὶ ἀπόφασις οἷον κάθηται—οὐ κάθηται.［一个东西在四种方式上被说成是同另一个东西相对立：或者如"相对物"那样、或者如"相反者"那样、或者如"缺失"与"具有"那样、或者如"肯定"与"否定"那样。它们中的每一种都是对立的，概而言之，如"相对物"那样——例如两倍同一半相对立，如"相反者"那样——例如坏同好相对立，如"缺失"与"具有"那样——如盲瞎和视力，如"肯定"与"否定"那样——如他坐着和他不坐着。］《形而上学》第五卷第 10 章（1018a20-23）：Ἀντικείμενα λέγεται ἀντίφασις καὶ τἀναντία καὶ τὰ πρός τι καὶ στέρησις καὶ ἕξις καὶ ἐξ ὧν καὶ εἰς ἃ ἔσχατα αἱ γενέσεις καὶ φθοραί· καὶ ὅσα μὴ ἐνδέχεται ἅμα παρεῖναι τῷ ἀμφοῖν δεκτικῷ, ταῦτα ἀντικεῖσθαι λέγεται.［所谓对立，指矛盾，相反，相对物，缺失和具有，以及生成和毁灭由之和向之的〈两个〉极点；此外，那些不能同时在场于那可接受两者的东西中的，也被称作对立。］

390 ἔστιν οὐδενὸς τῶν ἄλλων οὐσίας ἐλλειπόμενον［它并不比其他任何东西缺少所是］。关于这句话有两种理解和翻译：（1）把 οὐσίας ἐλλειπόμενον［缺少所是］视为一个整体，动词 ἐλλείπω 的基本意思是"留下""丢下""缺乏""短少"，其中动态和被动态则指"比不上"，要求属格作宾语，所以这里出现的是属格单数 οὐσίας［所是］。（2）把单数属格 οὐσίας［所是］视为在表"就……来说""在……那方面",那么,整个这句话也可以译为:"它在所是方面并非比不上其他任何东西"。

391 希腊文尖括号中的 μὴ μέγα［不大的］和 μὴ καλόν［不美的］,是校勘者根据文义补充的,法国布德本希腊文和新校勘的牛津古典本希腊文均如此。

392 περὶ μὲν ἐναντίου τινὸς αὐτῷ［关于同它的某种相反］是一个整体。这里的αὐτῷ［同它］,即同 τὸ ὄν［是者］,之所以用与格,是 ἐναντίος［相反的］所要求的。

393 见 238c。

394 λόγον ἔχον ἢ καὶ παντάπασιν ἄλογον［能够被说明还是完全不可说明的］,这里基于文义不将之译为"有道理的还是完全不合道理的",当然也可以译为"能够被表达的还是不可表达的"。

395 χαίρει τοτὲ μὲν ἐπὶ θάτερα τοτὲ δ' ἐπὶ θάτερα τοὺς λόγους ἕλκων.［满足于时而把一些说法拖向一边,时而又把它们拖向另一边］。ἐπὶ θάτερα...ἐπὶ θάτερα［向一边……向另一边］是固定表达,《牛津希-英词典》举了柏拉图在这里的这个表达,对 ἐπὶ θάτερα 的解释是: to the one or the other side。

396 τὸ ταῦτα ἐάσαντα ὡς †δυνατὰ†,这句话在法国布德本希腊文和新校勘的牛津古典本希腊文中均作 τὸ ταῦτα ἐάσαντα ὡς <παντὶ> δυνατὰ,从之。关于这句话,无论是在编辑校勘上,还是在理解上,均存在着较大的分歧。(1) 如何理解动词 ἐάσαντα。ἐάσαντα 在这儿是动词 ἐάω 的一次性过去时分词,但 ἐάω 既具有"容许""允许"的意思,也具有"不去管它""不理会"的意思。如果将之理解为"容许""允许",那么,代词 ταῦτα［这些］指代的是客人在前面所提出来的那些相反的情形;如果将之理解为"不去管它""不理会",那么,它指代的则是客人在前面所反对的那些说法。我这里的翻译持前一种看法。(2) 如果持后一种看法,其中的 ὡς δυνατὰ 则面临一些困难,编辑校勘者提出了各种可能的修订意见,其中有两种意见可采纳:巴德姆(Badham)建议将之改为 ὡς ἀνήνυτα,于是整个这句话就当译为"将这些作为无休止的〈胡扯〉而不予以理会";理查兹(Richards)建议将之改为 ὡς ἀνόνητα,这句话就当译为"将这些作为无用的〈胡扯〉而不予以理会"。

397 τοῖς λεγομένοις... ἐπακολουθεῖν［紧跟那些被说出来的东西］是一个整体;动词 ἐπακολουθέω［紧跟 / 跟随 / 听从］要求与格作宾语,所以前面出现的是复数与格 τοῖς λεγομένοις［那些被说出来的东西］。

398 ἀμῇ γέ πῃ［无论在哪种方式上］是一个短语,也可以译为"无论怎样";《牛津希–英词典》对之的解释是：somehow or other。

399　参见前面 234b-e 的相关内容。

400　ἐν καιρῷ 是固定表达，意思是"适逢其时""合时宜"；与之对应的是 ἀπὸ καιροῦ，意思则是"不合时宜"。

401　δόξα［意见］在这里也可以译为"判断"，而后面 260c3 出现的动词 δοξάζειν［形成意见］则可以相应地译为"进行判断"或"下判断"。

402　φαντασία［想象］，在这里也可以一般地译为"表象"，该词同在本对话中出现较多的 φάντασμα［显象］有区别。后来亚里士多德在《论灵魂》中比较详细地讨论了 φαντασία［想象］；参见该书第三卷第 3 章（428a1-4）：εἰ δή ἐστιν ἡ φαντασία καθ' ἣν λέγομεν φάντασμά τι ἡμῖν γίγνεσθαι καὶ μὴ εἴ τι κατὰ μεταφορὰν λέγομεν, ⟨ἆρα⟩ μία τις ἔστι τούτων δύναμις ἢ ἕξις καθ' ἃς κρίνομεν καὶ ἀληθεύομεν ἢ ψευδόμεθα;［如果想象是这样一种东西，根据它我们说某一显象对我们生成出来，并且假如我们并非喻义性地在说，那么，它会是由之我们进行判断以及说真话或说假话的这些能力或状态中的某一种吗？］

403　ἔξαρνον... γεγονέναι［坚决否定了］是一个整体。ἔξαρνον εἰμι 或者 ἔξαρνον γίγνομαι 等于动词 ἐξαρνέομαι［坚决否定 / 坚决否认］。

404　τοῦτο［这种东西］，即 τὸ μὴ ὄν［不是者］。

405　προβλημάτων γέμειν［充满着各种防御］。名词 πρόβλημα 派生自后面的动词 προβάλλω［抛在……面前 / 提出……］，本义是"突出来的东西""伸在面前的东西"，喻为"障碍""防御"，进而指"难题"；该词的拉丁文转写即 problema，德文的 Problem 和英文的 problem 均源自它。

406　τῇ συνεχείᾳ［在单纯的顺序中］。名词 συνέχεια 的本义是"连续"，在这里指"语词的单纯顺序"；《牛津希–英词典》举了柏拉图在这里的这个表达，对之的解释是：mere sequence of words。

407　ὄνομα 和 ῥῆμα 在语法上作为 λόγος［言说］的部分，分别指"名词"和"动词"；参见《泰阿泰德》（206d1-2）：τὸ τὴν αὑτοῦ διάνοιαν ἐμφανῆ ποιεῖν διὰ φωνῆς μετὰ ῥημάτων τε καὶ ὀνομάτων.［〈一个人〉借助动词和名词通过语音显明其思想。］

408　参见亚里士多德《解释篇》第 2 章（16a19-21）：Ὄνομα μὲν οὖν ἐστὶ φωνὴ σημαντικὴ κατὰ συνθήκην ἄνευ χρόνου, ἧς μηδὲν μέρος ἐστὶ σημαντικὸν κεχωρισμένον.［名词是无时间的、根据约定俗成而来的能够进行意指的声音，它的任何部分都不能够独立地意指某种东西。］第 3 章（16b6-7）：Ῥῆμα δέ ἐστι τὸ προσσημαῖνον χρόνον, οὗ μέρος οὐδὲν σημαίνει χωρίς.［而动词是此外还意指着时间的东西，它的任何部分都不能独立地意指某种东西。］

409 参见亚里士多德《范畴篇》第 4 章（1b25-2a10）：Τῶν κατὰ μηδεμίαν συμπλοκὴν λεγομένων ἕκαστον ἤτοι οὐσίαν σημαίνει ἢ ποσὸν ἢ ποιὸν ἢ πρός τι ἢ ποὺ ἢ ποτὲ ἢ κεῖσθαι ἢ ἔχειν ἢ ποιεῖν ἢ πάσχειν. ...ἕκαστον δὲ τῶν εἰρημένων αὐτὸ μὲν καθ᾽ αὑτὸ ἐν οὐδεμιᾷ καταφάσει λέγεται, τῇ δὲ πρὸς ἄλληλα τούτων συμπλοκῇ κατάφασις γίγνεται · ἅπασα γὰρ δοκεῖ κατάφασις ἤτοι ἀληθὴς ἢ ψευδὴς εἶναι, τῶν δὲ κατὰ μηδεμίαν συμπλοκὴν λεγομένων οὐδὲν οὔτε ἀληθές οὔτε ψεῦδός ἐστιν, οἷον ἄνθρωπος, λευκόν, τρέχει, νικᾷ.［在那些不是根据任何复合而加以表达的东西中，它们中的每一个或者意指所是，或者意指量，或者意指质，或者意指相对物，或者意指地点，或者意指时间，或者意指姿态，或者意指有，或者意指行动，或者意指遭受。……上述中的每一个其自身并未进行任何肯定，但通过它们的彼此结合就会产生肯定。因为似乎任何肯定要么是真的，要么是假的；而那些不是根据任何复合而加以表达的东西，则既不是真的东西，也不是假的东西。例如，人、白、跑、取胜。］

410 τι περαίνει［达成了某种东西］，也可以译为"完结了某种东西"或"限定了某种东西"。

411 动词 φράζω 不同于单纯的"说"（λέγω），而是进行"说明""解释"。

412 见前面 256e5-6。

413 希腊文尖括号中的小词 δέ，是校勘者根据文义补充的，法国布德本希腊文和新校勘的牛津古典本希腊文均同。

414 希腊文尖括号中的 λεγόμενα［被说］，是编辑校勘者根据文义补充的，法国布德本希腊文没有这样做，而新校勘的牛津古典本希腊文同伯内特本保持了一致，从伯内特本和新校勘的牛津古典本希腊文。

415 参见《泰阿泰德》（189e7-190a6）：τοῦτο γάρ μοι ἰνδάλλεται διανοουμένη οὐκ ἄλλο τι ἢ διαλέγεσθαι, αὐτὴ ἑαυτὴν ἐρωτῶσα καὶ ἀποκρινομένη, καὶ φάσκουσα καὶ οὐ φάσκουσα. ὅταν δὲ ὁρίσασα, εἴτε βραδύτερον εἴτε καὶ ὀξύτερον ἐπάξασα, τὸ αὐτὸ ἤδη φῇ καὶ μὴ διστάζῃ, δόξαν ταύτην τίθεμεν αὐτῆς. ὥστ᾽ ἔγωγε τὸ δοξάζειν λέγειν καλῶ καὶ τὴν δόξαν λόγον εἰρημένον, οὐ μέντοι πρὸς ἄλλον οὐδὲ φωνῇ, ἀλλὰ σιγῇ πρὸς αὑτόν.［因为这在我看来，当灵魂进行思想时，它无非是在进行对话，它自己向自己提问并作答，而且进行肯定和否定。而每当它做出剖判后——无论是慢慢地〈做出〉，还是猛地一跃——从此它就说出同一种〈看法〉并且不再怀疑，我们就将这确定为它的判断。因此，我就把进行判断称作进行言说，而把判断称作一个已经说出来了的言说，但既不是对他人〈说〉，也不是有声地〈说〉，而是默默地对自己〈说〉。］

416 参见《泰阿泰德》（206d1-4）：Τὸ μὲν πρῶτον εἴη ἂν τὸ τὴν αὑτοῦ διάνοιαν

ἐμφανῆ ποιεῖν διὰ φωνῆς μετὰ ῥημάτων τε καὶ ὀνομάτων, ὥσπερ εἰς κάτοπτρον ἢ ὕδωρ τὴν δόξαν ἐκτυπούμενον εἰς τὴν διὰ τοῦ στόματος ῥοήν.［首先会是,〈一个人〉借助动词和名词通过声音显明其思想,就像在镜子或水中〈形成某物的影像〉一样,在由嘴发出的气流中形成判断的影像。］

417 Καὶ μὴν ἐν λόγοις γε αὖ ἴσμεν ἐνὸν－［而且我们肯定复又看到在诸言说里面是……］,这句话在法国布德本希腊文中作: Καὶ μὴν ἐν λόγοις γε αὐτὸ ἴσμεν ὂν－［而且我们肯定看到它是在诸言说中……］。我这里的翻译综合了两者。

418 πλὴν δόξης［除了判断］,单就这一表达,当然也可以译为“除了意见”。

419 参见亚里士多德《论灵魂》第三卷第 3 章（428b30-429a4）: εἰ οὖν μηθὲν ἄλλο ἔχει τὰ εἰρημένα ἢ φαντασία (τοῦτο δ’ ἐστὶ τὸ λεχθέν), ἡ φαντασία ἂν εἴη κίνησις ὑπὸ τῆς αἰσθήσεως τῆς κατ’ ἐνέργειαν γιγνομένη. ἐπεὶ δ’ ἡ ὄψις μάλιστα αἴσθησίς ἐστι, καὶ τὸ ὄνομα ἀπὸ τοῦ φάους εἴληφεν, ὅτι ἄνευ φωτὸς οὐκ ἔστιν ἰδεῖν.［因此,如果除了想象没有任何其他的拥有所说的那些（而这就是被说出来的）,那么,想象就会是被现实的感觉所产生出来的一种运动。既然视觉最为是一种感觉,所以想象从光那里取得其名字,因为没有光就不可能进行看。］

420 διανοίας ἀποτελεύτησις［思想的结果］。名词 ἀποτελεύτησις 的基本意思是“结束”“完成”,这里根据文意将之译为“结果”。《牛津希-英词典》举了柏拉图在这里的这个表达,对之的解释就是: result。

421 κατὰ τὴν προσδοκίαν［按照预期的那样 / 合乎意料］是短语,其反面是 παρὰ προσδοκίαν［出乎意料］。

422 ἐπιβαλλοίμεθα 是动词 ἐπιβάλλω 的现在时祈愿式中动态第一人称复数; ἐπιβάλλω 的基本意思是“扔到……上”“加上”“强加”,但其中动态具有“从事”的意思,《牛津希-英词典》举了柏拉图在这里的这个表达,对之的解释就是: undertake。

423 见前面 236c6-7。

424 即 εἰκαστική［仿像术］和 φανταστική［显像术］的精通者。

425 ἐχόμενοι 在这儿是动词 ἔχω 的现在时分词中动态阳性复数; ἔχω 的基本意思是“有”,但其中动态则具有“紧握住”“附着”“抓住不放”等意思,并要求属格作宾语,所以这里出现的是单数属格 τῆς... κοινωνίας［共同体］。

426 μετὰ λόγου［带有理性］,也可以译为“按照理性”。

427 κατὰ θεόν［凭借神意］在这里等于 σὺν θεῷ,其反面是 ὑπὲρ θεόν［违反神意］。

428 ἄλλως πως 是短语,意思是“以某种其他的方式”。

429 希腊文尖括号中的小词 ἄν，是编辑校勘者根据文义补充的；法国布德本希腊文没有这么做，而新校勘的牛津古典本希腊文采纳了伯内特的意见，从之。

430 ἐκ περιττοῦ 是短语，本义是"过多地""过度地""无用地"；《牛津希-英词典》举了柏拉图在这里的这个表达，对之的解释是：superfluously, uselessly。

431 δυοῖν οὔσαιν[既然两个〈家族〉是着]，也可以简单译为"既然有两个〈家族〉"。

432 τὼ ὑπολοίπω[两个剩下的〈部分〉]，由于各自剩下一个部分，合起来是两个部分。

433 Δύο γὰρ οὖν ἐστι ταῦτα θείας ἔργα ποιήσεως.[那么，在属神的创制中两种这样的产物的确是〈着〉。]也可以简单译为：那么，在属神的创制中的确有两种这样的产物。

434 αὐτουργική[创制真实事物的技艺]，在这里等于 αὐτοποιητικός，故也可以译为"创制事物本身的技艺"。形容词 αὐτουργικός 的本义是"能够用自己的手来做的"，在这里指"创制真实事物的"或"创制事物本身的"；《牛津希-英词典》举了柏拉图在这里的这个表达，对 αὐτουργική 的解释是：art of making real things。

435 希腊文方括号中的 αὐτουργική[创制真实事物的技艺/创制事物本身的技艺]和 εἰδωλοποιική[创制图像的技艺]，伯内特认为有可能是窜入，而法国布德本希腊文和新校勘的牛津古典本希腊文均直接保留了它们，从之。

436 即 τὸ ψεῦδος[虚假]。

437 ἀπονειμώμεθα 是动词 ἀπονέμω 的一次性过去时虚拟式中动态第一人称复数。ἀπονέμω 的基本意思是"分配""分给"，但其中动态的意思则是"归给自己"，《牛津希-英词典》举了柏拉图在这里的这个表达，对之的解释是：assign or take to oneself。

438 τὸ δ' ἄλλο πᾶν ἀφῶμεν μαλακισθέντες[而所有其他的，就让我们通过变得懦弱而将之放到一边。]参见前面 241c4：Τί οὖν; οὕτως ἀποστησόμεθα νῦν μαλθακισθέντες;[怎么回事？我们变得如此懦弱以至于现在就要放弃吗？]

439 τῶν ὀνομάτων... μὴ σφόδρα εὐπορεῖν[不会有着极其丰富的名称]是一个整体。动词 εὐπορέω 除了具有"有办法""有能力"等意思之外，还具有"富有""充满"的意思，并且要求属格作宾语，所以这里出现的是复数属格 τῶν ὀνομάτων[名称/名字]。《牛津希-英词典》举了柏拉图在这里的这个表达，对之的解释是：have plenty of, abound in。

440 ἱστορικήν τινα μίμησιν[一种知识性的模仿]，当然也可以直接译为"一种历史性的模仿"。形容词 ἰστορικός 的意思是"精确的""科学的""有关历史的";《牛津希-英词典》举了柏拉图在这里的这个表达，对之的解释是：exact, precise, scientific。

441 参见《泰阿泰德》（172c8–d2）：Κινδυνεύουσιν οἱ ἐν δικαστηρίοις καὶ τοῖς τοιούτοις ἐκ νέων κυλινδούμενοι πρὸς τοὺς ἐν φιλοσοφίᾳ καὶ τῇ τοιᾷδε διατριβῇ τεθραμμένους ὡς οἰκέται πρὸς ἐλευθέρους τεθράφθαι.［那些从年轻的时候开始就在法庭及诸如此类的地方摸爬滚打的人，之于那些在哲学和这类消遣中长大的人，看起来就像家奴的培养之于自由人的培养。］

442 Πάνυ μὲν οὖν ἔστιν ἑκατέρου γένος ὧν εἴρηκας. 这句话在法国布德本希腊文和新校勘的牛津古典本希腊文中均作 Πάνυ μὲν οὖν ἔστιν ἑκατέρου γένους ὧν εἴρηκας. 即把 γένος（中性主格单数）改为了 γένους（中性属格单数），这里的翻译从布德本和新校勘的牛津本；当然也可以把这句话译为：你所说的这两个家族的确各自都包含着〈意见模仿者〉。如果按伯内特本翻译，这句话则当译为：的确有一个家族，它属于你所说的这两种人中的每一种人。

443 见 226a1–4。

444 法国布德本希腊文也作 Tò（中性），而新校勘的牛津古典本希腊文将之改为了 Tòv（阳性宾格）；这里的翻译从新校勘的牛津古典本希腊文。

445 参见荷马《伊利亚特》（6. 211）：ταύτης τοι γενεῆς τε καὶ αἵματος εὔχομαι εἶναι.［我骄傲地宣称，我真的是属于这个家系和血统的。］

术 语 索 引

［英］ignorance

216c5, 228d10, 228e4, 229a8, 229b7, 229c1, 229c8, 249e2

ἀγνωσία 不认识，无知

［拉］ignorantia

［德］Unkenntnis

［英］ignorance

267b9

ἀγόρασις 购买

［拉］emtio

［德］Kauf

［英］purchase

219d6

ἀγοραστικός 进行市场交易的，关乎买卖的

［拉］aptus ad emendum et vendendum

［德］Handel betreffend

［英］of or for traffic, commercial

223c10, 223c11, 224c10, 224e1

ἄγρα 捕捉，猎取

［拉］venatio, captura, piscatio

［德］Jagd, Fang

［英］hunting, the chase

220c7, 221e2, 235c2

ἄγριος (adv. ἀγρίως) 野蛮的，残忍的

［拉］rigidus, agrestis

［德］wild, grausam

［英］wild, savage

218a1, 222b5, 222b9, 231a6

ἄγω 引领，带走

［拉］duco

［德］führen, bringen

［英］lead, carry, bring

216a2, 216a6, 219b5, 224a2, 224a5,

235a10, 237b6

ἀγών (ἀγωνία) 官司，诉讼，竞赛

［拉］certamen

［德］Prozeß, Wettkampf

［英］trial, contest

265a7

ἀγωνιστικός 适合竞赛的，好斗的，进行竞技的

［拉］aptus ad certamina

［德］zum Kämpfen geeignet

［英］fit for contest

219c3, 219e1, 225a2, 226a3, 231e1

ἀδεής (adv. ἀδεῶς) 不怕的

［拉］intrepidus

［德］furchtlos

［英］fearless

256d5, 256d7

ἀδελφός 兄弟

［拉］frater

［德］Bruder

［英］brother

224b7, 266b3

ἀδιανόητος 不可思想的，不可理解的

［拉］incogitabilis, non intelligendus

［德］undenkbar, unbegreiflich

［英］unintelligible, inconceivable

238c10

ἀδικία 不义

［拉］injustitia

［德］Ungerechtigkeit, Rechtlosigkeit

［英］injustice

228e3, 229a3

ἄδικος (adv. ἀδίκως) 不正当的，不公正的，非正义的

[拉] injustus, iniquus

[德] ungerecht

[英] unjust, unrighteous

225b6, 225c8, 247a2

ἀδολεσχικός 瞎扯的，闲谈的

[拉] garrulus

[德] zum Schwatzen geneigt

[英] prating

225d10

ἀδυνατέω 没能力

[拉] impotens sum

[德] kraftlos oder unvermögend sein

[英] to be unable, to be impossible

259a3

ἀδύνατος 不可能的，无能力的

[拉] impotens, inops

[德] unmöglich, unvermögend

[英] impossible, unable

233c8, 233c9, 237cd4, 237d5,
241b3, 241c2, 245a5, 246d1, 250d4,
251b7, 251d7, 252d10, 252e4,
253a6, 255c2, 255c3, 256d3, 262e6,
263c10, 268b11

ἀεκούσιος (ἀκούσιος) 不情愿的，勉强的

[拉] involuntarius

[德] ungern, unfreiwillig

[英] against the will, involuntary

230a6

ἀήθης 不寻常的，奇异的

[拉] insolitus

[德] ungewohnt

[英] unwonted, strange

218b4

ἀθλητής 运动员，竞赛者

[拉] certator

[德] Wettkämpfer

[英] combatant, champion

231e1

ἀθυμέω 气馁，懊丧

[拉] animum despondeo

[德] mutlos sein

[英] to be disheartened, despond

265b6, 264b9

ἀθῷος 未受惩罚的，无罪的，无害的

[拉] impunis, innocens, innoxius

[德] ohne Strafe, straflos, unschuldig

[英] scot-free, harmless

254d1

αἰδώς 敬畏，敬意，羞耻

[拉] reverentia, pudor

[德] Ehrfurcht, Achtung, Scham

[英] reverence, awe, shame

216b1, 217d8

αἷμα 血，血液

[拉] sanguis

[德] Blut

[英] blood

268d3

αἵρεσις 选择

[拉] optio

[德] Wahl

[英] choice

245b6

αἱρέω 拿，抓，捕获，判罪，选举

[拉] capio, convinco, eligo

[德] nehmen, fangen, zu Fall bringen, wählen

［英］grasp, seize, convict, elect

217d6, 241c3, 261c1, 261c3

αἰσθάνομαι 感觉到，注意到

［拉］sentio

［德］mit den Sinnen wahrnehmen, merken

［英］perceive, apprehend by the senses

223e1, 228b4

αἴσθησις 感觉，感知

［拉］sensus

［德］Empfindung

［英］sensation

248a10, 264a4, 264b2, 266c3

αἶσχος 可耻，丑陋

［拉］turpitudo, deformitas

［德］Schande, Häßlichkeit

［英］shame, ugliness

228a1, 228a10, 228d4, 228e5, 229a1, 230e2

αἰσχύνη 耻辱，羞耻

［拉］pudor, dedecus

［德］Schande

［英］shame, dishonour

230d1

αἰσχύνω 羞愧，感到羞耻

［拉］pudefacio

［德］beschämen, sich schämen

［英］to be ashamed, feel shame

247b9

αἰτέω 要求，索取

［拉］peto

［德］bitten, verlangen

［英］ask, beg, demand

217c1

αἰτία 罪责，原因

［拉］accusatio, crimen, causa

［德］Beschuldigung, Ursache

［英］responsibility, guilt, cause

265b9, 265c7

αἰτιάομαι 指责，责怪，归咎

［拉］Culpo

［德］beschuldigen

［英］accuse, censure

218a9

ἀκάθαρτος 不纯粹的，不洁净的

［拉］impurus

［德］unrein

［英］unclean, impure

230e1

ἀκίνητος (adv. ἀκινήτως) 不动的，固定的

［拉］immobilis, immotus, firmus

［德］unbewegt, unbeweglich, fest

［英］unmoved, motionless, steadfast

249a2, 249a10, 249b5, 249d3

ἀκολασία 放纵，无节制

［拉］petulantia, intemperantia

［德］Ausgelassenheit, Hemmungslosigkeit

［英］licentiousness, intemperance

228e3

ἀκούω 听

［拉］audio

［德］hören

［英］hear

225d9, 230c2, 234d2, 246b3, 249d2

ἀκρατής 无权力的，无力量的

［拉］impotens, invalidus

［德］ohne Kraft, nicht mächtig

［英］powerless, impotent

252c4

ἀκριβής (adv. ἀκριβῶς) 准确的

　　［拉］accuratus, certus

　　［德］genau, streng

　　［英］exact, accurate, precise

243b9

ἀκροατής 听众

　　［拉］auditor

　　［德］Zuhörer

　　［英］hearer

237c1

ἄκρος 在最高处的，极端的

　　［拉］summus

　　［德］oberster, äußerster

　　［英］highest or farthest point

220d9

ἄκων (ἀέκων) 不情愿的，勉强的，无
意的

　　［拉］invitus

　　［德］unfreiwillig, widerwillig

　　［英］involuntary, constrained

228c7

ἀλήθεια 真，真相，真理

　　［拉］veritas

　　［德］Wahrheit

　　［英］truth

228c10, 233c11, 234c4, 246b9

ἀληθής (adv. ἀληθῶς) 真的

　　［拉］verus, rectus

　　［德］wahr, wirklich, echt

　　［英］true, real

221d2, 222e2, 224a8, 225c5, 226a6,
229c7, 231c1, 234c6, 235a3, 236a4,

236e2, 238c7, 240b5, 240b10,
241e6, 243a2, 243e7, 245a8, 245b7,
246c4, 246d9, 248e6, 249d5, 250c1,
251b4, 252d1, 256c10, 258e4,
259b7, 259e7, 260c1, 261a4, 261c8,
263b3, 263b4, 263d4, 263d5, 263d7,
263e9, 264a8, 264d2, 264d2, 268c3,
268d4

ἀληθινός 真实的

　　［拉］verus, verax

　　［德］wahrhaft, wirklich

　　［英］true, genuine

235e7, 240a8, 240a9, 240b2, 240b3,
240b5, 240b8, 246b8, 259d6

ἁλιευτικός 捕鱼的

　　［拉］piscatorius, ad piscationem per-
tinens

　　［德］Fischern gehörig

　　［英］of or for fishing

220b7, 221b6

ἀλλαγή 交换，交易

　　［拉］commutatio

　　［德］Wechsel, Tausch

　　［英］change, exchange

223d6

ἀλλακτικός 进行交易的，交易的，进
行买卖的

　　［拉］habilis permutationibus faciendis

　　［德］tauschend

　　［英］of or for exchange

223c7, 223c9

ἀλλάσσω 交换，交易

　　［拉］commuto

　　［德］wechseln

［英］change

222e3

ἄλλοθι 在别处

　　［拉］alibi, alio loco

　　［德］anderswo

　　［英］elsewhere, in another place

　　243b5

ἄλλοτε 别的时候，其他时候

　　［拉］alio tempore

　　［德］zu andrer Zeit

　　［英］at another time

　　248a12

ἀλλότριος 属于别人的，别人的，外方人的

　　［拉］extraneus

　　［德］fremd, ausländisch

　　［英］foreign, strange

　　223d3, 266c1

ἄλογος 没有道理的，荒谬的

　　［拉］a ratione alienus, absurdus

　　［德］unvernünftig, grundlos

　　［英］not according to reason, irrational

　　219e4, 238c10, 238e6, 239a5, 249b1, 259a1

ἄλυπος (adv.ἀλύπως) 不受痛苦的，不引起痛苦的

　　［拉］doloris et tristitiae expers

　　［德］ohne Leid, kummerlos

　　［英］without pain, free from pain

　　217d1

ἀμαθία 无知，愚蠢

　　［拉］inscitia

　　［德］Unwissenheit, Torheit

　　［英］ignorance, stupidity

229c9, 230a6

ἀμείβω 交换，改变

　　［拉］muto, commuto

　　［德］umtauschen, eintauschen

　　［英］change, exchange

　　224b2

ἀμβλύς 钝的，模糊的

　　［拉］obtusus, hebes

　　［德］stumpf, matt

　　［英］blunt, dim, faint

　　232e8

ἄμεικτος (ἄμικτος) 不可混合的，不混杂的

　　［拉］non mixtus, purus

　　［德］sich nicht vermischend

　　［英］immiscible

　　251d6, 254d7

ἀμελέω 不关心，轻视

　　［拉］non curo, neglego

　　［德］vernachlässigen

　　［英］have no care for, be neglectful of

　　220d4

ἀμελής 不关心的，粗心大意的

　　［拉］negligens

　　［德］sorglos, nachlässig

　　［英］careless, negligent

　　225d8

ἀμερής 没有部分的，不可分的

　　［拉］individuus, partes non habens

　　［德］ungeteilt, unteilbar

　　［英］without parts, indivisible

　　245a8

ἀμετρία 不成比例，不协调

［拉］excessus mensurae, immoderatio

［德］Maßlosigkeit, Mißverhältnis

［英］excess, disproportion

228a10, 228c5, 228c6

ἄμετρος (adv. ἀμέτρως) 不成比例的，不适中的

　　［拉］immoderatus

　　［德］unverhältnismäßig

　　［英］immoderate

　　228d4

ἀμιλλητικός 比赛的

　　［拉］ad certamen pertinens

　　［德］zum Wettkampf gehörig

　　［英］of or for contest

　　225a6

ἀμνημονέω 不注意，不记得，忘记

　　［拉］immemor sum, obliviscor

　　［德］vergessen

　　［英］to be unmindful, forget

　　217b8

ἄμουσος 非文艺的，无音乐修养的

　　［拉］immusicus

　　［德］unmusikalisch

　　［英］unmusical

　　253b3, 259e2

ἀμυδρός 模糊不清的，朦胧的

　　［拉］obscurus

　　［德］dunkel, undeutlich

　　［英］dim, faint, obscure

　　250e8

ἀμύνω 防守，保卫自己，复仇

　　［拉］defendo, propugno

　　［德］abwehren, sich wehren, vergelten

　　［英］ward off, defend oneself against, revenge

　　240a6, 241d6, 246b7

ἀμφί 在……周围

　　［拉］circa, circum

　　［德］um... herum

　　［英］about, around

　　216a3

ἀμφιβληστρικός 网状的，网形的

　　［拉］retiformis, retis vim et usum praestans

　　［德］zum netzartigen Umstricken geeignet

　　［英］serving for a net

　　235b1

ἀμφιγνοέω 拿不定，怀疑

　　［拉］dubito

　　［德］zweifeln

　　［英］be doubtful about a thing

　　228e1, 236c9

ἀμφισβητέω 持异议，争论

　　［拉］controversor, discepto

　　［德］nicht übereinstimmen, widerspre-chen

　　［英］disagree with, stand apart

　　225c1, 225c8, 246b6, 264c11

ἀμφισβητήσιμος 可争论的

　　［拉］controversus, ambiguous

　　［德］streitig, zweifelhaft

　　［英］disputable

　　231e4

ἀμφισβήτησις 争论

　　［拉］disceptatio, contention

　　［德］Streit

　　［英］dispute, controversy

225b3, 231a9, 232e4, 233b5, 246a5

ἀμφισβητητικός 爱争论的，好争辩的
[拉] proclvis ad disceptandum, contentiosus
[德] streitsüchtig
[英] fond of disputing, disputatious, contentious
225b1, 226a2, 232d2

ἀμφότερος (adv. ἀμφοτέρως) 双方的，两边的
[拉] ambo, uterque
[德] beidseitig, beide
[英] both together, both of two
224e2, 242e1, 243c5, 243e5, 246c3, 247d3, 248d5, 249a6, 250a11, 250b2, 250b5, 250b10, 250d2, 255a11, 255b12, 255c1, 261c8, 265d1

ἀναγκάζω 逼迫，迫使
[拉] cogo, compello
[德] nötigen, zwingen
[英] force, compel
229b9, 234d5, 238d7, 240c4, 241b2, 241e5, 244d7, 252c2, 255a12, 268b4

ἀναγκαῖος (adv. ἀναγκαίως) 必然的
[拉] necessarius
[德] notwendig
[英] necessary
237e1, 237e3, 241d5, 242b7, 245d9, 248e1, 252e1, 253b10, 256c7, 260c1, 261a7, 262e5, 263a11, 263c2, 265d7

ἀνάγκη 必然（性），强迫
[拉] necessitas
[德] Notwendigkeit
[英] necessity
224b7, 224e5, 228b6, 234d3, 237d6, 240d10, 244d13, 244e7, 249c11, 252d9, 254e4, 255d7, 256d11, 257a3, 258a8, 259b1, 260c9, 264b2, 267d8

ἀναλαμβάνω 拿起，采取，从事
[拉] adsumo, recipio
[德] aufnehmen, sich unterziehen
[英] take up, adopt, undertake
232b2, 255e8

ἀναμιμνήσκω 记起，忆及，提醒
[拉] recordor
[德] erinnern, denken an
[英] remember, recall to mind
264c1, 266d8

ἀναμφισβήτητος 无可争论的，不容置疑的
[拉] haud ambiguus, non controversus, indubius
[德] unbestritten, unstreitig, zweifellos
[英] undisputed, indisputable
259b4, 266e4

ἀναπαύω 停止，休息
[拉] cesso, quiesco
[德] hindern, sich erholen, Ruhe haben
[英] stop, hinder, rest
231d1

ἀναπνέω 呼吸
[拉] respiro
[德] atmen
[英] take breath

231c8

ἀναπυνθάνομαι 打听，调查
[拉] interrogo
[德] ausforschen
[英] inquire closely into

243d8

ἀναρμοστέω 不和谐，走调
[拉] non congruo, non quadro
[德] nicht stimmen zu, verstimmt sein
[英] not to fit or suit

253a2, 261e2

ἀνασπάω 向上拉
[拉] sursum traho
[德] emporziehen
[英] draw, pull up

221a3, 221c1

ἀνάστατος 被赶走的，被洗劫的，混
乱的
[拉] sede expulsus, vastatus, spoliatus
[德] aufgescheucht, zerstört
[英] made to rise up and depart, ruined,
upset

252a5

ἀνατρέπω 推翻
[拉] perverto
[德] umstürzen
[英] overturn, upset

234e1

ἀναφαίνω 显示，展示
[拉] manifesto, ostendo
[德] zeigen, erscheinen
[英] show forth, make known, display

224d2, 231d8, 233c11, 250d3,
250e8, 251a1, 260b8

ἀναφανδά (ἀναφανδόν) 明显地，公开地
[拉] manifesto, aperte
[德] sichtbar, offenbar
[英] visibly, openly

219e1

ἀνδραποδιστικός 奴役的，贩卖奴隶的
[拉] plagio serviens
[德] Sklavenfang betreffend
[英] enslaving

222c5

ἀνέλεγκτος 不可反驳的
[拉] irreprehensibilis
[德] unwiderlegbar
[英] not refuted, irrefutable

230d8

ἀνεπιστήμων 无知的，欠缺知识的
[拉] inscius, ignarus
[德] unwissend, unkundig
[英] ignorant, without knowledge

233a6

ἀνεπιτήδειος 不恰当的，不合适的，不
相称的
[拉] non idoneus, incongruus
[德] unangemessen, ungeeignet
[英] unserviceable, unfit

219a1

ἀνεπίφθονος 不惹人厌恶的，无可指
责的
[拉] non invidendus, non reprehensus
[德] ohne Tadel, vorwurfsfrei
[英] without reproach, least invidious

243a4

ἀνερωτάω 问，询问
[拉] interrogo, saepe rogo

[德] befragen, fragen

[英] question, inquire into

239d3, 247c9

ἀνευρίσκω 发现，找到

[拉] invenio

[德] auffinden

[英] find out, discover

223a9, 251c6, 253c9, 253e9

ἀνήρ 男人

[拉] vir

[德] Mann

[英] man

216a4, 216b9, 216c4, 221d8, 236d1,
240a6, 241c6, 243a4, 246b4, 247c4

ἀνήνυτος 无休止的，无止境的

[拉] infectus, irritus

[德] endlos

[英] endless, never-ending

264b7

ἀνθρώπειος 人的，适合于人的，属于
人的

[拉] humanus, ad homines pertinens

[德] menschlich

[英] suited to man, human

266a5

ἀνθρώπινος (ἀνθρωπικός) 属于人的，
人的

[拉] humanus, ad homines pertinens

[德] den Menschen betreffend, men-
schlich

[英] belonging to man, human

229a6, 265b6, 265e4, 265e6, 266c9,
266d6, 268d1

ἀνθρωποθηρία 猎取人，对人的猎取

[拉] venatio, captura hominum

[德] Menschenjagd

[英] hunting of men

223b3

ἄνθρωπος 人

[拉] homo

[德] Mensch

[英] man, mankind

216b1, 216b3, 222b7, 222b9, 222c2,
233a3, 251a8, 251b1, 251c1, 251c2,
251c4, 262c9, 265e4

ἀνίημι 放松，让，任由

[拉] remitto

[德] nachlassen

[英] relax, let go

235b1, 254b5

ἀνόητος (adv. ἀνοήτως) 无理智的，愚
蠢的

[拉] mente carens, stultus

[德] unvernünftig

[英] unintelligent, senseless, silly

228d4, 234b8

ἀνόμοιος 不相像的，不相似的，不相
同的

[拉] dissimilis

[德] unähnlich

[英] unlike, dissimilar

259d4

ἀντεῖπον (ἀντιλέγω) 反驳，驳斥，回应

[拉] contradico

[德] widersprechen

[英] speak against, gainsay

232c9, 232d6, 233a6

ἀντίθεσις 对立

［拉］oppositio

［德］Gegensatz

［英］opposition

257e6, 258b1

ἀντίκειμαι 对着……躺下，对立

［拉］ex adverso situs, oppositus sum

［德］gegenüberliegen, entgegengesetzt
sein

［英］to be set over against, to be opposite to,

258b1

ἀντιλαμβάνω 抓住，捕获

［拉］recipio, prehendo

［德］ergreifen, fest angreifen

［英］seize, hold on

239d1, 251b6

ἀντιλέγω 反驳，反对

［拉］redarguo

［德］widerlegen

［英］speak against, contradict

233b3, 233c2, 233d9, 235a2

ἀντίληψις 异议，反驳

［拉］objectio

［德］Einwand

［英］objection

241b5

ἀντιλογικός (adv. ἀντιλογικῶς) 可争辩的，善于争辩的，好争辩的

［拉］disputandi et refutandi peritus

［德］zum Widersprechen, Bestreiten
geschickt

［英］given to contradiction, disputatious

225b10, 225b12, 226a2, 232b6,

232b12, 232e3

ἀντίσταθμος 均衡的

［拉］aqueale pondus habens, aequivalens

［德］gleichviel, wiegend, aufwiegend

［英］counterpoising, balancing

229c2

ἀντιτίθημι 摆在一起对照，比较，反驳，反对

［拉］adverso pono, comparo

［德］gegenüberstellen, zur Vergleichung, zur Erwiderung

［英］set against, compare, to be contrasted

257d7, 257e3, 258e2

ἀνύω 完成，做成，有成就

［拉］perficio, ad finem perduco

［德］vollenden, vollbringen

［英］effect, accomplish

230a9, 261b7

ἀνώνυμος 没名字的，无名的

［拉］sine nominee

［德］unbenannt

［英］without name

220a2, 257d9

ἄξενος 不好客的

［拉］inhospitalis

［德］ungastlich

［英］inhospitable

217e6

ἄξιος (adv. ἀξίως) 有价值的，值……的，配得上的

［拉］dignus, aestimabilis

［德］wertvoll, würdig

［英］worthy, estimables, worthy of
216c8, 223a5, 225c4, 229d6, 259c2,
267b4

ἀξιόω 认为适合，指望，要求
　［拉］existimo, opto
　［德］wert erachten, fordern
　［英］think fit, deem worthy, expect,
　require that
226c6, 240a4, 244b2

ἀόρατος 不可见的
　［拉］invisibilis
　［德］unsichtbar
　［英］unseen, invisible
246a7, 246b7, 247b4

ἀπαίδευτος 未受过教育的，愚蠢的
　［拉］ineruditus
　［德］ungebildet
　［英］uneducated
230e1

ἀπαλλαγή 解脱，逃避
　［拉］liberatio
　［德］Befreiung, Flucht
　［英］release, escape
230c2

ἀπαλλάσσω 和解，复原，摆脱，避免，
　离开
　［拉］reconcilio, libero, abeo
　［德］sich wegbegeben, sich losmachen,
　weichen
　［英］to be reconciled, settle a dispute,
　escape
229c12, 230c2, 254d2

ἅπαξ 一次，只一次
　［拉］semel

［德］einmal
　［英］once, once only
247e2

ἀπαρνέομαι 坚决拒绝，否认
　［拉］nego
　［德］verneinen
　［英］deny utterly, refuse
217c2

ἀπατάω 欺骗
　［拉］decipio
　［德］verleiten, betrügen
　［英］cheat, deceive
240d1

ἀπάτη 欺骗
　［拉］deceptio, fraus
　［德］Betrug, Täuschung
　［英］trick, fraud, deceit
260c6, 260c8

ἀπατητικός 欺骗性的，骗人的
　［拉］ad decipiendum aptus
　［德］täuschend
　［英］fallacious
240d2, 264d5

ἀπεῖπον (ἀπερῶ, ἀπερέω) 拒绝，放弃
　［拉］nego, abnuo
　［德］entsagen, aufgeben
　［英］refuse, renounce, give up
218b1, 242a8, 258c9

ἄπειρος 无经验的，不懂的；无限的
　［拉］ignarus, imperitus, infinitus
　［德］unerfahren, unkundig, unendlich
　［英］inexperienced, ignorant, bound-
　less, infinite
251b2, 252b2, 256e6

ἀπέραντος 无穷的，无限的

　　[拉] infinitus

　　[德] unbegrenzt, endlos

　　[英] boundless, infinite

　　241c1, 245d12, 257a6

ἀπεργάζομαι 完成，实现，使成为

　　[拉] facio, efficio

　　[德] machen, bilden

　　[英] complete, cause, produce

　　234b7, 235e2, 236c3, 256e1, 262b7,

　　262e1, 266b4, 266c3, 266c9

ἀπιστέω 不相信，不听从

　　[拉] diffido, non pareo, non obtempero

　　[德] nicht glauben, ungehorsam sein

　　[英] disbelieve, distrust, disobey

　　258c7, 259b8

ἀπιστία 怀疑，不相信，无信义

　　[拉] incredulitas, diffidentia

　　[德] Unglaube, Zweifel

　　[英] unbelief, distrust

　　258c4

ἄπλετος 非常大的，无限的

　　[拉] immensus

　　[德] unermeßlich, unendlich viel

　　[英] boundless, immense

　　246c3

ἁπλόος (adv. ἁπλῶς) 简单的

　　[拉] simplex

　　[德] einfach

　　[英] simple

　　268a6

ἀποβάλλω 丧失，失去，抛弃

　　[拉] amitto, abjicio

　　[德] verlieren, abwerfen

　　[英] lose, throw off

　　226d7

ἀπογίγνομαι 离开，被带走，不在

　　[拉] absum, decedo

　　[德] abwesend sein, verloren gehen

　　[英] to be away from, to be absent,

　　depart

　　247a9

ἀποδείκνυμι 指出，表明，证明

　　[拉] ostendo, demonstro

　　[德] zeigen, beweisen

　　[英] point out, show by argument,

　　prove, demonstrate

　　258c10, 258d5, 258d7, 261a1,

　　261a2, 261b2

ἀπόδειξις 证明，证据

　　[拉] demonstratio

　　[德] Beweis

　　[英] proof

　　242b4, 256c1

ἀποδέχομαι 接受，认可，赞同

　　[拉] recipio, admitto, probo

　　[德] aufnehmen, anerkennen

　　[英] accept, admit

　　244c11, 249d1

ἀποδιδράσκω 跑开，逃走

　　[拉] effugio, refugio

　　[德] fortlaufen, entfliehen

　　[英] run away, escape or flee from

　　254a4

ἀποδίδωμι 归还，偿还，送出，出卖

　　[拉] reddo

　　[德] zurückgeben, ausliefern

　　[英] give back, return, render

234a5, 235e1, 235e6, 267b2

ἀποκνέω 畏缩，迟疑，犹豫

　　[拉] deterreo, ignavus sum

　　[德] zaghaft sein, zaudern

　　[英] shrink from, hesitate

　　238a4

ἀποκρίνω 回答

　　[拉] respondeo

　　[德] beantworten

　　[英] give answer to, reply to

　　228a5, 233d7, 237c1, 239d5, 244b9,

　　244c6, 246d6, 246e2, 247b7, 251e3,

　　251e4, 252e6

ἀπόκρισις 回答

　　[拉] responsum

　　[德] Antwort

　　[英] answer

　　225b9, 239e5, 244c3, 248b7

ἀποκωλύω 阻止，拦住

　　[拉] prohibeo, veto, impedio

　　[德] hindern, aufhalten

　　[英] hinder or prevent from

　　245a2

ἀπολαύω 得到利益，得到好处

　　[拉] capio commodum

　　[德] genießen, sich zunutze machen

　　[英] profit, have a benefit

　　230c6

ἀπολείπω 放弃，离开

　　[拉] relinquo

　　[德] aufgeben

　　[英] desert, abandon

　　243b1

ἀπολογίζομαι 计算，估计

　　[拉] rationes reddo

　　[德] Rechnung ablegen, berechnen

　　[英] render an account, reckon on,

　　calculate

　　261c7

ἀπολύω 解开，解放

　　[拉] solvo, exsolvo

　　[德] ablösen, befreien

　　[英] set free from, release or relieve

　　from

　　261a3

ἀπομαντεύομαι 预言

　　[拉] divino, futura praedico

　　[德] wie ein Prophet vorher verkün-

　　digen

　　[英] divine by instinct, presage

　　250c1

ἀπομαρτύρομαι (ἀπαμαρτύρομαι) 作证，

坚持

　　[拉] testibus confirmo

　　[德] beteuern, versichern

　　[英] call to witness, protest

　　237a6

ἀπομηκύνω 使延长，拖长

　　[拉] in longum extraho

　　[德] verlängern, sich ausdehnen

　　[英] prolong, draw out

　　217e1

ἀπομνημονεύω 记住，记忆

　　[拉] recordor, reminiscor

　　[德] in Gedächtnis behalten

　　[英] remember

　　241b4

ἀπονέμω 分配，分给

［拉］distribuo, adsigno

［德］zuteilen

［英］portion out, impart, assign

267a10

ἀπορέω 困惑，不知所措

　　［拉］dubito, aestuo, consilii inops sum

　　［德］ratlos sein, ohne Mittel und Wege

　　［英］to be at a loss, be in doubt, be

　　puzzled

　　231b9, 231c3, 231c4, 243b8, 244a4,

　　244a7, 247d4, 264c7, 264c10

ἀπορία 难题，缺乏，贫穷，困惑

　　［拉］difficultas, inopia

　　［德］Verlegenheit, Mangel

　　［英］difficulty, lack of, perplexity

　　236e3, 237e7, 238a2, 238d1, 238d5,

　　241b6, 243b10, 245d12, 249d10,

　　250d8, 250e1, 250e6

ἄπορος 难对付的，没办法的，走不

通的

　　［拉］inexplicabilis, invius

　　［德］ratlos, unwegsam

　　［英］hard to deal with, unmanage-

　　able, impassable

　　236d2, 237c6, 239c6

ἀπόρρησις 禁令，禁止

　　［拉］interdictum

　　［德］Verbot

　　［英］forbidding, prohibition

　　258c6

ἀποστρέφω 使转身，转弯

　　［拉］averto

　　［德］zurückdrehen, sich umkehren

　　［英］turn back

239d2

ἀποτελεύτησις 结束，完成

　　［拉］finis, determinatio

　　［德］Beendigung, Endergebnis

　　［英］ending, completion, accomplish-

　　ment

　　264b1

ἀποτελέω 结束，完成

　　［拉］perficio, efficio

　　［德］vollenden, vollbringen

　　［英］bring to an end, complete

　　221a6, 234b10

ἀποτυγχάνω 失误，未中的，丧失

　　［拉］aberro, amitto

　　［德］nicht treffen, verfehlen, verlieren

　　［英］miss one's object, fail, lose

　　228c3, 267c8

ἀποφαίνω 显示，展示

　　［拉］ostendo

　　［德］aufzeigen, darlegen

　　［英］show forth, display

　　230d3, 235c1, 243a4, 258d7, 258e7,

　　259d3, 263c10, 268b7

ἀπόφασις 否定

　　［拉］negatio

　　［德］Verneinung

　　［英］denial, negation

　　257b9, 257c3, 263e12

ἀποχωρίζω 从……分开，分离

　　［拉］secerno, separo

　　［德］trennen, sondern

　　［英］separate from, detach

　　226d2, 256b3, 259e1

ἀπραξία 不作为

［拉］absentia actionis

［德］Untätigkeit

［英］non-action

262c3

ἁπτός 可触摸的

［拉］tractabilis

［德］zu fassen, fühlbar

［英］tangible

247b3

ἅπτω 拴，固定，接触

［拉］necto

［德］heften

［英］fasten

261c8

ἀπωθέω 推开，赶走

［拉］repello, abjicio

［德］wegstoßen, von sich abwehren

［英］thrust away, drive away

261b8

ἀργία 懒散，闲暇

［拉］otium, socordia

［德］Untätigkeit, Ruhe

［英］idleness, laziness, leisure

232b1, 267d6

ἀρετή 德性

［拉］virtus

［德］Tugend, Tüchtigkeit

［英］virtue, goodness, excellence

223a3, 224c2, 224d1, 227d4, 247b2,

251a10, 267c3

ἀριθμός 数

［拉］numerus

［德］Zahl

［英］number

238a10, 238b2, 238b8, 238c1,

239b9, 256d4, 257a6

ἀρκέω 够了，足够

［拉］sufficio

［德］hinreichen, genügen

［英］to be strong enough, suffice

220d4

ἁρμόζω 联结，安排，绷紧，使适合

［拉］vincio, moderor, adapto

［德］zusammenfügen, ordnen, stimmen

［英］join, accommodate, bind fast

224c4, 248c9, 253a6, 262c5, 262d9,

262e1

ἄρρητος 不可说的

［拉］non dicendus, ineffabilis

［德］ungesprochen, unsagbar, unbes-

chreiblich

［英］unspoken, unspeakable

238c10, 238e6, 239a5

ἀρχαιοπρεπής 历史悠久的，古老而受

到敬仰的，老式的

［拉］antiquitatem referens, more antiquo

factus

［德］altehrwürdig, altfränkisch

［英］time-honoured, venerable, old-

fashioned

229e4

ἀρχή 开始，开头，统治，公职

［拉］principium, imperium, magis-

tratus

［德］Anfang, Herrschaft, Amt

［英］beginning, sovereignty, office

232b12, 233e2, 238a3, 242b6,

261a5, 265b8, 268c6

ἀρχηγός 开始的，本源的，首要的
　[拉] praeses, praecipuus
　[德] fürstlich, veranlassend, leitend
　[英] primary, leading, chief
　243d1

ἄρχω 开始，从……开始，统帅
　[拉] incipio, guberno
　[德] anfangen, herrschen, befehlen
　[英] begin, rule, command
　218b6, 219a4, 237a5, 242b6, 242d5,
　265a4

ἀσπαλιευτής 垂钓者，渔夫
　[拉] piscator
　[德] Angelfischer
　[英] angler
　218e4, 221c9, 221d11, 222a3

ἀσπαλιευτικός 垂钓的
　[拉] peritiam piscandi
　[德] zur Angelfischereigehörig
　[英] of or for an angler
　219d2, 221a7, 221c2

ἀσύννους 欠考虑的，考虑不周的
　[拉] imprudens
　[德] unüberlegt, verwirrt
　[英] thoughtless,
　267d7

ἀσφαλής 稳定的，可靠的，安全的
　[拉] stabilis, firmus
　[德] sicher, fest, zuverlässig
　[英] immovable, steadfast, safe
　231a7, 242e1

ἄσχιστος 未分开的
　[拉] indivisus
　[德] ungeteilt

　[英] undivided
　221e6

ἀσώματος 无形的
　[拉] incorporeus
　[德] unkörperlich
　[英] incorporeal
　246b8, 247d1

ἀτεχνία 缺乏技艺
　[拉] imperitia, nulla ars
　[德] Kunstlosigkeit
　[英] want of art or skill
　253b5

ἄτεχνος (adv. ἀτέχνως) 无技艺的
　[拉] sine arte, imperitus
　[德] nicht kunstverständig, unges-
　chickt
　[英] without art, unskilful
　219a5, 219a7, 225c1

ἀτεχνῶς 完完全全，真正地
　[拉] prorsus
　[德] geradezu, ganz
　[英] absolutely, simply, completely
　246a8, 255d6

ἄτηκτος 未融化的，不溶解的
　[拉] non liquescens, non liquefactus
　[德] nicht geschmolzen
　[英] not melted, insoluble
　265c3

ἄτομος 不可分的，不可切割的
　[拉] insecabilis, individuus
　[德] nicht beschnitten, unteilbar
　[英] uncut, unmown, that cannot be
　cut, indivisible,
　229d5

ἄτοπος 荒诞不经的，荒谬的，奇特的
　　[拉] absurdus
　　[德] ungewöhnlich, widersinnig
　　[英] strange, paradoxical
　　239c1, 240c2, 240c3, 252c8, 256b7

αὐτόματος 自愿的，自动的
　　[拉] sponte et ultro
　　[德] spontan
　　[英] of one's own will, spontaneous
　　265c7

αὐτοποιητικός 创制事物本身的
　　[拉] qui rem ipsam facit, neque imaginem rei
　　[德] das Ding selbst (nicht bloß ein Abbild davon) zu machen fähig
　　[英] making not a copy, but the thing itself
　　266a9

αὐτοπώλης 自营者
　　[拉] qui non vendit ab alio emta
　　[德] selbstverkäufer, der seine eigenen Produkte verkauft
　　[英] selling one's own products
　　231d9

αὐτοπωλικός 自营的
　　[拉] qui opera sua vernalia facit
　　[德] zum Selbstverkäufergehörig
　　[英] trade of anselling one's own products
　　223d2, 224e2

αὐτουργικός 能够用自己的手做的，创制事物本身的
　　[拉] qui sua manu victum quaerit potius, quam ab alio datis fruitur

　　[德] selbstarbeitend, selbstschaffend
　　[英] able to work with one's own hand
　　266d4

αὐτουργός 自己做出来的
　　[拉] qui per se facit et operator
　　[德] selbstarbeitend
　　[英] self-working
　　223d2

αὐτοφυής 自生的
　　[拉] spontaneus
　　[德] von selbst gewachsen
　　[英] self-grown, spontaneous
　　266b10

αὐτόχθων 本地的，土生的
　　[拉] ex ipsa terra ortus, indigenus
　　[德] aus dem Lande selbst stammend, eingeboren
　　[英] sprung from the land itself, indigenous, native
　　247c5

ἀφαίρεσις 没收，剥夺
　　[拉] ablatio
　　[德] Wegnahme, Entzug
　　[英] confiscation, taking away
　　227d10

ἀφαιρέω 取走，减去，削减
　　[拉] eximo, detraho
　　[德] wegnehmen
　　[英] take away from
　　260a8, 260b1

ἀφανίζω 使不见，隐藏
　　[拉] ab adspectu removeo, celo
　　[德] unsichtbar machen, verstecken
　　[英] make unseen, hide

249c7

ἀφάνισις 消灭，勾销

　[拉] abolitio

　[德] das Verschwinden

　[英] getting rid of, destruction

259e4

ἀφανής 不被看见的，隐晦的

　[拉] obscurus, occultus

　[德] ungesehen, dunkel

　[英] unseen, unnoticed, secret

232c1

ἀφερμηνεύω 解释，阐释

　[拉] enarro, explico

　[德] auslegen, erklären

　[英] interpret, expound

246e3, 248a5

ἄφθεγκτος (ἄφθογγος) 无声的，说不出的

　[拉] non vocalis, ineffabilis

　[德] lautlos, unaussprechlich

　[英] voiceless, unspeakable, unutterable

238c10, 238e5, 239a5

ἄφθονος 不嫉妒的，丰富的，充足的

　[拉] sine invidia, fertilis, largus

　[德] neidlos, reichlich

　[英] without envy, plentiful

222a10

ἀφίημι 放弃，赦免，宣告无罪

　[拉] dimitto, absolve

　[德] loslassen, freisprechen

　[英] give up, acquit

267a11

ἀφικνέομαι 到达，返回

　[拉] advenio, redeo

　[德] ankommen, zurückkehren

　[英] arrive at, return

256c2, 261a8

ἀφιλόσοφος 非哲学的

　[拉] a philosophia alienus

　[德] unphilosophisch

　[英] unphilosophic

259e2

ἀφίστημι 放到一边，站到一边

　[拉] amoveo, absto

　[德] wegstellen, wegtreten

　[英] put away, stand away

234c5, 234e4, 241c4

ἀφομοιόω 使相似

　[拉] similem redo

　[德] ähnlich machen

　[英] make like

221c1, 240a8

ἀφοράω 凝望，注视

　[拉] prospicio

　[德] erblicken, anschauen, hinschauen

　[英] have in view, look at

254b1

ἀφορίζω 分离，分开，规定

　[拉] separo, segrego, distinguo

　[德] abgrenzen, trennen, bestimmen

　[英] separate, distinguish, determine

227c5, 229c1, 231b4, 231e2, 240c7, 257c11, 257e2, 268d2

ἄφρων 愚蠢的，没头脑的

　[拉] imprudens

　[德] unvernuenftig

　[英] silly, foolish, senseless

247a3

ἄχθομαι 不快，烦恼，憎恶

　　［拉］aegre et moleste fero

　　［德］betrüben, sich gedrücktfühlen

　　［英］to be vexed, grieved

　　218a8

ἄψυχος 无灵魂的，无生命的

　　［拉］inanimus, anima carens

　　［德］leblos, unbeseelt

　　［英］lifeless, inanimate

　　219e7, 220a2, 227a3, 227b7, 265c2

βαδίζω 漫游，踱步，前进

　　［拉］vagor

　　［德］wandeln, marschieren

　　［英］go about, walk,march

　　262b5

βάθος 深度，高度

　　［拉］profunditas, altitude

　　［德］Tiefe, Höhe

　　［英］depth, height

　　235d8

βαιός 小的，少的

　　［拉］parvus, paucus

　　［德］klein, wenig

　　［英］little, small

　　244e5

βαλανευτικός 关乎洗澡的，关乎沐浴的

　　［拉］balneatorius

　　［德］zum Baden gehörig

　　［英］of or for baths

　　227a2

βαρύς 重的

　　［拉］gravis

　　［德］schwer

　　［英］heavy in weight,weighty

　　253b1

βασανίζω 试验真假，试验，证明，考问

　　［拉］exploro, probo, examino

　　［德］prüfen, untersuchen, foltern

　　［英］put to the test, prove, examine closely, cross-question

　　237b2, 241d6

βασιλεύς 国王，国王执政官

　　［拉］rex

　　［德］König

　　［英］king

　　230e1

βασιλικός 王家的，高贵的

　　［拉］regius, regalis

　　［德］königlich

　　［英］royal, kingly

　　235c1

βέβαιος 牢固的，可靠的

　　［拉］firmus, stabilis

　　［德］fest, sicher

　　［英］firm, steady

　　230c3, 258b10

βεβαιόω 巩固，证实

　　［拉］confirmo

　　［德］befestigen

　　［英］confirm, establish

　　250c10

βία 暴力

　　［拉］vis

　　［德］Gewalt

　　［英］force, act of violence

　　246d1

βιάζω 强迫，迫使
 [拉] urgeo, opprimo
 [德] bedrängen
 [英] constrain
 241d6, 246b8

βίαιος (βιαστικός) 暴力的
 [拉] violentus
 [德] gewalttätig
 [英] forcible, violent
 222c6, 225a10

βίος 生命，一生
 [拉] vita
 [德] Leben, Lebenszeit
 [英] life, lifetime
 216c7

βλέπω 看，瞧
 [拉] intuor
 [德] blicken, ansehen
 [英] see, look
 232a5, 232e7, 239e7, 247d3, 262b1,
 265d2

βουλεύω 任议事员，提意见，建议，
 决定
 [拉] consulto
 [德] beraten, Mitglied des Rats sein
 [英] give counsel, act as member of
 council
 218b5, 241b4

βούλομαι 愿意，想
 [拉] volo
 [德] wollen, wünschen
 [英] will
 217c4, 217d8, 218d8, 219a2, 226c1,
 227c5, 232d7, 234b9, 237b4, 243e8,
 244a5, 250c9, 251e7, 252e6, 254b4,
 262b2

βράσσω 簸
 [拉] vanno excutio
 [德] worfeln
 [英] winnow
 226b6

βραχύς 短的，简短的
 [拉] paucus
 [德] kurz, klein
 [英] short, brief
 220a3, 240e4, 241c8, 263c3, 268b3

βρόχος 套索，活套
 [拉] laqueus
 [德] Schlinge
 [英] noose
 220c4

γάμος 婚姻，结婚
 [拉] nuptial
 [德] Ehe, Heirat
 [英] wedding, marriage
 242d1

γέλοιος 可笑的、荒诞的
 [拉] ridiculus
 [德] lächerlich, witzig
 [英] amusing, absurd
 224b5, 227a5, 227b3

γέμω 充满
 [拉] plenus sum
 [德] voll sein
 [英] to be full of
 261a6

γενεά 诞生，家世，世代
 [拉] generatio, genus

［德］Geschlecht, Stamm

［英］race, family

268d3

γένεσις 生成，产生，起源

　　［拉］generatio, creatio, ortus

　　［德］Entstehung, Zeugung, Ursprung

　　［英］generation, coming into being, origin

　　232c8, 235e2, 245d5, 246c1, 248a7, 248a10, 248a12, 248c7

γενναῖος (adv. γενναίως) 高贵的，优良的

　　［拉］generosus, nobilis

　　［德］von vornehmer Abstammung, edel

　　［英］high-born, noble

　　231b8, 239b7

γεννάω 生，产生

　　［拉］gigno

　　［德］zeugen

　　［英］beget, bring forth

　　265c7

γέννημα 产物，后代

　　［拉］quod natum seu procreatum est, progenies

　　［德］das Erzeugte, Sprößling

　　［英］that which is produced or born, child

　　266b4, 266d7

γένος 种族，种类，属，民族，家族

　　［拉］genus

　　［德］Geschlecht, Abstammung

　　［英］race, family

　　216a3, 216c3, 217a7, 217a8, 218d4,

219e7, 220a8, 220b4, 222d3, 223a5, 223c4, 224c8, 224e3, 224e7, 226a1, 228a11, 228d7, 228e2, 229b1, 231a8, 231b7, 233a4, 235b5, 235c5, 246c5, 253b8, 253b11, 253d1, 253e2, 254b7, 254d4, 254e3, 256b8, 256d12, 257a9, 257e2, 259a5, 259b2, 260a5, 260b7, 261a3, 261a6, 261e6, 264e1, 265a2, 265e5, 266d9, 267d5, 268a5, 268a9, 268c9

γέρας 礼赞，礼遇，礼物

　　［拉］munus

　　［德］Ehrengabe, Ehrengeschenk

　　［英］gift of honour, gift, present

　　231a3

γέρων 老年人

　　［拉］senex

　　［德］Alter, Greis

　　［英］old man

　　251b5

γεωργία 耕作，耕种

　　［拉］agricultura

　　［德］Ackerbau

　　［英］tillage, agriculture, farming

　　219a10

γεωργός 农夫，农民

　　［拉］agricola

　　［德］Landwirt, Landbauer

　　［英］farmer

　　234a1

γῆ 地，土地

　　［拉］terra, tellus

　　［德］Erde, Boden

　　［英］land, earth

222a9, 232c4, 234a3, 246a7, 265c2

γηγενής 地生的，土生土长的

　　[拉] terra natus

　　[德] erdgeboren

　　[英] earthborn, indigenous

　　248c2

γιγαντομαχία 诸神与巨人之间的战争

　　[拉] pugna gigantum

　　[德] Gigantenkampf

　　[英] battle of the gods and giants

　　246a4

γίγνομαι 发生，产生，生成，成为，变

　　得，出现

　　[拉] accido, evenio

　　[德] werden, geschehen, sich ereignen

　　[英] happen, come to be

　　216b2, 217c2, 218a7, 218b2, 219c5,

　　220c10, 220d6, 220e3, 220e8,

　　221c3, 222b2, 222d5, 222d6, 223b6,

　　225a9, 225b5, 225d8, 228b6, 228c3,

　　228d1, 228d11, 228e8, 229b8,

　　229c6, 230c3, 230e2, 231b1, 231b6,

　　232b9, 233b7, 234d6, 237a4, 241a2,

　　241d3, 242d1, 243b4, 244b1, 245c8,

　　245d1, 245d4, 246e2, 247a6, 247c3,

　　247d3, 248b6, 248e4, 249c3, 252a6,

　　252b4, 254c7, 254d12, 255a11,

　　256b3, 257c10, 259e6, 260c2,

　　260c4, 260d1, 262c5, 262d1, 262d2,

　　263d3, 263d4, 263e4, 264d5, 265b9,

　　265b10, 265c4, 265c9, 265d3,

　　265e2, 266a4, 267a3

γιγνώσκω 认识

　　[拉] nosco, percipio

　　[德] erkennen, kennen

　　[英] know, recognize

　　234b6, 236d5, 240a1, 244a7, 248d2,

　　248d4, 248d10, 248e1, 248e2,

　　249d10, 253b3, 267b12, 267d2

γναφευτικός (κναφευτικός) 关乎漂洗的

　　[拉] fullonicus

　　[德] zum Walker gehörig

　　[英] belonging to a fuller

　　227a3

γνώμη 意见，观点，判断

　　[拉] sententia, judicium, opinio

　　[德] Ansicht, Meinung

　　[英] thought, judgement, opinion

　　225d10

γνώριμος 熟知的，熟悉的

　　[拉] notus, familiaris

　　[德] bekannt, kenntlich

　　[英] well-known, familiar

　　218e4

γνώρισις 认识，熟识

　　[拉] cognitio

　　[德] Kenntnis

　　[英] cognition

　　219c3

γνῶσις 认识，认清

　　[拉] cognitio

　　[德] Erkenntnis

　　[英] cognition

　　248e3, 267b9

γόης 魔术师，术士，巫师

　　[拉] praestigiator

　　[德] Zauberer

　　[英] sorcerer, wizard

235a1, 235a8, 241b7

γοητεύω 蛊惑，欺骗

　　［拉］delinio

　　［德］bezaubern, behexen

　　［英］bewitch, beguile

　　234c5

γράμμα 文字，学问

　　［拉］littera

　　［德］Schrift, Wissenschaft

　　［英］letters, learning

　　253a1, 261d1

γραμματικός 精通文法的

　　［拉］grammaticus

　　［德］des Lesens und Schreibens kun-dig, grammatisch

　　［英］knowing one's letters, grammatical

　　253a12

γραφικός 有关书写的，有绘画修养的

　　［拉］ad scribendum pertinens, scriptorius

　　［德］im Malen geschickt, malerisch

　　［英］capable of drawing or painting

　　224a3, 234b7, 266c8

γράφω 公诉，起诉，书写，画

　　［拉］accuso, scribo

　　［德］eine schriftliche Klage einbringen, schreiben

　　［英］indict, write, paint

　　232d7, 234b9, 235e6, 239d7

γυμναστικός 体育的

　　［拉］gymnasticus

　　［德］Leibesübung zugeneigt

　　［英］gymnastic

226e8, 229a1

γυμνός 裸体的

　　［拉］nudus

　　［德］nackt

　　［英］naked

　　237cd3

δαιμόνιος 精灵的，属于精灵的

　　［拉］daemonicus

　　［德］dämonisch

　　［英］of or belonging to a daemon

　　266b7

δαμάζω (δαμάω) 使驯服，制服

　　［拉］domo, vinco

　　［德］zähmen

　　［英］tame, subdue, conquer

　　237a8, 258d2

δείκνυμι 指出，显示

　　［拉］ostendo

　　［德］zeigen, nachweisen

　　［英］show, point out

　　234c5, 237c4, 253b11

δειλία 懦弱，胆小

　　［拉］timiditas

　　［德］Furchtsamkeit, Feigheit

　　［英］timidity, cowardice

　　228e2, 229a3

δεινός 聪明的，强有力的，可怕的

　　［拉］fortis, potens, peritus, terribilis, dirus

　　［德］tüchtig, geschickt, gewaltig, furchtbar

　　［英］clever, powerful, terrible

　　230a8, 232c9, 246b4, 249a3

δέλεαρ 诱饵

［拉］esca
［德］Lockspeise
［英］bait
222e6

δένδρον 树
［拉］arbor
［德］Baum
［英］tree
233e6

δεξιά 右边
［拉］dextra
［德］rechte Hand
［英］right hand
264e1

δεσμός 锁链，桎梏，囚禁
［拉］vinculum
［德］Band
［英］band
253a5

δέχομαι 接受，赞同，选择
［拉］accipio, eligo
［德］annehmen, gutheißen
［英］accept, choose, prefer
218a2, 247d6, 247e6, 253c1

δέω (δεῖ) 捆绑；缺乏，需要，恳求，
必须，应当
［拉］vincio, indigeo
［德］binden, fesseln,bedürfen, brau-
chen
［英］bind, lack, want
218c4, 218c7, 218d1, 220a1, 221a4,
221a5, 221d4, 224e5, 225d4, 231a7,
232d6, 235e7, 237c1, 238d9,
238e1, 239a8, 240e3, 241c5, 243d7,

245a10, 245d5, 245d8, 245d9,
246d2, 248c11, 250d8, 252c6,
253a9, 253c4, 255c10, 258b9,
260a7, 261b1, 262e8, 262e11, 268c3

δῆλος 清楚的，显而易见的
［拉］manifestus
［德］klar, offenbar
［英］clear
219d3, 223a8, 228c6, 229b8, 232a3,
233b3, 237c7, 239d6, 243d3,
244a6, 244c4, 248d8, 254b5, 258b6,
259d6, 261d7, 262b1, 263a5, 263d7,
265a11, 267d5, 268c1

δηλόω 指出，显示，表明，阐明
［拉］manifesto, declaro, ostendo
［德］zeigen, offenbaren
［英］show, exhibit, reveal
221c4, 226c1, 227b5, 237b2, 243d4,
245e3, 257b7, 261e1, 262c4, 262d2

δήλωμα 标志，指示，进行揭示的东西
［拉］manifestaio, signum, indicium
［德］Mittel zur Offenbarung, Kenn-
zeichen
［英］a means of making known, in-
dication
261e5, 262a3

δημηγορικός 煽动群众的，向群众言说的
［拉］concionalis
［德］im Reden vor dem Volke ge-
wandt
［英］suited to public speaking
222c9

δημιουργέω 当手艺人，做手工
［拉］opificium exerceo

［德］ein Gewerbe betreiben

［英］practise a handicraft,

219c4, 265c4

δημιουργικός 手艺人的，工匠的

［拉］opifices pertinens, fabrilis

［德］zum einem Handwerk gehörig

［英］of a craftsman

229d1

δημιουργός 匠人，工匠

［拉］qui opera populo utilia facit, auctor operis

［德］Handwerker

［英］one who works for the people, skilled workman, handicraftsman

232d6, 236a4

δημολογικός 精通公共演说的

［拉］ad quem ad populum verba facit pertinens

［德］zum Volksredner geschickt

［英］suited to public speaking

268b8, 268b9

δημόσιος 公共的，非私人的

［拉］publicus

［德］gemeinschaftlich, öffentlich

［英］public

222d5, 225b6, 268b2

δημοσιόω 充公，没收，公布

［拉］publico

［德］konfiszieren, öffentlich machen, bekannt machen

［英］confiscate, publish

232d7

διαγιγνώσκω 分辨，区别

［拉］discerno

［德］unterscheiden

［英］know one from the other, distinguish

225c2

διάγνωσις 分别，辨别，决定

［拉］discretio, judicium

［德］Entscheidung, Unterscheidung

［英］distinguishing, resolving, deciding

267d9

διαδύνω 溜走，逃走，避免

［拉］aufugio, elabor

［德］hindurchschlüpfen, entschlüpfen, sich entziehen

［英］slip through, slip away, evade, shirk

231c4

διάθεσις 安排，布局，状况

［拉］dispositio, constitutio

［德］Ordnung, Verhältnis, Zustand

［英］disposition, composition, arrangement

264d5

διαθραύω 完全打碎

［拉］confringo

［德］ganzzerbrechen

［英］break in pieces

246c1

διαίρεσις 可分性，分开

［拉］divisio

［德］Trennung, Sonderung

［英］divisibility, division, separation

229d6, 235c7, 253c3, 264c2, 264d5, 267b8, 267d6

διαιρέω 分开，分解

［拉］divido

［德］teilen, auseinandernehmen

［英］take apart, divide

217a7, 219e7, 220a9, 220b10, 220b14, 221e2, 223d2, 225a4, 225c6, 235b8, 235c3, 235d4, 248a7, 252b2, 252b3, 253d1, 264c4, 265a5, 265a11, 266a8, 266b1, 267d7

διαιρετικός 能够进行区分的，区分性的，有区分能力的

［拉］vim aut facultatem dividendi habens, aptus ad dividendum

［德］zum Trennen gehörig, geschickt im Trennen

［英］distinguishable, separative

226c3

διαισθάνομαι 辨别，清楚地觉察到

［拉］persentisco, perspicue percipio

［德］deutlich merken, unterscheiden

［英］perceive distinctly, distinguish

253d7

διακελεύομαι 要求，吩咐，鼓励

［拉］hortor, jubeo

［德］zureden, ermuntern, auffordern

［英］exhort, give orders, direct

218a3

διακούω 听到底，听得

［拉］exaudio, ad finem usque audio

［德］durchhören, bis zu Ende hören, genau anhören

［英］hear out or to the end, hear

217b7

διακριβολογέομαι 详细探究

［拉］accurate tracto

［德］übermäßig genau untersuchen

［英］inquire minutely

245e6

διακρίνω 区分，做出决定，解决争端

［拉］discerno, dijudico

［德］entscheiden

［英］distinguish, decide

216c3, 226b6, 227a1, 253e1

διάκρισις 分开，区分

［拉］discretio

［德］Trennung, Aussonderung

［英］separation

226d1, 226d6, 226d9, 243b5

διακριτικός 能够进行区分的，有区分能力的，分开的

［拉］discernendi vim habens, segregans

［德］zum Unterscheiden geschickt

［英］separative, able to distinguish

226c8, 231b3

διαλέγω 谈论，交谈

［拉］colloquor

［德］reden, diskutieren

［英］hold converse with, discuss

218a2, 232d3, 239a3, 242c4, 251d1, 251d2, 263a8

διαλεκτικός 谈话的，善于论辩的

［拉］dialecticus

［德］dialektisch, zum Disputieren geschickt

［英］dialectical, conversational

253d2, 253e4

διαλλάσσω 改变，换，变和解，变友好

［拉］muto, permuto, reconcilior

［德］verändern, eintauschen, sich versöhnen

［英］change, interchange, reconcile

223d9

διαλογίζομαι 盘算，考虑

［拉］discerno, delibero

［德］überdenken, erwägen

［英］calculate exactly, consider

231d1

διάλογος 对话

［拉］sermocinatio, dialogus

［德］Gespräch,Dialog

［英］conversation, dialogue

263e4, 264a9

διαλύω 分解，分开

［拉］solvo

［德］auflösen, lösen

［英］dissolve, loose

252d4, 259e4

διαμάχομαι 坚持战斗，坚决主张

［拉］dimico, repugno, contendo

［德］durchkämpfen, behaupten

［英］fight, contend, maintain

241d8, 256d6, 260a2, 260e1, 261a7

διανοέομαι (διανοέω) 思考，打算

［拉］cogito

［德］denken

［英］think

217a5, 230c7, 238c9, 247c8, 255b8, 255c9, 257c5, 260d2

διάνοια 意图，打算，思想

［拉］consilium, mentisagitatio

［德］Gesinnung, Absicht, Gedanke

［英］thought, intention, purpose

227c4, 229c6, 238b7, 250c9, 260c4, 263d6, 263e3, 263e5, 264a1, 264a9, 264b1, 265c8

διαπεράω 越过，穿过

［拉］transmitto

［德］hinübergehen, durchschreiten

［英］go over or across, pass through

261a9, 261c2

διαπονέω 苦心经营

［拉］elaboro

［德］mit Mühe arbeiten

［英］work out with labour, elaborate

218c7

διαπορέω 困惑，不知所措

［拉］dubito, aestuo, consilii inops sum

［德］in Verlegenheit sein

［英］to be quite at a loss, to be in doubt

217a4, 250e5

διαπρέπω 变得显眼，出类拔萃

［拉］decorus sum et excello inter alios

［德］hervorglänzen, sich auszeichnen

［英］appear prominent or conspicuous, strike the eye

219c7

διασπείρω 分散，散布，分配

［拉］dispergo, dissipo

［德］ausstreuen, verbreiten, sich zerstreuen

［英］scatter or spread about, dispersed

260b8

διατείνω 伸长，努力，坚决主张

［拉］extendo, protendo, affirmo

［德］ausspannen, behaupten

［英］extend, maintainstoutly

247c5, 253d6

διατριβή 消磨时间，消遣，研讨
[拉] contritio, conversatio
[德] Zeitverlust, Aufenthalt, Unterhaltung
[英] wearing away, haunt
225d7

διαττάω 筛
[拉] percribro
[德] durchsieben
[英] sift, riddle
226b5

διαφέρω 不同，不一致，有分歧，胜过
[拉] differo, vinco, supero
[德] verschieden sein, sich auszeichnen
[英] differ, excel
227c1, 228b4, 237b3, 242e2, 255d4, 263e1

διαφερόντως 异常地，出众地
[拉] excellenter, maxime
[德] verschieden, außerordentlich
[英] differently, especially
253a4

διαφεύγω 逃走，逃脱
[拉] effugio, evito
[德] entfliehen, vermeiden
[英] get away from, escape
231c6

διαφθορά 破坏，毁坏
[拉] corruptela
[德] Vernichtung, Zerstörung
[英] destruction, ruin
228a8

διαφορά 不同，区别，分歧，不和
[拉] dissensio, differentia
[德] Verschiedenheit, Uneinigkeit
[英] difference, disagreement
228a8

διάφορος 不同的，不一样的
[拉] differens, diversus
[德] verschiedenartig
[英] different, unlike
255b11

διδασκαλία 教导，教诲，训练
[拉] doctrina, institutio
[德] Lehre, Einübung
[英] teaching, instruction
229d2

διδασκαλικός 有关教诲的
[拉] ad doctrinam pertinens
[德] zum Unterrichte gehörig, lehrlustig
[英] of or for teaching
229a9, 229b1, 229b9, 229c11, 229e1, 231b4, 231b5

διδάσκαλος 老师
[拉] magister
[德] Lehrer
[英] teacher, master
232b8

διδάσκω 教，传授
[拉] doceo
[德] lehren
[英] teach, instruct
234a8, 244a8

δίδωμι 给，交出，赠送，赠与，认可
[拉] do, dono, concedo, permitto

［德］geben, schenken, zugeben, ges-
tatten

［英］give, offer, grant

230a5, 233b6, 239e5, 253e4, 253e7,
263e2

δίειμι (διέρχομαι) 经过，讨论，述说

［拉］percurro, narro

［德］hindurchgehen, erzählen

［英］go through, enumerate, discuss

254d4

διέξειμι 出去，详细叙述，仔细检查

［拉］exeo, narro

［德］hinausgehen, vollständig vortra-
gen

［英］go through, go through in detail,
relate circumstantially

217c3, 217c5, 237b5

διεξέρχομαι 详细叙述，度过

［拉］pertranseo, explico

［德］in der Rede durchgehen, hin-
durchgehen

［英］go through, relate

242d6

διερευνάω 仔细探查，仔细调查

［拉］perscrutor, indago

［德］durchsuchen, durchforschen

［英］track down, search, examine

236d2, 241b6, 243d4, 260e4

διέρχομαι 经过，细说，叙述

［拉］transeo, narro

［德］durchgehen, erzählen

［英］pass through, recount

217a9, 219b8, 221e5, 241b9, 245e7,
255e4, 259a6

διερωτάω 盘问，不断地问

［拉］interrogo, percontor, sciscitor

［德］herumfragen, ausfragen, beständ-
dig fragen

［英］cross-question, ask constantly or
continually

217b6, 230b4

δίζημαι 寻找，探寻

［拉］quaero, exquiro

［德］aufsuchen, erforschen

［英］seek for, look for

237a9

δίζησις 探究，研究

［拉］quaestio, exquisitio

［德］Untersuchung, Erforschung

［英］inquiry

258d3

διηγέομαι 详细叙述，描述

［拉］narro

［德］erzählen, beschreiben

［英］set out in detail, describe

242c8

διηθέω 筛，滤

［拉］percolo

［德］durchseihen, ausspülen

［英］filter

226b5

διισχυρίζομαι 完全信赖，极力坚持，
坚决主张

［拉］confirm, adfirmo

［德］sich stützen, fürgewiß behaupt-
en, fest behaupten

［英］lean upon, rely on, affirm con-
fidently

231c1, 246a9, 247c2

δίκαιος (adv.δικαίως) 正当的，公正的，正义的
[拉] justus
[德] gerecht, richtig
[英] just, right
216b1, 219b1, 224b5, 225b6, 225c7,
238c5, 247a2, 250a1, 250d5, 253e5,
257a12, 258a4, 267c9

δικαιοσύνη 正义，公正
[拉] justitia
[德] Gerechtigkeit
[英] righteousness, justice
247a5, 247b1, 267c2

δικανικός 属于审判的，精通法律的
[拉] judicialis, juris peritus
[德] rechtskundig
[英] belonging to trials, judicial
222c9, 225b6

δίκη 官司，惩罚，审判，判决
[拉] judicium, causa, poena
[德] Rechtsstreit, Prozess, Strafe, Urteil
[英] lawsuit, penalty, judgement
220a8, 229a5

δίκτυον 网
[拉] retia
[德] Netz
[英] net
220c4

διομολογέω 商定，达成协议，承认
[拉] convenio
[德] zugestehen, sich verständigen
[英] make an agreement, agree, concede

241b2, 260a8, 260b3, 264d8

διορίζω 界定，下定义
[拉] distermino, definio
[德] bestimmen, definieren
[英] determine, define
217b2, 222b11, 239a9, 242c5, 267a1

διπλόη 双重，裂缝，裂隙，断口
[拉] dupllicatio, rima
[德] doppeltheit, Sprung, Bruch
[英] fold, doubling, weak spot, flaw
267e8

διπλόος (δισσός) 双重的
[拉] duplex, duplus
[德] zweifach, doppelt
[英] twofold, double
220a7, 222c3, 223c6, 225b3, 226e1,
229b8, 266c1, 266d2, 267b4

διστάζω 怀疑，犹豫
[拉] dubito, ambigo
[德] zweifeln
[英] doubt, hesitate
235a2

δίχα (διχῇ) 分离，分开，成两半
[拉] bifariam, divisim
[德] entzwei, getrennt
[英] in two, asunder
221e2, 223c11, 225a4, 227d1,
264d10, 265a11, 265e8, 266b1,
266d5, 267a1

διωθέω 推走，打退，拒绝
[拉] repello
[德] abwehren, abschlagen
[英] push asunder, reject
251a2

δόγμα 见解，信念，意见
　[拉] dogma, sententia
　[德] Meinung
　[英] opinion, belief
　265c5

δοκέω 设想，看来，认为
　[拉] puto, opinor, videor
　[德] glauben, scheinen
　[英] imagine, seem
　216b9, 216c7, 218c8, 221a5, 223a8,
　225d7, 227a5, 227c2, 229b5, 229c1,
　229c5, 229d8, 231d2, 233b4,
　233c1, 234c6, 235a2, 235b8, 235d3,
　236a5, 236e1, 237c2, 239c4, 239e3,
　242a11, 242b3, 242b7, 242b10,
　242c4, 243d1, 246d2, 247b8,
　249b12, 249d9, 258e5, 267c4,
　267c8

δόξα 名声，意见，期望，荣誉，判断
　[拉] opinio, exspectatio, fama, gloria
　[德] Meinung, Erwartung, Ruhm, Vor-
　stellung
　[英] opinion, expectation, repute,
　judgement
　216d1, 228b2, 229a7, 230b1, 230b5,
　230c2, 230d2, 231e5, 233b1, 234d6,
　240d6, 240d9, 241b1, 241e2,
　260b10, 260c2, 260d8, 260e1,
　261b2, 261c6, 263d6, 264a2, 264b1,
　264b2, 264b5, 264d4, 267e1

δοξάζω 认为，相信，猜想，判断
　[拉] opinor, suspicor
　[德] meinen, glauben, vermuten
　[英] think, imagine, suppose
　236e4, 240d3, 240d6, 240d9, 240e1,
　240e6, 244a9, 260c3, 265d6, 267c3,
　268a1

δοξαστικός 发表意见的，做出判断的
　[拉] opinandi praeditus
　[德] vorstellend, meinend
　[英] forming opinions, pertaining to
　judgement
　233c10, 268c9

δοξομιμητής 意见模仿者，模仿意见
　的人
　[拉] imitator opinionis
　[德] wer den Schein nachahmt
　[英] opinion-imitator
　267e7

δοξομιμητικός 模仿意见的
　[拉] imitans rem non satis cognitam
　[德] den Schein nachahmend
　[英] opinion-imitative
　267e1

δοξοπαιδευτικός 貌似进行教育的
　[拉] scientiae opinionem insprians
　[德] scheinabr belehrend
　[英] having the semblance of educa-
　tion
　223b5

δοξοσοφία 自以为的智慧，表面上看起
　来的智慧，貌似的智慧
　[拉] sapientiae opinio
　[德] Weisheitsdünkel
　[英] conceit of wisdom
　231b6

δράω 做
　[拉] facio, ago

［德］tun

［英］do

218a4, 232c2, 233c4, 233d10, 234b10, 235e4, 237b7, 239c5, 241b5, 242a3, 246d2, 248c5, 250a4, 252e9, 253a9, 253d5, 261b7

δρῦς 橡树，树木

［拉］quercus, robur

［德］Eiche, Baum

［英］oak, wood

246a8

δύναμαι 能够，有能力

［拉］possum, valeo

［德］können, imstande sein

［英］to be able

226c10, 230c6, 232a4, 233a6, 235c6, 236c10, 239b8, 239c5, 251a1, 253e1, 254c6, 261b5

δύναμις 能力，力量

［拉］potentia

［德］Macht, Vermögen

［英］power, might

219a6, 219b9, 226b1, 227b7, 232e4, 233a8, 236b5, 244b7, 247d8, 247e4, 248b5, 248c5, 248c8, 248c9, 251e8, 252d2, 254c5, 263a1, 265b9

δυνατός 有可能的，能办到的，有能力的

［拉］potens, possibilis

［德］imstande, fähig

［英］possible, powerful

232c10, 232e6, 233a3, 233b1, 234b5, 234b8, 234c3, 235a2, 235d3, 238a8, 238c8, 246d4, 247a8, 247c6,

250d3, 250e3, 251d9, 253a8, 253c2, 253d5, 259c8, 268b2

δυσειδής 不像样子的，不成形状的，难看的

［拉］deformis, turpis

［德］mißgestaltet, häßlich

［英］unshapely, ugly

228a11

δυσθήρευτος 难以捕捉的

［拉］quidifficultercomprehendipotest

［德］schwerzueinfangen

［英］hard to hunt down

218d3, 261a5

δυσχεραίνω 不满意，讨厌

［拉］pertaesus sum, odiosus sum

［德］unwillig sein, verabscheuen

［英］feel dislike, to be displeased

256a11, 257a8

δύω 使沉入，沉没

［拉］subeo

［德］tauchen

［英］cause to sink, sink

235c2

δωρητικός 关乎赠与的，关乎送礼的

［拉］munificus, liberalis

［德］Schenken betreffend

［英］concerned with giving

223c10

δῶρον (δωρεά) 礼物，礼品

［拉］donum

［德］Geschenk

［英］gift, present

219d5, 222e1

δωροφορικός 赠与的，作为礼物被送的

［拉］donum ferens

［德］Geschenke darbringend

［英］given as a present

222d8

ἐάω 允许，同意，不理会，放弃

［拉］dimitto, omitto

［德］zulassen, unterlassen

［英］concede, permit, let alone, let be

220a4, 221e6, 236a4, 239c4, 242a2,
251b8, 252b9, 252d2, 259c7, 260a2,
265e2

ἐγγίγνομαι 出生在……，发生在……，
产生于

［拉］insum, innascor

［德］darin geboren werden, darin ent-
stehen

［英］to be born in, take place

228a2, 247b3, 263d8, 264a1, 266c1

ἐγγύθεν 在身边，在近旁

［拉］prope, e propinquo

［德］aus der Nähe, nahe

［英］from nigh at hand

234d4, 236a2

ἐγγύς (comp. ἐγγύτερος; sup. ἐγγύτατος)
近，附近

［拉］prope

［德］nahe

［英］near, nigh, at hand

234e6, 265a2

ἐγείρω 唤醒，激起

［拉］excito

［德］erwecken, anregen

［英］awaken, rouse

266c9

ἐγχωρέω 让路，让位，容许

［拉］concedo, do locum

［德］Raum geben, gestatten

［英］give room, allow

246d5, 264d4, 264d6

ἐθέλω 愿意，乐于

［拉］volo

［德］wollen, wünschen

［英］to be willing, wish

228d11, 230a7, 233b6, 233b9,
246b3, 246d6, 247d1, 247d6, 252e2,
252e9, 254b8, 256b9, 262d6, 261d7

ἐθίζω 使习惯于

［拉］assuefacio

［德］gewöhnen

［英］accustom

225b9, 225c9

ἔθνος 种族，民族，部落

［拉］gens, natio

［德］Volk, Geschlecht

［英］tribe, nation

242d4

ἔθω 习惯于

［拉］soleo

［德］gewohnt sein, pflegen

［英］to be accustomed

217c3, 266c3

εἶδος 形式，样式，形状，外貌，形相

［拉］forma, species, modus

［德］Form, Aussehen, Gestalt

［英］form, appearance, shape

219a8, 219c2, 219d4, 220a7, 220a8,
220e6, 222d6, 222e3, 223c6, 223c9,
225c2, 226c11, 226e1, 226e5,

227c7, 227c8, 227d13, 229c2,
230a9, 234b2, 243b3, 235d1, 236c6,
236d2, 239a10, 246b8, 246c8,
248a4, 249d1, 252a7, 253d1, 254c2,
255c5, 255d4, 255e1, 258c3, 258d6,
259e5, 260d7, 261d1, 264c2, 264c4,
265a8, 266c3, 266d6, 266e4, 267d6

εἴδω (οἶδα) 看，知道，熟悉
　　［拉］video, scio, peritus sum
　　［德］sehen, wissen, verstehen
　　［英］see, know, be acquainted with
223c1, 226e2, 228c7, 229b7, 229c5,
230d3, 234a7, 235e7, 245e8, 247d7,
250b9, 251a1, 253a8, 253e9, 257b1,
263d10, 263e10, 263e13, 266b4,
267b7, 267b8, 267b11, 267e5,
268a1, 268a4, 268b11

εἴδωλον 幻象，幻想，图像
　　［拉］imago, figura
　　［德］Phantasie, Abbild
　　［英］phantom, fantasy, image
234c6, 236a6, 293d4, 239d7, 240a5,
240a7, 241e3, 260c8, 264c12,
265b1, 266b6, 266c6, 266d4

εἰδωλοποιικός (εἰδωλουργικός) 创制图
　像的，制作图像的
　　［拉］ad speciem rei effingendam aptus
　　［德］Bild zu machend
　　［英］of or for image-making
235b8, 236c6, 260d9, 264c4,
266a10, 266d4, 266d8, 268d1

εἰδωλοποιός 图像创制者
　　［拉］imagines effingens
　　［德］Bildmacher

　　［英］image-maker
239d3

εἰκαστικός 映像的，仿像的
　　［拉］adsimulativus
　　［德］ebenbildnerisch
　　［英］able to represent
235d6, 236b2, 236c7, 264c5, 266d9

εἰκῇ 没有准备地，没有计划地，即兴
　地，随意地
　　［拉］sine consilio, frustra, temere
　　［德］planlos, unüberlegt, aufs Gerate-
　wohl
　　［英］without plan or purpose, at ran-
　dom
225c1

εἰκός (adv. εἰκότως) 很可能的，合理的，
　当然的
　　［拉］probabilis, decens
　　［德］wahrscheinlich, folgerichtig,
　natürlich
　　［英］probable, reasonable
220c2, 225a9, 229a6, 231b2, 231c3,
236a8, 236b6, 254b2, 256e5, 268a8

εἰκών 影像，比喻
　　［拉］imago
　　［德］Bild
　　［英］likeness, image, simile
236a8, 236c3, 240b11, 240b13,
241e3, 260c8, 264c12

εἶμι 去，来
　　［拉］ibo
　　［德］gehen, kommen
　　［英］go, come
224c9, 239b7, 242b4, 242b5, 248a4,

257d12, 263e7

εἶπον 说

［拉］dico

［德］sagen

［英］say, speak

216c3, 217b2, 217e6, 218a4, 218d6,
220e6, 221e1, 221e6, 222c3, 223a9,
224c6, 225b1, 225d5, 225e2, 225e3,
227a2, 229a6, 229a9, 230a3, 231c2,
232d3, 233e1, 234a2, 235d4, 236b2,
236e4, 237c5, 238a1, 238c9, 238d8,
239b3, 240a4, 240b1, 240d5, 241a9,
241c1, 241c7, 242a7, 242a9, 242d3,
243b8, 246a1, 250e3, 251a7, 254b6,
256a11, 257b6, 258b2, 258b8,
258e3, 258e6, 261c5, 261e3, 262a2,
262b2, 262b7, 262c9, 262d5, 263a9,
264a5, 264c7

εἰρέω (εἴρω) 说

［拉］dico

［德］sagen

［英］say

259c7

εἰρωνεύομαι 假装无知，装傻，讥讽

［拉］utor dissimulatione in oratione,
derideo

［德］sich verstellen, spotten

［英］feign ignorance, banter

268b3

εἰρωνικός 装傻的，假装的，虚伪的

［拉］dissimulatione utens

［德］verstellt

［英］dissembling, hollow, insincere

268a7, 268c8

ἕκαστος 每，每一个，各自

［拉］singulus, quisque

［德］jeder

［英］each, every one

217a8, 217b2, 228c2, 232d5,
232d6, 234a5, 235c6, 235e1, 242c8,
243b1, 245d12, 247a6, 247b9,
251b2, 251e4, 253d6, 253e1, 254c4,
254d14, 255e4, 256e1, 256e5,
257c11, 258e2, 259b3, 259b5,
259c8, 259e5, 263a11, 263b12,
263e1, 265b2, 266b4, 266b6, 266c6

ἑκάστοτε 每回，每次，任何时候

［拉］semper

［德］jedesmal, jemals

［英］each time, on each occasion

221a2, 224a2, 237a6, 237cd2,
243b6, 251a6, 257d10

ἑκάτερος 两者中的每一个

［拉］alteruter

［德］jeder von beiden

［英］each of two

218c3, 220b14, 222b4, 222d6,
225d4, 229b10, 229e3, 243e1,
245c9, 250a12, 250b2, 262a2,
263b2, 265e8, 266a9, 266b2, 267d4,
268a5

ἐκβάλλω 抛弃，扔掉

［拉］expurgo

［德］verwerfen

［英］throw or cast out of, discard

227d7, 230c7

ἐκβολή 出口，抛出去，放逐，驱逐

［拉］effluvium, ejectio

［德］Ausfluß, das Hinauswerfen

［英］outlet, throwing out, expulsion,

banishment

230b1

ἔκγονος 后裔，子孙

［拉］proles

［德］Abkömmling

［英］offspring

242d2

ἐκδίδωμι 交出去，放弃

［拉］edo, prodo

［德］herausgeben, weggeben

［英］surrender, give up

242d4

ἐκλέγω 选择，选取，从中选出

［拉］eligo, detraho

［德］auswählen

［英］select, pick out

217d4

ἐκτείνω 延长，展开

［拉］extendo, protendo

［德］ausdehnen, sich ausbreiten

［英］stretch out, extend, prolong

217e1

ἐκτός 远离，除去

［拉］extra

［德］fern von, ohne

［英］out of, far from

227a2, 250d2

ἐκτρέπω 使转向旁边，使转弯

［拉］deflecto, averto

［德］wegwenden

［英］turn out of the course, turn aside

222a5

ἐκφεύγω 逃脱，避免

［拉］vito

［德］entgehen

［英］escape

235b3, 235c5

ἑκών 自愿的，心甘情愿的，故意的

［拉］voluntarius

［德］freiwillig, gern

［英］willing

219d4, 219d5, 240c5

ἔλαφος 鹿

［拉］cervus

［德］Hirsch

［英］deer

262b9

ἐλαχύς (comp. ἐλάσσων; sup. ἐλάχιστος)

少的，小的

［拉］parvus

［德］klein, gering

［英］small, little

218e3, 250e1, 256d3, 262c10

ἐλεγκτικός 热衷于盘问的，精通反驳的

［拉］refellendi vim habens, conten-

tiosus

［德］zum Widerlegen geeignet, ges-

chickt

［英］fond of cross-questioning or ex-

amining, refutative

216b6

ἔλεγχος 盘问，检查

［拉］argumentum, indicium

［德］Rechenschaft, Prüfung

［英］cross-examining, testing

230d6, 231b6, 242a8, 242b4, 259d5

ἐλέγχω 质问，反驳，谴责
　　[拉] redarguo
　　[德] ausfragen, beschimpfen
　　[英] cross-examine, question, accuse
　　216b5, 230d1, 238d5, 238d6, 239b3,
　　241e1, 242b1, 242b2, 256c2, 259a3,
　　259c9

ἐλεύθερος 自由的
　　[拉] liber
　　[德] frei
　　[英] free
　　253c7

ἕλκω 拖，拉，扯
　　[拉] traho
　　[德] ziehen
　　[英] draw, drag
　　246a8, 246c9, 259c2, 265e2

ἐλλείπω 短少，不足，比不上
　　[拉] deficio, inferior sum
　　[德] zurückbleiben
　　[英] fall short, fail
　　258b9

ἐλπίζω 希望
　　[拉] spero
　　[德] hoffen
　　[英] hope, expect
　　217e4, 219a1

ἐλπίς 希望
　　[拉] spes
　　[德] Hoffnung
　　[英] hope, expectation
　　250e7

ἐμμελής (adv. ἐμμελῶς) 和谐的，适宜的
　　[拉] canorus, aptus

　　[德] harmonisch, angemessen
　　[英] harmonious, suitable, fit, proper
　　259e1

ἔμμισθος 付给工资的，雇佣的
　　[拉] mercenarius
　　[德] im Sold stehend, Pension emp-
　　fangend
　　[英] in receipt of pay, hired
　　231d3

ἐμποδίζω 妨碍，阻碍
　　[拉] impedio
　　[德] verhindern
　　[英] hinder
　　230c6

ἐμπόδιος 成为障碍的
　　[拉] qui est impendimento, obvius
　　[德] im Wege stehend, hinderlich
　　[英] presenting an obstacle, impeding
　　230d2, 231e5

ἐμπορικός (ἔμπορος) 交易的，买卖的，
　　贸易的
　　[拉] mercatorius
　　[德] zum Handel gehörig
　　[英] of or for commerce, mercantile
　　223d10, 223e1, 224a7, 224d1,
　　231d5, 265a8

ἔμπροσθεν 从前，以前，在前面
　　[拉] olim, antehac
　　[德] zuvor, vorher, früher, vorn
　　[英] before, of old, in front
　　225c3, 238e5, 245e5, 248d9, 251d2,
　　257a10, 264c1, 266c2, 267d6, 268c5

ἐμφανίζω 使显现，表明
　　[拉] ostendo, ante oculos pono

［德］sichtbar machen, anzeigen

［英］show forth, manifest, exhibit

218c1, 244a5

ἔμψυχος 有灵魂的，有生命的

　　［拉］animatus, spirans

　　［德］beseelt

　　［英］having life, animate

　　219e7, 220a4, 227b7, 246e7, 249a10

ἐναλίγκιος 相似的，相像的

　　［拉］similis

　　［德］gleich, ähnlich

　　［英］like, resembling

　　244e3

ἐναντιολογέω 反驳，与……相矛盾

　　［拉］contrarie loquor

　　［德］widersprechen

　　［英］contradict

　　268b4

ἐναντιολογία 矛盾

　　［拉］contradictio

　　［德］Widerspruch

　　［英］contradiction

　　236e5

ἐναντιόομαι 反对，拒绝

　　［拉］repugno

　　［德］sich widersetzen, entgegentreten

　　［英］set oneself against, oppose

　　252c7

ἐναντιοποιολογικός 制造矛盾的，使人
自相矛盾的

　　［拉］qui semetipsum cogit contraria
docere

　　［德］bewirkend, daß der Gegner sich
widerspricht

［英］of or for making contradictions

268c8

ἐναντίος 相反的，对立的

　　［拉］contra

　　［德］gegenüberstehend, widrig

　　［英］opposite

　　220e8, 221a2, 225b5, 225e1, 228c4,
230b8, 238d6, 238e8, 239d2,
240b5, 240d6, 240d8, 241a8, 241e5,
244b1, 247a6, 247b2, 248d8, 250a8,
255a12, 255b1, 257b3, 257b9,
258b2, 258e6, 258e8, 259d4, 266c3,
267c9

ἐναντίωσις 反对，争执

　　［拉］contrarium

　　［德］Gegensatz

　　［英］opposition

　　259b8

ἐναπεργάζομαι 产生，创作

　　［拉］facio, efficio in

　　［德］hervorbringen

　　［英］produce in

　　236a6

ἐναργής (adv. ἐναργῶς) 可见的，清楚明
白的

　　［拉］manifestus

　　［德］deutlich, sichtbar

　　［英］visible, palpable, clear

　　234d5, 242b10, 250c10, 254a1,
261c7

ἐνάριθμος 计算在内的

　　［拉］adnumerandus

　　［德］mitzählend

　　［英］taken into account

258c3

ἐνδεής (adv. ἐνδεῶς) 不足的，缺乏的

  ［拉］indigus, defectus

  ［德］Mangel leidend, bedürftig, ermangelnd

  ［英］lacking, deficient, in need of

  245c2, 254c7

ἐνδείκνυμι 证明，指出，检举

  ［拉］demonstro, ostendo

  ［德］beweisen, erweisen, aufzeigen

  ［英］prove, demonstrate, exhibit, point out

  217c4

ἐνδέχομαι 接受，认可

  ［拉］accipio, admitto

  ［德］annehmen, zulassen

  ［英］accept, admit, approve

  254c8

ἐνδέω 缺乏，欠缺；捆绑

  ［拉］deficio, illigo

  ［德］mangeln, binden

  ［英］fall short, bind

  261a2

ἔνδοξος 有名声的，著名的

  ［拉］nobilis

  ［德］angesehen

  ［英］notable

  223b5

ἔνειμι 在里面，在其中

  ［拉］intus sum

  ［德］darin sein, innewohnen

  ［英］to be inside

  226b9, 249a6, 267c4

ἕνεκα 为了，由于

  ［拉］gratia, propter

  ［德］um...willen, angesichts

  ［英］on account of, for the sake of, as far as regards

  220c1, 223a3, 227b1, 237b10, 242b5, 267d9

ἐνθάδε 这儿，在这儿，那儿

  ［拉］hic, huc, illuc

  ［德］hier, hierher, dort, dorthin

  ［英］here, hither, there

  229d2

ἐνθένδε (ἔνθεν) 从这里

  ［拉］hinc

  ［德］von hier aus

  ［英］from here

  224a2

ἔνιοι 一些，有些

  ［拉］quidam, nonnulli

  ［德］einige

  ［英］some

  220a2

ἐνίοτε 有时

  ［拉］interdum, aliquando

  ［德］manchmal

  ［英］at times, sometimes

  242d1, 251c3, 264b3

ἐννοέω 想起，思考，注意到，理解，明白

  ［拉］recordor, animadverto, intelligo

  ［德］entsinnen, besinnen, merken, verstehen

  ［英］think of, reflect upon, notice, understand

  232a1, 238d4, 249e2

ἔνοχος 定会受到……的，应该被处
以……的
[拉] reus
[德] verfallen, schuldig
[英] liable to, subject to
261a3

ἐνταῦθα (ἐνθαῦτα) 在这儿
[拉] huc
[德] hierin
[英] here
222a2, 248a1, 250e5

ἔντεχνος 在技艺范围内的，有技艺的
[拉] artificiosus
[德] kunstmäßig, kunstgerecht
[英] within the range of art, artificial
225c7

ἐντυγχάνω 路遇，碰见
[拉] incido in aliquem
[德] treffen
[英] light upon, fall in with, meet with
239c5, 251c2

ἐνυγροθηρικός 关乎猎取水中动物的
[拉] in aqua venans
[德] zur Fischerkunst gehörig
[英] of or for fishing
220a10, 221b5

ἔνυδρος 水生的，水中的
[拉] aquaticus
[德] im Wasser
[英] living in or by water
220b2, 220b7, 221e6

ἐξαιρέω 取出，取走，消灭
[拉] eximo
[德] herausnehmen, befreien

[英] take out, remove, get rid of
230d2, 249b10

ἐξαμαρτάνω 犯错
[拉] pecco, aberro
[德] verfehlen, abirren
[英] fail, do wrong
225e3, 230a1

ἐξαρκέω 足够，足以
[拉] sufficio
[德] hinreichen, genügen
[英] to be quite enough for, suffice
for
247d1

ἔξαρνος 否认的
[拉] qui negat
[德] ableugnend
[英] denying
260d1

ἐξελέγχω 驳斥，反驳，揭发
[拉] redarguo, convinco
[德] widerlegen, als falsch darstellen
[英] confute, refute
252c6

ἔξεστι 可以，能够，容许
[拉] licet
[德] es steht frei, es ist erlaubt
[英] it is allowed, is possible
217d4

ἐξετάζω 盘问，调查
[拉] examino, inquiro
[德] nachforschen, prüfen
[英] examine well or closely
230b5

ἐξευρίσκω 找出，发现

［拉］invenio

［德］ausfinden, herausfinden

［英］find out, discover

221a5

ἕξις 情状，状况，拥有

［拉］habitus

［德］Beschaffenheit, Zustand, Haltung

［英］state , habit, possession, having

230d5, 247a5

ἔξωθεν 从外面

［拉］ab externo

［德］von außen her

［英］from without or abroad

253d8

ἔοικα 看来，似乎

［拉］ut videtur

［德］es scheint

［英］seem, look like

218a7, 221d5, 222a4, 222d10,
223b1, 226a1, 228d5, 229e2, 230a5,
232e4, 233e3, 236b5, 236b6, 236b7,
236d4, 237e1, 238b4, 240b2, 240b7,
241c2, 245d7, 246a4, 249c11,
250c5, 252a6, 254a7, 256e7, 257b3,
257e6, 258a11, 261a4, 261b3,
263d2, 267d5, 268d4

ἐπαγγέλλω 宣布，声称

［拉］profiteor

［德］ankündigen, melden

［英］proclaim, announce

223a3

ἐπαισχύνομαι 感到羞愧，感到耻辱

［拉］pudeo

［德］sich schämen

［英］to be ashamed, feel shame

247c4

ἐπακολουθέω 追随，听从

［拉］sequor, obedio

［德］folgen

［英］follow after, obey

243a7, 259c9

ἐπακούω 听，倾听

［拉］audio

［德］zuhören, anhören

［英］hear

227c10

ἐπάλλαξις 交织，交替

［拉］alternatio

［德］wechselseitige Verbindung

［英］alternation, interweaving

240c4

ἐπάξιος 值得的，值得一提的

［拉］dignus

［德］wert, würdig

［英］worthy, deserving of

218e5

ἐπαφή 接触，触摸

［拉］tactus

［德］Betastung, Berührung

［英］touch, touching

246a10

ἔπειμι 来到，来临

［拉］insto, succedo

［德］hinzukommen, anbrechen

［英］come upon, approach

257c1

ἐπέρχομαι 突然来临，走向

［拉］accedo, advenio

［德］herankommen

［英］approach, come suddenly upon

234d3

ἐπερωτάω 询问，求问

　　［拉］interrogo, consulo, rogo

　　［德］befragen, wieder fragen

　　［英］consult, inquire of, ask

250a1

ἐπεύχομαι 乞求，炫耀，自夸

　　［拉］precor, glorior

　　［德］beten, prahlen

　　［英］pray, boast

235c5

ἐπιβάλλω 扔到……上，加上，强加

　　［拉］impono, injicio

　　［德］daraufwerfen, verhängen

　　［英］throw or cast upon, add

264b7

ἐπιγίγνομαι 随后发生，后来产生

　　［拉］post nascor, subsequor

　　［德］nach geboren werden

　　［英］to be born after, come into being

after

252d7

ἐπιδείκνυμι 指出，显示

　　［拉］ostendo, declare

　　［德］aufzeigen, vorstellen

　　［英］exhibit as a specimen, display,

exhibit

230b7, 234b9, 265a1

ἐπιδεικτικός 展示的

　　［拉］demonstrativus

　　［德］aufzeigend

　　［英］fit for displaying

224b4

ἐπίδειξις 展示，显示

　　［拉］ostentation

　　［德］Darstellung, das Zeigen

　　［英］exhibition, display

217e2

ἐπιδίδωμι 捐赠，给予，取得进步

　　［拉］addo, proficio

　　［德］mitgeben, Fortschritte machen

　　［英］give besides, advance, improve

222e1

ἐπιεικής (adv.ἐπιεικῶς) 能干的，合适

的，正直的

　　［拉］praestans, decens, aequus

　　［德］tüchtig, angemessen, rechtlich

　　［英］capable, fitting, fair

249d6

ἐπιθυμία 渴望，意愿，欲望

　　［拉］cupiditas

　　［德］Begehren, Wünsch

　　［英］desire, yearning

228b2

ἐπίκλην 作外号，诨名叫，又称

　　［拉］cognomento

　　［德］mit Zunamen, mit Beinamen

　　［英］by surname, by name

221c2

ἐπικοινωνέω 交往

　　［拉］commune habeo

　　［德］etw. mit jem. gemein haben

　　［英］communicate with

251d9

ἐπικοινωνία 结合，相互联系

　　［拉］communio

［德］Gemeinschaft

［英］interrelation

252d3

ἐπιλαμβάνω 获得，把握

［拉］occupo, prehendo

［德］umfassen, ergreifen

［英］lay hold of, take

217b5, 241c6

ἐπιμέλεια 关心

［拉］cura

［德］Sorge

［英］care, attention

227a4

ἐπινοέω 打算，打主意，思考

［拉］considero, cogito

［德］bedenken, vorhaben

［英］intend, contrive, think of

218c6

ἐπισκοπέω (**ἐπισκέπτομαι**) 检查，考虑

［拉］considero, inspicio, observo

［德］prüfen, betrachten

［英］inspect, observe, examine, con-sider

242b10, 254b3, 261d2

ἐπίσταμαι 知道

［拉］scio

［德］wissen

［英］know

226b9, 233a3, 233a5, 233d10, 253e2

ἐπιστέλλω 吩咐，嘱托，命令

［拉］mando, jubeo

［德］befehlen, auftragen

［英］enjoin, command

235b10

ἐπιστήμη 知识

［拉］scientia

［德］Wissen, Wissenschaft

［英］knowledge

233c10, 235a3, 249c7, 253b9, 253c4, 253c8, 253d3, 257c8, 257d2, 265c8, 267e2

ἐπιστήμων 精通……的，对……有学识的，对……有知识的

［拉］scientia praeditus, sciens, peritus

［德］sich auf etw. verstehend, kundig, geschickt

［英］knowing, wise, prudent

232a1, 233c1

ἐπιστρωφάω 常到，时常光顾，出没

［拉］versor in, oberro

［德］sich oft zuwenden, oft besuchen

［英］visit frequent, haunt

216c5

ἐπιτάσσω 命令

［拉］mando

［德］anordnen

［英］order, command

226c12

ἐπιτίθημι 攻击，诋毁，致力于

［拉］aggredior

［德］angreifen

［英］attack, make an attempt upon

231c6, 242a1, 242b1, 262a7

ἐπιτιμάω 指责，责备

［拉］reprehendo, exprobro

［德］tadeln

［英］censure

243a4

ἐπιτρέπω 放过，容许，交付，交托

　　[拉] permitto, concedo, trado

　　[德] gestatten, überlassen

　　[英] give up, yield,permit, turn over to

219c6

ἐπιφέρω 带来，给与

　　[拉] infero, induco

　　[德] herbeibringen, hinzufügen

　　[英] bring, put or lay upon

237c2, 251a9

ἐπιφθέγγομαι 附和说，称呼，引用

　　[拉] adsono, acclamo

　　[德] dazurufen, ertönen

　　[英] utter after, name, call, quote

257c2

ἐπιχειρέω 尝试，企图，着手

　　[拉] manum admoveo, conor

　　[德] versuchen, unternehmen

　　[英] put one's hand to, attempt

221c6, 227c4, 235e3, 237e6, 238b2, 238b4, 238c1, 238c6, 238d6, 239c3, 259d9, 264d10, 265d7, 267c4, 267d7

ἐπιχείρησις 企图，着手

　　[拉] adgressio

　　[德] das Unternehmen, Angriff

　　[英] attempt, attack

239c2

ἕπομαι 跟随，听从

　　[拉] sequor, assequor

　　[德] folgen, mitgehen

　　[英] follow

260b5

ἐπονομάζω 叫……名字，取名称，起绰号

　　[拉] cognomino

　　[德] benennen, nennen

　　[英] name, call

251a8, 263e5

ἐποράω (ἐφοράω) 观察，视察

　　[拉] animadverto

　　[德] beobachten

　　[英] oversee, observe

216b5

ἔπος 言辞，字句

　　[拉] verbum, sermo, narratio

　　[德] Wort

　　[英] word, speech

216c3, 217d9, 241c1

ἐπωνυμία 别名，外号

　　[拉] cognomentum, cognomen

　　[德] Beiname, Zuname

　　[英] nickname, surname

225c3, 225d4, 229d6, 257c11, 257d9, 267b1

ἐράω 爱恋，渴望

　　[拉] amo, cupio

　　[德] lieben, begehren

　　[英] love, desire

222d10

ἔργον 事情，行动，行为，结果，任务

　　[拉] res, opus

　　[德] Sache, Ding, Tat, Werk

　　[英] thing, matter, deed, action

217b3, 218c2, 219d6, 221b2, 223d3, 234b10, 234e2, 235a10, 235e6,

246d4, 263a4, 264b7, 266c5, 266d2, 267c5

ἔργω 关进去，围起来，排除在外面
　[拉] arceo, prohibeo
　[德] einsperren, einschließen, ausschließen
　[英] shut in, enclose, keep away from
220c1, 237a9, 242a2, 242a4, 243a2, 252c5, 258d3

ἐρημόω (ἀποερημόω) 使变荒凉，丢弃
　[拉] vasto, derelinquo
　[德] leer machen, verlassen
　[英] strip bare, desolate, lay waste
237d3

ἔρις 争吵，争论
　[拉] lis, contentio
　[德] Streit, Zank
　[英] strife, quarrel, contention
216b8, 225e1, 237b10

ἐριστικός 好争吵的，热衷于争论的
　[拉] contentiosus, disputando deditus
　[德] zum Streit geneigt, streitsüchtig
　[英] eager for strife
225c9, 225d1, 226a2, 231e2

ἑρκοθηρικός 网罗猎取的
　[拉] ad retias pertinens
　[德] zum Netzgehörig
　[英] of or for netting
220c8

ἕρκος 网罗，罗网
　[拉] retia
　[德] Netz, Schlinge
　[英] net, toils
220b12, 220c2, 220c5

ἔρομαι 问，询问，请教
　[拉] interrogo, inquiro, quaero
　[德] fragen, befragen
　[英] ask, question, inquire
217a5, 226c2, 227b6, 237c5

ἔρχομαι 动身，去
　[拉] venio, progredior
　[德] schreiten, gehen
　[英] go, start
217b5

ἐρῶ 将要说，将要宣布
　[拉] dicam, dico, loquor, nuncio
　[德] reden, sagen
　[英] will tell, proclaim
217e3, 219d8, 220d7, 222b11, 223c3, 223c11, 226c3, 226d1, 228b9, 231a5, 232b3, 232e1, 233d2, 233e2, 234a2, 243b3, 235a6, 236d8, 238d2, 238e2, 240b8, 240d4, 242a10, 243c8, 244a3, 245a9, 245e5, 246b4, 248b3, 248c1, 249e1, 254e2, 256a12, 256e2, 257a12, 257d9, 258e5, 259a2, 259b9, 261c6, 263c1, 267d9, 268a5, 268b10, 268d4

ἐρωτάω 问，询问
　[拉] interrogo, rogo
　[德] fragen, erfragen, befragen
　[英] ask, question
217e3, 233a2, 239d5, 240a2, 244c5, 247b9, 250a1, 250a5, 250d7

ἐρώτησις 提问，询问
　[拉] interrogatio
　[德] Frage, Befragung

［英］questioning, interrogation

217c4, 225b8, 251d3

ἐρωτικός 有关爱情的

［拉］amatorius

［德］zur Liebe gehörig

［英］of or caused by love

222e3

ἔσχατος 最严重的，极度的

［拉］ultimus, summus

［德］äußerst, letzt

［英］ultimate, utmost

244e6

ἑταῖρος 朋友，同伴

［拉］amicus, socius

［德］Kamerad, Freund

［英］comrade, companion

216a3, 218a9

ἕτερος (ἅτερος,adv. ἑτέρως) 另一个，两者中的一个，不相同的

［拉］alter, alius

［德］ein andrer, der eine von zweien, verschieden

［英］one or the other of two, another, different

217e2, 220a9, 220d1, 221e1, 222a9, 222d5, 223a5, 223c4, 223c10, 223e6, 224a4, 224c1, 225c3, 225d10, 225e3, 226a7, 227b3, 227d4, 227d6, 229e2, 234a8, 238a5, 239d8, 240a8, 240a9, 242d3, 243c5, 243e4, 244d3, 244d14, 245e4, 247e1, 248a1, 248a4, 248d6, 249a8, 250c4, 250e7, 250e8, 251a10, 251b1, 252b10, 252c4, 253a6,

253b6, 253d2, 253d7, 254a1, 254d14, 254e3, 255a1, 255a4, 255a11, 255a12, 255b3, 255b6, 255c8, 255d1, 255d3, 255d4, 255d5, 255d6, 255d7, 255d9, 255e4, 255e6, 255e11, 256a3, 256b2, 256b3, 256c5, 256c6, 256c8, 256c12, 256d12, 256e1, 257a1, 257b3, 257c7, 257d4, 257d7, 257d11, 258a5, 258a7, 258a11, 258b3, 258d7, 259a5, 259a6, 259a8, 259b1, 259b2, 259c1, 259c2, 259c9, 259d1, 259d2, 259d3, 260a2, 261a9, 261b2, 262b1, 263b7, 263b11, 263d1, 264a5, 266a8, 266c8, 266d6, 266d7, 267b1, 267d1, 267e4, 268a2, 268b10

ἑτέρωσε 到另一处，向另一边

［拉］alio, alteram in partem

［德］auf die andre Seite

［英］to the other side

224a2

εὔγνωστος 熟知的，熟悉的，容易辨认的

［拉］bene notus, cognitu facilis

［德］wohlbekannt, leicht zu kennen

［英］well-known, familia, reasy to discern

218e2

εὐδαίμων 幸福的，好运的

［拉］felix

［德］glücklich

［英］happy, fortunate

230e3

εὐήθης 心地单纯的，头脑简单的，愚
　蠢的
　　[拉] simplex, stultus
　　[德] einfältig, albern
　　[英] simple-minded, simple, silly
　　267e10
εὐήνιος (adv. εὐηνίως) 驯服的，容易约
　束的
　　[拉] tractabilis, obsequens
　　[德] leicht zu zügeln, folgsam
　　[英] obedient to the rein, tractable,
　docile
　　217d1
εὐθύς (adv. εὐθέως) 直的，立即
　　[拉] rectus, statim
　　[德] gerade, gleich
　　[英] straight, right away
　　233e2, 235b9, 251b6, 262c5
εὔκολος (adv. εὐκόλως) 满意的，满足
　的，轻松愉快的
　　[拉] facilis
　　[德] genügsam, vergnügt
　　[英] satisfied, contented
　　242c4
εὐκρινής (adv. εὐκρινῶς) 分类很好的，
　安排得很好的，清清楚楚的
　　[拉] ordine collocatus, distinctus,
　purus
　　[德] gut eingeteilt, wohlgeordnet,
　deutlich
　　[英] well-separated, distinct, clear
　　242c2
εὔκυκλος 滚圆的，圆圆的
　　[拉] rotundus

　　[德] schönstgerundet, schönrädrig
　　[英] well-rounded, round
　　244e3
εὐλαβής 谨慎的，小心的
　　[拉] cautus
　　[德] vorsichtig, behutsam
　　[英] undertaking prudently, discreet,
　cautious
　　246b7
εὐνομία 好秩序，守法
　　[拉] bonae leges, aequitas
　　[德] gute Beobachtung der Gesetze,
　Rechtlichkeit
　　[英] good order
　　216b3
εὐπετής 幸运的，容易的，毫无困难的
　　[拉] facilis, commodus
　　[德] wohl fallend, leicht, bequem
　　[英] favourable, fortunate, easy
　　218d5, 254a10
εὐπορέω 富有，有能力，有办法
　　[拉] abunde possum, est mihi faculats
　　[德] vermögend sein, Mittel finden,
　Wege finden
　　[英] to be able to do, find a way, find
　means
　　243c3, 267d8
εὔπορος 有办法的，容易通过的
　　[拉] expeditus, aptus
　　[德] gut zu gehen, gangbar
　　[英] easy to pass done, easily
　　241b7, 246a1
εὐπρεπής 外表好看的，合适的，适宜
　的，貌似合理的

［拉］decorus, formosus, decens, spe-
ciosus

［德］wohlanständigk, schicklich, statt-
lich

［英］well-looking, comely, decent,
plausible

227c2, 251a2

εὑρίσκω 发现，找到

［拉］invenio, exquiro

［德］finden, entdecken

［英］find, discovery

221c6, 227d9, 229b5, 231d3, 239b2,
252e4, 253b6, 259c4, 264b5

εὐχή 祈祷，起誓，愿望

［拉］oratio, votum

［德］Gebet, Bitte, Wunsch

［英］prayer or vow, wish or aspiration

249d3

ἐφάπτω 拴在……上，把握住，抓住，
获得，接触

［拉］alligo, attingo

［德］binden, heften, erfassen, berühren

［英］bind on, grasp, possess, touch,
beruhren

234d5, 246a9, 259d6

ἐφεξῆς 相继，依次

［拉］deinceps

［德］nach der Reihe

［英］one after another, successively,
in a row

261d8, 262b6

ἔχθρα 仇恨，敌意，敌视

［拉］simultas, inimicitia

［德］Haß, Feindschaft

［英］hatred, enmity

242e2

ἔχω(ἴσχω) 有，拥有

［拉］habeo

［德］haben, besitzen

［英］have, possess

216d2, 218c2, 218c3, 218d6, 218d7,
218e3, 219a2, 219a3, 219a6, 219b8,
219b10, 220d9, 221c9, 221d4,
221d5, 223c7, 226d5, 226d7,
227a5, 227c2, 228a5, 228b4, 229b8,
229b9, 229d6, 230c8, 232a6, 233c1,
233c11, 234b1, 235a3, 237e7,
238d2, 239c1, 239c9, 239e3, 241c3,
241c7, 241c10, 242c2, 242e4,
243c5, 244d1, 244e6, 244e7, 245a2,
245b4, 245d7, 245e7, 246b2, 247b6,
247d2, 247e5, 248a12, 249a2,
249a4, 249a7, 249a8, 249a9, 249e5,
251e2, 252a8, 252b3, 252c7, 252d2,
253b3, 253b9, 254b2, 254c5, 255d8,
257a8, 257c11, 257d9, 257d10,
258b10, 258c4, 259a1, 264a2,
264e2, 267e8, 267e10, 268a2

ζάω 活，活着

［拉］vivo

［德］leben

［英］live

224d6, 249a1

ζητέω 想要，追寻

［拉］requiro, studeo, volo

［德］forschen, wünschen

［英］require, demand

218b7, 218c6, 221c2, 223c2, 224c7,

229b11, 235d2, 246d9, 253c8,
253e9, 258b6, 258c10, 261a3,
261d3, 264b7

ζήτησις (ζήτημα) 探寻，探究
[拉] investigatio
[德] Untersuchung
[英] inquiry, investigation
221c8, 232b1

ζωγραφία 绘画，写生
[拉] pictura
[德] Malerei
[英] art of painting
236b9

ζωή 活着，生命
[拉] vita
[德] Leben
[英] living, life
248e6, 249a4, 249a9

ζῳοθηρία 动物猎取
[拉] animalium vivorum captura
[德] Tierjagd
[英] chasing living creatures
223b3

ζῳοθηρικός 关乎动物猎取的
[拉] ad animalium vivorum capturam
pertinens
[德] zur Tierjagd gehörig oder geeignet
[英] of or forchasing living creatures
220a5, 220a7, 221b4, 221b5, 222a5

ζῷον 动物，生物
[拉] animal, animans
[德] Tier
[英] living being, animal
220a4, 220a9, 222a6, 222b7, 222c1,

226e8, 233e6, 234a2, 246e5, 265c1,
266b2

ἡγέομαι 带领，引领，认为，相信
[拉] duco, puto, existimo, opinor
[德] anführen, meinen, glauben
[英] go before, lead the way, believe,
hold
217a1, 217b2, 218d3, 222b10,
222b11, 222c1, 223a10, 227b3,
228a7, 228e3, 230a6, 230d3, 231c3,
232e6, 243d5, 253d2, 265d5, 267b5

ἡδονή 快乐，愉悦
[拉] laetitia
[德] Lust, Vergnügen
[英] enjoyment, pleasure
222e6, 225d7, 225d9, 228b3

ἡδυντικός 令人愉快的
[拉] condiendivimhabens
[德] geeignet, angenehm zu machen
[英] fit for seasoning
223a1

ἡδύς (adv. ἡδέως) 满意的，喜悦的
[拉] dulcis, laetus
[德] angenehm, lieb
[英] pleasant, well-pleased, glad
216d3, 217c3, 230c3

ἥκω 已来到
[拉] veni
[德] ich bin gekommen, angelangt
[英] to have come
216a1, 225e4

ἡλικία 年纪，年龄
[拉] aetas
[德] Lebensalter

[英] time of life, age

234d4, 265d1

ἡλικιώτης 同年龄的人，同伴

[拉] aequalis

[德] Altergenosse

[英] equal in age, comrade

218b3

ἡμέρα 一天，一日

[拉] dies

[德] Tag

[英] day

266b9

ἡμεροθηρικός 关乎对温顺动物的猎取的，猎取温顺动物的

[拉] ad venationem animalium mansuetorum pertinens

[德] zahme Tiere zu jagen betreffend

[英] of or for the hunting of tame beasts

222c3

ἥμερος 驯服了的，驯化了的

[拉] mitis

[德] zahm

[英] tame

222b5, 222b6, 222b7, 222b8, 222b9, 222c1, 231a6, 246c9

ἡμερόω 使驯服，驯化

[拉] mansuefacio, cicuro

[德] zähmen, bezwingen

[英] tame, make tame

230b9

ἥμισυς 一半的

[拉] dimidius

[德] halb

[英] half

221b3, 223d6

ἠρεμέω 静下来，安静下来

[拉] quiesco, quietus sum

[德] sich ruhig verhalten

[英] to be still, keep quiet, be at rest

248e4

ἡσσάομαι (ἡττάομαι) 被打败，屈服

[拉] superor, vincor

[德] unterliegen, überwältigt werden

[英] to be defeated, yield

239b2

ἥσσων (ἥττων, super. ἥκιστος) 较弱的，较差的

[拉] minor, inferior

[德] schwächer, geringer

[英] inferior, weaker

216b2, 219a7, 224a6, 224b6, 227a9, 243c2, 244b5, 249c5, 254b2, 257e10, 258a9, 258b2

θάλασσα (θάλαττα) 海洋

[拉] mare

[德] Meer

[英] sea

222a6, 234a3

θαρσέω 有勇气，有信心

[拉] confido, bonum animum habeo

[德] mutig sein, getrost sein

[英] to be of good courage, have confidence in

242b5, 258b9, 261b5

θαῦμα 奇事，惊奇

[拉] res mira, miraculum

[德] Wunder, Verwunderung

［英］wonder, marvel

233a9

θαυμάζω 惊异，钦佩

［拉］miror, admiror

［德］wundern, hochschätzen

［英］wonder, admire

251c5

θαυμάσιος (adv. θαυμασίως) 令人惊异的，令人钦佩的

［拉］mirificus

［德］wunderbar, bewundernswert

［英］wonderful, admirable

238d4

θαυμαστός (adv. θαυμαστῶς) 奇怪的，离奇的，好奇的

［拉］mirus

［德］wunderbar,erstaunlich

［英］wonderful, marvellous

225e4, 236d1

θαυματοποιικός 变戏法的

［拉］ad praestigiatorum artem pertinens

［德］gauklerisch

［英］juggling

224a3, 268d2

θαυματοποιός 魔术师，变戏法的人

［拉］praestigiator

［德］Kaukelspieler

［英］conjurer, juggler

235b5

θέα 观看，景象

［拉］spectaculum

［德］das Anschauen, Anblick

［英］seeing, looking at, spectacle

236b5

θεάομαι 看，注视

［拉］specto, contemplor

［德］schauen, sehen

［英］see clearly, contemplate

236c10, 237b3, 245e8, 254b5

θεῖος 神圣的，属于神的

［拉］divinus

［德］göttlich, heilig

［英］of or from the gods, divine

216b9, 232c1, 254b1, 265b6, 265c9, 265e3, 265e6, 266a67, 266c5, 266d6, 268d1

θέμις 神法，天理，习惯，法

［拉］fas, jus

［德］Sitte, Recht, Gesetz

［英］right, custom

258b2

θεός 神

［拉］Deus

［德］Gott

［英］God

216a5, 216b1, 216b2, 216b5, 216b9, 216c4, 221d8, 232e6, 234a4, 243b6, 265c4, 265c9, 265d3, 266a5, 266a5, 266b3

θεραπεία 侍奉，照料

［拉］famulatus, ministerium, cultus

［德］Dienst, Bedienung

［英］service, care

219a11

θερμός 热的

［拉］calidus

［德］warm

［英］hot

242d3, 243b4, 243d8, 250a2

θήρ 野兽

　[拉] bellua

　[德] wildes Tier

　[英] beast

　235a10

θήρα 追求，猎取，捕捉

　[拉] venatio, captatio

　[德] Jagd, Streben

　[英] pursuit

　220a4, 220b4, 220b9, 220b12,

　220d1, 220d6, 221e1, 222b2, 222b6,

　222b10, 222c2, 222c6, 222d10,

　223b6

θηρευτής 猎人

　[拉] venator

　[德] Jäger

　[英] hunter

　221d13, 231d1

θηρευτικός 关于狩猎的，进行猎取的

　[拉] venaticus

　[德] Jagd betreffend

　[英] of or for hunting

　219c4, 219e2, 219e4, 221b4, 223b2,

　223c7, 227b5, 265a7

θηρεύω 捕捉，追求

　[拉] sector, quaero

　[德] jagen, suchen

　[英] hunt, seek after

　221a2, 222a7, 222e1

θηρίον 野兽，畜牲

　[拉] brutum

　[德] Tier

　[英] wild animal, beast

226a7

θνητός 有死的，必死的

　[拉] mortalis

　[德] sterblich

　[英] liable to death, mortal

　219a10, 246e5, 265c1

θοίνη 筵席，宴会

　[拉] epulum, convivium

　[德] Gestmahl, Bewirtung

　[英] meal, feast

　251b6

θρέμμα 动物，生物

　[拉] animal

　[德] Tier, Kreatur

　[英] animals, creature

　222a11

θυμός 愤怒

　[拉] ira

　[德] Zorn

　[英] anger

　228b2

ἰατρικός 有关医疗的

　[拉] medicinus

　[德] den Arzt betreffend, ärztlich

　[英] medical

　227a1, 229a1

ἰατρός 医生

　[拉] medicus

　[德] Arzt

　[英] physician

　230c5

ἰδέα 理念，形状，形式

　[拉] idea, forma

　[德] Idee, Form, Urbild

[英] idea, form

235d2, 253d5, 254a9, 255e5

ἰδιοθηρευτικός 私下猎取的

　　[拉] sibi venans, sui quaestas caussa

　　venans

　　[德] für sich jagend

　　[英] private hunting

　　222d7

ἰδιοθηρία 私下猎取

　　[拉] venatio, cuius quaestus ad nos

　　redit

　　[德] für sich Jagd

　　[英] private hunting

　　223b4

ἴδιος 自己的，个人的

　　[拉] privatus

　　[德] eigen, privat

　　[英] one's own, private, personal

　　218b5, 218c3, 222d5, 225b8, 232c7,

　　245c9, 257d1, 268b3

ἰδιώτης 平民，普通人，一无所长的人

　　[拉] plebeius

　　[德] ein gewöhnlicher Mann

　　[英] common man, plebeian

　　221c9, 221d1, 221d3

ἰδιωτικός 个人的，私人的，普通的，

　　外行的

　　[拉] ad privatos pertinens, privatus

　　[德] einem Privatmann zugehörig,

　　gemein, ungebildet

　　[英] private, unprofessional, ama-

　　teurish

　　225e1

ἱκανός (adv. ἱκανῶς) 充分的，足够的

[拉] sufficiens, satis

[德] zureichend, genügend, hinlänglich

[英] sufficient, adequate

217b8, 221b2, 221c4, 231b1, 232c2,

232e4, 234b10, 234d3, 236b6,

244a5, 245e7, 248c4, 253a9, 253d7,

254b5

ἵππος 马

　　[拉] equus

　　[德] Pferd

　　[英] horse

　　262b10

ἰσοπαλής 相等的

　　[拉] par

　　[德] gleich

　　[英] equivalent, equal

　　244e4

ἴσος 同等的，相等的

　　[拉] aequus

　　[德] gleich

　　[英] equal

　　227b2, 250e6, 257b7

ἵστημι 称，在天平上衡量；停下来不

　　动，站住

　　[拉] pondero, libro，desino

　　[德] wiegen, abwägen, stehen machen

　　[英] place in the balance, weigh, bring

　　to a standstill

　　231c8, 249a2, 249a10, 249d1,

　　250c6, 250d1, 252a7, 252a10,

　　252d10, 255a10

ἱστορικός 精确的，科学的，有关历史的

　　[拉] historicus, ad historiam pertinens

　　[德] wissenschaftlich, geschichtskundlich

[英] exact, precise, scientific, historical

267e2

ἰσχυρίζομαι 变强有力，极力坚持

[拉] contendo viribus, affirmo

[德] sich stark machen, fest behaup-

ten

[英] make oneself strong, insist

249c7

ἰσχυρός (adv. ἰσχυρῶς) 强有力的，严

厉的

[拉] potens, robustus, severus

[德] kräftig, gewaltig, gewalttätig

[英] strong, powerful, severe

241c9

ἰχθύς 鱼

[拉] piscis

[德] Fisch

[英] fish

220e9

ἴχνος 足迹，脚印

[拉] vestigium

[德] Fußspur

[英] track, footstep

226b2

καθαίρω 洁净，弄干净

[拉] purgo

[德] reinigen

[英] cleanse, purify

227a1, 227a10, 227c1, 227c3, 230c4

καθαρμός 洁净，净化

[拉] purgatio, purification

[德] Reinigung

[英] cleansing, purification

226d10, 227c4, 227d6, 227d10

καθαρός (adv. καθαρῶς) 纯粹的，洁

净的

[拉] purus

[德] rein, sauber

[英] clear, pure

230d3, 230e2, 253e5

κάθαρσις 纯化，净化

[拉] purgatio, lustratio

[德] Reinigung

[英] cleansing, purification

226e5, 227c3, 227c8, 230d7

καθαρτής 净化者

[拉] purgator

[德] Reiniger

[英] cleanser, purifier

231e6

καθαρτικός 进行净化的，有净化能力的

[拉] purgandi vim habens

[德] Reinigend

[英] of, fit for cleansing or purifying,

purgatives

226e1, 231b3

καθεύδω 睡

[拉] dormio

[德] schlafen

[英] lie down to sleep, sleep

262b5

καθιδρύω 使坐下来，安置

[拉] considere jubeo, instituo

[德] niedersitzen, niederlassen

[英] make to sit down, establish

224d4

καθίημι 放下去

［拉］demitto, submitto

［德］hinabwerfen, niederlassen

［英］let fall, drop, send down

263a2

καθίστημι 带往，置于，制定

［拉］traho, depono

［德］bringen, stellen, einsetzen

［英］bring down, place

230d2, 238d5

καθοράω 观看，俯视

［拉］perspicio

［德］einsehen, betrachten

［英］look down, observe

216b3, 216c6, 226e4, 235d1, 249c3,

268b3

καιρός 适时，时机

［拉］opportunus

［德］der rechte Zeitpunkt

［英］exact or critical time, opportunity

260a1

κακία 恶

［拉］malitia, vitium

［德］Schlechtigkeit, Böse

［英］badness, vice

227d9, 227d13, 228d10, 228e2,

251a10

κακός (adv. κακῶς) 坏的，有害的

［拉］malus, vitiosus

［德］schlecht, böse

［英］bad, evil

228d6

κάλαμος 芦苇

［拉］calamus

［德］Schilf

［英］reed

221a3

καλέω 呼唤，叫名字，称作

［拉］voco, nomino

［德］rufen, nennen

［英］call, name

218c3, 220e4, 223a10, 224d7,

225b9, 225d4, 225d9, 226b3, 228d7,

228d10, 229d3, 236b1, 236b3,

236b6, 239a10, 239d3, 242d6,

243e4, 243e8, 244b12, 262a1,

263e8, 267a8

καλός (adv. καλῶς, comp.καλλίων, sup.

κάλλιστα) 美的，好的

［拉］pulcher

［德］schön

［英］beautiful

261c2, 218c8, 219a3, 220d3, 222c8,

227c10, 230e2, 231c7, 235e6,

236a5, 236b4, 236b5, 247e7, 251a4,

251e6, 254b6, 257d7, 257d10,

257d11, 257e4, 257e7, 257e10,

258c1, 258c2, 259a3, 259c5, 261c5,

265d5

καπηλικός (κάπηλος) 小商贩的

［拉］cauponarius

［德］zum Hökergehörig

［英］of or for aretail-dealer, huckster

223d6, 224e2, 231d8

καρτερέω 坚持，忍耐

［拉］forti animo sum, persevero, tolero

［德］stark, standhaft sein, ausharren

［英］to be steadfast, patient

254b1

καταβαίνω 下去，下到
　［拉］descendo
　［德］hinuntergehen
　［英］go down
　235b9

καταβάλλω 扔、投
　［拉］conjicio
　［德］hinabwerfen
　［英］throw down, overthrow
　232d7

καταγέλαστος 可笑的，令人发笑的
　［拉］ridiculus
　［德］verlacht, verspottet
　［英］ridiculous, absurd
　241e4, 244c9, 252b8

καταγελάω 嘲笑，讥讽
　［拉］rideo
　［德］verlachen
　［英］laugh scornfully, deride
　239e6

κατάγω 纺
　［拉］deduco
　［德］spinnen
　［英］spin
　226b8

καταδύω 沉没，钻进
　［拉］subeo, submergo
　［德］untergehen, untersinken
　［英］go down, sink
　239c7

κατακερματίζω 切细
　［拉］in minutos numulos redigo, confringo
　［德］in Scheidemünze auszahlen, verzetteln
　［英］chop up, cut into pieces
　225b8, 257c7, 258e1

κατακούω 聆听，听从
　［拉］exaudio, obedio
　［德］hören, gehorchen
　［英］hear and obey, overhear
　248b7

καταλιμπάνω 放弃，抛下，留下
　［拉］relinquo
　［德］entsagen, aufgeben, verlassen
　［英］abandon, bequeath
　226d6

καταμανθάνω 学习，学会，理解
　［拉］disco, congnosco
　［德］erlernen, verstehen
　［英］learn, understand
　235d3, 265d8

κατανοέω 理解，注意
　［拉］specto, contemplor, intelligo
　［德］verstehen, bemerken
　［英］understand, observe well, apprehend
　227b2, 233a2, 254a6, 259c1, 264b5, 264b8

καταριθμέω 计算，算作
　［拉］enumero, numero
　［德］herrechnen, aufzählen
　［英］count, reckon
　266e3

καταφαίνω 使清楚，使明显，显得
　［拉］ostendo, appareo
　［德］vorzeigen, sich zeigen, erscheinen
　［英］declare, make known, appear

217e6, 221d13, 232b3, 268b1

καταφανής 清楚的，明显的

[拉] perspicuus

[德] deutlich

[英] manifest, evident

229b11

καταφεύγω 求助于，逃到……求庇护

[拉] confugio, effugio

[德] hinfliehen

[英] have recourse, flee for refuge

236d3, 260d1

καταφρονέω 藐视，轻视，小看

[拉] contemno

[德] verachten, gering achten

[英] despise, think slightly of

246b2

καταχέω 浇下，泼下

[拉] defundo, effundo

[德] herabschütten, ausschütten

[英] pour down upon, pour over

264c10

καταχράομαι 利用，应用，滥用

[拉] utor, abutor

[德] gebrauchen, verbrauchen, miß-brauchen

[英] to make full use of, apply, misuse, abuse

237c3

κατεῖδω (κάτοιδα) 注意到，发现，俯瞰，确知

[拉] conspicor, bene scio

[德] einsehen, bemerken, wissen, verstehen

[英] see, behold, know well, under-stand

226c10, 229c5, 232a4, 236d1, 261a1

κάτοπτρον 镜子

[拉] speculum

[德] Spiegel

[英] mirror

239d7, 239e5, 239e7

κεῖμαι (κείω,κέω) 躺，躺下，弃置

[拉] jaceo, positus sum

[德] liegen, gelegen sein

[英] lie, to be laid down

250e5, 253d6, 257c2

κελεύω 命令，敦促，要求

[拉] jubeo

[德] befehlen

[英] order, request

246e2

κεράννυμι 混合

[拉] misceo

[德] mischen

[英] mix

262c5

κερκίζω 织

[拉] texo

[德] weben

[英] weave

226b8

κεφάλαιον 要点，要旨，主要方面，主要的东西

[拉] caput, quod summum et praeci-puum est

[德] Hauptsache, Hauptpunkt

[英] chief or main point

232e3

κεφαλή 头
 [拉] caput
 [德] Kopf
 [英] head
 221a1

κινδυνεύω 有可能，似乎是，也许是，
冒险
 [拉] videor, periclitor
 [德] scheinen, wagen
 [英] seems likely to be, it may be,
possibly, venture
 216c2, 218a6, 229c5, 232a7, 233d1,
240c1, 250c1, 253c8, 256e4

κινέω 移动，推动
 [拉] moveo
 [德] bewegen
 [英] move, remove
 248e3, 249b2, 249b8, 249d2, 249d3,
250b2, 250c7, 250d1, 250d2, 252a6,
252a9, 252d7, 252d10, 255a10

κίνησις 运动
 [拉] motus
 [德] Bewegung
 [英] motion
 228c1, 248e6, 249b2, 250a8, 250b8,
250c2, 250c3, 251d5, 251e9, 252d6,
252d10, 254d5, 255a4, 255a7,
255a10, 255b5, 255b12, 255e11,
256a3, 256a10, 256b6, 256c5,
256d5, 256d8, 256d11

κλεινός 著名的，有名望的
 [拉] inclytus
 [德] berühmt
 [英] famous, renowned

243a3

κοινός 公共的，共同的
 [拉] communis, publicus
 [德] gemeinsam, gemeinschaftlich
 [英] common, public
 218b6, 218c2, 255a7, 264e3

κοινωνέω 共同做，共同参与，结合
 [拉] in commune venio, commune
aliquid habeo cum aliquo
 [德] Anteil haben, teilnehmen
 [英] do in common with, share
 248a10, 248b2, 253a8, 253e1,
254b8, 254c1, 260e2

κοινωνία 结合，结交
 [拉] communio, communitas
 [德] Gemeinschaft
 [英] communion, association
 250b9, 251e8, 252b9, 254c5, 256b2,
257a9, 260e3, 260e5, 264e2

κολακικός (κολακευτικός) 阿谀奉承的，
谄媚的
 [拉] adulatorius
 [德] schmeichlerisch
 [英] sycophantic
 222e7

κολαστικός 惩罚性的，关乎惩罚的
 [拉] poena
 [德] zum Züchtigen oder Strafen
gehörig
 [英] corrective, punitive
 229a4

κολυμβητικός 关乎潜水的，关乎游泳的
 [拉] natandi peritus, urinandi peritus
 [德] zum Tauchen oder Schwimmen

gehörig
［英］of or for diving
220a2

κομιδῇ 的确，全然
［拉］accurate, valde, nimis
［德］gar sehr, gewiß, allerdings
［英］entirely, altogether, quite
221c7, 226a5, 228e1, 245d11,
249b7, 252a11, 252d1, 252e8,
255b2, 255e7, 259d8, 261a4, 262a8,
263b13

κομψός 精巧的，巧妙的，优美的
［拉］venustus, elegans, bellus
［德］raffiniert, fein, schlau
［英］smart, clever, ingenious
236d2, 259c4

κοσμητικός 关乎装饰的
［拉］exornandi peritus
［德］zum Schmückengehörig
［英］skilled in ordering or arranging
227a3

κόσμιος (adv. κοσμίως) 守秩序的，规规
矩矩的
［拉］moderatus
［德］ordentlich, gehorsam
［英］orderly, well-behaved
216a2

κρείσσων (κρείττων) 较强的
［拉］melior
［德］stärker
［英］stronger, superior
216b4

κρίνω 判决，审判，判断
［拉］judico

［德］aburteilen, verurteilen
［英］adjudge, give judgement
234e3

κρίσις 决定，判决，判断
［拉］judicium
［德］Entscheidung, Urteil
［英］decision, judgement
242c5

κρυφαῖος 秘密的，私下的
［拉］occultus, clandestinus
［德］heimlich
［英］secret, clandestine
219e2

κτάομαι (κτέομαι) 取得，占有，拥有
［拉］possideo
［德］erwerben, haben, besitzen
［英］get, acquire, possess
227a10, 247b8, 247d8

κτῆσις 拥有，获得，占有
［拉］possessio
［德］Eigentum, Habe, Besitz
［英］acquisition, possession
251c4

κτητικός 可获得的，能够占有的
［拉］possessivus, adquirendi peritus
［德］zum Erwerb gehörig, besitzan-
zeigend
［英］acquisitive, skilled in getting
219c7, 219d1, 219d3, 219d4, 221b3,
222a3, 223c6, 224c10, 224e1,
225a2, 226a3, 265a4, 265a7

κυλίνδησις 打滚，翻滚
［拉］volutatio
［德］das Umhertreiben, Gewandtheit

[英] rolling, wallowing

268a2

κύριος 有权力的，决定性的

[拉] auctoritatem habens

[德] gebietend, gewaltig

[英] having power or authority over, decisive

230d7, 246d7

κύρτος 笼子

[拉] nassa

[德] Reuse

[英] cage

220c4

κύων 狗

[拉] canis

[德] Hund

[英] dog

231a6

κώλυσις 阻止，妨碍

[拉] impeditio, obstaculum

[德] Hindernis, Verhinderung

[英] prevention

220c1

κωλύω 阻止，妨碍

[拉] prohibeo, impedio

[德] hindern, abhalten, zurückhalten

[英] hinder, prevent

254b9

λαγχάνω 凭抽签获得

[拉] sorte accipo

[德] durchs Los erlangen

[英] obtain by lot

227c1

λαμβάνω 获得，拥有，抓住

[拉] accipio

[德] bekommen, empfangen, fassen

[英] take, possess, seize

221b2, 226a7, 233d3, 235c4, 236b5, 238b7, 243c3, 245c9, 245e1, 246c5, 246c7, 254c6, 261c7, 263d10, 267d4, 268c2

λαμπρός 光辉的，明亮的

[拉] splendidus, luculentus, nitidus

[德] leuchtend, glänzend

[英] bright, radiant

254a9, 266c2

λανθάνω 不被注意到，没觉察到

[拉] lateo, delitesco

[德] verborgen, unbekannt sein

[英] escape notice, unawares, without being observed

216a6, 234b9, 249e5, 253c7, 255a1

λέγω 说

[拉] dico

[德] sagen

[英] say, speak

217a10, 217c3, 217e6, 218b5, 219a4, 219c7, 219e6, 220a7, 220b5, 220b6, 220b14, 220e1, 221a4, 221d3, 222b1, 222b9, 222c2, 222c4, 222d3, 222e2, 223a7, 223c9, 223e4, 224a1, 224a7, 224a8, 224b5, 224c5, 224c9, 225a5, 225a9, 225c9, 225d11, 226a6, 226a7, 226b2, 226b5, 226c3, 226d4, 226d5, 226d9, 226d11, 227c1, 227d1, 227d4, 227d10, 228b8, 228e1, 229c11, 229e3, 230b4, 231b7,

231c1, 231c7, 232c8, 233a1, 233a6, 233d9, 233e5, 233e7, 234a1, 234a6, 234a7, 234c6, 234c7, 234e7, 235c7, 235d5, 236c6, 236e2, 236e4, 237a6, 237b7, 237cd2, 237d6, 237d7, 237e1, 237e2, 237e5, 238a4, 238b9, 238b10, 238c7, 238d1, 238d2, 238d4, 238d7, 239a1, 239a5, 239a8, 239b1, 239b3, 239c6, 239d4, 239e6, 239e7, 240a6, 240a9, 240b3, 240b7, 240b12, 240c9, 240d9, 241a1, 241a7, 241a9, 241d9, 241e2, 241e5, 242a6, 242a7, 242c3, 242e1, 243a7, 243b2, 243b3, 243b7, 243d3, 243d4, 243d6, 243e1, 243e5, 243e7, 244a2, 244a9, 244b1, 244b3, 244b6, 244b7, 244c11, 244d3, 244d7, 244e2, 245b5, 245b7, 245e2, 245e8, 246b9, 246e3, 246e5, 247b6, 247c8, 247d3, 247d7, 247d8, 247e6, 248a7, 248b3, 248b9, 248c7, 248c10, 248d9, 249a6, 249d1, 249d4, 249e3, 250a2, 250a9, 250b2, 250c2, 251a5, 251a8, 251b3, 251b4, 251b8, 251d3, 251e6, 251e7, 252a9, 252b5, 252c6, 252d1, 253c10, 254c4, 254d1, 255b5, 255b12, 255c8, 255c13, 255d8, 255d9, 255e8, 255e12, 256b1, 256b4, 256c5, 256d6, 257a2, 257b3, 257b4, 257b9, 257d1, 257d6, 257d12, 258a2, 258a7, 258b9, 258d4, 258e7, 258e8, 259a3, 259a4, 259b9, 259c8, 260a9, 260c3, 260c3, 260d2, 261a5, 261c1, 261d2, 261d8, 261d8, 262a4, 262a9, 262a11, 262b3, 262b9, 262c8, 262d5, 262e12, 263b4, 263b9, 263d1, 264b1, 264d2, 265b8, 265e3, 266a10, 266b2, 266b10, 267b6, 267b11, 267d1, 268b6

λειμών 草地，草场

[拉] pratus

[德] Wiese

[英] meadow

222a10

λεῖος (adv. λείως) 光滑的

[拉] laevis

[德] glatt

[英] smooth

229e2, 266c2

λείπω 留下，放弃，背离

[拉] relinquo, desero

[德] verlassen

[英] leave, quit

227d6, 264e3

λεκτέος 必须说的，应当说的

[拉] discendus

[德] zu sagen

[英] to be said or spoken

218a6, 230d7, 248c11

λέξις 说话方式，说话风格

[拉] dictio, stilus

[德] Redeweise, Stil

[英] diction, style

225d8

λέων 狮子

[拉] leo

[德] Löwe

［英］lion
262b9

ληστικός 打劫的，海盗的
［拉］praedatorius
［德］räuberisch
［英］piratical
222c5

λίαν 非常，十分
［拉］nimis
［德］gar sehr
［英］very much, overmuch
225c5, 243a6

λίμνη 湖泊
［拉］lacus
［德］See
［英］lake
222a6

λογισμός 计算，算数
［拉］computatio
［德］Rechnung
［英］counting, calculation
248a11, 254a8

λόγος 话，说法，言词，理由，道理，
讨论
［拉］verbum, dictum, oratio
［德］Wort, Rede
［英］words, arguments
216a6, 216b5, 217b4, 217c3, 217c5,
217e1, 217e4, 218a8, 218b6, 218c1,
218c4, 218c5, 218e3, 219a1, 219c5,
219d6, 220d2, 221b1, 223b1,
223b6, 224d1, 224e5, 225a12,
225b6, 225c3, 226a4, 226c5, 227a8,
228b3, 229e1, 230a5, 230b6, 231b6,
231e1, 234c2, 234c5, 234e1, 235b2,
235c1, 236d6, 237a3, 237b2, 237b4,
237e7, 238b5, 239a6, 239d1, 239d2,
239e6, 240a2, 240e10, 241b1,
241c9, 241d5, 241d8, 241e2, 242a2,
242b1, 242b7, 244d1, 245a9, 245b2,
246c1, 246c6, 246d5, 248b9, 248e2,
249a3, 249b9, 249c6, 249d7, 251a2,
251b2, 251c8, 251d8, 252b9, 252c5,
253b10, 254c2, 254c7, 256c9,
257a10, 257e9, 259a1, 259c2,
259c3, 259d5, 259e4, 259e6, 260a5,
260a7, 260b3, 260b10, 260c3,
260c4, 260b10, 260c3, 260c4,
260d8, 260e2, 260e4, 261b1, 261c6,
262a10, 262b3, 262b7, 262c2,
262c5, 262c6, 262c9, 262d6, 262e1,
262e5, 262e12, 262e13, 263a2,
263a12, 263c1, 263c2, 263c9,
263c10, 263c11, 263d4, 263e3,
263e8, 263e10, 264a8, 264b3,
264b6, 264c11, 264d3, 265c8,
265d7, 265e1, 265e5, 267c6, 268a2,
268b2, 268b3, 268d2

λοιπός 剩下的，其余的
［拉］reliquus
［德］übrig
［英］rest
219d6, 220e6, 252d12, 252e6,
264b9

λύκος 狼
［拉］lupus
［德］Wolf
［英］wolf

231a6

λύπη 痛苦

　　［拉］dolor

　　［德］Betrübnis, Schmerz

　　［英］pain, grief

　　228b3

μάθημα 学问，课业

　　［拉］doctrina, disciplina

　　［德］Lehre, Unterricht

　　［英］that which is learnt, lesson

　　224b1, 224b6, 224c1, 224d1, 224d6,
　　230c8, 230d2, 231d6, 231e5, 232a5

μαθηματικός 喜欢学习的，能够学习的

　　［拉］ad disciplinas pertinens, discendi
　　cupidus

　　［德］zum Lernen gehörig

　　［英］fond of learning

　　219c2

μαθηματοπωλικός 学问贩卖的，贩卖学
问的

　　［拉］disciplinas vendens

　　［德］zum kenntnisverkauf gehörig

　　［英］making a trade of science

　　224b9, 224e3

μαθητής 学生

　　［拉］discipulus

　　［德］Schüler

　　［英］learner, pupil, student

　　233b6, 233c6

μακάριος 有福的，幸福的，幸运的

　　［拉］beatus, felix

　　［德］glückselig, glücklich

　　［英］blessed, happy

　　232e2, 233a4, 236d9, 238a1, 249e2

μακρολόγος 长篇大论的，说得很长的，
啰嗦的

　　［拉］multus in sermone

　　［德］weitschweifig redend

　　［英］speaking at length

　　268b7

μακρός 长的，高的，深的

　　［拉］longus, altus

　　［德］lang, tief

　　［英］long, tall

　　217c3, 258c6, 263a2, 268b2

μάλα (comp. μᾶλλον, sup.μάλιστα)　很，
非常

　　［拉］valde, vehementer

　　［德］sehr, recht, ganz

　　［英］very, exceedingly

　　216a4, 217a4, 217c6, 218c4, 219c6,
　　220e4, 223c2, 224d3, 227a6, 227a9,
　　227d12, 229a4, 229e5, 231a7,
　　231c6, 232a7, 232b3, 233a1, 233b4,
　　233b10, 233d6, 235d7, 236d2,
　　237b1, 239b7, 239c6, 239c8, 240c2,
　　240c6, 241b8, 241d1, 246b6, 246d4,
　　249c10, 253a7, 256a9, 257b6,
　　257c1, 257e9, 258a5, 262b7, 265a1,
　　266a10, 267a8, 267c5, 267e6,
　　267e10

μαλακός (μαλθακός) 软的，软弱的

　　［拉］mollis, lentus

　　［德］weich, sanft

　　［英］soft, weak

　　242e4

μαλθακίζομαι (μαλακίζομαι) 变软，变
懦弱

［拉］mollio

［德］weichlich sein, zaghaft sein

［英］to be softened, to be a coward

241c4, 267a11

μαλθακός 温和的，柔软的

［拉］mollis

［德］sanftmütig

［英］soft

230a1

μανθάνω 学习，理解，弄明白，懂

［拉］disco, intelligo

［德］lernen, verstehen

［英］learn, understand

221d3, 222d9, 227c6, 227c7, 228a3,
230a6, 232d8, 233e3, 241a6, 241a8,
243c4, 244a9, 245b3, 248d10,
260b4, 260b5, 262a12, 262c9,
265b7, 266d5, 268c2

μανικός (adv. μανικῶς) 疯狂的，狂热的

［拉］insanus, furiosus

［德］wahnsinnig

［英］mad

216d2, 242a11

μαρτυρέω (μαρτύρομαι) 作证

［拉］testor

［德］bezeugen

［英］bear witness, give evidence

237b1

μάταιος 狂妄的，自负的，徒劳的，愚蠢的

［拉］vanus, inanis

［德］eitel, vergeblich

［英］vain, empty, idle

231b6

μάχη 战斗，交战，斗争，争吵，竞争

［拉］pugna, conflictus, dimicatio

［德］Kampf, Schlacht, Streit, Zank

［英］battle, combat, strife

246c3

μαχητικός (adv. μαχητικῶς) 好斗的，战斗的

［拉］contentiosus

［德］streitsüchtig

［英］pugnacious

225a6, 225a8, 226a3

μάχομαι 战斗

［拉］pugno

［德］kämpfen

［英］fight

249c6, 260d6

μέγας (comp. μείζων; sup. μέγιστος) 强有力的，大的

［拉］validus, magnus

［德］gewaltig, groß

［英］mighty, great, big

218c7, 218d2, 218d9, 218e3,
220b10, 222b2, 227a10, 229b2,
229c1, 230c1, 230d7, 230e1, 231a3,
234d7, 235e5, 236a1, 237a5, 238a1,
238a2, 238d1, 238d2, 243a3, 243d1,
244e4, 245e4, 252d9, 253c5, 254c3,
254d4, 257b6, 258a1, 258b10,
258c1, 259d3, 260a6, 261c3,
264c10, 267b8

μέγεθος 大，巨大，高大

［拉］magnitudo

［德］Größe

［英］greatness, magnitude

251a9

μέθεξις 分有，分享

　[拉] participatio

　[德] Teilnahme

　[英] participation

256b1, 259a7

μεθημερινός 白天的

　[拉] diurnus, qui interdiu fit

　[德] bei Tage geschehend

　[英] by day

220d9

μεθίημι 放开，放弃

　[拉] aufgeben, verlassen

　[德] dimitto, libero, relinquo

　[英] set loose, let go, give up

267b3

μέθοδος 方法

　[拉] via

　[德] Methode

　[英] method

218d5, 219a1, 227a8, 235c6, 243d7, 265a2

μεῖξις (μίξις) 混合，交往

　[拉] mixtio, mixtura

　[德] Vermischung

　[英] mixing, mingling

253b9, 260b1

μελετάω 练习，从事，专研，关心

　[拉] exerceo, meditor, curo

　[德] üben, Sorge tragen

　[英] practise, exercise, care for

218d1

μέλλω 打算，注定要，必定，应当

　[拉] futurus sum, debeo, fatali ne-

cessiate cogor

　[德] wollen, gedenken, sollen, bes-

timmt sein

　[英] to be about to, to be destined

253a9, 253b10, 262d3, 266d9

μέλος 肢，四肢，曲调

　[拉] membrum, melodia

　[德] Glied, Lied

　[英] limb, tune

227d10

μέλω 关心，操心

　[拉] curo

　[德] besorgen

　[英] care for, take an interest in

227a9

μένω 停留，固定，坚持

　[拉] maneo, consisto

　[德] bleiben, verweilen, feststehen

　[英] stay, remain, wait

248a2, 248a3

μερίζω 分开，分配

　[拉] divido, partior

　[德] teilen, spalten

　[英] divide, distribute

245a1

μέρος (μερίς) 部分

　[拉] pars

　[德] Teil

　[英] portion, part

219c7, 220a3, 220b10, 220c7, 221b3, 221e3, 222b3, 223c7, 223d6, 225a2, 225e2, 229c3, 229c11, 231b4, 235c2, 236b1, 236c1, 241b9, 242e5, 244e7, 245a2, 245b1, 246c5,

252b4, 257c11, 264e1, 265b4,
266a4, 266a8, 266a9, 268c8

μέσος (adv. μέσως) 中间的

[拉] medius

[德] in der Mitte

[英] middle

229b7, 244e6, 246c2

μεσσόθεν 从中间

[拉] a medio

[德] von der Mitte

[英] from the middle

244e4

μεστός 满的，充满……的

[拉] plenus, refertus

[德] voll, angefüllt

[英] full, full of

236e3, 260c9

μεταβάλλω 使翻转，使改变方向，转
变，交换

[拉] inverto, muto

[德] umwerfen, umwenden, verändern

[英] throw into a different position,
change, alter

223d3, 234d6, 242a11, 255a12

μεταβλητικός 进行交易的

[拉] mutabilis, mutationem efficiens

[德] zum Tauschverkehr gehörig

[英] for or in the way of exchange

219d5, 223d3, 223d5, 224c10,
224e1

μεταδιώκω 追，追踪，追查

[拉] persequor, insequor

[德] verfolgen, einholen

[英] follow closely after, pursue, in-
vestigate

224e7, 225e5

μεταδοξάζω 改变意见

[拉] opinionem muto

[德] seine Ansicht oder Meinung än-
dern

[英] change one's opinion

265d2

μεταθέω 追，追赶

[拉] curro post, insequor

[德] nachsetzen, verfolgen

[英] run after, pursue

226b2

μεταλαμβάνω 取得，占有

[拉] participo, percipio

[德] erlangen, erhalten

[英] receive, gain

248d6, 250e6, 251d7, 256b6, 259b1

μέτειμι 在……当中；走近，靠近，寻求

[拉] intersum, persequor, quaero

[德] darunter, dazwischen sein, na-
chgehen, nachfolgen

[英] to be among, go after, follow,
pursue

218d8, 235c6, 248c8, 252b9

μετέχω 分担，分享，分有

[拉] particeps sum, partem habeo

[德] Anteil haben

[英] partake of, share in

216b1, 228c1, 235a6, 238e2, 251e9,
255b1, 255b3, 255d4, 255e5, 256a1,
256a7, 256d9, 256e3, 259a6, 259a8,
260d3, 260d5, 260d7, 260d8

μέτοχος 分享的，分担的，参与的

［拉］particeps

［德］teilhaftig

［英］sharing in, partaking of

223c1

μέτριος (adv.μετρίως) 合理的，适中的

［拉］moderatus

［德］angemessen

［英］moderate

216b8, 237b2, 263a3

μέτρον 尺度，标准

［拉］mensura

［德］Maßstab

［英］measure, rule

237a7

μέχρι 直到，直到……为止

［拉］usque

［德］bis, so lang als

［英］as far as, until

222a2, 239c5, 259a3

μῆκος 长度

［拉］longitudo

［德］Länge

［英］length

218a8, 225b5, 225b6, 235d8, 266a2

μηνύω 告诉，揭露

［拉］indico, nuncio

［德］anzeigen, verraten

［英］inform, reveal

226a4, 232b4, 257b10

μηχανή 办法，方法，技巧

［拉］machina, ars, consilium

［德］Art, Weise, Mittel

［英］way, mean, contrivance

241a4, 266b7

μίγνυμι 混合

［拉］misceo

［德］mischen

［英］mix

256b9, 260a3, 260b11, 260c1, 260c2

μικρός (σμικρός) 小的

［拉］parvus

［德］klein

［英］small, little

217b3, 217d9, 218d1, 218e2, 225c5,

227a4, 227a9, 230a9, 231a9, 234a5,

234d6, 235e7, 238e5, 241b9, 241c5,

242a5, 246c1, 247d1, 247e2, 248c5,

257b7, 259d4, 261b5, 261c4, 262c7,

262e3

μικτός 混合的

［拉］mixtus

［德］gemischt

［英］mixed, blended

254d10

μιμέομαι 模仿，仿效

［拉］imitor

［德］nachtun, nachahmen

［英］imitate

235e3, 267b7, 267b12, 267c6,

267e5

μίμημα 模仿品

［拉］imitamentum, imago

［德］Abbild, Nachahmung

［英］anything imitated, counterfeit,

copy

234b6, 235e2, 241e3, 264d4,

267b11

μίμησις 模仿

[拉]imitatio

[德]Nachbildung

[英]imitation

265b1, 267a7, 267e1, 267e2

μιμητής 模仿者

[拉]imitator

[德]Nachahmer

[英]imitator

235a1, 235a8, 267d1, 268a6, 268a7, 268c1

μιμητικός 模仿的，能够模仿的

[拉]peritus imitator

[德]nachbildend

[英]able to imitate, imitative

219b1, 234b2, 235c2, 235d1, 236b1, 236c1, 265a10, 267a10, 268c9

μιμνήσκω 想起，记起

[拉]recordor, memini

[德]erinnern

[英]remember, remind oneself of

250d5, 250d8, 265b8, 265b11

μισθαρνητικός 能够赚取酬金的

[拉]mercenarius

[德]zum Arbeiten für Lohn gehörig

[英]of or for hired work, mercenary

222d7, 222e5

μισθός 酬金

[拉]merces

[德]Bezahlung

[英]pay, allowance

222e7, 223a4

μίσθωσις 出租，租赁

[拉]locatio

[德]Verdingung

[英]letting for hire, rent

219d5

μνημονεύω 记得，回忆起，想起

[拉]memoro, memini

[德]sich erinnern

[英]remember, call to mind

231d11, 231e1

μόγις 艰难地，吃力地

[拉]vix, aegre

[德]mit Mühe, schwer

[英]with toil and pain

261a8

μοῖρα 应得的份额，定命，命运

[拉]sors

[德]Los, Schicksal

[英]portion in life, lot, destiny

235c4

μόνος 唯一的，仅仅的

[拉]solus, singularis, unus

[德]allein, alleinig, bloß

[英]alone, solitary, only

218c2, 218c5, 220e6, 221b1, 222e7, 227c2, 228d11, 229b1, 229c8, 230d4, 237cd2, 240a2, 242a6, 244b9, 244d8, 245e1, 246a10, 247e2, 251a10, 252d12, 257b3, 257b10, 257d7, 258b3, 258d5, 262a9, 262d3, 262d5, 263e2

μόριον 一小部分

[拉]particula, pars

[德]Teilchen, Teil

[英]portion, piece

229b9, 229e2, 257d4, 258a9, 258a11, 258e2, 268d2

μουσικός 文艺的，音乐的
　［拉］musicus
　［德］musisch
　［英］musical
　224a1, 253b3

μῦθος 故事
　［拉］fabula
　［德］Fabel
　［英］tale, story
　242c8, 242d6

μυρίος (adv. μυριάκις) 巨大的，无限的
　［拉］infinitus, extremus, maximus
　［德］unendlich, unzählig
　［英］infinite, immense
　226b9, 235a7, 245d12, 251a10,
　252c4, 259b4

μύω 闭上
　［拉］claudo
　［德］schließen
　［英］close, shut
　239e3

νεανίας (νεανίης) 年轻人，青年
　［拉］adolescens, juvenis
　［德］Jüngling, junger Mann
　［英］a young man, youth
　239d5

νεῖκος 争吵，争斗
　［拉］rixa, jurgium, discordia
　［德］Streit, Zank
　［英］quarrel, strife
　243a1

νέμω 分配，分发，占有
　［拉］attribuo, tribuo, distribuo
　［德］Leichnam, Leiche
　［英］deal out, dispense, distribute, allot
　267b3

νεογενής 新生的
　［拉］nuper natus
　［德］neugeboren
　［英］new-born
　259d7

νέος (comp. νεώτερος) 新奇的，年轻的
　［拉］novus, juvenis
　［德］neu, jung
　［英］new, young
　217c6, 217d6, 223b5, 231d3, 232e7,
　233b1, 234b8, 234c4, 239b7, 243b7,
　251b5

νεότης 年轻，青年，年青人的精神
　［拉］juventus, adolescentia
　［德］Jugend
　［英］youth
　222a10

νευστικός 能够游泳的
　［拉］natabilis
　［德］schwimmen könnend
　［英］able to swim
　220a9, 220b1, 221e2, 221e5

νόημα 思想，意图
　［拉］cogitatio, inventum
　［德］Gedanke, Gesinnung
　［英］thought, purpose
　237a9, 258d3

νοητός 可思想的，可理解的
　［拉］intelligibilis
　［德］denkbar
　［英］intelligible
　246b7

νομίζω 承认，信奉
- ［拉］existimo, reor
- ［德］anerkennen, glauben
- ［英］acknowledge, believe in
- 217a6, 227b5, 228a4, 230a10, 230c3, 230c5, 230d8, 234a9, 240e10, 265d4

νόμιμος 法定的，按照惯例的
- ［拉］legitimus, idoneus
- ［德］gebräuchlich, gesetzmäßig
- ［英］conformable to custom, usage, or law
- 246d6

νόμισμα 钱币
- ［拉］nummus
- ［德］Münze
- ［英］current coin
- 223a4, 223e3, 224b2, 234a5

νομισματοπωλικός 赚取钱币的，收取钱币的
- ［拉］ad nummorum mercedem pertinens
- ［德］für Geld sich verkaufend
- ［英］of or for a money-changer's trade
- 223b4

νόμος 法律，习俗
- ［拉］jus, lex, mos
- ［德］Gesetz, Gewohnheit, Sitte
- ［英］law, custom
- 232d1

νόος (νοῦς) 理智
- ［拉］mens, intellectus
- ［德］Verstand, Vernunft
- ［英］mind, intellect
- 217d7, 222d10, 227b1, 233d6, 249a2, 249a4, 249a9, 249b6, 249c3, 249c7, 262e10

νόσος 疾病
- ［拉］morbus
- ［德］Krankheit
- ［英］sickness, disease
- 228a1, 228a4, 228b8, 228d7, 228e3, 229a1

νουθετητικός 告诫性的，进行告诫的
- ［拉］pertinens ad admonitionem
- ［德］zum Ermahnen gehörig
- ［英］monitory, didactic
- 230a3, 230a8

νυκτερινός 夜间的
- ［拉］nocturnus
- ［德］nächtlich
- ［英］by night, nightly
- 220d5

ξαίνω 梳
- ［拉］carmino
- ［德］kämmen
- ［英］card
- 226b8

ξένιος 有关待客的，好客的
- ［拉］hospitalis
- ［德］gastlich
- ［英］belonging to friendship and hospitality, hospitable
- 216b2

ξένος (adv. ξένως) 陌生的，不熟悉的，异乡的
- ［拉］alienus, peregrinus
- ［德］fremd

［英］unacquainted with, ignorant of
216a2, 216b7, 216d3, 217a10,
217c1, 218a4, 222c1, 229d1, 233a4,
235a5, 240a7, 244c3, 249a3, 250e3,
258e4, 261a4

ξηρός 干的
　［拉］siccus
　［德］trocken
　［英］dry
　242d3

ὄγκος 块
　［拉］moles, massa
　［德］Masse
　［英］bulk, mass
　244e3

ὁδός 道路，路
　［拉］via
　［德］Weg, Pfad
　［英］way, road
　218d6, 229e2, 237a9, 237b6, 242b7,
　258d3

οἰκεῖος 家中的，有亲戚关系的，自己的
　［拉］domesticus, privatus
　［德］häuslich, verwandt, eigen
　［英］of the same household, kin, one's
　own
　225d8, 264e3, 266c1

οἰκειωτικός 占有的，占为己有的
　［拉］conciliandus
　［德］aneignend
　［英］appropriative
　223b2

οἰκετικός 家中的，属于家奴的
　［拉］famularis

　［德］häuslich, dem Sklaven eigen
　［英］of or for the menials or household
　226b3

οἰκία 房子
　［拉］domus
　［德］Haus
　［英］building, house, dwelling
　266c8

οἰκοδομικός 精通建筑的
　［拉］ad aedificatorem pertinens
　［德］zum Bauen gehörig
　［英］skilled in building
　266c8

οἴκοθεν 从家里
　［拉］domo
　［德］von Hause
　［英］from home
　252c6

οἴομαι 料想，猜，认为，相信
　［拉］puto
　［德］vermuten, denken
　［英］guess, think, believe
　217a9, 218b1, 220d5, 220e4, 223a1,
　224d4, 229c8, 229d1, 230a7, 230b4,
　231a9, 233c1, 234e3, 240e10,
　243b9, 244a7, 250c12, 251b5,
　251c2, 251c5, 253e5, 255c12,
　261e4, 265d3, 267a6, 267d1, 268a1

ὄκνος 畏缩，犹豫，胆怯
　［拉］pigritia, ignavia, timor
　［德］das Zögern, Trägheit
　［英］shrinking, hesitation
　242a3

ὀλίγος (sup. ὀλίγιστος) 小的，少的

［拉］paucus, parvus

［德］gering, klein

［英］little, small

234a8, 254b8

ὀλιγωρέω 忽视，轻视

［拉］neglego

［德］vernachlässigen

［英］neglect

243a6

ὀλισθηρός 滑的，滑溜溜的

［拉］lubricus

［德］glatt, schlüpfrig

［英］slippery

231a8

ὅλος (adv.ὅλως) 整个的，全部的

［拉］totus

［德］ganz, völlig

［英］whole, entire

219c2, 219e1, 221b6, 225c8, 244d14, 244e2, 245a2, 245b5, 245c1, 245c2, 245c5, 245c9, 245c11, 245d4, 245d5, 245d8, 253c3, 253d8, 267c2

ὁμιλία 来往，交往

［拉］consuetudo, colloquium

［德］das Zusammensein, Verkehr, Umgang

［英］intercourse, company

223a4

ὄμμα 眼睛

［拉］oculus

［德］Auge

［英］eye

239e3, 254a10

ὅμοιος (adv.ὁμοίως) 一致的，相似的，相像的

［拉］par, aequalis, similis

［德］einig, gleich

［英］same, like, resembling

226d2, 226d3, 243c5, 243e5, 250a11, 252b4, 252b5, 252d1, 256a12, 258a1, 258a3, 259d4

ὁμοιότης 相似（性）

［拉］similitudo

［德］Ähnlichkeit

［英］likeness, similarity

227b3, 231a7

ὁμοίωμα 相像的东西，肖像

［拉］similitudo, simulacrum

［德］Abbild, Gleichnis

［英］likeness, image

266d7

ὁμολογέω 同意，赞同，认可，达成一致

［拉］consentio, assentior

［德］zugestehen, bestimmen

［英］agree with, concede

228d11, 240c5, 241a6, 241e1, 242c2, 244c8, 246d7, 246e7, 247c1, 247d6, 253b9, 254b7, 256a10, 256d1, 265d8

ὁμολογία 同意，承认，条约

［拉］consensio, consensus

［德］Übereinstimmung, Zugeständnis

［英］agreement, admission, concession

216a1

ὁμώνυμος 同名的

［拉］idem nomen habens

219b7, 222d2, 224a7, 227a1, 228b9,
228b10, 229a9, 230a2, 230a10,
231c5, 231d11, 233b3, 233d2,
236c4, 236c8, 237c11, 238b4,
238c5, 238c8, 239a8, 239b9, 241b4,
244a3, 245a9, 246e1, 248e5, 250a7,
252b7, 252e6, 253b10, 256b4,
256b8, 256e2, 257e8, 260b3,
261c10, 262d7, 262d7, 263c12,
264a5, 265a3, 265e7, 268b6

ὁρίζω (διά-ὁρίζω) 定义，规定，分开
　[拉] termino, finio
　[德] definieren, bestimmen, trennen
　[英] define, determine, divide
　222c7, 246b1, 263c2

ὁρμάω 急于要做，打算做，开始，动身
　[拉] incito, prorumpo, initium facio
　[德] erregen, sich anschicken, begin-
　nen
　[英] hasten, be eager, start
　228c10, 242c5

ὁρμή 进攻，冲力，冲动，劲头，出
　发，动身，渴望
　[拉] impetus, aggressio, appetitio
　[德] Anlauf, Andrang, Trieb, Eifer
　[英] onrush, onset, assault, impulse,
　effort, desire
　228c2

ὀρνιθευτικός 关乎猎取飞禽的
　[拉] ad aucupium venationem perti-
　nens
　[德] zur Vögeljagd gehörig
　[英] of or for bird-catching
　220b5

ὅρος 界线，边界，限度
　[拉] terminus
　[德] Grenze
　[英] boundary, limit
　231a9, 247e3, 248c4

οὐρανός 天
　[拉] coelum
　[德] Himmel
　[英] heaven
　232c4, 234a3, 246a7

οὖς 耳朵
　[拉] auris
　[德] Ohr
　[英] ear
　234c5

οὐσία 所是，产业
　[拉] essentia, facultas
　[德] Wesen, Vermögen
　[英] substance, essence, stable being,
　immutable reality, property
　219b4, 232c8, 239b8, 245d4, 246a5,
　246b1, 246b8, 246c1, 246c6, 248a7,
　248a11, 248c2, 248c8, 248d2,
　248e2, 250b9, 251d1, 251d5, 251e9,
　252a2, 258b2, 258b9, 260d3, 261e5,
　262c3

ὀψιμαθής 晚学的
　[拉] qui sero didicit
　[德] spät lernend
　[英] late in learning, late to learn
　251b6

ὄψις 形象，外貌，视力，视觉
　[拉] visus, facies, oculus
　[德] das Aussehen, Sehkraft

［英］aspect, appearance, sight

240a1, 266c3

παγκαλος (adv. παγκάλως) 极美的，极好的

［拉］rectissimus, pulcerrimus

［德］wunderschön

［英］very beautiful, good, or right

217c5

παγχάλεπος 非常困难的，极难的

［拉］perdifficilis

［德］sehr schwer

［英］very difficult

236d1

πάθος (πάθη, πάθημα) 属性，情状，遭遇，情感，经验

［拉］passio, affectum

［德］Eigenschaft, Attribut, Leiden

［英］state, condition, property, quality, experience

228e4, 228e6, 234d5, 234e6, 243c3, 245a1, 245b4, 245c2, 248b5, 248d5, 252b9, 264a5

παιδεία 教育

［拉］eruditio

［德］Erziehung

［英］education

229d2, 230a9

παιδευτικός 关乎教育的

［拉］ad docendum aptus

［德］erzieherisch

［英］of or for teaching

231b5

παιδιά 儿戏，玩笑，消遣

［拉］jocus

［德］Spiel, Scherz

［英］childish play, pastime

234a6, 234a9, 234b1, 235a6, 237b10

παῖς (παιδίον) 孩童，孩子，小孩

［拉］pueritia

［德］Kind

［英］child, childhood

230c4, 232e6, 234b8, 237a5, 242b7, 242c8, 244b3, 249d3

πάλαι 很久以前，过去

［拉］olim, pridem

［德］vor alters, ehedem, schon lange

［英］long ago

218c8, 239b2, 244a6, 258e8

παλαιός 古老的，古旧的

［拉］vetus

［德］alt

［英］ancient, old

243a3, 267d6

πάλη 角力，摔跤

［拉］luctatio

［德］Ringen

［英］wrestling

232d9

παμμήκης 极长的，非常长的

［拉］valde longus, prolixus

［德］ganz lang

［英］very long, prolonged

217e4

πάμπολυς (παμπληθής) 极多的，极大的

［拉］permultus, varius

［德］sehr viel, sehr groß

［英］very great, large, or numerous

234b3, 236b9, 255d3

πανοῦργος (adv. πανούργως) 为非作歹
的，干坏事的
[拉] insidiosus, malitiosus
[德] verschlagen, boshaft, skrupellos
[英] wicked, knavish
239c6

πάνσοφος 极聪明的
[拉] sapientissimus
[德] ganzweise
[英] most clever
251c5

παντάπασι 完全
[拉] omnino
[德] ganz, völlig
[英] altogether
216d2, 218a2, 221c4, 221d2, 222e6,
223b8, 225d3, 227a7, 230e4, 231e7,
232c11, 233d1, 236a7, 236d9,
236e5, 237c6, 237e2, 238c11,
239a12, 239e3, 245b5, 245d7,
248d6, 252d6, 253e3, 255e11,
257c4, 258e4, 259a1, 259e1, 260e1,
261c8, 262e2, 263d2, 264b7, 265b3,
268c3, 268d5

πανταχῇ 到处，各方面
[拉] undique
[德] überall, auf alle Fälle
[英] everywhere, on every side
249d2

πανταχοῦ 一切地方，全然
[拉] ubique
[德] überall
[英] everywhere, altogether, abso-
lutely
228a10

παντελής 完全的，绝对的
[拉] absolutus, perfectus
[德] vollständig, vollkommen
[英] all-complete, absolute
245a8, 248e7

πάντῃ 处处，在各方面，完全
[拉] ubique, omnino
[德] überall
[英] in every way, on every side, al-
together
244e4, 253d6, 253d9

παντοδαπός 各种各样的，五花八门的
[拉] varius, multiplex
[德] mannigfach, mancherlei
[英] of every kind, of all sorts, man-
ifold
225c5, 228e4

πάντοθεν 从一切方面，从各方面
[拉] undique
[德] von allen Seiten
[英] from all quarters, from every side
244e3

παντοῖος 一切种类的，各种各样的
[拉] omnigenus, varius
[德] allerlei, mancherlei
[英] of all sorts or kinds, manifold
216c4

παραγίγνομαι 在旁，在附近，在场
[拉] advenio, intersum
[德] zum jem. stehen, dabeisein
[英] to be beside, stand by
217c6, 234e2, 247a8

παράδειγμα 范型，范式，例子

  ［拉］exemplar, exemplum

  ［德］Urbild, Vorbild, Muster, Beispiel

  ［英］pattern, model, paradigm, example

  218d9, 221c5, 226c1, 233d3, 235d7,

  251a7

παραδίδωμι 交出去，交给，出卖，背叛

  ［拉］trado, dedo

  ［德］hingeben, verraten

  ［英］give, hand over to another, betray

  235c1

παραιτέομαι 恳请，恳求

  ［拉］oro

  ［德］bieten

  ［英］beg, entreat

  241d1, 242a5

παρακινδυνευτικός 危险的，冒险的

  ［拉］in pericula praeceps

  ［德］waghalsig, gefährlich

  ［英］venturesome, audacious

  242b6

παρακολουθέω 紧跟

  ［拉］pone sequor

  ［德］begleiten, sich anschließen

  ［英］follow closely

  266c6

παραλαμβάνω 控制，占有，邀请

  ［拉］occupo, accipio, adhibeo

  ［德］erobern, besetzen, einladen

  ［英］take over, seize, invite

  218b2

παραμυθέομαι 鼓励，劝告

  ［拉］hortor, consolor

  ［德］überreden, ermutigen

  ［英］encourage, exhort

  230a2

παραμυθία 劝告，鼓励

  ［拉］exhortatio, persuasio

  ［德］Überredung, Zureden

  ［英］persuasion, exhortation

  224a4

παράπαν 完全，绝对

  ［拉］omnino

  ［德］ganz, völlig

  ［英］altogether, absolutely

  238b7, 239a9, 239d3, 240a1, 242a2,

  244c11, 245c11, 246b3, 247c7,

  249a10, 249d2, 260a9, 260d1,

  260e3, 263c9, 264c12

παραπλήσιος (adv. παραπλησίως) 接近

  的，近似于，几乎相等的

  ［拉］similis, adfinis

  ［德］ähnlich, beinahe gleich

  ［英］coming near, nearly equal

  217b5

παρασκευάζω 准备，提供

  ［拉］praeparo

  ［德］vorbereiten

  ［英］prepare

  233b2, 251b6

παρασπάω 拽到一边，强行拖走

  ［拉］abstraho

  ［德］bei Seite reißen

  ［英］draw forcibly aside, wrest aside

  241c8

παραφαίνω 从旁边显露出来，显露，

  暴露

  ［拉］e propinquo ostendo, revelo

［德］daneben, dabei zeigen

［英］show beside, appear, disclose itself

231b7

παράφορος 东倒西歪的，摇摇晃晃的，偏离的

［拉］titubans, aberrans

［德］wankend, taumelnd, abirrend

［英］borne aside, carried away, wandering away from

228c3, 228d1

παραφροσύνη 偏离理解，偏离理性

［拉］amentia, delirium

［德］Unvernunft, Tollheit

［英］wandering of mind, derangement

228d2

παρείκω 允许，准许

［拉］cedo, permitto

［德］nachgeben, gestatten

［英］permit, allow

254d1

πάρειμι 在场，在旁边，来到，走近

［拉］adsum

［德］anwesend sein, herbeikommen

［英］to be present, to be by or near, go by

217d4, 243d8, 247e5, 248c4, 249a1, 260a7, 264a4, 267d7

παρέπομαι 在旁边跟随，随行

［拉］consequor

［德］begleiten

［英］accompany

266b7

παρέρχομαι 经过，过去，流逝

［拉］praetereo, transeo

［德］vorübergehen, vergehen

［英］go by, pass by

235c8

παρέχω 提请，提供，让

［拉］adduco, praebeo

［德］darbieten, aufbieten, veranlassen

［英］hand over, yield, allow, grant

216d2, 223c3, 224a7, 227a2, 227a4, 242d2, 246a10, 266c3, 267a4

παρίημι 请求，容许，让

［拉］deprecor, admitto

［德］sich ausbitten, einlassen

［英］ask, admit

267a11

παροιμία 谚语

［拉］proverbium

［德］Sprichwört

［英］proverb

231c5, 261c1

παρουσία 在场

［拉］praesentia

［德］Anwesenheit

［英］presence

247a5

παρωνύμιος 衍变而来的，衍生的

［拉］denominativus

［德］abgeleitet

［英］derivative

268c1

πάσχω 遭遇，发生，经历

［拉］accido

［德］empfangen, erfahren, erleiden

［英］uffer,happen to one
228c5, 230c3, 232a3, 232b2, 239c2,
245a5, 245b7, 245c1, 247d5, 247e1,
248c5, 248c8, 248e1, 253a1, 257d5,
259d2

πατήρ 父亲
［拉］pater
［德］Vater
［英］father
241d5

πατραλοίας 杀父者，打父亲的人
［拉］patris percussor
［德］den Vater schlagend, Vatermörder
［英］one who slays or strikes his father
241d3

πάτριος (πατρικός) 父辈传下来的，父亲的
［拉］pateruus, patrius
［德］väterlich, angestammt
［英］of or belonging to one's father,
derived from one's fathers, hereditary
229e4, 242a2

πεζοθηρικός 关乎猎取陆行动物的
［拉］ad terrestriam animalium venationem pertinens
［德］zur Landjagd gehörig
［英］of or for the hunting of land-animals
220a9

πεζός 陆行的，步行的
［拉］pedes, pedester, terrestris
［德］zu Fuß gehend, zu Lande gehend
［英］walking on foot, going by land

220a8, 221e3, 221e6, 222b2, 237a6

πείθω 劝，听从
［拉］persuadeo, obedio
［德］überreden, gehorchen
［英］persuade, obey
248e7, 257a10, 257a11, 259a2

πειθώ 说服，说服力
［拉］persuasio, persuadendi vis
［德］Überredung
［英］persuasion, persuasiveness
265d7

πειράω 弄清楚，考察，试验，尝试
［拉］experior, conor, nitor
［德］erproben, versuchen, unternehmen
［英］attempt, endeavour, try, make proof
218d9, 223a7, 225d5, 225e2, 227b2,
227d1, 227d2, 228c2, 231d11,
233d6, 234e5, 234e6, 238e8, 239b8,
250a4

πέλω (πέλομαι) 成为，变成，是，来到
［拉］sum, versor, moveor
［德］werden, sein, stattfinden
［英］become, to be
244e5

πενία 贫穷
［拉］paupertas
［德］Armut
［英］poverty
251c4

περαίνω 使结束，使完成
［拉］finio, termino
［德］vollenden, vollbringen

［英］bring to an end, finish, accomplish

243b1, 262d4

πέρας 结局，极限，终点

    ［拉］finis, terminus

    ［德］Ende, Grenze

    ［英］end, limit, boundary

    252b3, 261b3

περιαιρέω 拿走，剥去

    ［拉］aufero, abrogo

    ［德］wegnehmen, abschaffen

    ［英］take away, strip off, remove

    264e3

περιέρχομαι (περιέχω) 环绕，循环，转悠

    ［拉］circumeo, circumvenio, oberro

    ［德］herumgehen, umlaufen

    ［英］go round, come round

    200c2, 250b8, 253d8

περιλαμβάνω 包围，围住

    ［拉］complector, contineo

    ［德］umfassen, einfassen

    ［英］encompass, surround

    226e6, 235b1, 246a8, 249d6, 265a10

περισσός 超过一般的，不寻常的，奇数的

    ［拉］eximius, excellens, impar

    ［德］ungewöhnlich, außergewöhnlich, ungerade

    ［英］out of the common, extraordinary, strange, odd

    265e2

περιφέρω 转来转去

    ［拉］circumago, revolvo

    ［德］sich herumtreiben

    ［英］carry round, move round, go round

    252c8

πέτομαι 飞

    ［拉］volo

    ［德］fliegen

    ［英］fly

    263a8

πέτρα 岩石，石头

    ［拉］petra

    ［德］Fels, Stein

    ［英］rock, stone

    246a8

πιθανοθηρία 说服性的猎取，通过说服进行猎取

    ［拉］venatio persuadendo

    ［德］Jagd durch Überredung

    ［英］hunting by persuasion

    223b4

πιθανουργικός 进行说服的，有说服力的

    ［拉］persuadendi vim habens

    ［德］überredend

    ［英］having the faculty of persuasion

    222c10, 222d3

πιπράσκω 卖，出售

    ［拉］vendo

    ［德］verkaufen

    ［英］sell

    224a3

πλανάω 飘荡，漫游

    ［拉］erro

    ［德］umherirren, verirren

［英］wander

230b5

πλάνη (πλάνος) 漫游，漂泊，奔波

［拉］error

［德］das Umherirren, Verirrung

［英］wandering, roaming

245e5

πλάσμα 铸造或塑制的东西

［拉］figmentum

［德］das Erdichtete, Gebildete

［英］anything formed or moulded

239e6

πλάσσω (πλάττω) 塑造

［拉］fingo, formo

［德］formen, bilden

［英］form, mould

235e5

πλαστός (adv. πλαστῶς) 捏造的，虚假的，冒充的

［拉］fictus

［德］erdichtet, untergeschoben

［英］fabricated, forged, counterfeit

216c6, 219a11

πλάτος 宽度

［拉］latitudo

［德］Breite

［英］breadth, width

235d8, 266a1

πλέγμα 编织物，组合

［拉］textura, cincinnus

［德］Geflecht

［英］anything twined or twisted, complex

262d6

πλέκω 编织，缠绕

［拉］necto, connecto, plecto

［德］flechten, knüpfen

［英］plait, twine

240c1

πληγή 鞭打，打击

［拉］plaga

［德］Schlag

［英］blow, stroke

220b13, 220c10, 220e8, 221c1

πλῆθος 大众，大群，数量

［拉］multitudo, copia

［德］Menge, Masse

［英］great number, multitude, the majority

238b2, 238b10, 239b9, 256e6, 268b2

πληκτικός 击打的，击打性的

［拉］percutiendi vim habens

［德］schlagend

［英］of, for, or by striking

220d1, 220d5, 220e2, 221b6

πλημμελέω 弹错调子，做错事

［拉］extra legem cano, pecco

［德］einen Fehler machen, sich vergehen

［英］make a false note in music, err

224c6, 242b3, 244b3

πλημμελής 犯错误的，弹错调子的

［拉］vitiosus, absonus

［德］frevelhaft, fehlerhaft, wider die Melodie

［英］faulty, out of tune

243a3

πλούσιος 富足的，丰富的
　[拉] dives, opulentus
　[德] reich
　[英] wealthy, rich
　223b5, 231d3

πλοῦτος 财富
　[拉] copia, divitiae
　[德] Fülle, Reichtum
　[英] wealth, riches, treasure
　222a10

ποιέω 做，当作
　[拉] facio, efficio
　[德] machen, tun, annehmen
　[英] make, do
　217d9, 217e2, 219b5, 220b12,
　222e6, 223a4, 231a8, 232b12,
　232c2, 232c10, 232d2, 233d9,
　233e8, 234a4, 234b6, 234c6, 239a6,
　243d7, 246d5, 247e1, 248c8, 248e1,
　256e1, 265d7, 265e3, 266c8, 267a4,
　267a7, 267c5

ποίημα 做成的东西，诗作，作品，
　行动
　[拉] quod aliquis fecit, poema, opus
　[德] das Gemachte, Gedicht, Arbeit
　[英] anything made or done, poem,
　work
　248b5, 248d5

ποίησις 诗，作品，制作，创作
　[拉] poesis, poema
　[德] Machen, Schöpfung, Dichtung
　[英] creation, production, poem
　234a1, 265b17, 266c5, 268d1

ποιητέος 应当做的，必须做的

　[拉] faciendus
　[德] zu tun
　[英] to be made, one must do
　226b1, 235c7

ποιητής 创造者，制造者，诗人
　[拉] confictor, factor, auctor
　[德] Schöpfer, Verfertiger, Dichter
　[英] maker, poet
　234a2

ποιητικός 能创造的，有创造力的
　[拉] faciendi vim habens, poeticus
　[德] schaffend
　[英] capable of making, creative, pro-
　ductive
　219b11, 219d1, 265a4, 265a11,
　265b4, 265b8, 265e5, 266a1, 266b1,
　266d3, 266d5

ποικίλος 多花色的，五彩斑斓的
　[拉] varius
　[德] bunt
　[英] many-coloured
　223c2, 226a6, 243b4

πολεμέω 战斗，斗争
　[拉] pugno
　[德] bekriegen, kämpfen
　[英] fight, do battle
　242c9, 243a1

πολέμιος (πολεμικός) 有关战争的，敌
　对的
　[拉] militaris, hostilis, inimicus
　[德] den Krieg betreffend, feindlich
　[英] of or belonging to war, hostile
　222c6, 252c7

πόλις 城邦，城市

［拉］civitas

［德］Staat

［英］city

216c5, 223d5, 223d9, 224a1, 224a2, 224b1, 224b2, 224d5, 227a4, 261c1

πολιτικός 城邦的，公共的，属于公民的

［拉］politicus

［德］politisch, öffentlich

［英］civil, public

216c8, 217a3, 232d1, 268b8

πολλάκις 经常，多次

［拉］saepe

［德］oft

［英］many times, often

241b2, 251c3, 265d1

πολλαχοῦ (πολλαχῇ) 在许多地方

［拉］in multis locis

［德］an vielen Orten

［英］in many places

259b5, 259b6

πολυειδής 多样的，各种各样的，多样形相的

［拉］multiformis

［德］vielgestaltig

［英］of many kinds, multiform

221e7

πολυκέφαλος 多头的

［拉］multa habens capita

［德］vielköpfig

［英］many-headed

240c4

πολύς (comp. πλείων, sup. πλεῖστος) 多，许多

［拉］multus

［德］viel

［英］many, much

216c3, 218b4, 218e5, 220a8, 224a4, 225d9, 226b4, 226e5, 227b5, 228d7, 228e4, 229b2, 229e5, 230a8, 230d4, 231b9, 232a5, 232c1, 232e2, 234d2, 236c5, 237d10, 238e1, 239a9, 239c1, 240a4, 241b7, 242e1, 243a1, 243a6, 243b4, 243c10, 244b3, 245b1, 245b8, 245c8, 249c11, 249e3, 250e3, 251a5, 251a8, 251b3, 251b7, 251b8, 253d6, 253d7, 253d8, 253d9, 254a10, 254b9, 254c3, 254d6, 256e5, 257d1, 258c3, 258c9, 259c2, 263b11, 263b12, 265c5, 267c4, 267c7, 268a3

πονέω 苦干，劳苦，辛苦

［拉］laboribus succumbo, lassesco

［德］sich abmühen, arbeiten

［英］work hard at, toil

218a8

πονηρία 邪恶

［拉］improbitas

［德］Schlechtigkeit, Bosheit

［英］wickedness, vice

227d4, 228b8, 228d7

πόνος 苦工，艰辛

［拉］labor, difficultas

［德］Arbeit, Mühe

［英］hard work, toil

230a8

πορεύω 前进，旅行

［拉］eo, proficiscor

［德］gehen, reisen

［英］go, walk, march

222a3, 246a3, 252c9, 253b10, 264e1

πόρκος 篓子

［拉］rete, circulus

［德］Geflecht

［英］trap, weel

220c4

πόρρω (πρόσω) 远远地，往前，向前

［拉］porro, procul

［德］ferner, vorwärts

［英］forwards, far off

234c4

ποταμός 河，溪

［拉］flumen

［德］Fluß, Strom

［英］river, stream

222a6, 222a9

ποτόν 饮料

［拉］potus

［德］Getränk

［英］drink

224a6

πούς 脚

［拉］pes

［德］Fuß

［英］foot

242a11, 243d6

πρᾶγμα 事情，重大的事情，麻烦事

［拉］res

［德］Sache

［英］thing

218c4, 233d10, 234c4, 244d3,

257c2, 262d8, 262e12

πρᾶξις 行事，行为，实践，情况，事情的结局

［拉］actio, successus rerum

［德］Handlung, Lage, Ende der Geschichte

［英］doing, action, practice, result

219c5, 221c1, 224b7, 234e2, 262a3,

262b6, 262b10, 262c3, 262e12,

266d3

πρᾶος (adv. πρᾴως) 温和的，心平气和的

［拉］mansuetus, placidus

［德］zahm, sanft

［英］mild, soft, gentle

217d5

πρᾶσις 卖

［拉］venditio, venundatio

［德］Verkauf

［英］sale

223d10, 224a6, 224b6

πράσσω (πράττω) 做

［拉］ago

［德］tun, handeln, machen

［英］do, act

222e7, 223a4, 225c1, 262a6,

262b10, 267b8

πρέπω 相适合，相配，合适

［拉］decet, convenio

［德］passen, ziemen

［英］fit, suit

219c8, 225a9, 230e3, 267b1, 267d5

πρέσβυς (πρεσβύτης) 老人

［拉］senex

［德］Alter

［英］oldman
217c7, 251c3

προαιρέω 有意选择，首先选择
［拉］praefero
［德］vorziehen, sich auswählen
［英］prefer, choose
251e1, 254c3, 255e1

προβάλλω 扔向前面，抛给
［拉］projicio, propono
［德］vorwerfen, vorschieben
［英］throw or lay before, put forward
245b6, 261a7, 261a9, 261b1

πρόβλημα 难题
［拉］problema
［德］Problem
［英］problem
261a6

προδιομολογέω (προσδιομολογέω) 预先
同意，预先承认
［拉］prius confiteor
［德］vorher zugestehen
［英］agree beforehand
241a5

πρόειμι 向前走，前进，开始
［拉］anteeo, procedo
［德］vorgehen, fortschreiten
［英］go forward, advance, begin
218b5, 234d4, 250a6, 261b6

προερέω 预先说出，预先告知
［拉］praedico
［德］vorhersagen
［英］say beforehand
243c7

προθυμέομαι 一心要做，极其想做，热

衷于
［拉］studeo
［德］bereit,geneigt sein,erstreben
［英］to be ready, willing, eager to do
224c5, 267c5

προθυμία 热心，好意，善意
［拉］studium
［德］Eifer, Bereitwilligkeit
［英］eagerness, goodwill
239c1

προμελετάω 预先练习
［拉］praemeditor
［德］vorher einüben
［英］practise beforehand
218d5

προσαγορεύω 称呼，打招呼
［拉］voco, saluto
［德］anreden, nennen, begrüßen
［英］address, greet
216c1, 219b2, 220c5, 223d6, 232a2,
232a6, 236c4, 239a11, 245d5,
246c2, 251a6, 252b10, 255a1,
256b7

προσάγω 带领，带来
［拉］adduco
［德］heranführen, hinzubringen
［英］bring to
234e6

προσαναγκάζω 强迫
［拉］insuper cogo
［德］dazu nötigen, zwingen
［英］force, compel
260a2

προσάπτω 归给，加到

［拉］adjungo, adnecto, attribuo

［德］anknüpfen, hinzufügen

［英］ascribe, attribute to, attach to

217a8, 231a3, 238e8, 239a3, 241b1,

251d5, 252a9, 254a5

προσαρμόζω 使切合，使适应

［拉］adapto, accommodo

［德］anfügen, passen

［英］fit to, suit or agree with

238c6

προσβολή 接触，拥抱，走近

［拉］adjectus, admotio, contagio

［德］Umarmung, Angriff

［英］application, embrace, approach

246a10

προσγίγνομαι 加上，增加，产生，发生，

［拉］adsum, adnascor

［德］dazukommen, sich anschließen

［英］to be added, accrue, come to,

happen to

238a5, 238a7

προσδιαλέγομαι 交谈

［拉］colloquor

［德］unterreden

［英］hold converse with

217d1, 218a1, 268b4

προσδοκάω (προσδοκέω) 指望，期待

［拉］expecto

［德］erwarten

［英］expect, wait for

234c2

προσδοκία 期待，指望

［拉］exspectatio

［德］Erwartung, Vermutung

［英］looking for, expectation

264b6

πρόσειμι 走向，走近；加上……

［拉］adeo

［德］hinzugehen

［英］come or go to, approach, to be

added to

265e1

προσεῖπον 对……说，打招呼，称为

［拉］alloquor, appello

［德］ansprechen, nennen

［英］speak to, address

219b11, 220a4, 220d1, 222d1,

223a5, 224b7, 226c7, 240a5,

250b10, 255a7, 258b5, 264a2,

267a10, 267e1, 268c3

προσέοικα 相似，相像

［拉］similis sum

［德］ähnlich sein, gleichen

［英］to be like, resemble

224e6, 231a4

προσερέω (προσερῶ) 说话，攀谈

［拉］alloquar

［德］anreden, ansprechen

［英］speak to, address

223b6, 224b2, 224c2, 224e3, 227b6,

229c9, 253c6, 255c1

προσέχω 带给，献上

［拉］applico

［德］herführen

［英］apply, bring

222d11, 233d6, 262e10

προσήκω 来到，抵达，关系到，适合

于，属于

［拉］pertineo aliquo, attineo

［德］herzugekommen sein, in Verbind-
ung stehen

［英］to have come, reach, belong to,
be related to

223a9, 226e6, 229a4, 235e1

πρόσθεν 在……前，以前，从前

［拉］ante, olim, prius

［德］vorn, früher

［英］before, in front of

223c3, 236b2, 236e3, 239a1, 242d5,
258c10, 259c7, 261b6, 264d8

πρόσκειμαι 派给，献身于，参加

［拉］appono

［德］beigeben, anliegen

［英］to be assigned to, to be attached
or devoted to

254a9

προσκοινωνέω 分有，分享，参与

［拉］partior

［德］teilhaben

［英］share in

252a2

προσομιλέω 交往，交谈

［拉］versor cum aliquo, colloquor

［德］verkehren, sich unterhalten

［英］hold intercourse with, associate
with

222e5

προσομιλητικός 交谈的

［拉］sermocinandus

［德］zum Verkehrgehörig

［英］of or for intercourse with others

222c9

προσόμοιος 很相近的，非常相似的

［拉］adsimilis, valde similis

［德］ziemlich gleich

［英］nearly like, much like

267a7

προσομολογέω 此外还同意，承认

［拉］fateor, confiteor

［德］zugestehen

［英］concede or grant besides, con-
cede, allow

248d1, 261e4

προσπίτνω 扑向，进攻

［拉］accido

［德］angreifen, überfallen

［英］fall upon, attack

234d4

προσποιέω 假装，佯装

［拉］affecto, simulo

［德］vorgeben

［英］pretend

239e7

πρόσρησις 名称，称呼

［拉］appellatio

［德］Benennung

［英］addressing, naming

239a10

προστίθημι 补充，加

［拉］addo, adaugeo

［德］dazugeben, hinzufügen

［英］add, make additions

238c1, 239b9

προστυγχάνω 碰上，遭遇

［拉］occurro

［德］zufällig treffen

［英］meet with, hit upon

246b5

προσφέρω 送上，献上，走向，接近

　［拉］affero, offero, admoveo

　［德］hintragen, vorbringen, herankommen

　［英］bringto, present, approach

　230c5, 230c8, 238b3

προσχράομαι 进一步使用，另外使用

　［拉］insuper utor, utor

　［德］zu Hilfe nehmen, sich da zu bedienen

　［英］use or avail oneself of a thing besides, use in addition

　244c1

πρόσωθεν 从远处，遥远地，从很久以前

　［拉］e longinquo

　［德］von fern her, fern

　［英］from afar, distantly, from long ago

　234b8, 234e4, 236a1

προτάσσω 安排在……之前，预先安排

　［拉］antepono, praepono

　［德］voranstellen, vorher festsetzen

　［英］place or post in front, appoint or determine beforehand

　218e2, 224d7

προτείνω 提出，拿给，递给，建议

　［拉］protendo, propono

　［德］vorhalten, darbieten

　［英］hold out, offer, propose

　247d5

πρότερος (προτεραῖος) 更早的，在先的

　［拉］prior

　［德］früher, vorhergehend

　［英］before, former, earlier

　218a2, 218d1, 218d4, 219b4, 230c5, 230c8, 253c8, 256c1, 261a7, 264b5, 265b10, 265c4

προτίθημι 提出，提供，设置

　［拉］propono, objicio

　［德］vorsetzen, voranstellen

　［英］set before, set out, propose

　221a5, 226c2, 256d2, 257c1, 264e1

προφέρω 带给，宣称，举出

　［拉］profero, exhibeo, enuncio

　［德］vorbringen, vorführen, verkündigen

　［英］bring to, present, utter

　259d5

πρόχειρος 准备好的，在手边的

　［拉］ad manum, promptus

　［德］zur Hand, bereit

　［英］at hand, ready for

　251b7

πτηνός 能够飞的

　［拉］volucer

　［德］geflügelt

　［英］able to fly

　220b1, 220b4

πυνθάνομαι 询问，打听，听到，了解到

　［拉］interrogo, quaero, audio

　［德］fragen, sich erkundigen

　［英］inquire about, hear, learn

　216d3, 226b4, 237c3, 244b7, 248d1

πῦρ 火

　［拉］ignis

［德］Feuer

［英］fire

220d6, 266b3, 266b10

πυρευτικός 夜间用火光捕捉〈鱼〉的

　　［拉］igni utens, qui per ignem facit

　　［德］zum Nachtfischen dienend

　　［英］of or for fishing by torchlight

　　220d7

πωλέω 卖

　　［拉］vendo

　　［德］verkaufen

　　［英］sell

　　223e2, 224a5, 224a6, 224d6

πωλητικός 售卖的

　　［拉］vendax

　　［德］verkaufend

　　［英］offering for sale

　　224d2

ῥάβδος 棍，棒，钓竿

　　［拉］virga

　　［德］Rute, Stab

　　［英］rod, wand

　　221a3

ῥᾴδιος (adv. ῥᾳδίως) 容易的，漫不经心的

　　［拉］facilis, expeditus

　　［德］leicht, mühelos

　　［英］easy, ready

　　216c3, 217b3, 217d2, 218c6, 218d1,
　　218d4, 230b5, 231c5, 234d7,
　　239d1, 242c1, 244c6, 246c8, 248e7,
　　250c12, 260b5, 261c3, 263d10

ῥεῦμα 河流，水流

　　［拉］fluentum, fluvius

　　［德］Strom

［英］river, stream

263e7

ῥῆμα 言辞，说出的话语，动词

　　［拉］verbum, dictum

　　［德］Wort, Ausspruch

　　［英］that which is said or spoken,
　　word, saying, phrase

　　237d2, 257b7, 262a1, 262a3,
　　262a10, 262b6, 262c4, 262d4,
　　262e13, 263d3, 265c5

ῥητέος 必须说

　　［拉］dicendus

　　［德］zu sagen, muß sagen

　　［英］one must say, mention

　　227d13, 247d4

ῥίζα 根

　　［拉］radix

　　［德］Wurzel

　　［英］root

　　265c2

ῥύμη 力量，冲力，动力

　　［拉］impetus, vis

　　［德］Schwung, Andrang, Anspannung

　　［英］force, swing, rush

　　236d5

σαφήνεια 清楚，明白，真实

　　［拉］perspicuitas

　　［德］Deutlichkeit, Bestimmtheit

　　［英］clearness, distinctness

　　254c6

σαφής (adv. σαφῶς) 清楚的，明白的

　　［拉］manifestus, clarus, planus

　　［德］deutlich, klar, sichtbar

　　［英］clear, plain, distinct

217b3, 228d8, 233d3, 235a1, 235a5,
236c10, 238c4, 238d8, 238d9,
242c3, 244a2, 247c3, 248d1, 249e7,
250e8, 254b4, 256d8, 256d10,
258b4, 259a8

σεμνός 庄严的，神圣的
　[拉] vererandus, sacer
　[德] erhaben, heilig
　[英] august, holy
　227b4, 249a1

σημαίνω 表明，宣告，发信号
　[拉] significo, impero
　[德] bezeichnen, befehlen
　[英] show by a sign, give a sign,
　point out
　244a5, 255b11, 257b9, 258b3,
　261e2, 262b6

σημεῖον 迹象，信号，标记
　[拉] signum
　[德] Zeichen
　[英] mark, sign
　237d9, 262a6, 262d9

σιγή 安静，沉默
　[拉] silentium, taciturnitas
　[德] Stille
　[英] silence
　264a2

σίδηρος 铁
　[拉] ferrum
　[德] Eisen
　[英] iron
　267e7

σιτίον 食物，粮食
　[拉] cibus

　[德] Essen, Getreide
　[英] food, grain
　224a6

σκεπτέον 必须考虑，必须考察
　[拉] considerandum est
　[德] man muss betachten, überlegen
　[英] one must reflect or consider
　229d5, 243d2, 254e5, 259b9,
　260b10

σκέπτομαι 考虑，思考
　[拉] considero
　[德] nachdenken
　[英] consider
　239b5, 243c10, 251e5

σκεῦος 器具，器皿
　[拉] apparatus, instrumentum
　[德] Zeug, Gerät
　[英] vessel, implement
　219b1

σκέψις 考虑，思索，观察
　[拉] consideatio, speculatio
　[德] Überlegung, Prüfung
　[英] consideration, speculation
　226c12, 232b12, 236e1, 249d10,
　254c8

σκήπτω 支撑，依赖，借口
　[拉] nitor, praetexo
　[德] stützen, sich lehnen, vorschüt-
　zen
　[英] lean or depend upon, allege,
　pretend
　217b7

σκιά 影子
　[拉] umbra

［德］Schatten
［英］shadow
266b10

σκληρός 顽固的，硬的
［拉］durus
［德］hart, verstockt
［英］hard, stiff, unyielding
230c1

σκοπέω 考虑，注视，查明
［拉］speculor, considero
［德］überlegen, prüfen, sich umshen
［英］behold, contemplate
224e6, 226c10, 229b3, 229b4,
229d7, 232b11, 237b5, 237d6,
238d9, 239b4, 239d4, 247d5, 249e7,
254c2, 256d2, 258c9, 260a1, 267b5,
267e7, 267e9, 268b1

σκοπός 瞭望者，观察者，目标
［拉］speculator, meta
［德］Wächter, Aufseher, Ziel
［英］one who watches, watcher, mark
228c1

σκοτεινός 黑暗的
［拉］obscurus, tenebrosus
［德］dunkel, finster
［英］dark, obscure
254a5

σκοτεινότης 黑暗
［拉］obscuritas
［德］Dunkelheit
［英］darkness, obscurity
254a4

σκοτοδινία 晕眩
［拉］vertigo

［德］Schwindelanfall
［英］dizziness, vertigo
264c11

σκότος 黑暗
［拉］tenebra, caligo
［德］Dunkelheit
［英］darkness, gloom
266b10

σοφιστής 智者
［拉］sophistes, sophista
［德］Sophist
［英］sophist
216d1, 217a3, 218b7, 218c7, 218d4,
221c5, 221d2, 221d11, 222a2,
223a8, 225e5, 226a4, 231a1, 231c2,
231d2, 232b3, 233c11, 234e7,
235b10, 236c10, 239c6, 239e1,
240c4, 241a3, 241b5, 241c2, 253c8,
254a1, 254b4, 258b6, 260c11,
261a2, 261a5, 264c7, 264d7, 264e2,
264e2, 267e4, 268c4, 268d3

σοφιστικός (adv. σοφιστικῶς) 智者派的，
智者的
［拉］sophisticus
［德］sophistisch
［英］sophistical
223b7, 224c7, 224d2, 224e4, 231b8,
233a8, 268b10

σοφός 智慧的
［拉］sapiens
［德］weise, klug
［英］wise
230a7, 233b2, 233c6, 234c7,
268b10, 268b11, 268c1

σπαρτός 从播下的种子长出来的，种出
来的，培植出来的
[拉] seminatus
[德] gesät, gezeugt
[英] sown, grown from seed, cultivated
247c5

σπέρμα 种子
[拉] semen
[德] Same
[英] seed
265c2

σπογγιστικός 用海绵擦拭的
[拉] detergens spongia
[德] mit dem Schwamm zu reinigend
[英] of or for sponging
227a8

σπουδάζω 认真做，热衷于
[拉] serio contendo
[德] ernsthaft sein
[英] to be serious
216b8, 251c3, 259c3

σπουδή 急忙，热切
[拉] festinatio, studium
[德] Eile, Eifer
[英] haste, zeal
218e4, 224a5, 237b10, 259c3

στάσιμος 停住的，静止的，稳定的
[拉] sedans, stabilis, firmus, quietus
[德] stehend, ruhig, fest
[英] stopping, stable, steadfast
256b7

στάσις 帮派，纷争；静止
[拉] factio, discordia, status
[德] Parteikampf, Streit, Ruhe
[英] party, discord, rest
228a4, 228a7, 228b8, 249c1, 250a8,
250b8, 250c2, 250c3, 251d5, 251e9,
252d7, 252d10, 254d5, 255a4,
255a7, 255a10, 255b6, 255b12,
255e12, 256b6, 256c6

στέλλω 安排好，准备好，排出
[拉] instruo, adorno, mitto
[德] stellen, in Ordnung stellen, aus-
senden
[英] make ready, send
230b2

στερέω (στέρομαι) 剥夺，夺走
[拉] orbo
[德] berauben
[英] deprive, bereave, rob
260a6, 260a7

στέρομαι 丧失，缺少
[拉] privo, orbo
[德] beraubt sein, entbehren
[英] to be without, lack, lose
245c5

στοιχεῖον 元素，要素，字母
[拉] elementum
[德] Element
[英] element
252b3

στόμα 嘴
[拉] os
[德] Mund
[英] mouth
221a1, 238b6, 263e7

στρατηγικός 关于将军的，有将才的
[拉] imperatorius
[德] den Feldherrn betreffend

［英］of or for a general

227b4

συγγενής 同类的，同家族的，同属的

［拉］cognatus

［德］verwandt, mitgeboren

［英］akin to, of like kind

221d9, 227b1, 228a8, 228b6, 264b3

συγγίγνομαι 和某人在一起，和某人交
往，和某人交谈，帮助某人

［拉］simul sum, auxilior

［德］zusammenkommen, mit jeman-
dem zusammensein, helfen

［英］keep company with, hold con-
verse with, come to assist

217d8

συγγνώμη 同情，体谅

［拉］venia

［德］Verzeihung

［英］fellow-feeling

241c7

συγγυμναστής 一起锻炼的人，一起训
练的人

［拉］socius exercitationis

［德］Mitturner

［英］companion in bodily exercises

218b3

συγκεράννυμι 混合在一起

［拉］commisceo

［德］zusammenmischen

［英］mix, blend with

243b5, 253b2

συγκεφαλαιόω 总计，总结

［拉］summatim et breviter recenseo

［德］zusammenrechnen, zusammen-

fassen

［英］sum up, make a summary of

219b11

σύγκρισις 聚合，组合

［拉］congregatio, concretio

［德］Verbindung, Vermischung

［英］aggregation, combination

243b5

συγχωρέω 让步，同意

［拉］concedo, indulgeo

［德］nachgeben, zulassen

［英］concede, give up

227c7, 228e1, 231e5, 237e4, 241a4,
247d1, 248c1, 249a3, 249b2, 249b9,
250b3, 255c12, 256b8, 256d3,
257a10, 257b10, 260b1

συλλαμβάνω 使闭上，使合上，集合

［拉］compono

［德］zusammendrücken

［英］put together, close

218c6, 243b4, 235b10, 250b9

συλλήβδην 简而言之，总之

［拉］summatim

［德］zusammenfassend, mit einem
Wort

［英］in sum, in short

267c2

συμβαίνω 有结果，发生

［拉］succedo

［德］sich ereignen, geschehen

［英］result, follow, happen

220d7, 223b6, 244d8, 245c3, 248e1,
249b5, 251e5, 255d6, 257e3, 257e7

συμβόλαιον 合同，契约

[拉] pactum, conventum

[德] Kontrakt

[英] contract, covenant, bond

225b12

συμβουλεύω 劝说，劝告，建议

[拉] consilium do, consulo

[德] raten, sich beraten

[英] advise, counsel

218d3

σύμβουλος 顾问，参谋

[拉] consultor

[德] Ratgeber

[英] adviser, counsellor

217d5

σύμμειξις (σύμμιξις) 混合

[拉] commistura, consortium

[德] Mischung

[英] commingling, commixture

252b6, 264b2

συμμετρία 对称，匀称，比例恰当

[拉] apta proportio, apta compositio

[德] richtiges Verhältnis, Ebenmaß

[英] commensurability, symmetry,
due proportion

228c4, 235d8, 235e7, 236a5

συμμίγνυμι 混合

[拉] misceo

[德] vermischen

[英] mix together, commingle

252e2, 253c2, 254e4, 259a4

σύμπας (συνάπας) 全部，总共，整个

[拉] omnis, totus, cunctus

[德] all, insgesamt

[英] all together, the whole, sum

219b1, 219c6, 219d1, 219d7, 221b2,
222c6, 224a1, 226c3, 227a3, 227b7,
228b6, 228e3, 229a8, 230a2, 232d1,
233d10, 233e3, 234a4, 236c1,
238a10, 256e2, 259b3, 259b5

συμπιέζω 压紧，捏紧，抓紧

[拉] comprimo, opprimo

[德] zusammendrücken, zusammen-
fassen

[英] squeeze together, grasp closely

247c6

συμπλέκω 缠在一起，交织在一起

[拉] connecto, copuluo

[德] zusammenflechten, verbinden

[英] twine or plait together

242d7, 262d4, 268c6

συμπλοκή 交织，缠绕

[拉] connexio

[德] Verflechtung

[英] intertwining

240c1, 259e6, 262c6

συμφέρω 收集，聚集

[拉] confero, congero

[德] zusammentragen, sammeln

[英] bring together, gather, collect

242e3

σύμφημι 同意，赞成

[拉] concedo, approbo

[德] beistimmen, bejahen

[英] assent, approve

236d5, 236d7, 237d6, 247a7

συμφυής 一同生长的，与生俱来的，
天生的，天然的

[拉] ejusdem vel similis naturae, insitus, innatus

[德] verwachsen, fest verbunden

[英] born with one, congenital, natural

247d3

συμφωνέω 发出同样的声音，相一致

[拉] consono, convenio

[德] zusammenklingen, übereinstim-

men

[英] sound together, harmonize with,

make an agreement

240c8, 245b1, 253b11

συνάγω 领到一起

[拉] confero

[德] zusammenführen

[英] bring together

224c9, 230b6, 251d8, 267b1

συνακολουθέω 伴随，服从，听从

[拉] una sequor, comitor

[德] mit folgen, begleiten

[英] accompany, follow

224e5, 235c3

συναμφότερος 两者合在一起的

[拉] uterque simul

[德] beides zugleich

[英] both together

249d4, 250c3

συνάπτω 捆在一起，使联合

[拉] conjungo, copulo

[德] zusammenknüpfen, vereinigen

[英] join together, bind

245e3, 252c5, 253d9

συναρμόζω 使结合，使连上，拼合

[拉] coagmento, concinno

[德] zusammenfügen

[英] fit together, put together

253a2, 261d5, 261e1

συνδέω 捆绑

[拉] obligo

[德] verbinden, fesseln

[英] bind, tie together

227c3, 268c5

συνδιαπονέω 一起工作

[拉] una laboro

[德] zugleich arbeiten

[英] work together

218b4

συνδοκέω 也同意，一同认为好

[拉] consentio

[德] es scheint mir auch, beipflichten

[英] seem good also, also agree

235b7, 257c5

συνεθίζω 使习惯于……

[拉] assuesco

[德] gewohnen

[英] accustom

236d6

σύνειμι 在一起，共处，结交

[拉] una sum, consuetudinem habeo

[德] mit leben

[英] to be with, live with

248b6

συνεπισπάω 一起拉向

[拉] una attraho

[德] mit wohin ziehen

[英] draw on together

236d6

συνέπομαι 跟着，伴随

[拉] sequor, comito

［德］begleiten, anschließen

［英］follow along with, accompany

216b4, 238e6, 238e7

συνέρχομαι 来到一起，相会

［拉］convernio, concurro

［德］zusammengehen, zusammen-
kommen

［英］come together, go together

266c2

σύνεσις 联合，理解，知识

［拉］coitio, intellectus, conscientia

［德］Vereinigung, Einsicht, Verstand

［英］uniting, union, perceive, appre-
hend, knowledge

228d1

συνεφέπομαι 一同跟随，一起伴随

［拉］una sequor

［德］ugleich mit folgen, begleiten

［英］follow together

254c1

συνέχεια 连续，坚持

［拉］continuitas, perpetuitas

［德］Zusammenhang, Beharrlichkeit,
unmittelbare Folge

［英］continuity, perseverance

261e1, 262c1

συνεχής 连续的

［拉］continuus

［德］zusammenhängend, ununter-
brochen

［英］continuous

262a9, 262b2

συνήθεια 习惯，习俗，经常往来，熟悉

［拉］consuetudo, familiaritas

［德］Gewohnheit, Umgang

［英］habit, custom, acquaintance

247b8

σύνθεσις 组合，合成

［拉］compositio, continuatio

［德］Zusammensetzung, Komposi-
tion

［英］composition, combination

263d3

σύνθετος 组合在一起的，合成的

［拉］compositus

［德］zusammengesetzt

［英］put together, compounded, com-
posite

219a11

συνίημι 理解，明白

［拉］intelligo, sentio

［德］verstehen, einshen

［英］understand, perceive

223e6, 238e3, 243b7, 243b9, 249e6,
253b3

συνίστημι 组成，联合

［拉］constituo

［德］bestehen, zusammensetzen

［英］put together, constitute

246c3, 260e3, 262c2, 265c3, 265e4

συννοέω 理解，明白

［拉］intelligo

［德］verstehen

［英］comprehend, understand

226d9, 237c1, 238c8, 242d7

σύνοιδα 一起看清楚，了解，意识到

［拉］conscius

［德］zugleich wissen

［英］know well

232c8

συνοικίζω 使一起生活，使结合，使联合

［拉］una habitare jubeo, una jungo

［德］zum Zusammenwohnen bringen, verbinden, vereinigen

［英］make to live with, unite, associate

242d3

σύνολος 全部的，全体的

［拉］universus

［德］ganz und zusammen

［英］all together

220b7, 222c10

συνομολογέω 和某人一同表示同意，承认

［拉］fateor, confiteor

［德］übereinstimmen

［英］say the same thing with, agree with

218c5, 221b1, 248a2, 249e7, 262b1, 263c4

συνομολογία 达成一致，取得一致，同意

［拉］assensus, pactum

［德］Übereinkunft

［英］concession, agreement

252a5

συνοπαδός 追随着（某人）的，陪伴着（某人）的

［拉］comes, adsecla

［德］zugleich folgend, begleitend

［英］following along with, accompanying

216b2

συνουσία 就教，交往

［拉］conversatio, colloquium

［德］das Zusammensein, Umgang, Verkehr zwischen Lehrer und Schüler

［英］being with or together, intercourse with a teacher

217e1, 232c7

συνόχωκα 连在一起了

［拉］coarctatus sum

［德］zusammengehalten sein

［英］held together

236e5, 242e2, 250d8, 253c1

συντείνω 奋起，努力，激励，绷紧

［拉］contendo, intendo, concito, studiose laboro

［德］anspannen, anstrengen, zusammennehmen

［英］exert oneself, strive, strain

239b8

συντέμνω 切，砍掉

［拉］conscindo

［德］zerschneiden

［英］cut down

227d2

συντίθημι 编造，同意，合并

［拉］compono, convenio, conjungo

［德］aussinnen, entwerfen, verfassen, beistimmen, verbinden

［英］compose, frame, agree, put together

252b1, 252b3, 262e12

σύντονος 拉紧的，强烈的，严厉的

［拉］contentus, acer

［德］angespannt, angestrengt, streng

［英］strained tight, intense, severe

242e3

συνωνέομαι 一齐购进，成批收购，帮助购买

［拉］una emo, in emendo adjuvo

［德］zusammenkaufen, aufkaufen

［英］buy together, collect by purchase, assist one to buy

224b1

συσκοπέω 一起考察，一同思考

［拉］una considero

［德］gemeinschaftlich betrachten

［英］contemplate along with or together

218b6

συχνός 多，许多，长的

［拉］multus

［德］viel, lang

［英］many, long

217e1, 246b5, 267e10

σφαῖρα 球

［拉］pila

［德］Ball

［英］ball

244e3

σφάλλω 绊倒，使受挫折，犯错误

［拉］cadere facio, erro, pecco

［德］Fallen bringen, sich irren, fehlen

［英］make to fall, overthrow, err

229c6

σφέτερος 他们的，他们自己的

［拉］suus, ipsius

［德］ihrig, ihr eigen

［英］their own, their

243b1

σφόδρα 极其，非常

［拉］admodum

［德］sehr, gewaltig

［英］very much, exceedingly

224b3, 228b5, 228c9, 231c4, 254d9, 267c3, 267d8

σφοδρός (adv. σφοδρῶς, σφόδρα) 激烈的，急躁的，热烈的，猛烈地

［拉］vehemens

［德］heftig, ungestüm

［英］violent, impetuous

249c9

σχεδόν 几乎，将近，大致

［拉］paene, prope

［德］nahe, fast, ungefähr

［英］near, approximately, more or less

219a8, 220b7, 223d6, 225a9, 226d4, 229d4, 232e5, 243b4, 235a5, 235b2, 237c5, 241a3, 243e5, 245e3, 246d1, 247b5, 247c8, 250c8, 252e9, 253c4, 255c4, 256a4, 257a7, 262c6, 263b10, 266a10, 268c2

σχῆμα 形状，形态

［拉］figura, forma

［德］Gestalt, Form

［英］form, shape, figure

251a9, 267a6, 267b12, 267c2, 268a2

σχηματίζω 使具有某种形式，赋予某种形态，使成为某种样子

［拉］effingo, figuro, formo

［德］eine Haltung oder Gestalt geben, gestalten

［英］assume a certain form, figure,

posture
268a4

σχίζω 分开
[拉] scindo
[德] spalten, trennen
[英] split, cleave, divide
229d8, 264d10

σχολή (adv. σχολῇ) 闲暇
[拉] otium
[德] Muße, freie Zeit
[英] leisure
226e3, 233b5, 233b8, 241e1, 261b8

σῶμα 身体，肉体
[拉] corpus
[德] Leib, Körper
[英] body, corpse
219a10, 220e9, 223e2, 225a8,
226e5, 226e8, 227a3, 227b7, 227c9,
228a1, 228e6, 230c5, 230c6, 246b1,
246b2, 246b9, 246c9, 246e7, 247b6,
247b8, 247c2, 247d2, 248a10,
267a7

σώφρων 节制的，清醒的
[拉] temperans, moderatus
[德] besonnent
[英] temperate, self-controlled
230d5

ταράσσω 扰乱，心神迷乱
[拉] perturbo
[德] aufrühren, verwirren
[英] stir, upset
242c1, 254c3

ταὐτός 同一的
[拉] idem

[德] identisch, gleich
[英] identical
217b6, 224b2, 228a4, 230b6, 230b8,
230c7, 240e10, 243c2, 243c8,
244d6, 244d14, 245b8, 245c11,
246b1, 247b7, 248a12, 249b9,
249b12, 251a6, 251d8, 252a7,
253b8, 253d1, 253d2, 254d15,
254e2, 254e5, 255a5, 255b3, 255b5,
255b8, 255b11, 255c3, 255c5,
256a3, 256a5, 256a7, 256a10,
256a12, 256b1, 256b3, 256b4,
256e2, 257d5, 258c2, 259c9, 259d1,
259d2, 259d3

ταχύς (adv. τάχα, comp. θάσσων) 快的，
迅速的
[拉] citus, celer, velox
[德] schnell, bald
[英] quick, hasty
216b3, 218c3, 226c12, 229b5,
232e6, 234a4, 235b8, 243c2, 247d4,
247d7, 248b6, 252a5, 254b3,
255c11, 257d6, 260d6

τεῖχος 墙
[拉] murus
[德] Mauer
[英] wall
261c3

τεκταίνομαι 制造，建造
[拉] fabricor, struo
[德] verfertigen, bauen
[英] frame, devise, contrive
224d5

τέλειος (adv. τελέως) 完美的

［拉］perfectus

［德］vollkommen

［英］perfect

259e4

τελευτή 完成，实现，终了，死亡

［拉］finis, exitus

［德］Ende, Vollendung

［英］completion, accomplishment, end, death

268c6

τέλος 完成，实现，终点

［拉］finis, terminus

［德］Vollendung, Ende

［英］achievement, end

237a6, 237e7

τέμνω 切开，分开

［拉］partior

［德］aufteilen

［英］cut

219d9, 219e4, 221e3, 223c11, 227d1, 264e2, 265e8, 266a1, 266a3

τέχνη 技艺

［拉］ars

［德］Kunst, Kunstfertigkeit

［英］art, skill

219a8, 219c7, 219d2, 221b2, 221c9, 221d5, 222a3, 222d1, 222e3, 223a1, 223b2, 223c2, 223c6, 224c1, 226a2, 226b9, 226c6, 227b1, 228e8, 229a4, 230e5, 231b3, 231e2, 232a2, 232a4, 232d6, 232e1, 232e3, 233d10, 234b6, 234b7, 234c3, 234d1, 235b9, 235d6, 236c4, 239d1, 240c7, 240d2, 240d3, 241b7, 241e4, 253a9,

253a10, 253b3, 253b5, 257d1, 264d5, 265a5, 265a10, 265e3, 266c7

τεχνικός 有技艺的，合适的

［拉］artificialis

［德］kunstvoll, vernünftig

［英］skilful, artful, cunning

234b1

τεχνίτης 有技艺的人，技师，手艺人

［拉］artifex

［德］Künstler, Handwerker

［英］artificer, craftsman

219a5

τεχνοπωλικός 技艺贩卖的，贩卖技艺的

［拉］artem suam vendens

［德］zum Kunstverkauf gehörig

［英］making a trade of art

224c4

τηκτός 可溶解的，融化了的

［拉］liquefactus, liquatus

［德］schmelzbar, geschmolzen

［英］capable of being dissolved, soluble

265c3

τηλικοῦτος (τηλικόσδε) 如此年纪的，如此重大的

［拉］tantus, tantae aetatis

［德］in solchem Alter, so groß

［英］of such an age, so great, so large

234e3, 236b5

τίθημι 提出，设定

［拉］pono, duco

［德］setzen, stellen

［英］give, put, set up

218d9, 219a6, 219d2, 219e1, 221c9,
221d1, 221d6, 222b7, 222b8, 225a6,
225a10, 225b3, 225c2, 228c2,
228d4, 228e5, 230b6, 230b7, 235a8,
235a9, 236c10, 237b4, 238a10,
238b1, 241b7, 243e4, 244c8, 244d3,
244d6, 245d6, 246c6, 246c8, 246e9,
247e3, 248c4, 250b7, 251d8, 251e7,
252b4, 252e7, 255c6, 258a5, 258a9,
264c8, 265e3, 266d5, 267b9, 268a7,
268c1

τιμάω 尊重，敬重，看重；提出应受的
惩罚
[拉] honoro, decoro, dignumjudico
[德] ehren, achten, schätzen, auf eine
Strafe antragen
[英] worship, esteem, honour, esti-
mate the amount of punishment
227b2, 249c10

τίμιος 贵重的，受尊敬的
[拉] pretiosus
[德] geehrt, kostbar
[英] valuable, held in honour, worthy
216c8

τμῆμα 砍下的部分，一段
[拉] segmentum, portio
[德] Abschnitt, Stück
[英] part cut off, section
221b6, 266d6

τόκος 生产，分娩
[拉] partus
[德] Geburt
[英] childbirth, parturition
242d2

τολμάω 敢，敢于，大胆
[拉] audeo
[德] wagen
[英] dare
237a3, 237b8, 241a9, 242a1, 247c1,
258e2, 258e7

τολμηρός 勇敢的，冒险的
[拉] audax, temerarius
[德] kühn, verwegen
[英] daring, nervy
267d9

τομή 切，砍
[拉] sectio
[德] Einschnitt, Schnitt
[英] cutting, cleaving
229b7

τόπος 地方，地区
[拉] locus
[德] Ort, Platz
[英] place, region
217a1, 239c7, 253e8, 254a6, 260c11

τοσοῦτος 这样大的
[拉] tantus
[德] so groß
[英] so great, so large
248e3, 257a5, 257b10, 258b3

τραχύς 粗糙的
[拉] asper
[德] rauh
[英] rough
229e1

τρέπω 转向，走向
[拉] converto, verso
[德] sich wenden, sich drehen

［英］turn one's steps, turn in a certain direction

242b8, 250c9

τρέφω 长大，抚养

［拉］nutrio, educo

［德］erziehen, nähren

［英］bring up, rear

223e2

τρέχω 跑

［拉］curro

［德］laufen

［英］run

262b5

τριβή 摩擦，磨损，消磨，历练，实践

［拉］tritus, exercitatio

［德］Reiben, Übung

［英］rubbing down, wearing away, wasting, practice

254a5

τριοδοντία 叉鱼，用三叉戟捕鱼

［拉］piscatus, in quo tridente utebantur

［德］das Fischen mit dem Dreizack

［英］fishing with a trident

220e4

τριόδους 三叉戟

［拉］fuscina

［德］Dreizack

［英］trident

220c10, 220d10, 220e3, 221a1

τρόπος 方式，生活方式，性情，风格

［拉］modus

［德］Weise

［英］way, manner

216b7, 225a4, 230b1, 230c1, 233b1, 235c7, 249a8, 251a5, 254a1, 254c8

τροφή 食物，抚养，生活方式

［拉］esca, alimentum

［德］Nahrung, Erziehung

［英］nourishment, food, nurture, rearing

222e7, 230c6, 242d2

τυγχάνω 恰好，碰巧

［拉］invenio, incido

［德］sich treffen, sich zufällig ereignen

［英］happen to be

217b6, 217e4, 220e9, 225c4, 227a9, 228c2, 230d8, 234c3, 235a4, 235d2, 238a3, 242a8, 258d6

τυπόω 造型，仿制

［拉］formo, figuro

［德］formen, bilden, prägen

［英］form, mould

239d7

τυραννικός 僭主的

［拉］tyrannicus

［德］Tyrannei betreffend

［英］tyrannical

222c5

τυφλός 盲的，瞎的

［拉］caecus

［德］blind

［英］blind

241d9

τύχη 命运，运气

［拉］fortuna, sors

［德］Geschick, Zufall

［英］fate, chance

217b4

ὕβρις 侮慢，放纵

［拉］contumelia

［德］Übermut, Hochmut

［英］insolence, wanton violence

216b3, 229a3

ὑγιής (adv. ὑγιῶς) 健康的，强健的

［拉］saluber, sanus

［德］gesund

［英］healthy, sound

232a3, 233a6, 267e8

ὑγρός 湿的，柔软的

［拉］humidus, mollis

［德］feucht, weichlich

［英］wet, soft

242d3

ὕδωρ 水

［拉］aqua

［德］Wasser

［英］water

239d6, 240a1, 266b3

υἱός 儿子

［拉］filius

［德］Sohn

［英］son

229e4

ὑπακούω 听，倾听，应声，听从

［拉］ausculto, admitto, obedio

［德］anhören, aufmachen

［英］hearken, answer, obey

217d5, 261d4

ὑπάρχω 开始，属于，存在

［拉］initium do, adsum

［德］anfangen, beginnen, zuteil wer-

den, vorhanden sein

［英］begin, belong to, exist

245d1

ὑπεροράω 藐视，轻视

［拉］contemno

［德］von oben herabsehen, verachten

［英］despise

243a6

ὑπισχνέομαι 许诺

［拉］polliceor

［德］versprechen

［英］promise

232d2, 232d4, 234b5

ὕπνος 睡眠

［拉］somnus

［德］Schlaf

［英］sleep, slumber

266b9

ὑποδέχομαι 接纳，欢迎

［拉］recipio

［德］aufnehmen, freundlich empfan-

gen

［英］receive, welcome

235c3

ὑπόθεσις 建议，假设，假定

［拉］hypothesis

［德］Voraussetzung, Annahme, Hy-

pothese

［英］proposal, suggestion, presuppo-

sition

244c4

ὑπολαμβάνω 反驳，打断；接受，认为

［拉］respondeo, puto

［德］erwidern, einwerfen, annehmen

［英］retort, interrupt, accept

241d3, 243d6, 243e2, 261e4, 265d2

ὑπολείπω 遗留，留下，缺少

［拉］relinquo, deficio

［德］zurücklassen, übriglassen

［英］leave remaining, fall short

232e5

ὑπόλοιπος 剩下的，其余的

［拉］reliquus, restans

［德］übriggeblieben, übrig

［英］left over

266a9

ὑπομένω 忍受，忍耐，等候

［拉］tolero, maneo

［德］ertragen, hinnehmen, erwarten

［英］submit, bear, await

235b10

ὑπομιμνήσκω 提醒，启发

［拉］in memoriam revoco

［德］erinnern

［英］remind

250a3

ὑποτίθημι 假定，假设

［拉］suppono, propono

［德］voraussetzen, annehmen

［英］assume, suppose

237a3, 238e1, 243b5, 244c5, 246d6,

251b3

ὑποφαίνω 使从下面显现出来，亮出一

点点

［拉］illucesco, ostendo

［德］zum Vorschein bringen, bei wenig

zeigen

［英］bring to light from under, show

a little

245e3

ὑποφθέγγομαι 低声说话，恰恰说

［拉］submurmuro

［德］leise sprechen

［英］speak in an undertone

252c7

ὑποχωρέω 退回，后退

［拉］recedo, decedo

［德］zurückgehen

［英］go back, retreat

240a6

ὑποψία 怀疑

［拉］dubitatio

［德］Verdacht

［英］suspicion

268a3

ὕστερος 较晚的，后来的

［拉］posterior, sequens

［德］später, nächst

［英］latter, next

219b4, 242d7, 247e7, 257c3, 263c1,

265b10, 265c4

ὑφηγέομαι 引导，指引

［拉］duco

［德］leiten

［英］guide, lead

227d2

ὑψόθεν 从高处，从上面

［拉］desuper

［德］von oben

［英］from on high, from above

216c6

φαίνω 显示，显得，表明，看起来

　[拉] in lucem protraho, ostendo, appareo

　[德] ans Licht bringen, scheinen

　[英] bring to light, appear

　218b7, 219d8, 224e4, 226d4, 228d6, 229a2, 231c1, 231d2, 232a1, 232e5, 233b3, 233b4, 233c6, 233c8, 234d7, 235d1, 236a1, 236b4, 236b7, 236e1, 239a2, 239c8, 241d8, 241d9, 242c8, 245b8, 245e1, 248a1, 249b1, 249d6, 249e3, 250e4, 256d4, 257b7, 257c7, 258a8, 260d5, 260e5, 261a6, 261b3, 261d3, 264a9, 264b1, 264c1, 264c11, 264d3, 266e1, 266e3, 267a7, 267c5

φανερός 明显的，看得见的

　[拉] manifestus, evidens

　[德] offenbar

　[英] visible, manifest

　232c4, 237cd1, 239e1

φαντάζω (φαντάζομαι) 使显得，显出

　[拉] ostendo, appareo

　[德] erscheinen

　[英] make visible, appear

　216c4, 216d1, 265a8

φαντασία 想象，显象，表象

　[拉] imago, species animo concepta

　[德] Erscheinung, Phantasie

　[英] image, appearing, appearance

　260c9, 260e4, 263d6, 264a6

φάντασμα 显影，显象，假象

　[拉] phantasma

　[德] Erscheinung, Einbildung

　[英] apparition, phantom

　223c3, 232a2, 234e1, 236b7, 236c3, 240d1, 241e3, 264c12, 266b9, 267a4

φανταστικός 显象的，假象的

　[拉] phantasticus

　[德] phantastisch

　[英] able to produce the appearance

　236c4, 236c6, 239c9, 260d9, 264c5, 266d9, 267a1, 267a8, 268c9

φάος (φῶς) 光，光线

　[拉] lux

　[德] Licht

　[英] light

　220d6, 266c1

φαρμακοποσία 服药，喝药

　[拉] medicamenti potus seu haustus

　[德] das Trinken der Arznei

　[英] drinking of medicine

　227a8

φάσις 声明，肯定

　[拉] dictum, affirmatio

　[德] Anzeige, Bejahung

　[英] denunciation, affirmation

　263e12

φαῦλος (φλαῦρος; adv. φαύλως, φλαύρως) 容易的，微小的，低劣的，坏的

　[拉] pravus, levis, malus

　[德] gering, leicht, schlimm

　[英] easy, slight, mean, bad

　216b4, 218d8, 223c1, 227a2, 227d7, 228b3, 247e2

φέρω 携带，带到，引向，搬运，忍受

　[拉] fero, traho, perfero

［德］tragen, bringen, dulden, ertragen

［英］carry, lead, endure, bear

221c5, 231d1, 232c1, 237c8, 237c10, 237c11, 242b6, 243d8, 245e4, 246c2, 249b8, 250d8, 261d1

φημί 说

［拉］dico

［德］sagen

［英］say, speak

216a6, 217b8, 219b6, 220c8, 220e5, 221a3, 223a1, 223c4, 223c11, 228c4, 229b2, 231a1, 232b6, 232b11, 233c4, 233d9, 233e9, 234a3, 236b6, 237a8, 237d9, 237e6, 238a4, 238a8, 238b5, 238c5, 238d8, 238e3, 238e6, 239a8, 239b6, 239c9, 239d6, 240a7, 240b10, 240d1, 240d3, 241a3, 241a8, 241c5, 242e3, 242e5, 243c4, 243d3, 243d9, 244a1, 244b9, 244b10, 244d7, 244d15, 244e1, 246b2, 246e5, 247a3, 247a9, 247a10, 247b3, 248a12, 248b1, 248b3, 248c9, 248d3, 248d4, 248e4, 249a4, 249a7, 250a11, 250b1, 251b1, 251e1, 252a8, 253d3, 253d4, 254d7, 255e3, 256c12, 258d1, 259c3, 259d1, 259d2, 260c11, 260d6, 260d9, 262c10, 263a11, 263b2, 263b12, 265b2, 265b9, 265c4, 266c8, 266d3, 267a5, 268a9, 268d3

φθέγγομαι 发出声音

［拉］sono

［德］ertönen

［英］utter a sound

227d10, 236e5, 237b8, 237e6, 238b6, 238c8, 239b10, 240a5, 243b3, 243c4, 243e1, 244a6, 257d10, 262d6

φθειριστικός 捉虱的

［拉］pediculos venans

［德］Läuse suchend

［英］seeking lice

227b4

φθόγγος 声音，乐音

［拉］sonus

［德］Ton

［英］sound

253b1, 263e8

φθόνος 嫉妒

［拉］invidia

［德］Neid

［英］envy, jealousy

217a9, 217b1

φιλία 爱，友爱，友谊

［拉］amor, amicitia

［德］Liebe, Freundschaft

［英］love, friendship

242e2

φίλος 亲爱的，令人喜爱的

［拉］carus, amicus

［德］lieb, geliebt

［英］beloved, dear

216c2, 216d3, 222b11, 230c4, 242d1, 242e5, 244a1, 248a4

φιλοσοφέω 热爱智慧，从事哲学

［拉］sapientiam amo

［德］philosophieren

［英］philosophize

253e5

φιλοσοφία 热爱智慧，哲学

［拉］philosophia

［德］Philosophie

［英］philosophy

260a6

φιλόσοφος 热爱智慧者，哲学家

［拉］philosophus

［德］Philosoph

［英］philosopher

216a4，216c1，216c6，217a3，

249c10，253c9，253e8，254a8

φοβέω 担心，害怕

［拉］vereor

［德］fürchten, sich scheuen

［英］fear, be afraid of

231a1，240c9，242a10，264b6

φόβος 恐惧，害怕

［拉］timor

［德］Furcht, Angst

［英］fear, terror

268a3

φράζω 说明，解释，揭示

［拉］expono, explano, interpretor

［德］anzeigen, erklären

［英］point out, show, explain

217c2，262e14，263a4

φρονέω 有思想，是智慧的，是明智的，理解，明白

［拉］intelligo, sapio

［德］bei Sinnen sein, Einsicht haben, vernünftig sein

［英］have understanding, be wise,

prudent, comprehend

241a4，249a1

φρόνησις 明智，审慎，真正的知识

［拉］prudentia

［德］Einsicht, Gesinnung

［英］prudence, practical wisdom

247b1，247b9，248e7，249c7，251c4

φρόνιμος 明智的，审慎的

［拉］prudens

［德］besonnen

［英］prudent

233b5，247a3

φροντίζω 考虑，操心，在意，放在心上

［拉］curo, cogito

［德］nachdenken, sorgen für

［英］consider, ponder

243a7，246d8

φυλακή 看守，守卫，防备

［拉］custodia, tutela

［德］Bewachung, das Wachen

［英］watch, guard

231a8

φυλάσσω (φυλάττω) 警惕，遵守，坚持，注意

［拉］custodio,tueor, observo

［德］bewahren, beobachten

［英］watch, guard

231b1

φυλή (φῦλον) 部族，种类

［拉］tribus

［德］Stamm

［英］tribe

218c5，220b1

φύσις 自然，本性

［拉］natura
［德］Natur
［英］nature
228a7, 245c9, 250c6, 255b1, 255d9,
255e5, 256c2, 256e1, 257a9, 257c5,
257d4, 257d11, 258a8, 258a11,
258b10, 258d7, 265a1, 265c7,
265d8, 265e3

φυτόν 植物，枝条，嫩枝
［拉］planta
［德］Pflanze
［英］plant
233e8, 265c1

φύω 生，生长，产生
［拉］nascor
［德］erzeugen, wachsen, schaffen
［英］beget, bring forth, produce
229a4, 232a7, 247e1, 265a2, 265c2,
265c8, 266b3, 266e1

φωνέω 发出声音，发音，说话
［拉］vocem emitto, voco
［德］tönen, sprechen
［英］produce a sound, speak, give
utterance
262c4

φωνή 方言，声音
［拉］vox, dictum
［德］Mundart, Laut
［英］dialect, sound
261e5, 262a7, 262d9, 263e4, 267a7

φωνήεις 发响声的，有声的
［拉］voce praeditus, vocalis
［德］mit Sprache begabt, redend
［英］endowed with speech, vocal

253a4

χαίρω 高兴，满意，喜欢
［拉］gaudeo, laetor, delector
［德］sich freuen
［英］rejoice, be glad
220a3, 222b8, 236a4, 239c4, 251b8,
258e8, 259c1, 259d4

χαλάω 变松弛
［拉］laxo, remitto
［德］nachlassen, erschlaffen
［英］slacken, loosen
242e4

χαλεπαίνω 动怒
［拉］irrito, irascor
［德］wüten,zürnen
［英］to be angry with
230a1, 230b9

χαλεπός (adv.χαλεπῶς) 困难的，艰难
的，难对付的，痛苦的
［拉］difficilis, molestus
［德］schwer, schlimm
［英］difficult, painful, grievous
217b2, 218d3, 229c1, 234d7, 236d9,
237a1, 237c5, 243a3, 245b6, 245e4,
246d1, 253e9, 254a6, 259c1, 259c4,
267d5

χαλεπότης 困难
［拉］difficultas
［德］Schwierigkeit
［英］difficulty
254a2

χαρίεις 受欢迎的，令人喜欢的，优雅的
［拉］venustus, gratiosus
［德］anmutig, lieblich, angenehm

［英］graceful,acceptable

234b1

χαρίζομαι (χαρίζω) 使满意，讨……喜欢

　　［拉］gratificor

　　［德］sich freundlich zeigen

　　［英］gratify

　　217e5, 218a5

χάρις 满意，感激

　　［拉］gratia

　　［德］Dank, Wohlwollen

　　［英］thankfulness, gratitude, gratifi-

　　cation, delight

　　217c2, 222e6, 224a5, 242b1

χαῦνος 自负的，轻浮的，空洞的

　　［拉］inanis

　　［德］aufgeblasen

　　［英］frivolous, vain, empty

　　227b6

χείρ 手

　　［拉］manus

　　［德］Hand

　　［英］hand

　　246a8, 247c6

χειρόω 弄到手，制服，俘虏

　　［拉］vi supero, subigo, domo

　　［德］überwältigen

　　［英］to bring into hand, master, subdue

　　219c5, 219c6, 219d6, 222a11

χείρων 更坏的，更差的

　　［拉］deterior

　　［德］schlechter

　　［英］worse, inferior

　　226d2, 226d6, 246d8

χειρωτικός 强取的，进行控制的

［拉］in potestatem redigens

［德］gewalttätig

［英］apt at conquering or subduing

219d7,219d9, 221b3, 221b4, 223b2

χερσαῖος 陆地的，陆上的，生活在陆

地上的

　　［拉］terrenus

　　［德］auf dem Lande lebend

　　［英］rom or of dry land

　　223b3

χθές 昨天，昨日

　　［拉］heri

　　［德］gestern

　　［英］yesterday

　　216a1

χράω 利用，使用，运用

　　［拉］utor

　　［德］benutzen, gebrauchen

　　［英］use, make use of

　　217c5, 217d6, 220e4, 223e2, 229e5,

　　230e5, 252c3, 265c5, 267a6, 267e4

χρεία 需要，运用，使用

　　［拉］usus, indigentia

　　［德］Bedürfnis, Gebrauch, Nutzen

　　［英］need, use

　　239d1

χρῆ (χρεών) 必须……，应该……

　　［拉］opus est, oportet, licet

　　［德］es ist nötig, man muß

　　［英］it is necessary, one must or ought

　　to do

　　220c5, 220d2, 225d6, 226a8, 226b1,

　　228a5, 229d6, 231c1, 231c4, 236e4,

　　237b7, 237c1, 239d4, 241b5, 244e5,

246a3, 250c9, 254d3, 261b5

χρῆμα 钱财，财物，必须之物
　　[拉] divitia, pecunia
　　[德] Reichtum, Geld
　　[英] money, treasures
　　233b6

χρηματίζω 商谈，赢利，赚钱
　　[拉] consulto, pecuniam accipio
　　[德] verhandeln, sich bereichern
　　[英] negotiate, make money
　　225e2

χρηματιστικός 赢利的，赚钱的
　　[拉] ad adquirendam pecuniam pertinens
　　[德] Gewinn anzeigend, geldbringend
　　[英] of or for money-making
　　219c3, 225d2, 226a1

χρηματοφθορικός 费钱的，浪费的
　　[拉] pecuniam dilapidans
　　[德] geldverzehrend
　　[英] fitted for wasting money, spendthrift
　　225d1`

χρόνος 时间
　　[拉] tempus
　　[德] Zeit
　　[英] time
　　234a8, 234d3, 236e3, 265d6, 265e2

χρῶμα 颜色，肤色
　　[拉] color
　　[德] Farbe, Teint
　　[英] colour
　　235e1, 251a9

χώρα 地点，位置
　　[拉] locus
　　[德] Ort
　　[英] place, position
　　254a9

χωρίς 除了……，离开，分离
　　[拉] praeter, separatim
　　[德] abgesehen, abgesondert
　　[英] apart from, separately
　　218c5, 227c2, 227c9, 238b8, 245c9,
　　248a7, 249c1, 252c3, 253d6, 253d9,
　　262a10

ψευδής 虚假的，说谎的
　　[拉] falsus, mendax
　　[德] falsch, lügenhaft
　　[英] false, untrue
　　240d2, 240d6, 240d9, 240e10,
　　241a9, 241e2, 260c2, 263b3, 263b7,
　　263d4, 263d7, 264a8, 264b3, 264b5,
　　264d4

ψεῦδος 虚假，错误
　　[拉] mendacium
　　[德] Täuschung
　　[英] falsehood
　　237a4, 240e8, 260c4, 260c6, 260d2,
　　260e2, 261a1, 261b1, 261c9, 264d1,
　　264d1, 266e1

ψευδουργός 造假者
　　[拉] praestigiator
　　[德] täuschende Künste, Gaukelei treibend
　　[英] one who practices deceitful arts
　　241b6

ψεύδω 诳骗，欺哄，说假话

专 名 索 引

参 考 文 献

（仅限于文本、翻译与评注）

1. *Platon: Platonis Philosophi Quae Extant, Graece ad Editionem Henrici Stephani Accurate Expressa, cum Marsilii Ficini Interpreatione*, 12Voll. Biponti (1781-1787).

2. L. F. Heindorf, *Platonis Dialogi Selecti: Phaedo, Sophistes, Protagoras, Emendavit et Annotatione*. Berolini (1810).

3. F. Ast, *Platonis quae exstant opera, Graece et Laine*, 11 Bände. Lipsiae (1819-1832).

4. G. Stallbaum, *Platonis Sophista*. Londini (1840).

5. H. Cary, G. Burges, *The Works of Plato, a new and literal version, chiefly from the text of Stallbaum*, 6 vols. London (1848-1854).

6. H. Müller, *Platons Sämmtliche Werke*, 8 Bände. Leipzig (1850-1866).

7. F. W. Wagner, *Platons Sophist, Griechisch und Deutsch mit kritischen und erklärenden Anmerkungen*. Lepzig (1856).

8. F. Schleiermacher, *Platons Werke*, Zweiten Theiles Zweiter Band, Dritte Auflage. Berlin (1857).

9. R. B. Hirschigius, *Platonis Opera, ex recensione R. B. Hirschigii, Graece et Laine*, Volumen Primum. Parisiis, Editore Ambrosio Firmin Didot (1865).

10. L. Campbell, *The Sophistes and Politicus of Plato, with a Revised Text and English Notes*. Oxford (1867).

11. B. Jowett, *The Dialogues of Plato*, in Five Volumes, Third Edition. Oxford (1892).

12. J. Burnet, *Platonis Opera*, Tomus I. Oxford (1900).

13. H. N. Fowler, *Plato: Theaetetus and Sophist*, Loeb Classical Library. London: William Heinemann LTD, New York: G. P. Putnam's Sons (1921).

14. O. Apelt, *Platon:Sämtliche Dialoge*, 7 Bände. Leipzig (1922-1923).

15. G. Budé / M. Croiset, *Platon: Oeuvres complètes*, Tome VIII-3. Texte établi et traduit par Auguste Diès. Paris (1925).

16. F. M. Cornford, *Plato's Theory of Knowledge, The Theaetetus and the Sophist of Plato, translated with a running commentary*. London (1935).

17. *Platon: Sämtliche Werke*, in 3 Bänden. Verlag Lambert Schneider, Berlin (1940).

18. Hamilton and Huntington Cairns, *The Collected Dialogues of Plato*. Princeton (1961).

19. A. E. Taylor, *Plato: The Sophist and the Statesman*. New York: Thomas Nelson and Sons (1961).

20. J. Warrington, *Plato: Parmenides, Theaetetus, the Sophist, the Statesman*. London (1961).

21. P. Seligman, *Being and Not-Being, an Introduction to Plato's Sophist*. Martinus Nijhoff / The Hague (1974).

22. R. S. Bluck, *Plato's Sophist: A Commentary*. Manchester University Press (1975).

23. J. Klein, *Plato's Trilogy: Theaetetus, the Sophist, and the Statesman*. The University of Chicago press, Chicago and London (1977).

24. S. Rosen, *Plato's Sophist, the Drama of Original and Image*. Yale University Press (1983).

25. S. Benardete, *The Being of the Beautiful: Plato's Theaetetus, Sophist, and Statesman, Translated and with Commentary*. The University of Chicago Press (1984).

26. L. M. De Rijke, *Plato's Sophist, a Philosophical Commentary*. North-Holland Publishing Company (1986).

27. H. Meinhardt, *Der Sophist, Griechisch/Deutsch*. Reclam, Stuttgart (1990).

28. M. Heidegger, *Platon: Sophistes*, Vittorio Klostermann, Frankfurt am Main (1992).

29. E. A. Duke, W. F. Hicken, W. S. M. Nicoll, D. B. Robinson et J. C. G. Strachan, *Platonis Opera*. Tomus I, Oxford (1995).

30. E. Brann, P. Kalkavage, E. Salem, *Plato: Sophist, the Professor of Wisdom, with Translation, Introduction, and Glossary*. Focus Publishing (1996).

31. J. M. Cooper, *Plato Complete Works, Edited, with Introduction and Notes, by John M. Cooper*. Indianapolis/Cambridge (1997).

32. M. Heidegger, *Plato's Sophist, Translated by Richard Rojcewcz and André Schwuer*, Indiana University Press (2003).

33. J. Duerlinger, *Plato's Sophist: A Translation with a Detailed Account of Its Theses*

and Arguments. P. Lang Publishing (2005).

34. D. Ambuel, *Image & Paradigm in Plato's Sophist*, Parmenides Publishing (2007).

35. G. A. Seeck, *Platons Sophistes: Ein kritischer Kommentar*. Verlag C.H.Beck München (2011).

36. Ch. Rowe (ed.), *Plato: Theaetetus and Sophist*. Cambridge University Press (2015).

37. G. Eigler, *Platon: Werke in acht Bänden, Griechisch und deutsch, Der griechische Text stammt aus der Sammlung Budé, Übersetzungen von Friedrich Schleiermacher und Hieronymus Müller*. Darmstadt: Wissenschaftliche Buchgesellschaft (7. Auflage 2016).

38. 柏拉图,《泰阿泰德 智术之师》,严群 译,北京:商务印书馆,1963 年。

39. 柏拉图,《柏拉图对话集》,王太庆 译,北京:商务印书馆,2004 年。

40. 柏拉图,《智者》,詹文杰 译,北京:商务印书馆,2011 年。

41. 海德格尔,《柏拉图的〈智者〉》,溥林 译,北京:商务印书馆,2015 年。

图书在版编目(CIP)数据

智者:希汉对照/(古希腊)柏拉图著;溥林译.—北京:
商务印书馆,2022
(希汉对照柏拉图全集)
ISBN 978-7-100-21181-9

I.①智… II.①柏… ②溥… III.①柏拉图(Platon
前427—前347)—哲学思想—希、汉 IV.①B502.232

中国版本图书馆 CIP 数据核字(2022)第 083487 号

权利保留,侵权必究。

希汉对照
柏拉图全集
II.3

智 者

溥林 译

商 务 印 书 馆 出 版
(北京王府井大街36号 邮政编码100710)
商 务 印 书 馆 发 行
北京通州皇家印刷厂印刷
ISBN 978-7-100-21181-9

2022年7月第1版 开本710×1000 1/16
2022年7月北京第1次印刷 印张21½
定价:168.00元